U0529245

本书系兰州大学"双一流"建设资金人文社论类图书出版经费资助
本书系"兰大新闻学术文库"成果

# 对比与求新
## 韬奋精神的传布与再生产

第四届韬奋学术研讨会
论文集

主　　编◎李晓灵　陈新民
副主编◎王晓红　王草倩
学术顾问◎林治波　杜生一　赵书雷　上官消波

编辑委员会：
黄　瑚　陈　挥　周　晔　祝巧玲
张高杰　张硕勋　张　霞　张维民　张　华

中国社会科学出版社

## 图书在版编目(CIP)数据

对比与求新:韬奋精神的传布与再生产:第四届韬奋学术研讨会论文集/李晓灵,陈新民主编. —北京:中国社会科学出版社,2020.12
ISBN 978-7-5203-7343-2

Ⅰ.①对⋯ Ⅱ.①李⋯②陈⋯ Ⅲ.①邹韬奋(1895-1944)—人物研究—文集 Ⅳ.①K825.42-53

中国版本图书馆 CIP 数据核字(2020)第 186796 号

| | |
|---|---|
| 出 版 人 | 赵剑英 |
| 责任编辑 | 郭晓鸿 |
| 特约编辑 | 李 英 |
| 责任校对 | 闫 萃 |
| 责任印制 | 戴 宽 |

| | |
|---|---|
| 出　　版 | 中国社会科学出版社 |
| 社　　址 | 北京鼓楼西大街甲 158 号 |
| 邮　　编 | 100720 |
| 网　　址 | http://www.csspw.cn |
| 发 行 部 | 010-84083685 |
| 门 市 部 | 010-84029450 |
| 经　　销 | 新华书店及其他书店 |
| 印　　刷 | 北京明恒达印务有限公司 |
| 装　　订 | 廊坊市广阳区广增装订厂 |
| 版　　次 | 2020 年 12 月第 1 版 |
| 印　　次 | 2020 年 12 月第 1 次印刷 |
| 开　　本 | 710×1000　1/16 |
| 印　　张 | 23.25 |
| 插　　页 | 2 |
| 字　　数 | 315 千字 |
| 定　　价 | 138.00 元 |

凡购买中国社会科学出版社图书,如有质量问题请与本社营销中心联系调换
电话:010-84083683
版权所有　侵权必究

# 序　言

　　说起来，第一次真实感受邹韬奋还是在复旦。就其本质而言，那是一次超出书本的亲密接触，触发点是复旦新闻学院院内的一尊邹韬奋雕像。

　　相比于一路之隔的邯郸校区，复旦新闻学院的院子并不大，但却雍容超脱，精致而灵光。进了复旦新闻学院的院子大门，院办右手的楼就是屠海鸣图书馆。屠海鸣图书馆前面有一个不大的草坪，草坪四周绿树掩映，鸟儿鸣叫，甚是惬意。草坪之间，矗立着三尊雕像，左手是邹韬奋，右手是范长江，前面是陈望道。

　　后来，这三尊雕像移到了新闻学院院子的大门口，我戏言这是复旦新闻学院的门神，是中国现代新闻史上的"三驾马车"。无论白天黑夜，还是严冬酷暑，邹韬奋都和陈望道、范长江一道默默注视着这里来来去去的人，守护着这原本属于新闻的一片净土。

　　在复旦新闻学院做博后的日子里，每天经过这里，似乎都能感受到些许温热的眼光，那是包括邹韬奋在内的三位新闻巨匠穿越历史的无声寄语。

　　这是历史的供奉，也是注解和缅怀。

　　陈望道因第一次翻译出版《共产党宣言》中文全译本，终身追随共产主义，并执掌复旦校印而彪炳于世；范长江借《中国的西北角》

## 序言

名扬天下，后又投身革命，竭力倾心于党的新闻事业，因之垂名青史；邹韬奋创办"生活"系列报刊，投身民主，反抗暴政，英年早逝，遂留名史册。

这也许是三人能够比肩而立、拱卫新闻的基石。

然而，三者结局却有显著的不同。陈望道1977年病逝，几于善终；范长江1970年饱受摧残，后殒命于河南确山。二人都经过了新生政权的历史颠簸，邹韬奋则不然。邹韬奋在中华人民共和国成立前便走完了他的人生之路，就连他日夜期盼的抗战胜利都没有看到，更遑论新共和国的诞生，似有"出师未捷身先死"之悲壮。

一部新闻人的历史，就是一部新闻史的折射，甚或是一部民族史的特写。

细细想来，邹韬奋和陈望道、范长江的异同，隐藏着诸多历史谜底，映现着许多关于现代中国的家国想象和历史思辨。

对邹韬奋研究而言，这是一个耐人玩味的命题。正是因为邹韬奋和陈望道、范长江在吁求民主、寄情家国和倾心革命方面的意念相通，才使得他们为主流所标举，从而凸显了更多的主流诉求和历史定论。其影响也是两方面的，一方面，它会以主流意识形态的价值判断和话语力量，指明方向，划定边界，消减研究的歧义和混乱；但另一方面，它也会以政治定位和组织界定，限制研究的多元性和自由度，在深度和宽度两方面对研究的深化与推进形成束缚。

反观之，邹韬奋和陈望道、范长江乃至其他新闻名人的不同之处，则有更多值得探讨的历史意涵。它折射着个体和家国、新闻和政党、专业主义和国家主义等诸多复杂的关系，隐含着深刻的质证和反思，而学术界对此却少有人言，若有难言之隐。

这实在耐人寻味。

它引出了另一个值得思考的问题，该如何历史地评价像邹韬奋这样的历史人物？如何还原关乎邹韬奋的历史真实？在历史的坐标中，邹韬奋是完美的典范，还是一个也可以质证和反观的历史人物？

比如，该如何看待邹韬奋政治立场的复杂性？如何评价邹韬奋申请入党和遗嘱中"完全以一纯粹爱国主义之立场"之间的纠葛？如何评判邹韬奋所谓"马克思主义世界观""共产主义战士"[①]和西方民主自由观、专业主义之间的矛盾？甚至，如何历史地看待邹韬奋在特殊节点个别立场的缺憾和瑕疵？

威廉·福克纳说，"过去从没有死去，它甚至都没有过去"。我们该怎样评判这些历史？历史是人的历史，人是历史的人。承认历史，直面历史，不拔高，不虚美，同时，不苛责，不扭曲，应该是历史研究的基本准则。这不是责备人，乃是为人下定义。唯有历史地、客观地、辩证地评判历史人物，才是对历史人物最大的尊重。

邹韬奋更应该如此。拨开历史的迷雾，祛除现实立场的束缚，直面邹韬奋主流定位的同时，深究邹韬奋的历史复杂性、多元性、矛盾性甚至是局限性，也应该是邹韬奋研究的应有之义。

还原一个历史的、多维的邹韬奋，不是求全责备，同样是对邹韬奋的历史尊崇。

然而，真正要付诸实践，实在是太难了。这就要求我们必须显示出足够的勇气，足够的担当，足够的境界。唯其如此，邹韬奋探究才会有更大的拓展空间，才能不断推陈出新。

因之，如何在历史和现实的交织中，突破以往研究重复不前的窠臼，对比求新，实现韬奋精神的传布与再生产，就显得必要且紧迫。而这也就成了"第四届韬奋研讨会"的主题之所在。

"第四届韬奋研讨会"于2018年10月13日在兰州大学举行。本次研讨会由兰州大学新闻与传播学院主办，上海韬奋纪念馆、复旦大学新闻学院、上海市中共党史学会和余江区委宣传部协办，会议主题为

---

① 陈挥：《简论邹韬奋马克思主义世界观的确立——兼与穆欣同志商榷》，《上海大学学报》1987年第2期。

# 序 言

"大时代里的探索和求新：韬奋精神的传布与再生产"，研讨会宗旨是学习和弘扬韬奋精神，汲取历史经验，服务时代创新。

本次研讨会是对往届韬奋研讨会精神的延续和发展，与会者普遍认为这是历届韬奋研讨会里规模最大、学术含量几于最高的一次，令人倍感鼓舞。但是，必须要强调的是，这成绩并非独属兰大，这是所有与会领导学者协同努力的结果。研讨会云集了复旦大学、上海交通大学、西安交通大学、吉林大学、兰州大学、安徽大学、江西财经大学、江西师范大学、延安大学、解放军信息工程大学、上海社科院和上海韬奋纪念馆等数十家院校机构的近百名学者，本书就是与会学者部分研究成果的汇集。

本书旨在集中体现研讨会的宗旨和要义，以韬奋精神的传布与再生产为核心，突出对比思维，凸显历史和当下的对照，借此深化和拓展邹韬奋的相关研究。

本书依照研讨分野和观照视角，分为"思想抉微""报刊钩沉"和"对比求新"三部分，表达了对邹韬奋思想体系、新闻实践和对比研究的关注。

"思想抉微"是首要专题，意在分析研究邹韬奋的思想体系、思想脉络和发展演化。其中，陈挥老师多年潜心研究邹韬奋，在邹韬奋研究方面建树颇丰，他的论文以"永远站在时代的前列"为基点，研究了邹韬奋的青年教育观，家国观、学习观和教育观是核心所在。与之相近的是兰州大学新闻与传播学院硕士研究生张晟的论文《邹韬奋青年观及其演变逻辑》，它以三个历史时期邹韬奋的青年观演变与逻辑为命题，展示了个体向家国、哲学抽象向生活日常的演变轨迹，虽未穷尽意旨，但也有管中窥豹之效。杨宏雨和吕啸的《从崇仰到扬弃：邹韬奋对欧美资本主义民主的认知历程》是一篇颇具思辨特色的文章，论文认为邹韬奋对欧美资本主义民主的认识经历了从欣羡到否定、全盘否定到辩证否定的两次历史转折。从历史的角度看，邹韬奋的肯定、否定、扬弃都是当时历史环境使然，同时也是他民主思想不断突破、发展，走向成熟的表现。论文持中辩证的历史观对邹韬奋研究具有特殊的参考意义。其他论文也都聚焦于邹韬奋新闻传播思想的特定区域，杨琳、刘晓旭着重探讨了邹韬奋新闻实践中的媒体抗战动员研究，"社会动员"视角的引入，显示了作者研究的传播学维度，颇具新意。同时，周立华注目新时代新闻志向教育，张国伟突出社会记忆和纪念文章，梁德学关注邹韬奋和共产党的交往，并期望从中进一步深挖邹韬奋精神的内涵和价值。这些论文角度不同，各有侧重，但邹韬奋精神的剖析是共同的取向。

"报刊钩沉"是另一个重要的板块。邹韬奋是我国著名的新闻人和出版家，其报刊出版研究自然是最基础的区间之一，同时也是成果最多、创新最难的领域。此次研讨会中，报刊研究是突出的热点，论文多，资料扎实，探索意识强。蒋蕾的《〈新生〉周刊的东北意识》是一篇具有浓厚区域特色和问题意识的论文。论文以杜重远与《新生》周刊为个案，解读邹韬奋及"生活"系列出版物的"东北意识"，杜重远与邹韬奋关系、《新生》周刊、"东北问题"和抗日救亡动员是其中的重要支撑。论文资料详尽，分析细致，结论可靠。叶舟与蒋蕾有着不同的关注点，他以1940年其后的两本《全民抗战》周刊信箱外集——《激流中的水花》和《生路》为文本，研究了其出版缘起、特点和内容风格，并探究了它们的社会意义和历史价值。论文有补《韬奋全集》及《年谱》之阙的雄心，亦欲以此进一步探讨邹韬奋的抗战思想，资料的独特性和论证的全面性显而易见。张高杰选取了邹韬奋的扛鼎之作《萍踪忆语》，他以邹韬奋作为学习者、研究者和体验者之间总体协调又局部冲突的角色特征为主线，研究了邹韬奋身为爱国知识分子的实用理性和马克思主义理论的实践性特点，最终显示了邹韬奋的内在复杂性。其中，思辨色彩是鲜明而突出的特征。高明另辟蹊径，以《生活》周刊的新闻图片为研究对象，集中研究了新闻图片的复杂来源，以此凸显邹韬奋对新闻图像的重视，细致周密的资料梳理足见研究之功力。此外，李新丽对《〈抗战〉三日刊》中抗战动员与媒体建构的分析，朱智秀对《萍踪寄语》中邹韬奋知识分子精神及其当代价值的研究，都表达了研究者对邹韬奋新闻实践的重视。

"对比求新"是一个最具特色的区间，也是本次研讨会的重心。吴锋的论文体现了现实语境下的历史对比，它应用定量与定性分析相结合的方法，通过韬奋奖获奖群体特征与韬奋原型的对比分析，反思了当下韬奋新闻奖存在的传承不足、改造失当、异化严重等问题，并提出了正本清源，"回到韬奋原型"，传承邹韬奋核心价值与职业理念的主张。除了历史的纵向比照，横向对比也是一个非常重要的维度。李晓灵、许小平的论文意在研究延安《解放日报》中邹韬奋和鲁迅的异同，凸显了交往、同化和异质的传播特质。同时，传播主体的褒扬、改写和保留，传播内容中战士与主将、战友与"同志"、新闻与文化的不同，显示了中共邹韬奋传播话语体系的历史性和复杂性，及其巨大张力和内在裂痕。徐健、陈长松和邹悦的论文具有相似的取向，论文以邹韬奋和胡适的启蒙思想对比为主题，突出了二者前期实验主义和实用主义、后期社会改造与个人改造的启蒙思想对比，展示了他们启蒙思想的复杂性。其实，邹韬奋作为一代新闻巨擘和文化名人，他和新文化主将鲁迅和胡适之间，确乎有极为复杂的映照。如何对比深入，实在是一个极为深刻，同时又极为复杂的研究命题。

傅德华、李易特的《一个外国人眼中的邹韬奋》是一个非常独特的论文。论文以1972年康奈尔大学盖伍特兹女士（Margo. S. Gewurtz）的英文博士论文《邹韬奋：〈生活〉周刊的岁月，1925—1933为中心》为研究文本，聚焦于邹韬奋作为一代知识分子从国民党意识形态中异化而出的激进特征，既肯定了盖伍特兹的客观和理性，也指出了她的偏颇和不足。论文介绍并分析美国学界早期邹韬奋研究的成果，具有国际视野，也为中国的邹韬奋研究提供了新的思路与视角。

此外，孟晖对邹韬奋的社会交往进行了对比分析，张玉鑫对《生活》周刊与《良友》中的女性形象进行了梳理比较，李瑾则对邹韬奋译介传播活动中的角色转变进行了比照研究，社会人际交往、图像传播中的女性形象以及"内容把关"和"意义再造"译介传播功能的凸显，都有效地拓展了邹韬奋研究的视野。

总体而言，本书收录论文显示了研究者们多元分化、对比求新的研究取向，不同代际的研究者殚精竭虑，同心向前，体现了历史分析和现实关照的共同特征。唯此，邹韬奋研究才会承旧出新，佳章层出。这是我们的历史责任，也是时代使命使然。

行文至此，不禁感慨，邹韬奋的时代是一个特殊的时代，一个民族的苦难历史孕育了邹韬奋一样的一代巨擘，他们以艰苦卓绝的社会探索和立德立功立言的精神指向，成为时代、民族和国家的文化祭酒，并激发后来者绵延不绝的追念和缅怀。这也许就是邹韬奋精神能够穿透历史、烛照古今的原因所在，也是研究者们潜心批阅、痴心不改的缘由之一。真如清人赵翼诗句所言，"国家不幸诗家幸，吟到沧桑句便工"。但愿我们能够使邹韬奋精神历久弥新，发扬光大。

需要强调的是，由于篇章所限，本书未能收录所有参会论文，有部分论文略有修改，特以致歉。

是为序。

李晓灵
2019 年 9 月 16 于兰州大学

# 目 录

## 思想抉微

永远站在时代的前列
　　——论韬奋的青年教育观 …………………… 陈　挥（3）
从崇仰到扬弃：邹韬奋对欧美资本主义民主的
　　认知历程 ……………………… 杨宏雨　吕　啸（15）
邹韬奋与媒体抗战动员研究 …………… 杨　琳　刘晓旭（43）
韬奋精神对新时代新闻志向教育的启示 …………… 周立华（60）
作为社会记忆的韬奋精神（1944—2015）
　　——基于邹韬奋纪念文章的分析 …………… 张国伟（68）
成为密友：邹韬奋与中国共产党人的接触与交往 …… 梁德学（89）
邹韬奋青年观及其演变逻辑 ………………………… 张　晟（112）

## 报刊钩沉

《新生》周刊的东北意识 ……………………………… 蒋　蕾（131）
沸腾的血流在激荡着：邹韬奋与两本《全民抗战》
　　信箱外集 …………………………………… 叶　舟（148）
马克思主义视域中的新大陆游记
　　——重读邹韬奋的《萍踪忆语》 …………… 张高杰（170）

# 目 录

试述《生活》周刊新闻照片的来源 …………………… 高　明（180）

1937—1938年抗战动员与媒体建构

　　——《〈抗战〉三日刊》内容研究管窥 …………… 李新丽（200）

世道·民生·文心

　　——从《萍踪寄语》探究邹韬奋的知识分子精神及其

　　　当代价值 ………………………………………… 朱智秀（216）

## 对比求新

传承与演化：韬奋新闻奖评选结果的回顾与反思 ………… 吴　锋（239）

交往、同化和异质：延安《解放日报》中的邹韬奋与

　　鲁迅对比研究 …………………………… 李晓灵　许小平（253）

从"立人"到"救亡"：邹韬奋和胡适启蒙思想比较

　　研究 …………………………… 徐　健　陈长松　邹　悦（281）

一个外国人眼中的邹韬奋

　　——以英文博士论文《邹韬奋：〈生活〉周刊的岁月，

　　　1925—1933》为中心 …………………… 傅德华　李易特（294）

邹韬奋的主要人际交往活动述评 …………………………… 孟　晖（312）

《生活》周刊与《良友》中的女性形象 ………………………… 张玉鑫（333）

"内容把关人"到"意义再造者"

　　——浅析邹韬奋译介传播活动中的角色转变 ……… 李　瑾（347）

后记 …………………………………………………………………（359）

# 思想抉微

高分子化学

# 永远站在时代的前列
## ——论韬奋的青年教育观

陈 挥[*]

**摘要：** 韬奋博古通今，学贯中西，兴趣十分广泛。综观其一生，他坚持与时俱进的思想理念，坚持学习新思想，不断接受新观点，永远站在时代的前列。他认为："努力向正确的理论学习，可以使自己有正确的人生观、世界观，认识工作的意义，预见光明的前途；可以使自己努力工作，积极向上，不致为暂时的挫折而消极颓丧。所以，正确的学习，对于一个青年实在是太需要了。"[①] 在中华民族内忧外患交织的艰难时势中，韬奋以犀利笔锋，怒斥敌寇，反对投降，主持正义，传播真理，为民族解放呐喊，为人民民主呼号，在中国人民苦苦求索的漫漫长夜里，成为一代青年认识社会、思考人生、追求进步的灯塔。

**关键词：** 邹韬奋；青年观；教育；奋斗精神

## 一 吾国前途之希望，其在青年之奋斗精神

1919年5月，北京爆发了席卷全国的五四爱国运动，上海也成立

---

[*] 作者简介：陈挥，上海交通大学教授，上海市中共党史学会副会长兼秘书长，韬奋研究会会长。

[①] 《韬奋全集》（增补本）第9卷，上海人民出版社2015年版，第415页。

了学生联合会。1919年7月，韬奋从宜兴一回到上海，就投入到这场彻底地不妥协地反帝反封建的爱国学生运动中，参加了宗旨为"唤醒农工商各界，共做救国事业""团结一致誓与旧势力抵抗"的上海《学生联合会月刊》的编辑工作，成为五四时期的学生领袖。他在圣约翰大学的校刊《约翰声》上发表了《青年奋斗之精神与国家前途之希望》一文，号召全国青年"坚持其奋斗精神与社会腐败恶习宣战也"！他认为："吾国前途之希望，其在青年之奋斗精神乎！"

第一，韬奋给"奋斗精神"下了这样一个定义："抑吾所谓奋斗精神者，非以坚甲利兵与仇敌相见于疆场之谓也，盖以忠恳真挚之热诚，百折不回之毅力，与己身之腐败恶习奋斗，与社会之腐败恶习奋斗，与家庭之腐败恶习奋斗，不受前人种种腐败陈言所羁，不受现在种种腐败环境所诱惑，卓然自立，奋往前迈，夫然后青年奋斗精神凯旋之时，即国家前途希望如愿之日。"

第二，韬奋认为："青年之时代，天真未失，劣俗未染，盖在一国分子中，可谓志意最莹洁，思想最高尚，志气最焕发者。"如果"为境遇畏难苟且声色货利所降伏之青年多一人，即志意莹洁思想高尚志气焕发之青年少一人，亦即国家前途希望失其一分之力。其结果虽非短时期中所遽能逆睹，其影响所及，亦岂可忽乎哉！"所以他特别强调，要让"青年深明奋斗之精神及坚持此奋斗之精神而已"。他认为，"夫事业之大小与成败之枢机，咸视奋斗精神为转移"。"惟有奋斗精神者"才能"不畏境遇"，"不畏难"，"不畏声色货利之诱惑"。而且，"青年奋斗之精神，非仅仅青年期中之奋斗而已。苟非终身以之，始终坚持，则己身之腐败恶习未尽，而社会之腐败恶习，已挟其万钧莫御之吸收力、软化力、陶冶力以俱来，至可饬也"。因此，韬奋发出呼吁："愿吾全国青年念兹在兹，自审其责任之重，而坚持其奋斗之精神，与社会腐败恶习宣战也。"

第三，韬奋认为："国家之改革在使政治入轨范，尤在使社会进化阻碍之腐败制度铲除务尽。为吾国社会进化阻碍之最大者，殆莫甚于家庭之腐败恶习。"但是，"家庭之腐败恶习，作俑者实非吾侪自身之父若母，吾侪自身之父若母固亦曾受此腐败恶习之酷遇也"。所以，他"极端反对""无知青年窃家庭革命之口实而攻讦乃父若母"。他认为："青年诚有改革家庭腐败恶习之志，不当从事攻讦父母，当求从自身为始造一新家庭，当以自身之奋斗精神造一新家庭，为后来者模范。"因为"旧式家庭之最大腐败恶习，莫甚于彼此倚赖而互失其自立之精神"。所以，韬奋认为："苟今后青年得父母尽其义务予我以教育之后，恃我奋斗之精神，自辟途径而求有所树立于世，毋以倚赖遗产之念萦怀，谁得阻我除此恶习者！……苟今后青年但力求己身德智体之发达，不成室则已，成室必恃奋斗之精神而为自立之新家庭，谁得阻我除此恶习者！己身战胜旧式家庭之腐败恶习矣，自我身而提此善制于我后嗣，为事乃益顺而易致焉。"

最后，韬奋向全国青年竭诚呼吁："吾国惨景阴凄，几已无复可望，青年奋斗精神，吾国前途惟一之希望也。汝祖国之魂，方辗转哀号于泥淖之中，望其子孙加以拯救也。拯救之人，非吾青年而谁！拯救之方，非吾青年之奋斗精神而何耶！"[①]

两年以后，《申报》也全文刊载了这篇文章。它在当时的影响应该说是比较大的。

## 二 三人行，必有我师焉

作为一个青年学子，首先应该学会怎样做人、怎样勤奋学习、怎样善于思考以及结交什么样的朋友，韬奋也有清醒的认识和独特的见解。

现在能够找到的韬奋投稿发表的第一篇文章就是在商务印书馆出版的《学生杂志》1915年第2卷第5号上发表的《不求轩困勉录》。在这

---

[①]《韬奋全集》（增补本）第1卷，上海人民出版社2015年版，第170—173页。

篇文章里，作为中学二年级学生的韬奋提出了"交友四德"。他说："尝思交友之道，靡不有初，鲜克有终者多矣。吾思之，吾重思之，以为道义之交，必不如此。何也？盖具四德焉。"

哪"四德"呢？韬奋认为第一就是"敬爱"。他说："敬者以严胜，其流也疏而寡恩。爱者以恩胜，其流也知和而和。故必以敬主之，以爱辅之，则庶几焉。敬之要尤以非礼勿言，非礼勿动为主。非礼勿言，非礼勿动，则互相尊重，而爱意油然生焉。于是守其敬，则常全其爱；全其爱，则愈守其敬。如此交友，而犹未能有终者，无有也。"

第二是"虚心"。韬奋认为："交之未能有终也，必始乎怨隙。怨隙何自始？始于争。争何自始？始于自是。"

第三是"不蓄疑"。韬奋指出："微矣哉蓄疑之渐！大矣哉蓄疑之害！蓄疑何以起于言语颜色。起于颜色者弥寡，起于言语者实多。""其初疑也，藏蓄而不发；积之既多，其发也如洪水之决，不可遏矣。如此交友，无惑乎其未能有终也。"

第四是"不嫉妒"。韬奋认为："嫉妒者，妾妇之行，而进德修业之障碍物也，亦既未能善终交道之发动机也。"①

8个月以后，韬奋又在《学生杂志》上发表了一篇《不求轩困勉录》，提出了"学生十思"：（一）思国家；（二）思父母；（三）思师友；（四）思先哲；（五）思幸福；（六）思光明；（七）思希望；（八）思责任；（九）思励学；（十）思敦品。他说："人心一息之顷，不在天理，便在人欲，未有在天理人欲之间而中立者也。人不能无所思，则一息之顷之所思，不在天理，便在人欲，亦未有在天理人欲之间而中立者也。所思在天理，则诚于中，形于外，所行之事自合于天理，若莫之致而至者。所思在人欲，则生于心，害于事，所行之事，自合于人欲，若莫之为而为者。故人不可不慎其所思，而为学生者，最易误用其所思者也。学而不思，则悠悠荡荡，日即懒慢，既无惕然愧惧之念，亦无奋然

---

① 《韬奋全集》第1卷，上海人民出版社1995年版，第17—22页。

勇决之志，故不可以不潜玩沈思。而为学生者，最易浮躁其气，不知所思者也。由前之说，则知思不兼用，苟思其所当思，思既有所专，则杂念自息。由后之说，则知思可兴奋，苟潜玩深思，必愧悱奋发，不能自已。然则吾侪青年有志之士，可不思哉！"

关于"思国家"，韬奋强调指出："吾人得自由从事学问，国家之力也。立国之道，莫要于开民智，滋民力。而欲开民智，滋民力，舍教育末由。则吾人思国家恩我之厚，而所以报国之道，其知所从事矣。凡吾学生，安可不一思也！"

那么应该如何"思父母"呢？韬奋认为："学者若能时思父母以父母至苦之心自振，以父母自爱之心自爱，则精神爽奋，百废俱兴，蹈规持敬，庄敬日强，如含露之朝叶，如奋勇之源泉，庶可以慰堂上倚间之思，减梦寐念子之痛。学子尽孝，莫是过矣。诗曰：'欲报之恩，昊天罔极。'凡吾学生，安可不一思也！"①

从这两篇文章我们可以清楚地看出，具有强烈爱国心的青年韬奋，对于中国传统伦理道德观的认同，并在此基础上，就青年应如何交友、如何做人提出了自己独到的见解。

升入大学以后，韬奋在《学生杂志》第5卷发表了《在校修学杂感》一文，更是明确表达了自己对于为人、问学、交友的看法。他说："先哲有言曰：'三人行，必有我师焉。'择其善者而从之，其不善者而改之。进修之道，盖莫要乎择善去恶矣，然善恶未明，心有所蔽，何择何去，犹豫莫决。于是省察克治，弗可偏废。而克治之勇，必由省察之明。斯义也，贤达以之养德濬智，则善其一身，以之针砭时俗，则转移风气。恩润愚昧，不足语此。顾尝于修学余晷，穆然深思；或遇良朋，有所稽访。窃附吕子呻吟之旨，以求相观而善之益。言不中伦，随感所之。好学君子，傥愿闻诸。"

第一，"学日进而德亦随之日进，此学之所以可贵也。吾国往昔讲

---

① 《韬奋全集》第1卷，上海人民出版社1995年版，第37—39页。

学,尤重气节。"韬奋以南宋陆象山和明代王阳明为例,特别强调学者的道德修养。他认为在做学问的同时,首先要学会做人。他认为:"心术败坏,人莫己知,而负疚神明,为苦孰甚!君子念此,为世道人心抱无穷之戚已。"

第二,"勤学为学者美德之一,而凡百事业所赖以成功者也。"韬奋认为的所谓勤学者,"非终日伏案,足鲜越户之谓也,非专用机械记忆学而不思之谓也"。而是"必平其气,静其脑,运其思,一其心。读一书必穷一书之理,合卷默思,而有所悟,夫然后修学时间不为虚掷。思力敏捷,乃曰虚灵,犹必休息以时;精神和悦,清心寡欲以固其元,起居清洁以养其体"。

第三,"昔贤诲人必令深思。深思不得,犹必苦思,苦思不得,而后解惑,甚有苦思生疾,而后一为启迪者。"韬奋认为:"学者心思莫能深入,而学问遂无日造幽奥之望。"因此,他强调:"学者当于未听授之前,细阅末授之书,静心默思,求明其故。如是为之,必有心得,亦必有疑点。于是听授之时,可以教师所解释者与吾心得疑点相质证,则真理易得,而结辖易解。下课之后,全义已明。"

第四,"与善人居,如入芝兰之室,久而不闻其香,即与之化矣。"韬奋认为:"彼身处善群者,耳所闻者善言也,目所见者善行也。浸渍既久,遂以不善之言为甚可羞而不敢出诸口,以不善之行为甚可耻而不敢施诸身。于是与性情和悦者相处,而性情亦和悦矣。与志意强毅者相处,而己意亦强毅矣。""夫人在家庭,则受父兄之训育。入学校,则恃师友之夹辅。今之学制,师弟之间,隔阂殊甚,所赖以振其志气、精其学术者,友耳。而交友之可危复如是,青年学者,可不慎欤!"①

韬奋还撰写了《早婚与修学》一文,就"学界青年"因早婚而"将学业废于半途",提出了自己的见解。

第一,"为父兄者,常以筹子弟学金为家庭预算表中一大事。以今

---

① 《韬奋全集》(增补本)第1卷,上海人民出版社2015年版,第144—145页。

日吾国人生计之艰难，非素封之家鲜能始终维持者。苟益以早婚，早婚者在修学时代无自谋能力，势必仍仰给于父兄，于是累上增累，力乃不支。虽其子弟敏慧绝伦，可望深造，而至是为财力所限，徒唤奈何，势非即行辍学，无以善后。此早婚所以与修学不两立，而修学之志终为早婚所害而不能达也。"

第二，"修学非徒财力充裕遂能达所志也。人能忍耐精细，脑能悟忆俱强，而后方可与之研究学业。昔闻早婚之害，能丧忍耐精细之精神，能失悟忆俱强之脑力，辄疑为偏于理论，实际或不至如是之甚。今证以所亲见，乃深信此言确为实事而非理论，向者结轖遂尽释""故家况萧条，无力供给用费者不必论；即家素富有，能从容应付者，因智力退步，朽木难雕，势亦非至辍学不可。此早婚所以与修学不两立，而修学之志终为早婚所害而不能达也。"

第三，"其子女修学亦将间接受其影响。何以言之？夫修学之志不能终达，所业未成，于是出校之后""必无能力使其子女受高等教育""亦难望得高等职业""亦难望有能力助其将来子女受高等教育。每况愈下，自拔愈难。准是以谈，则早婚之道害，非特早婚者子女修学受其间接影响而已矣，甚至消灭其子子孙孙修学之机会，而自夷其家于下流社会。苟一国国民多夷其家于下流社会，蠢蠢然如鹿豕、如木石，受其害者又不仅一家而已矣。夫人即忍于自戕其修学之机会，何忍再戕其子女之修学机会，更何忍再戕其子子孙孙修学之机会！学者深思至此，可以憬然悟矣"。

在对早婚的危害作了深刻分析后，韬奋再次强调："然则在求学时代，早婚即所以自尽其修学前途，而于各方面皆无丝毫利益，昭然可见矣。故为父兄者而有爱子之心，慎勿当其子在求学时代，令其早婚；学者而有自爱之心，慎勿当己身在求学时代，妄行早婚。"[1]

青年是国家民族的至宝，是人类的新血液，是未来新世界的创造

---

[1] 《韬奋全集》（增补本）第1卷，上海人民出版社2015年版，第119—120页。

者。青年学生应该如何学好知识呢？1941年8月6日，46岁的韬奋在《青年知识》创刊号上撰写了《对青年朋友的小小贡献》一文，畅谈了"自己在求学时代——尤其是中学——所得到的一些观感""供诸位青年朋友求学时的参考"。他从四个方面论述了自己的体会。

第一，理解重于记忆。

韬奋指出："我们在研究任何科目的时候，理解和记忆都是需要的。懂了不记，随懂随忘，学问还是教师的，和自己不发生关系。记而不懂，不但伤脑筋，愈记愈笨，而且也容易忘记。"他认为："所谓理解，就是要用自己的脑子想想，知其所以然。记忆比较简单容易，理解要费工夫多想一下，比较麻烦。""经过自己想过的问题，知其所以然，印象特别深刻，记得牢而持久，而且脑子因愈思考而愈磨炼，也愈聪明，触类旁通，遇着新问题，更能应付裕如，头头是道。"

第二，知识要尽量与现实联系。

韬奋指出："读历史，最好能和现代的问题联系起来研究，不要死记孤独的或隔离的事实本身。试举一个具体的例子，读到秦始皇的焚书坑儒，大可和目前的法西斯国家或效法法西斯国家的摧残文化的行为，联系起来讨论，更有兴趣，更切实际。""读本国地理，不要死记地名河名，而能与当前的抗战的地理形势联系起来研究，便更有兴趣，更切实际。读世界地理，能与当前世界大战的地理形势联系起来研究，又是多么一件有趣而有价值的事情！"

第三，认识基本知识的重要性。

韬奋指出："到了大学，所习的科目比较地都有专门性，没有工夫来充实一般在中学时代即须打好基础的基本知识，如历史地理国文外国文及初步的理化算学等等。在中学里已将基础打好的，到大学时便左右逢源，头头是道。即将来毕业入社会服务，无论继续研究，或应职务上的需要，基本知识有了良好的基础，也受用无穷。这就是须在中学时代就能自己注意到。研究各科目时，要明白不只是应教师的考试,不只是为博得分数,所以都须认真求得切实的心得,彻底的了解,马虎不得的。"

第四,学习与游戏要分清楚,都须用全副精神去干。

韬奋指出:"学习功课的时候,无论是在课堂上听讲,或在自修室里自修,都须专心致志,不要心猿意马,听了半天不知道听了什么,或自己做了半天功课,不知道做了什么。但是在游戏的时候,却不要心里还牵挂着功课,要把功课抛诸九霄云外,贯注全副精神在游戏中,无论是比球,或是爬山,要兴奋淋漓,天塌下来不管的心情,痛痛快快地玩它一番。必须这样,游戏时使身心得到充分的休息或松动,恢复身心的整个疲乏,增进身心的健康,然后在学习功课时才能精神百倍,效率增加。"①

## 三 发展教育事业,提高国民素质

提高人的素质,使整个中华民族的素质得到提高,是建立民主政治的前提,而人的素质的提高,关键在于教育,在于提高全民族的文化科学水平。对于这个问题,韬奋的认识是比较清楚的。他在早年的作文中就提出了"国小不足为患,而民愚始足为患"②的观点。他特别重视教育问题,认为"国家之兴隆倾颓,以全国教育之发达否为断"。

五四时期,韬奋先后发表了《提高知识程度》《学问与人生》《教育群众的责任在那里?》等文章,极力呼吁要普及教育,要培养大师和专业人才,要提高整个民族的素质。

韬奋在《教育群众的责任在那里?》一文中尖锐地指出,"国民是国家的重要分子。分子的教育程度,就是国家强弱的标准。这是人人晓得的道理,不消说得的"。然而现在有"许多无知无识的群众却仍在那

---

① 《韬奋全集》(增补本)第10卷,上海人民出版社2015年版,第398—401页。
② 《韬奋全集》(增补本)第1卷,上海人民出版社2015年版,第8页。

里阻滞国家的进步、社会的改良,我们就眼巴巴的随他拖过去就算了吗"?"我们所当注意的,就是那些在下等社会未曾受过教育的人和许多没有能力和机会受相当教育的那般小孩子。"

韬奋提出,"倘若有知识的阶级——指中学的教师学生以及各种专门高等和大学的教师学生——都有这种自觉,肯出热烘烘的血忱和极恳挚的诚意,大约每一校无不立一个夜学,把极紧急的知识,极实用的技能——如卫生识字写作阅报等等——输与那些在下等社会未曾受过教育的人和许多没有能力和机会受相当教育的那般小孩子"。

这种夜校的师资、校舍如何解决呢?韬奋认为,"由教师学生轮流担任,人才既无可虑;利用学校的课堂,单应晚间一二小时之用,经济又可无虑"。他还建议,"最好能使教师教年长之失学者,学生教年幼之失学者(因为年长的人往往不愿受青年学生的教导),尤为便利"。

创办这样的学校,不仅使受教育者的素质得到提高,而且也推动了社会经济的发展。韬奋认为:"农业学校因此和农人不无多少的联络,商业学校因此和商人不无多少的联络,其利益更不可胜计。如此办法,曹家渡一镇(譬如说)便受了圣约翰大学无量的益处,徐家汇一镇便受了南洋大学无量的益处。推而至于全国各处,这种事业的结果,就大可惊异了!"他还强调:"这真是改造中国社会的捷径而又基本的办法所难的——最难的——就是难得有知识阶级里面大多数人有这种彻底的自觉心和力行的毅力精神罢了。高谈主义很容易,如果要着实做去,便要缩颈胁肩逃掉。所以我劝有知识阶级的,常常念着教育群众的责任在那里?"①

韬奋也很重视家庭教育,认为"家庭教育是人生一世的基础。有了基础,学校教育就事半功倍,格外容易收效,否则基础既坏,就是学校极好,要分其精力之一部去矫正恶习,用在消极的方面,于是积极方面的力量当然减少,而况有许多恶习已经根深蒂固,就是在良好的学

---

① 《韬奋全集》(增补本)第 1 卷,上海人民出版社 2015 年版,第 200—201 页。

校，也难于更改！"他在《改良家庭教育丛谈》一文中明确提出了"改良家庭教育"的两件事：

第一件是儿童的衣服需改良。韬奋认为，"做父母的人就应该斟酌他们自己的——指儿童自己的——特别情形，定适当衣服的形式，藉此保存并养成他们的活泼举止和活泼精神"。不能"把成人的衣服形式，硬配到儿童的身上去""精神固然要紧，然而如果形式太糟了，精神也要随之一同糟"。

第二件是儿童的精神当改良。韬奋认为，"做父母的人千万不要糟蹋、摧残、抑制儿童本来的活泼的精神"。我们的习尚，最怕动、最喜欢静。但是我们不能"把成人的性情标准去对付儿童，强迫儿童，量度儿童"。

韬奋进一步分析道："衣服方面——形式方面——心中最好儿童能够'摇身一变'，即能成个具体而微的成人；在情方面——精神方面——心中也同样地最好儿童也能够'摇身一变'，即能成具体而微的成人，至于儿童自身方面，则置之脑后，毫不去理会他。这是父母方面不知不觉的心理作用，也就是家庭教育之莫大的障碍物。这种心理不断绝根源，我所说的两件事必无改良之希望。"①

在大力提倡办夜校，加强群众教育、改良家庭教育的同时，韬奋特别强调要提高全民族的科学技术水平。他在《提高知识程度》一文中明确提出，要培养中国自己的在"任何一种知识或艺术里面"，能够"任指导启迪之责任，为全国人民所企仰"的"泰山北斗的人才"。"譬如有专门发展天赋才能，以从事工程建筑的人，为工程建筑界宗仰之人物；有专门鞠躬尽瘁于教育的人，为教育界宗仰之人物；以至于有专门竭精殚思于其他种种特殊知识的人，为各界宗仰之人物。"他认为："凡是这种人才都是一国精华，足以自豪的。他们影响于社会的进步，实在大得很。"但是，"反观国内情形，便觉惭愧得很。不要说普通人

---

① 《韬奋全集》（增补本）第 1 卷，上海人民出版社 2015 年版，第 209—211 页。

民大多数还是无知无识,连几个字都认不清楚的人还不知有多少,就是知识阶级的人,亦何尝不是大多数徒窃皮毛,配不上说有根底""如此那里望得有专门学者?那里望得有深造专才?一国知识程度又从那里提得高起来。虽则平民政治的趋势,要得着大多数平民有常识,不在乎少数出类拔萃的学者。然而没有出类拔萃的学者发纵指示,改风移俗,则许多人民都在混沌之中,从那里做起?"所以,韬奋希望中国能够"快点产生专门学者。"

所谓"专门学者",韬奋认为"并非增加'贵族的'阶级,摆点臭架子,乃是发展个性,就其性之所近,择一专业,极深研究,务必得到精粹。不为势利所诱,不为外界所迫,强毅坚忍,聚精会神,忠实于他的专业。然后以其所得,贡献于世。庶几专才愈多,社会进步愈速,有了实实在在的种子,然后才能够想法生长,使大多数平民的知识亦从而提高。不然大家都以半生不熟,一知半解的知识乱闹一阵,究竟弄不出什么好结果来"。

最后,韬奋向知识阶层呼吁:"有特别天才的,应该自己觉悟,把定了舵,向这条路走,则不仅个人的荣幸,社会亦受福不浅,否则混混沌沌,终无所成。望有志的人常常猛醒,以提高知识程度为己任。"[①]

韬奋在80多年前提出的关于发展教育事业的思想,在大力贯彻实施科教兴国战略的今天看来,他是尽到了一个知识分子应尽的历史责任。

---

① 《韬奋全集》(增补本)第1卷,上海人民出版社2015年版,第192—193页。

# 从崇仰到扬弃：邹韬奋对欧美资本主义民主的认知历程

杨宏雨* 吕 啸

**摘要**：邹韬奋是伟大的"爱国志士、民主先锋"，其民主思想是近代中国民主文化宝库不可或缺的一页。如何正确看待欧美资本主义民主是邹韬奋民主思想的重要组成部分，在这个问题上，他先后经历了从肯定到否定再到扬弃三个阶段，每个阶段都留下了许多耐人寻味、可圈可点的文字。这些文字是他探索、思考的印迹，也是他追求真理、追求进步的足迹。

**关键词**：邹韬奋；一般民主；资产阶级民主；扬弃

1944年7月，在中国抗战胜利的曙光初现之际，伟大的"爱国志士、民主先锋"（朱德语）邹韬奋因病去世。1949年7月，周恩来为纪念邹韬奋逝世五周年题词："邹韬奋同志经历的道路是中国知识分子走向进步走向革命的道路！"与同时代的大多数中国知识分子一样，邹韬奋曾非常歆羡西方资产阶级民主政治，但1929年这场前所未有的资本主义经济大危机给了他当头一棒，使他意识到资本主义已经日薄西山，

---

\* 作者简介：杨宏雨，复旦大学马克思主义学院教授、博士生导师；吕啸，复旦大学马克思主义学院博士研究生。

与此同时，他对资产阶级民主政治的态度也从欣赏转向批判。1937年，全面抗战爆发，邹韬奋因时而变，提出建立一个既不同于苏联一党专政，又有别于英法美等西方国家两党或多党竞争的新的民主政治模式。这种新式的民主政治应是符合中国抗战需要的多党团结合作的"真正全民民主政治"①。在这一阶段，邹韬奋对欧美资本主义民主政治的认知超越了前两个阶段，带有很明显的理性和辩证色彩。

## 一 欣羡（1919—1931）："不得不叹美国之不愧称为民主国"

1919年是中国近现代历史上一个重要年份。轰轰烈烈的五四运动是学界公认的"现代中国的新起点"②。1919年也是邹韬奋思想发展中的重要一年。这一年，他从南洋公学电机科转入圣约翰大学学习文科，主修西洋文学，不用再"勉强向着工程师的路上跑"③。圣约翰的社会科学教育虽然只是"沿袭着美国式的传统的说法，就近代新社会科学的眼光看去，似乎给予学者的没有什么精要的知识，但是近代新社会科学也不是凭空突如其来的，要彻底懂得近代新社会科学的真谛，对于传统学说也需要有相当的明瞭"④。因此，圣约翰的教育对邹韬奋民主思想的形成有着重要的影响。

1919年也是中国新教育运动突飞猛进的一年。在这一年，美国实验主义哲学家杜威来华，宣传其"生活即教育""从做中学"和"儿童中心"等教育思想，所到之处，备受欢迎。在新文化运动与新教育运动齐头并进的历史背景下，邹韬奋大量阅读各种宣传新思想新文化的报

---

① 邹韬奋：《我对于民主政治的信念》，载《韬奋全集》第10卷，上海人民出版社1995年版，第390页。
② 耿云志：《五四运动：现代中国的新起点》，载郭俊英、孙毅主编《纪念五四运动90周年学术研讨会文集》，文物出版社2009年版，第7—13页。
③ 邹韬奋：《经历》，载《韬奋全集》第7卷，上海人民出版社1995年版，第152页。
④ 同上书，第159页。

刊，并开始翻译杜威的 *Democracy and Education* 和罗素的 *Principles of Social Reconstruction*。在新文化运动倡导的民主和科学思潮的浸润下，在杜威和罗素等西方资产阶级学者思想的影响下，1919 年前后，邹韬奋从一个民本主义者转变为一个民主主义者①。

1940 年 5 月，邹韬奋曾发表过《今日的五四运动纪念》一文，指出五四运动中"德谟克拉西的呼声，震动了全国"，但当时运动的领导者所提出的"只是资本主义民主"②。诚然，五四时期虽有少数激进的民主主义者转向马克思主义，开始尝试用社会主义救中国，但当时大多数中国知识分子心目中理想的政治模式还是英美的。此时的邹韬奋也是崇拜欧美民主政治模式，并热切希望中国能走西方现代化之路的群体中的一员。

五四时期邹韬奋已经是一个民主主义者，但在 1927 年以前，他谈论民主政治的文章较少。这一则因为他关注的重心在教育，二则是受胡适"多研究些问题，少谈些主义"主张的影响。③ 1927 年，在席卷全国的国民革命运动影响下，邹韬奋开始讲政治、谈民主、研究孙中山的三民主义，并先后发表了《民权的意义与由来》《个人自由与国家自由》《什么是真平等？》《欧美人争得了多少民权》等多篇作品，阐述自己对"与民生有密切关系的民权主义之研究"④。1928—1930 年，邹韬奋先后发表了《美国哈定总统的身后》《平民总统的平民交际忙》等 20 多篇相关文章，介绍和评论欧美的民主政治。在这些文章中，邹韬奋向读者传达了以下政治理念：

---

① 这里说邹韬奋在 1919 年以前是个民本主义者的主要依据是他在 15 岁以前主要接受的是中国传统的"经史子集"教育，在南洋公学读的是工科，且"学校里所学的国文还是文言文，读的是古文"（《韬奋全集》第 7 卷，上海人民出版社 1995 年版，第 139 页），接受新思想、新文化的渠道比较少。参阅杨宏雨、吕啸《邹韬奋民主教育思想探析》，《江苏社会科学》2015 年第 4 期。

② 邹韬奋：《今日的五四运动纪念》，载《韬奋全集》第 9 卷，上海人民出版社 1995 年版，第 393—394 页。

③ 参阅邹韬奋《访问胡适之先生记》，载《韬奋全集》第 1 卷，上海人民出版社 1995 年版，第 876 页。

④ "与民生有密切关系的民权主义之研究"是上述四篇文章的副标题。

（1）和平竞争。在英法美等西方民主国家，政治的轮替、领导人的更迭靠大众的选票，"并不靠有个人的武力做后盾"①。对这种和平民选，邹韬奋由衷地赞叹道："想做'元首'的人不恃'兵'为后盾，而恃'民意'为后盾，我们可以套一句文言文的常调儿，叫作'国政其庶有豸乎'。"②

（2）机会均等。在美国大选中，"无论那一位，只要他的能力德望及事功够得上全国人民的爱戴的"③，都可以入主白宫。"美国历任总统出身寒微者十居六七"④。除了中国人熟悉的林肯外，"胡佛由贩报童子出身而选入白宫"⑤"威尔逊虽是一位'教书先生'，也住过一次（白宫）"⑥。邹韬奋称赞美国这种公职面前无分贵贱、机会均等的做法是"民治国平民精神的一种体现"⑦。

（3）品德高尚。欧美民主国家的竞选，是对公权力公开、公平、公正的竞争。这个政治游戏能不能玩得好，除了依靠各种防弊的规则以外，候选人的自律也很重要。在美国大选中，"胡佛力戒他的部下要'严正的选举运动'，史密斯力戒他的部下不许有'污浊的行为'"。邹韬奋热烈称颂两人这种"光明磊落"的竞争精神，赞扬他们是"美国国家的两个得宠儿子"，"无论哪一位获选，都是全国国民的幸福！"⑧ 1928年11月，胡佛当选为美国第31任总统。消息一经证实，史密斯"即以

---

① 邹韬奋：《那一位住进去?》，载《韬奋全集》第2卷，上海人民出版社1995年版，第283页。
② 邹韬奋：《美国国家的两个得宠儿子》，载《韬奋全集》第2卷，上海人民出版社1995年版，第351页。
③ 邹韬奋：《那一位住进去?》，载《韬奋全集》第2卷，上海人民出版社1995年版，第283页。
④ 邹韬奋：《胡佛的政敌史密斯》，载《韬奋全集》第2卷，上海人民出版社1995年版，第195页。
⑤ 邹韬奋：《贩报童子出身的胡佛当选了》，载《韬奋全集》第2卷，上海人民出版社1995年版，第396—397页。
⑥ 邹韬奋：《那一位住进去?》，载《韬奋全集》第2卷，上海人民出版社1995年版，第283页。
⑦ 邹韬奋：《贩报童子出身的胡佛当选了》，载《韬奋全集》第2卷，上海人民出版社1995年版，第397页。
⑧ 邹韬奋：《美国国家的两个得宠儿子》，载《韬奋全集》第2卷，上海人民出版社1995年版，第350—351页。

电贺"。邹韬奋评论道:"史密斯竞争选举总统时虽出其全力竞争,等到竞争失败,竟能这样光明磊落的毫无芥蒂,竭诚致贺对方的优胜者,这真是民治国国民的真精神!"①

(4)爱民亲民。英法美这些国家的政府和领导人是带着对人民的承诺参选的,因此执政以后,必须把人民的幸福放在首位。英国工党内阁一经产生,立即全力以赴谋求解决国内的失业问题,"把人民的失业,引为执政者莫大的责任"②。为什么民主国家的政府不敢玩忽职守、懒政怠政呢?邹韬奋解释说:"在政治上轨道的国家,不能为国民生计及国家建设努力的政府,国民便要请它下台,上海话所谓'呒客气'。"③

英法美这些国家的领导人既由人民选举,上台与否由人民说了算,所以这些国家的领导人往往为博取人民的拥护而展现出亲民的形象。这在美国尤为突出。美国总统居住的白宫"既没有什么围墙,也没有什么兵士"。游客可以在白宫的草地上"跑来跑去,简直自由的很"。游客还可以到白宫"和总统握一握手"。柯立芝总统在任时,"每天和他握手之人,常有五百人之多"④。

(5)廉洁自律。英法美这些国家的政府首脑薪俸很有限。"法总统年俸二百五十万法郎,合目前市价,约合金洋十万元。美总统年俸金洋七万五千元,加上二万五千元旅行费,亦为十万元。两国总统遇有他国上宾如国王之类到本国来,招待费都须自己掏腰包,所以仅够开销。"⑤ 在英法美这些民主国家,没有当时中国常见的"一人得道,鸡

---

① 邹韬奋:《贩报童子出身的胡佛当选了》,载《韬奋全集》第2卷,上海人民出版社1995年版,第396页。
② 邹韬奋:《英国工党内阁的试金石》,载《韬奋全集》第2卷,上海人民出版社1995年版,第833页。
③ 邹韬奋:《分工合作》,载《韬奋全集》第2卷,上海人民出版社1995年版,第728页。
④ 邹韬奋:《平民总统的平民交际忙》,载《韬奋全集》第2卷,上海人民出版社1995年版,第102—103页。
⑤ 邹韬奋:《美法总统的薪俸》,载《韬奋全集》第2卷,上海人民出版社1995年版,第250页。

犬升天"的现象。约翰·柯立芝"虽是总统的儿子,在美国实与一个平民无异"①。胡佛的儿子"小胡佛"在美国"西方飞船转运公司"(Western Air Express)供职,"和其他职员一样的要严守公司的一切规则"②。在英法美这些国家,人人都要"从下层工作做起以求上进,不凭藉任何奥援或势力"③。拼爹是不好用的,也是不管用的。

（6）司法独立。在英法美这些民主国家,司法是独立的,"法官为终身职,不受政潮的影响"。"英国的内阁虽随政党为进退,但由内阁所任命的法官却是终身职";"美国的总统是有党籍的,但是美国联邦的法官由总统得到上议院同意任命后,除了弹劾之外,也是不能免职的"。司法独立不仅可以"培养法官正直无私不偏不倚的胆量",而且能"增加人民尊重法律的观念"④。

（7）法律面前人人平等。中国有句话叫"有钱能使鬼推磨",但在美国,这句话不适用。美国的煤油巨商辛克勒尔因蔑视法庭被判监禁九十天。辛氏虽在美国商界位高权重,但"一受法律之制裁,即须全照常人一样关入狱里,饱尝铁窗风味"。在英法美这些民主国家,法律"不认得贫富,不认得阶级,是一律平等的"⑤。

（8）女权发达。在英法美这些国家,经过各界人士的多年努力,女子不仅在法律上而且在实际政治生活中获得了与男子平等的地位。在1928年5月的英国总选举中,妇女的选票"竟有举足轻重的地位,各党都不得不求她们的帮忙"⑥。英国一向"以守旧闻于世",但它不仅下

---

① 邹韬奋:《美总统儿子开始工作》,载《韬奋全集》第2卷,上海人民出版社1995年版,第427页。
② 邹韬奋:《老子是另一回事》,载《韬奋全集》第2卷,上海人民出版社1995年版,第669页。
③ 邹韬奋:《美总统的儿子》,载《韬奋全集》第2卷,上海人民出版社1995年版,第309页。
④ 邹韬奋:《终身事业》,载《韬奋全集》第3卷,上海人民出版社1995年版,第164页。
⑤ 邹韬奋:《那样富也无可如何》,载《韬奋全集》第2卷,上海人民出版社1995年版,第643—644页。
⑥ 邹韬奋:《英国总选举中的家事》,载《韬奋全集》第2卷,上海人民出版社1995年版,第696页。

议院中"有十个女议员"①,而且"榜翡尔女士"还被英国首相麦克唐纳尔任命为"劳工部部长"②。"女权的膨胀,一天高一天"③,这是欧美社会的大趋势。

此外,在英法美这些国家,政府领导人到期离任,不得恋栈。不仅如此,"美国做过总统卸任之后,都另就一种职业以自给"④。总统来自人民,在任职期间为国家服务,为人民效力,可以享受一定的特殊待遇,但期满离职后即与普通人无异,不能另有特权。

从以上论述可以看出,1919—1930年,邹韬奋对英法美等西方资本主义国家民主政治的基本认识就是好民主、真民主,是民主带来了英法美的繁荣、稳定、进步。此时的邹韬奋在民主问题上还没有什么阶级观念,只有一般的民主概念。在欧美资本主义国家中,邹韬奋特别欣赏美国。1928年是美国大选之年,此时美国社会稳定、经济蒸蒸日上,工业产值超过英、法、德三国总和,占整个资本主义世界工业产值的48.5%,时任美国总统柯立芝宣称,美国人民已达到了"人类历史上罕见的幸福境界"。在这样的历史背景下,邹韬奋主办的《生活》周刊连篇累牍地报道美国的这次大选。在为介绍美国大选写的一系列文章中,邹韬奋多次表露了这样一个信息:美国是一个理想世界,"不愧称为民主国"⑤。不过,值得注意的是,在这一阶段,邹韬奋并不十分了解西方资本主义世界,其对西方的认识主要来源于国外报刊、《生活》杂志的海外通信员,以及一些亲朋好友的见闻。

---

① 邹韬奋:《女权膨胀》,载《韬奋全集》第2卷,上海人民出版社1995年版,第826页。
② 邹韬奋:《英国内阁的女部长》,载《韬奋全集》第2卷,上海人民出版社1995年版,第704—705页。
③ 邹韬奋:《夫妇同做国会议员》,载《韬奋全集》第2卷,上海人民出版社1995年版,第134页。
④ 邹韬奋:《到棺材先生家里做客》,载《韬奋全集》第2卷,上海人民出版社1995年版,第535页。
⑤ 邹韬奋:《美总统的儿子》,载《韬奋全集》第2卷,上海人民出版社1995年版,第309页。

## 二 否定（1931—1937）："美国的'德谟克拉西'政府是华尔街资本专政的假面具"

1929年，就在胡佛就任美国第31任总统，向国民许诺"每家锅里有一只嫩鸡，车房中有两辆车"，吹嘘"美国比以往任何时候都更接近于最终战胜贫困"的时候，资本主义世界一场前所未有的经济危机悄然而至。危机期间，欧美各国大批企业破产，工业生产下降37.2%，退回到19世纪末20世纪初的水平，失业人数激增，失业率高达30%以上，呈现出"经济恐慌、百业萧条"①的凄凉景象。这给立于"平民地位"，致力于"民族兴盛与社会改进"②的邹韬奋以极大的刺激，1931年7—8月，邹韬奋在《今后全国应集注的三大工作》一文中说："旷观世界大势，看清无限制的私人资本主义之终必走上绝路"③。之后他多次表露出对资本主义前途的失望。"世界大势所趋，私人资本主义终必灭亡，社会主义终必胜利，在有识者已认为无疑的倾向。"④"资本主义进展到了第三期……是朝着'油干灯草尽'的路线走去，这是很显然的趋势。"⑤

根据笔者的研究，1928年8月邹韬奋为配合国民政府的"改订新约"运动在《生活》周刊第3卷第38期发表了《不平等条约到底说些什么?》，在文中首次使用"帝国主义"这一概念⑥，但在1930年3月

---

① 邹韬奋：《剩余的孩子》，载《韬奋全集》第5卷，上海人民出版社1995年版，第302页。
② 邹韬奋：《我们的立场》，载《韬奋全集》第3卷，上海人民出版社1995年版，第256—257页。
③ 邹韬奋：《今后全国应集注的三大工作》（下），载《韬奋全集》第3卷，上海人民出版社1995年版，第395页。《今后全国应集注的三大工作》包括上、中、下三部分，分别发表在《生活》周刊1931年第6卷第30、31、32期。
④ 邹韬奋：《研究与盲从》，载《韬奋全集》第3卷，上海人民出版社1995年版，第435页。
⑤ 邹韬奋：《萍踪寄语（初集）·弁言》，载《韬奋全集》第5卷，上海人民出版社1995年版，第615页。
⑥ 邹韬奋：《不平等条约到底说些什么?》，载《韬奋全集》第2卷，上海人民出版社1995年版，第220—222页。

以前，他对这个概念仅偶一用之①。1930年8月，在邹韬奋发表的文章中出现了"资产阶级"这一概念②，同年10月，出现了"资本主义"这一名词③。1930年，资本主义、资产阶级这两个既有区别又有联系的概念在邹韬奋的文章中先后亮相，并连同之前就出现的"帝国主义"这一概念一起被多次使用，这表明，邹韬奋已在一定程度上接受了阶级论。联系他的相关文章可以看出，1930—1932年是邹韬奋对资本主义世界的认识由肯定到否定的转变期。

1931年年初，胡愈之以世界语学者的身份对莫斯科进行了为期七天的访问，写下了著名的《莫斯科印象记》，介绍了其在苏联的所见所闻。在该书的序言中，胡愈之说：十月革命后的苏联"产生了许多奇迹"，比如"苏联产业改造超过亚美利加的速率"，但最大的奇迹却是"人性的发现"。他说苏联是一个充满爱的社会，"在莫斯科使我最惊奇的，是我所遇见的许多人，都是大孩子：天真，友爱，活泼，勇敢"。他断言，这是"因为苏维埃革命，是以废除掠夺制度、奴隶制度为目的的。掠夺制度一旦废除以后，有手有脑的人，不必再为生活而忧虑；人不必依靠剥削别人或向人求乞而生存；这样成人与孩子间的鸿沟自然是给填平了"④。胡愈之的文章给坚持平民立场、关注大众生活的邹韬奋以很大的启迪，仿佛在迷茫黯淡的探索之路上突然看到了一盏明灯。他马上写了《读〈莫斯科印象记〉》一文，向读者推荐胡愈之的著述。不久，邹韬奋又阅读了曹谷冰的《苏联视察记》，更确信苏联社会主义前景的光明与美好。1931年10月，邹韬奋在毕云程的陪同下专程拜访

---

① 据笔者不完全检索，邹韬奋1929年的文章仅在《虽败犹荣》一文中出现过"帝国主义"一词。
② 邹韬奋：《教育革命的应声》，载《韬奋全集》第3卷，上海人民出版社1995年版，第196页。
③ 邹韬奋：《梁胡讨论的讨论》，载《韬奋全集》第3卷，上海人民出版社1995年版，第222—224页。
④ 胡愈之：《莫斯科印象记》，载《胡愈之文集》（Ⅱ），生活·读书·新知三联书店1996年版，第354—355页。

了胡愈之，约他为《生活》周刊撰稿。

与胡愈之相识以后，邹韬奋的思想发生了很大的变化。1932年7月，他在《生活》周刊第7卷第26期发表《我们最近的趋向》，指出"中国乃至全世界的乱源，都可归结于有榨取的阶级和被榨取的阶级，有压迫的阶级和被压迫的阶级，要消灭这种不幸的现象，只有社会主义的一条路走，而绝非行将没落的资本主义和西洋的虚伪民主政治的老把戏所能挽救。……中国无出路则已，如有出路，必要走上社会主义的这条路"①。这是邹韬奋第一次公开批判资本主义民主，标志着他对资本主义民主的认识进入了否定阶段。

1931年，"九·一八"事变爆发，邹韬奋立即在《生活》周刊上呼吁"全国上下一致团结对外"②。他严厉斥责张学良的不抵抗主义，指出"'不抵抗主义'就是'极端无耻主义'"③。他批评国民政府不积极备战而寄希望于国联主持正义的做法，指出："国际联盟为帝国主义的列强所把持，无弱小民族申冤之余地，早为彰明较著的事实"④。《生活》周刊"对于民族解放的倡导及不抵抗主义的严厉攻击尤不遗余力"⑤，表达了广大民众的心声，因而其发行量大增，达15万份以上，这引起了国民党当局的高度警惕。蒋介石先是让胡宗南约邹韬奋谈话，要他改变办刊立场，遭到拒绝后，又以"批评政府就是反对政府"⑥为由，禁止邮递该杂志。在白色恐怖的威胁下，邹韬奋听从朋友们的建议，决定出国考察，"藉此暂离，以和缓对方对《生活》之紧张"⑦。从1933年7月14日到1935年8月27日，在两年多的时间里，邹韬奋先后考察了

---

① 邹韬奋：《我们最近的趋向》，载《韬奋全集》第4卷，上海人民出版社1995年版，第412页。
② 邹韬奋：《一致的严厉监督》，载《韬奋全集》第5卷，上海人民出版社1995年版，第52页。
③ 邹韬奋：《无可掩饰的极端无耻》，载《韬奋全集》第3卷，上海人民出版社1995年版，第446—447页。
④ 邹韬奋：《除自救外无办法》，载《韬奋全集》第5卷，上海人民出版社1995年版，第54页。
⑤ 邹韬奋：《患难余生记》，载《韬奋全集》第10卷，上海人民出版社1995年版，第827页。
⑥ 同上书，第828页。
⑦ 邹嘉骊编著：《邹韬奋年谱长编》上卷，上海交通大学出版社2015年版，第473页。

亚洲、欧洲和美洲的多个国家，获得了认知世界各国状况的第一手资料，并在《萍踪寄语》和《萍踪忆语》中，对英法美等国的社会问题、资本主义民主的虚伪性给予了无情的揭露和批判。

在法国，邹韬奋目睹了法国人的浪漫、社会组织的严密以及"利用科学于交通上的效率"①，同时也看到了很多"衣服褴褛蓬发垢面的老年瞎子"，"一面叫卖一面叹气的卖报老太婆"，以及"无数花枝招展挤眉弄眼向人勾搭的'野鸡'"等"很凄惨的现象"②。

法兰西的民主在欧洲占"第二把交椅"③，但法国的所谓民主除了以闹"阁潮"闻名于世以外，似乎并没有什么值得大书特书的地方。从第一次世界大战至作者到欧洲考察时，不到二十年的时间，法国"已有了三十一次的内阁"④。邹韬奋还亲眼目睹了法国众议院讨论议案的"热闹"场景——"本党人发言，本党的议员大鼓其掌，反对党的议员便同时你一句我一句插着大声瞎闹，此时最难做的是议长，拿着一个戒尺在桌旁打着，不行，就大摇桌上的钟，有时可因此略停数分钟吵闹，不久又闹做一团"⑤。

在英国，邹韬奋发现"伦敦一般居民的住宅，除贫民窟的区域外，都设备得很清洁讲究，在马路上就望得见华美的窗帷"⑥。但就在这华美的窗帷的后面，却有着"天天在孤独劳苦中挣扎地生活着"⑦的老人，有着"因受经济压迫而不得不以'皮肉'做'生产工具'"⑧的良家妇女。

英国是欧洲老牌资本主义国家，也是欧洲经济最发达的资本主义国

---

① 邹韬奋：《瑕瑜互见的法国》，载《韬奋全集》第5卷，上海人民出版社1995年版，第693页。
② 邹韬奋：《巴黎的特征》，载《韬奋全集》第5卷，上海人民出版社1995年版，第688页。
③ 邹韬奋：《再到巴黎》，载《韬奋全集》第5卷，上海人民出版社1995年版，第793页。
④ 同上。
⑤ 同上书，第794页。
⑥ 邹韬奋：《华美窗帷的后面》，载《韬奋全集》第5卷，上海人民出版社1995年版，第718页。
⑦ 同上。
⑧ 同上书，第720页。

家,但在英国,社会的两极分化非常严重。在伦敦,西伦敦(West End)与东伦敦(East End)完全是两个世界:前者是富人的世界,繁华阔绰、光彩耀人;后者是大规模的贫民窟,阴暗破旧、肮脏不堪。"电车一开进了这个区域,就看见在西伦敦所没有的旧式烧煤的汽车在街上跑来跑去……电车上的乘客也不同了,都穿着破旧的不整齐的衣服","贫民窟里的住宅,大都是建筑于百年前的老屋……一所屋里每住着几十家,一个小小的房间里堆满着许多人","英国是科学发达的国家,电灯应该是很普遍的了,但在这一带贫人住宅里,还是用着油灯或点着蜡烛"①。在英国"贫民窟居民的死亡率常比普通的增加一倍至两倍,婴孩死亡率更厉害"②。

在伦敦,邹韬奋见识了"英国式的'君子人'(Gentleman)的音容态度",还感知到了西方人排队、守秩序的好习惯,这些都给他留下了美好的印象。但同时,另一些景象——伦敦街头五花八门的叫花子又让他心酸,感慨万千。在伦敦,最常见的叫花子是东一个西一个捧着小纸盒的卖自来火的人,其他的还有在马路边吹口琴的、拉手风琴的、吹喇叭的、打洋琴的、翻筋斗的、拿着书高声诵读的,甚至还有穿着学位服"大声演讲"的,这些都是变相的乞丐。③ 这些人之所以用各种方式掩饰着自己的乞讨行为,就是因为放不下面子,"舍不得独立观念"④。对于这些人,邹韬奋意味深长地评价道:"有独立观念的叫花子,其现象比单纯的叫花子,当然更含有严重的意义。"⑤

英国是西方近代民主政治的发源地,"在政治上向有'巴立门的母亲'的尊称"。邹韬奋在英国下议院旁听了议员们的"滔滔辩

---

① 邹韬奋:《大规模的贫民窟》,载《韬奋全集》第5卷,上海人民出版社1995年版,第764页。
② 同上书,第765页。
③ 邹韬奋:《独立观念中的叫花子》,载《韬奋全集》第5卷,上海人民出版社1995年版,第767—768页。
④ 同上书,第767页。
⑤ 同上书,第766页。

论"。他观察到，与法国的哄闹不同，英国众议院是"所谓'绅士式的战争'"①——"英国的众议院开会的时候，秩序比较好，一人说话未完时，别人很少起来插嘴，讲到得意时，本党的人也不过附和急叫'hear! hear!'罢了"②。

邹韬奋发现，这种"绅士式的战争"虽然秩序比较好，但从根本上看，也是资产阶级骗人的把戏。英国的执政党与反对党，"虽似乎处于敌对的地位，但根本上都是拥护资产阶级利益的政党"。"这两大队'绅士们'，无论他们在会场上的'绅士式的战争'干得怎样有声有色，要想他们能从这'战争'中对现存的社会制度及政治制度弄出什么根本的改革来，那是绝对无望的。"③

在政治舆论方面，资本主义国家往往有所谓"言论自由""新闻自由"之说，那么，真实的情况如何？其对社会又有何意义？在考察英法的时候，邹韬奋发现："法国的报纸，无论极'左'的报或极右的报，对于政府的批评指摘，都尽量地发挥……议员在议院里当面斥责政府要人，那更是司空见惯的事情。"④ 在英国，《每日传知》《新导报》《每日工人》等左翼报刊，明目张胆地攻击政府，嘲讽政要，但"从没有听见政府当局说他们有反动嫌疑，非搜查没收不可"⑤。英法这些国家的"言论自由"和"新闻自由"都是真实的。与专制的国家相比，英法民主政治的"最大的特点可以说人民的确已得到'纸上自由'了"⑥。

英法的言论自由虽然是真实的，但这种自由除了可以让受压迫者可以"呻吟呼冤"⑦，发泄一下不满和怒火外，它的社会意义是很有限的。

---

① 邹韬奋：《"巴立门的母亲"》，载《韬奋全集》第 5 卷，上海人民出版社 1995 年版，第 754—755 页。
② 邹韬奋：《再到巴黎》，载《韬奋全集》第 5 卷，上海人民出版社 1995 年版，第 794 页。
③ 邹韬奋：《"巴立门的母亲"》，载《韬奋全集》第 5 卷，上海人民出版社 1995 年版，第 755 页。
④ 邹韬奋：《纸上自由》，载《韬奋全集》第 5 卷，上海人民出版社 1995 年版，第 760 页。
⑤ 同上书，第 761 页。
⑥ 同上书，第 760 页。
⑦ 同上书，第 763 页。

"号称'巴立门的母亲'的英国,为欧洲'民主政治'国家的老大哥,关于'纸上自由'或'嘴巴上的自由',也可算是发挥到淋漓尽致了"①,但"在行动上,统治阶级的爪牙——警察侦探等……也就防范得厉害"。英国政府动用大批警察采用盯梢、跟踪、盘查等方法对付共产党员和有共产主义倾向的人,"好像布满着天罗地网似的"②。因此,要想依靠所谓舆论批评来达到变革或消灭资本主义的目的,只能是"纸上谈兵"③。

美国是邹韬奋海外之行的最后一站。当时美国已是资本主义国家的巨擘,"是一个资本主义发达到最高度的代表型的国家"④。在这里,他看到了著名的自由女神像和"好像成群结队似的矗立着的摩天高屋(Skyscraper)"⑤,感受到了美国的科学进步和"在利用机器方面特别发达"⑥,同时也看到了:

(1)色情表演和私娼:在纽约百老汇,"可以看见成群的年青女子几乎是完全裸体,在台上作各种舞蹈,还有单独的女子最初穿着舞衣在台上依音乐步行,逐渐把衣服脱去,脱得几乎一丝不挂"。这就是当地最著名的"大腿戏"。邹韬奋抨击说,这是"在不合理的社会制度里性的诱惑之尽量的被人作为剥削的一种工具"的表现。除了色情表演之外,纽约的私娼也很繁盛,"在百老汇路最热闹的一段的旁路里就有五十多处'秘窟'"⑦。

(2)贫富悬殊突出:在纽约这个世界上最富的城市里,有两类人,一类是"靠着剥削他人血汗"获得财富的富人,居住在宽敞豪华的洋

---

① 邹韬奋:《纸上自由》,载《韬奋全集》第5卷,上海人民出版社1995年版,第760—761页。
② 同上书,第763页。
③ 同上书,第760页。
④ 邹韬奋:《萍踪忆语·弁言》,载《韬奋全集》第7卷,上海人民出版社1995年版,第294页。
⑤ 邹韬奋:《从伦敦到纽约》,载《韬奋全集》第7卷,上海人民出版社1995年版,第305页。
⑥ 邹韬奋:《物质文明与大众享用》,载《韬奋全集》第7卷,上海人民出版社1995年版,第309页。
⑦ 邹韬奋:《从伦敦到纽约》,载《韬奋全集》第7卷,上海人民出版社1995年版,第308页。

房里,"内部设备的华丽,起居饮食的舒服"以及大客厅的"富丽堂皇",再好的笔墨也"难于描述其万一"①;一类是"靠着出卖劳动力来勉强过活"②的穷人,往往是几十个人家拥挤在"一所破旧的公寓里",室内"桌椅不齐,拥挤不堪"③。"一是天堂,一是地狱"④,就这样在世界上最富有的城市纽约共存着。

(3) 种族歧视:19世纪60年代,经过南北内战,美国废除了奴隶制。从那时起,到20世纪30年代,历史已过去了一个甲子以上,美国黑人的状况如何呢?在考察中,邹韬奋发现,美国"仍然有着变相的农奴","所谓解放黑奴,只是历史教科书上的一句空话罢了"⑤。譬如,在首都华盛顿,"除在黑区外,任何公共的地方,各旅馆菜馆戏院等等,都不许(黑人)进去。白种人做汽车夫的街车,也不肯载黑客。白人开的旅馆不但不许黑人进去住,连黑人偶来访友,也不许乘电梯"⑥。又譬如"依法律虽不许买卖人口,但是在美国的南方'黑带'里,甲地主要向乙地主让若干变相的农奴,只要出多少钱给甲地主,以代这些变相的农奴还债为词,便可用塌车整批地运走"⑦。在美国南方,白人不仅侮辱黑人为"尼格"(Nigger),推行种族隔离政策,而且"用最残酷的私刑弄死黑人"⑧。

(4) "合理化"成了榨取工人血汗的帮凶。在考察中,邹韬奋经常听人谈起"Speed-up"(意译为"赶快")这个词。但他注意到"这个

---

① 邹韬奋:《世界上最富城市的解剖》,载《韬奋全集》第7卷,上海人民出版社1995年版,第332页。

② 同上。

③ 同上书,第331页。

④ 同上书,第332页。

⑤ 邹韬奋:《由柏明汉到塞尔马》,载《韬奋全集》第7卷,上海人民出版社1995年版,第466页。

⑥ 邹韬奋:《南游》,载《韬奋全集》第7卷,上海人民出版社1995年版,第455页。

⑦ 邹韬奋:《由柏明汉到塞尔马》,载《韬奋全集》第7卷,上海人民出版社1995年版,第465页。

⑧ 邹韬奋:《黑色问题》,载《韬奋全集》第7卷,上海人民出版社1995年版,第448页。

名词，你和美国工人谈起，他们是最切齿痛恨的"[1]。为什么呢？因为"赶快"这种"资本主义合理化"运动"是由雇主所聘用的专家依着所计划的方法，在机器上增加种种特制的机件，在工厂的布置上增加种种紧凑的安排，使工人的工作速度非常地增加"，"这在雇主方面是可以获得更大的利润，更多的财富。在工人方面呢，所得的结果是更艰苦更迅速的工作，更多的危险和更短的生命，更多的减工和更多的失业，更长的工作时间，更少的休息期间，工资的更甚的减少和生活程度的更甚的减低"[2]。一句话，资本主义的"Speed-up"，只有利于资本家而不利于工人，是榨取工人血汗方式的进步。

在目睹了美国社会的种种黑暗和不合理之后，邹韬奋对美国的民主制度作出判断说："美国的'德谟克拉西'政府是华尔街资本专政的假面具。"[3] 华尔街的工业资本家和金融资本家"凭藉着经济的无上威权，控制着共和和民主两个政党的机构，指挥着全国的政治策略"，"号称'公仆'的德谟克拉西的大总统，以及无数的大小官吏，都不过是这些'大亨'们的在后面牵着线的舞台上的傀儡罢了！"[4]

"在政权操诸资产阶级的国家，虽有以民主政治为幌子的，其实各政党后面都各有其资产阶级做后台老板，他们所能容许推举出来的'贤人'，都不过是最能有益于他们少数人利益的人物，否则便没有登台的希望"[5]。这是邹韬奋在1932年年底写下的一段话，两年多的出国考察，更坚定了他的这一认识。资产阶级民主是假民主，是"欺骗民众"[6]的鬼把戏。这就是邹韬奋这一阶段对资本主义民主的认识。

---

[1] 邹韬奋：《赶快》，载《韬奋全集》第7卷，上海人民出版社1995年版，第359页。
[2] 同上书，第360页。
[3] 邹韬奋：《掌握全美国经济生命的华尔街》，载《韬奋全集》第7卷，上海人民出版社1995年版，第322页。
[4] 同上书，第317—318页。
[5] 邹韬奋：《人的问题还是政体问题》，载《韬奋全集》第5卷，上海人民出版社1995年版，第403页。
[6] 邹韬奋：《萍踪寄语（三集）·弁言》，载《韬奋全集》第6卷，上海人民出版社1995年版，第9页。

与前一阶段相比，邹韬奋思想认识上的一个重要特点是不再就政治谈政治，而是把西方的社会问题和政治问题联系起来。他深入英法美等国家的下层群众中考察他们的日常生活，发现了资本主义国家触目惊心的贫困和尖锐的贫富对立，看到了资本主义垂死和腐朽的一面，而这正是他批判资本主义、否定资产阶级民主的依据。

除考察欧美资本主义世界以外，邹韬奋也游历了他心中神往已久的苏联。此时他已经"接受了有限的马克思主义和列宁学说，倾向于社会主义革命"，加上"时间的短暂、语言的障碍、交通的困难、东道主对旅游活动的精心安排以及生活上无微不至的照顾，苏联旅行社以及外交文化协会等机构的无形'操纵'等"①，苏联之行让他相信苏联的"无产阶级独裁"比欧美的"实际为资产阶级独裁而偏要自谓为全民利益"的资产阶级民主把戏更代表民众的利益。"苏联的领袖，党，和勤劳大众，是联络成一片的，也可说是'三位一体'。党之所以成功，是因为能代表勤劳大众的利益；领袖之所以成功，是因为能领导全党为着勤劳大众的利益而奋斗。领袖领导党，党领导大众。就另一意义说，党受勤劳大众的意识、愿望所领导；领袖的功能也在能使党受勤劳大众的意识、愿望所领导。"②"苏联的新社会不是乌托邦，是从现实中做出发点而英勇斗争出来的；是一万六千五百万的大众靠着自己的奋斗迈进，解除了压迫和剥削的锁链，铲除了人剥削人的制度，根据他们所信仰的根本原则，继续向着自由平等的人的生活大道走。"③虽然只是惊鸿一瞥，但苏联之行极大地增进了邹韬奋对无产阶级专政的认同，进而更坚定了他对资产阶级民主的否定。

20世纪30年代初，一方面，欧美资本主义国家还在1929—1933年

---

① 陈晓兰：《"两个苏联"——20世纪30年代旅苏游记中的苏联》，载《性别·城市·异邦：文学主题的跨文化阐释》，复旦大学出版社2014年版，第210页。
② 邹韬奋：《关于苏联的一般的概念》，载《韬奋全集》第6卷，上海人民出版社1995年版，第277页。
③ 同上书，第279—280页。

的经济大萧条中挣扎；另一方面，苏联完成了第一个五年计划，建立了比较完整的国民经济体系，实现了从农业国到工业国的转变，社会建设事业蒸蒸日上。此时，苏联的大肃反还没有开始，其政治体制的弊端还没有暴露出来。两相对照，反差明显，这是邹韬奋此时全面否定资本主义民主的时代背景和重要依据。

### 三　扬弃（1937—1944）："英美多党政治中的争权替嬗……正是民主精神的表现"

1935年10月，中共发表著名的"八一宣言"，提出了建立抗日民族统一战线的方针，不久又提出了"联蒋抗日"的口号。1936年年底，西安事变和平解决，标志着以国共合作为基础的抗日民族统一战线基本形成。1937年7月，卢沟桥事变爆发，中日战争从局部扩大到整体，国共两党本着"兄弟阋墙、外御其侮"的精神，迅速携起手来，共赴国难。

全面抗战爆发以后，沈钧儒、邹韬奋等七君子很快被国民政府从监狱中释放。出狱后的邹韬奋立即投入抗日救国的伟大事业中，先后创办了《抗战》三日刊、《全民抗战》、《大众生活》（复刊）等多种杂志，向民众宣传民主抗战、团结抗战、全民抗战、持久抗战等进步思想，用一个报人最擅长的办刊活动和文字宣传为中华民族神圣的抗战事业贡献力量。抗战时期，邹韬奋对欧美资本主义民主政治的认识达到了一个新的阶段：

（1）资产阶级民主有其进步性：抗日战争和第二次世界大战是全世界进步力量反对法西斯主义的战争。在这样的形势下，邹韬奋对资本主义民主的进步性作了重新思考。

一方面，他认为与苏联"实际上已达到全国人民共享"[①] 的社会主

---

[①] 邹韬奋：《我对于民主政治的信念》，载《韬奋全集》第10卷，上海人民出版社1995年版，第387页。

义民主相比,"资本主义民主的限度却是很显然的"①,"尤其是财产限制所加的束缚"②。换言之,因为没有经济平等这一前提,资本主义民主政治"实际上还是由少数人操纵"③,并没有真正达到人民当家做主的理想境地。"英美是多党的民主政治,但是他们的议会里拥有多数议席的政党,未必能代表大多数人民的利益。"④

另一方面,邹韬奋认为,不能因此就否定资本主义民主的进步性,把它看作与法西斯专政毫无二致的东西。他说:英美这些国家是"资产阶级在实际上专政的民主",而德意日这些国家是"资产阶级专政的反民主"⑤。双方虽然都是资产阶级的政治统治形式,却有着本质的不同。"英美民主政治领袖及其政府是由民意通过选举而产生的,其权力是由人民通过所选出的民意机关依宪法及法律程序而授与的,经常还须受民意机关的监督;法西斯国家的领袖及政府,却是由压迫人民欺骗人民,靠枪尖来支持,人民只有呻吟宛转于暴政之下而无可如何。"⑥前者是民主阵线的一部分,后者是反民主阵线的。前者"至少还给人民以相当限度的民主权利"⑦,后者却是"民主政治的最顽固反动的障碍物"⑧。

20世纪30年代中后期,苏联发生了惨绝人寰的大肃反运动,成千上万无辜的公民被流放和枪决。大肃反运动是苏联以一党专政和领袖独

---

① 邹韬奋:《宪政与民主》,载《韬奋全集》第9卷,上海人民出版社1995年版,第265页。
② 同上书,第112页。
③ 邹韬奋:《欧局的惊人变化》,载《韬奋全集》第9卷,上海人民出版社1995年版,第440页。
④ 邹韬奋:《〈关于宪政与文学的几个问题〉编者按》,载《韬奋全集》第10卷,上海人民出版社1995年版,第36页。
⑤ 邹韬奋:《我对于民主政治的信念》,载《韬奋全集》第10卷,上海人民出版社1995年版,第390页。
⑥ 邹韬奋:《中国民主的一般性》,载《韬奋全集》第10卷,上海人民出版社1995年版,第750页。
⑦ 邹韬奋:《苏联的民主》,载《韬奋全集》第9卷,上海人民出版社1995年版,第112页。
⑧ 邹韬奋:《我对于民主政治的信念》,载《韬奋全集》第10卷,上海人民出版社1995年版,第386页。

裁为核心的高度集权政治体制的必然产物，"并非斯大林个人的心术特别坏些"①。可能由于20世纪30年代初的苏联之行留下的印象太美好，也可能是因为没有得到苏联大肃反的相关信息，此时邹韬奋仍坚信苏联是世界上最民主的国家，苏联的民主"不仅是限于政治的活动方面，而在实际上是渗透于全国人民各部分的生活里面去"②。苏联的政治"是无产阶级的政党的一党的民主政治"③，"苏联一党政治的'一'，是由全国最大多数人民所要求，是为着全国最多数人民的利益而自然存在的"④。邹韬奋对苏联民主政治的崇拜和为苏联一党专政所做的辩护在今天看来确实有失公允，但在当时的历史条件下却是可以理解的。毕竟，直到1956年苏共二十大以后，整个世界，特别是社会主义者，对斯大林时期的苏联才获得了比较客观的认识，而此时邹韬奋已经去世12年了。

邹韬奋对苏联政治的认识虽然有失偏颇，但他通过对比英美民主政治和德意日法西斯专政来论证前者的进步性的做法无疑是睿智的。他引用英人斯隆的观点说："英国的民主当然较胜于法西斯国家的独裁。"⑤民主是专制和独裁的对立物，英美民主是为资产阶级服务的，不够理想，但仍有反专制、反独裁的进步性。抗战时期，邹韬奋既把英美的民主政治与苏联的民主政治相比较，寻找它的不足，又把它与德意日的独裁统治相对比，探寻它的进步性，这显然已经跳出了简单比较的方法，带有很强的辩证理性色彩。

（2）资产阶级民主有真实的一面。如前所述，邹韬奋曾把资产阶

---

① 陈独秀：《给西流的信》，任建树等编《陈独秀著作选》第三卷，上海人民出版社1993年版，第553页。

② 邹韬奋：《苏联的民主》，载《韬奋全集》第9卷，上海人民出版社1995年版，第107页。

③ 邹韬奋：《〈关于宪政与文学的几个问题〉编者按》，载《韬奋全集》第10卷，上海人民出版社1995年版，第36页。

④ 邹韬奋：《一党专政与以党治国》，载《韬奋全集》第10卷，上海人民出版社1995年版，第717页。

⑤ 邹韬奋：《苏联的民主》，载《韬奋全集》第9卷，上海人民出版社1995年版，第112页。

级民主称为虚假的、欺骗民众的鬼把戏。抗战时期，邹韬奋对这一认识有所修正，他认为资产阶级民主有真实的一面。

邹韬奋认为，任何一个国家的民主都是一般性和特殊性的统一。所谓一般性，就是"民主政治必具的因素或条件"。"如果失去了这一般性，便不是民主，或徒具民主之名而无民主之实。"① 所谓民主的特殊性，就是由于各国的国情——历史、经济、文化等方面的不同，从内容和表现形式上看，"各国民主各有其特点"②。从世界范围看，不仅苏联的社会主义民主有别于英美的资产阶级民主，而且"在欧美各民主国，彼此之间各有其特点"③。

"民主"一词起源于希腊文，由"人民"和"治理"两个希腊字合组而成，意为"人民的统治"或"由人民来治理"。邹韬奋指出："民主政制的意义，最扼要而为政治学权威所一致接受的是美国总统林肯所说的'民有、民治、民享的政府'。在实际上合于这个原则的是民主，在实际上不合于这个原则的便不是民主。"④ 把林肯的民有、民治、民享三原则具体化到政治实践中，可以得到现代民主政治的三个一般性条件："第一，必须有真正的民意机关；第二，必须有真能对这样的民意机关切实负责的政府；第三，必须切实保障宪法上所规定的人民的民主权利，人民并得通过民意机关监督其切实保障之必须实现。"⑤ 拿这一标准来衡量英美，他认为英美是"政治比较上轨道的国家"⑥，是"先

---

① 邹韬奋：《中国民主的一般性》，载《韬奋全集》第10卷，上海人民出版社1995年版，第746页。

② 同上。

③ 同上。

④ 邹韬奋：《民主阵线中的苏联》，载《韬奋全集》第10卷，上海人民出版社1995年版，第700页。

⑤ 邹韬奋：《中国民主的特殊性》，载《韬奋全集》第10卷，上海人民出版社1995年版，第758页。

⑥ 邹韬奋：《国际反侵略运动》，载《韬奋全集》第8卷，上海人民出版社1995年版，第386页。

进的民主国家"①。

从第一点看，"国会是民主政治的一个重要机构"②，有无经人民选举产生的国会是衡量一个国家有无民主的重要标准。西方国家的国会在封建时代是"咨询机关"，其成员也是由"统治者为人民指派"，但经过资产阶级和人民的长期斗争，国会不仅实现了民选，而且国会的权力也发生了质的转变，成为"具有最后决定权的民意机关"③。国会代表的选举也从"最初限制极严"渐渐地走向"平民化普遍化"④。普遍、平等、直接、无差别的无记名投票，已成为现代资产阶级民主政治的基本特征。

从第二点看，西方国家的议会不仅有"立法之权"，而且还有"监督之权""弹劾之权"。"英法的内阁，国会不信任就须改组，不能'笑骂由他笑骂，好官我自为之'。"英法美这些国家的国会"对于高级官吏有持续不断的监督之权，必要时有弹劾之权。"⑤ 正是因为欧美民主国家的国会拥有监督和弹劾之权，所以议会开会时，往往出现质询不断、争执不休，令政府官员无法下台的"紧张情形"⑥。

从第三点看，"宪法是一张写着人民权利的纸。"⑦ 欧美民主国家，无论是英法美还是其他哪一个，"翻开他们的根本大法——宪法——可以看到对于人民的言论出版集会结社自由，都有规定"⑧，更重要的是

---

① 邹韬奋：《政治上的学习精神》，载《韬奋全集》第10卷，上海人民出版社1995年版，第794页。

② 邹韬奋：《宪政与民主》，载《韬奋全集》第9卷，上海人民出版社1995年版，第267页。

③ 邹韬奋：《中国民主的一般性》，载《韬奋全集》第10卷，上海人民出版社1995年版，第748—749页。

④ 邹韬奋：《民意机关的组织与职权》，载《韬奋全集》第10卷，上海人民出版社1995年版，第781页。

⑤ 邹韬奋：《宪政与民主》，载《韬奋全集》第9卷，上海人民出版社1995年版，第268页。

⑥ 邹韬奋：《民意机关与政治的推进》，载《韬奋全集》第9卷，上海人民出版社1995年版，第40页。

⑦ 列宁：《两次会战之间》，载《列宁全集》第12卷，人民出版社1987年版，第50页。

⑧ 邹韬奋：《言论自由与民主政治》，载《韬奋全集》第10卷，上海人民出版社1995年版，第706页。

这些规定在实际政治生活中有着较好的落实。在欧美民主国家，人民可以自由批评"政治的得失"①。有了这一自由，"在积极方面可以反映人民的要求，在消极方面可以发生继续监督政府督促人民代表的作用。"②在西方民主国家，"民间舆论的力量和民众所表示的倾向"③，是政府当局决定政策的时候不得不加以慎重考虑的重要因素。国会内"有在朝党和在野党之分，各党有各党的目标，往往互相非难"④，但一般不会有"因为人民中有在野党籍或被疑与任何在野党有关系而打破他的饭碗"⑤，更不会出现某个公民因为公开批评政府的某项政策或法令而遭拘捕、监禁，甚至惹来杀身之祸之类的事情发生。

把民主的一般原则具体化，再细致地考察资产阶级民主的方方面面，而不是简单地说"不"，这是邹韬奋民主思想成熟的表现，也是他在这一阶段能对资产阶级民主政治辩证否定，提出比较客观公允的看法的一个重要原因。

（3）资本主义民主有一个发展、进步的过程。一般来说，英国的大宪章运动是西方近代民主政治的起源。"'大宪章'产生于一二一五年；当时由'叛变的'贵族提出一个长表，其中包含种种特许的权力，强迫国王约翰签字承认，即形成了著名于世的'大宪章'。"大宪章"虽不能说有什么民主的倾向，但是已启示了以后人民争取宪政的途径"⑥。1689年，英国议会颁布"权利宣言"，规定"国王不得中止法

---

① 邹韬奋：《实行宪政与文盲》，载《韬奋全集》第10卷，上海人民出版社1995年版，第549页。
② 邹韬奋：《言论自由与民主政治》，载《韬奋全集》第10卷，上海人民出版社1995年版，第707页。
③ 邹韬奋：《国际反侵略运动》，载《韬奋全集》第8卷，上海人民出版社1995年版，第386页。
④ 邹韬奋：《我对于参政会的希望》，载《韬奋全集》第8卷，上海人民出版社1995年版，第34页。
⑤ 邹韬奋：《一个综合的研究》，载《韬奋全集》第10卷，上海人民出版社1995年版，第280—281页。
⑥ 邹韬奋：《宪政与民主》，载《韬奋全集》第9卷，上海人民出版社1995年版，第263页。

律,不得干涉自由选举及国会议员之自由言论与行动"等,民主倾向有了进一步的发展,"是无可否认的事实"①。此后,经过美国的独立战争和法国的资产阶级革命,"'天赋人权'和政府必以被统治者的同意为基础的观念更被普遍地接受了",西方国家的"民主的发展又达到一个较高阶段"②。英法美的资产阶级革命虽然是"由资产阶级为主导",但"这种革命所争取的政治的自由不仅有益于资产阶级,也同样有利于无产阶级与农民"。欧美各民主国的宪法虽然"都是以保障私有财产为前提",但也写入了一些保障大众自由权利的条款,大众可以"利用宪法上所仅与的一些自由,以争取本身的利益"③。

邹韬奋肯定"俄国十月社会主义革命,为民主政治运动划一新时代"④。十月革命以后,苏联出现了与英美的"旧型的民主"有着本质区别的"新型的民主"⑤。社会主义民主"不是少数人的民主,而是大众的民主"⑥,是真正为全体人民共享的民主政治。但他同时认为,十月革命以后,"新型的民主"即社会主义民主"固然是在扩展它的光明的前途",但这并不意味着资产阶级民主就从此走入了绝境,相反,在新型的社会主义民主挑战和刺激下,"旧型的民主(指资本主义国家的民主),由于各国人民继续努力,要求'加深并扩大民主政治的领域',也要逐渐变化它的内容,往更高的阶段前进"⑦。"一战"以后欧美女权运动和劳工运动的实绩,即是最好的注脚。

(4)英美多党政治中的争权替嬗,正是民主精神的表现。邹韬奋

---

① 邹韬奋:《宪政与民主》,载《韬奋全集》第9卷,上海人民出版社1995年版,第264页。
② 同上书,第265页。
③ 邹韬奋:《〈君主立宪与民主立宪的本质问题〉编者附言》,载《韬奋全集》第9卷,上海人民出版社1995年版,第416页。
④ 邹韬奋:《我对于民主政治的信念》,载《韬奋全集》第10卷,上海人民出版社1995年版,第387页。
⑤ 邹韬奋:《苏联的民主》,载《韬奋全集》第9卷,上海人民出版社1995年版,第112页。
⑥ 同上书,第107页。
⑦ 邹韬奋:《我对于民主政治的信念》,载《韬奋全集》第10卷,上海人民出版社1995年版,第388页。

认为，竞争与合作是民主的两种精神，"在民主政治制度下，有了几个政党，为着整个国家的利益，尤其是在一致对外的时候，应该精诚团结，努力合作，同时在有益于国家民族的工作上，却不妨作公平的竞赛，各以优良的成绩取得全国人民的信任"①。因此，他虽然高度赞扬苏联无产阶级专制的一党制，但也不否定资产阶级的多党竞争体制的民主意义："英美多党政治中的争权替嬗，决定于人民的执行'改选'，正是民主精神的表现，而且即在朝党（是由于人民选举结果而上台的，这点最须注意）对于在野党也不能实行'对付异党办法'，压迫异党的存在，而仍须博采舆论（在野党包括在内）。"②"党派是为着它所代表的阶级或阶层的利益而奋斗的！"③英美这些国家虽然是资产阶级国家，主要党派也都是代表资产阶级利益的，但不同的党派联系的阶级或阶层还是有广狭之分的，不同党派的竞选纲领也有一个谁更有利于大众的问题，因此，这些国家的大选对民众而言也就不完全是换汤不换药的骗局。资产阶级不同党派的执政虽然不改变资本主义国家的性质，但这不影响选举本身民主性的一面，英美多党政治中的争权替嬗仍体现出"多数统治"（the rule of the majority）这一民主的原则和特点④。

（5）中国应该积极地学习英美民主政治的优点。子曰："见贤思齐，见不贤而内自省也。"（《论语·里仁》）一个人，只有虚心地学习他人的长处，反省自己的不足，才能进步；一个国家也是这样，只有积极"吸收他国的优点，配合本国的需要，才能向着进步的大道上迈进"⑤。从世界民主发展史看，当民主制度在中国发轫、建立之时，欧

---

① 邹韬奋：《宪政与民主》，载《韬奋全集》第9卷，上海人民出版社1995年版，第270页。
② 邹韬奋：《中国民主的一般性》，载《韬奋全集》第10卷，上海人民出版社1995年版，第749页。
③ 邹韬奋：《党派与人权》，载《韬奋全集》第10卷，上海人民出版社1995年版，第89页。
④ 邹韬奋：《宪政与民主》，载《韬奋全集》第9卷，上海人民出版社1995年版，第271页。
⑤ 邹韬奋：《政治上的学习精神》，载《韬奋全集》第10卷，上海人民出版社1995年版，第795页。

美"先进的民主国家"已有上百年甚至更长的民主实践了，因此，"它们的实际经验，有许多地方可供我们学习，也是极合理而又极寻常的事情"①。中国要建设和完善自己的民主政治，就一定要积极"学习'先进的革命国家和后进的革命国家'在民主政治方面值得我们仿效的优点"，并且"学习的精神愈充分，国家民族与人民大众愈受其福"②。反之，抱残守缺、故步自封、盲目自信，一切都是自家的好，把尚在摸索民主之路的中国当作民主的模范，"一切自由人的天堂"③，把政府设立的一些开明专制的把戏，如抗战时期设置的"国民参政会"一类咨询机构，当作是"民主政治在中国的'充分表现'"④，其结果必然是延误中国民主政治的进程，让国家民族与人民大众"遭受到莫大的灾殃"⑤。

在这一阶段，邹韬奋对西方资产阶级民主的认识带有很明显的理性、辩证的色彩，这固然是他对民主问题的认识由浅入深，由简单、偏颇到复杂、全面，思想趋于成熟的结果，但同时也与当时中国处于全面抗战这一特殊历史阶段有关。

从国际上看，20世纪30年代，法西斯主义者先后控制了德意日等资本主义国家，它们对外穷兵黩武推行侵略扩张政策，对内独断独行，借口"国家至上""民族至上"，剥夺人民的一切权利，给全世界的和平民主带来了极大的威胁。中国的抗战，一方面是民族自卫战争；另一方面是世界反法西斯战争的一部分。当时英美和苏联都是中国的与国，都对中国的抗战给予了物质上和道义上的支持。1942年1月，美、英、苏、中等26国在华盛顿签订了《联合国家宣言》，构筑了世界反法西斯统一战线。这一切，客观上促使中国的有识之士，特别是那些熟悉列

---

① 邹韬奋：《政治上的学习精神》，载《韬奋全集》第10卷，上海人民出版社1995年版，第794—795页。
② 同上书，第799页。
③ 同上书，第795页。
④ 同上书，第166页。
⑤ 同上书，第799页。

宁和斯大林对资本主义民主负面评价的左翼知识分子重新认知资本主义民主的价值和意义。

从国内来看，抗战是一场关乎中华民族生死存亡的大决斗，在敌强我弱的态势下，中国要赢得战争的胜利，就必须实行民主，广泛动员各方面的力量参加抗战。此时，在中国领导全国抗战的是蒋介石和国民党，由国民党领导的"中华民国"政府在国际上代表中国，是中国的合法政府。蒋介石领导的国民党政权的特点是"集权过度、专制有余、民主不足"。中国的抗战大业迫切需要废止"国民党一党专政的'党治'"①，但在抗日救亡的特殊时期，中国不可能抛开国民党，另造政治中心，更不可能抛开国民党这股抗战的重要力量。因此，邹韬奋在1941年发表的多篇文章中提出"中国不适用苏联的一党政治，也不适用德意式的一党专政"②，抗战时期最有利于中国社会发展要求的民主政治就是"各党派同时并存与团结合作的民主政治"③。这种民主政治不是"一"，而是"多"，"是出于多党的方式，而不是任何一党专政的方式"④。那么这种民主政治究竟是何种性质的政治呢？考察邹韬奋的全部言论，可以发现，他仅有一次说过"其为多党制，与资产阶级在实际上专政的民主显然也不是相同的"⑤，他反复强调的是这种民主政治不同于苏联的社会主义一党民主制。在除了苏联尚无更多社会主义民主政治实践的情况下，这种多党团结合作的"真正全民民主政治"⑥显然主要应借鉴英

---

① 邹韬奋：《再谈抗日各党派对宪政的要求》，载《韬奋全集》第10卷，上海人民出版社1995年版，第272页。

② 邹韬奋：《一党专政与以党治国》，载《韬奋全集》第10卷，上海人民出版社1995年版，第719页。类似的表述在《〈关于宪政与文学的几个问题〉编者按》《党派与人权》《我对于民主政治的信念》《民主阵线中的苏联》《中国民主的特殊性》等文中都有。

③ 邹韬奋：《党权与人权》，载《韬奋全集》第10卷，上海人民出版社1995年版，第90页。

④ 邹韬奋：《民主阵线中的苏联》，载《韬奋全集》第10卷，上海人民出版社1995年版，第704页。

⑤ 邹韬奋：《我对于民主政治的信念》，载《韬奋全集》第10卷，上海人民出版社1995年版，第391页。

⑥ 同上书，第390页。

美等西方国家民主建设的经验。

　　邹韬奋对欧美资本主义民主的认识经历了两次转变，第一次转变是从欣羡到否定，从将其看作是民主的一般形式并竭力崇仰到贬斥其是仅为资产阶级服务的统治阶级的民主；第二次转变是从全盘否定到辩证否定，在坚持欧美的民主是资产阶级民主这一看法的同时，他承认"英美多党政治中的争权替嬗……是民主精神的表现"，欧美资本主义民主国家的人民享有不少真实的民主权利，资本主义民主自诞生之日起一直在不停地发展与进步，有值得中国认真学习的一面。邹韬奋的这些认识主要不是在书斋中读书、思索的结果，而是他"二十余年为救国运动，为民主政治，为文化事业"努力奋斗的结晶。从历史的角度看，邹韬奋的肯定、否定、扬弃都是和当时特殊的历史背景联系着的，是他"忧时从不后人"（周恩来语），在特定的历史背景下探索中国政治的出路，谋求推进中国政治民主化、现代化，进而实现中华民族解放和复兴的历史见证，也是他民主思想不断突破、发展，走向成熟的表现。

# 邹韬奋与媒体抗战动员研究

杨 琳 刘晓旭[*]

**摘要**：邹韬奋在抗战中的一系列办刊实践以及个体作为媒体人、文化人的奔走呼号，成为抗战时期媒体及媒体人抗战动员的标志，值得回归历史现场并结合当下媒体人的社会担当加以深入探讨和研究。

**关键词**：邹韬奋；媒体；抗战动员

社会动员是国家、政党或社会组织等为实现特定目标所进行的社会活动，也是媒体在一定环境、一定历史时期的重要功能。邹韬奋在抗战中的一系列办刊实践以及个体作为媒体人、文化人的奔走呼号，成为抗战时期媒体及媒体人抗战动员的标志，值得回归历史现场并结合当下媒体人的社会担当加以深入探讨和研究。

"社会动员"是由美国学者卡尔·多伊奇提出的。多伊奇从社会动员视角研究社会现代化问题，指出"社会动员实质是与国家现代化相互发生作用的过程，反映了现代化进程中社会成员思想方式、行为方式、价值认同等方面转变的过程"①。传播学研究领域的许多经典理论

---

[*] 作者简介：杨琳：西安交通大学新闻与新媒体学院教授，博士生导师。刘晓旭：西安交通大学人文学院 2018 级硕士研究生。

① ［美］卡尔·多伊奇：《社会动员与政治发展》，岳西宽译，《国外政治学院学报》1987 年第 6 期。

和经典案例来自有关战争中的传播研究。拉斯韦尔的《二次大战中的宣传技巧》更是其代表论著。随着"动员"的概念在政治、经济、社会等各个领域的运用,有关政治动员、社会动员等研究得到了不断的重视。动员主体根据不同时期的历史任务和组织发展需要提出某种目标,并将目标通过一定方式传达给广大民众,引导、凝聚、带动和团结广大民众,使广大民众为实现特定目标而行动起来,参与社会重大活动,实现动员主体的预期目标。因此,动员通常被视为一种工作方法,指国家、政党或某个组织为了实现特定的目标所进行的组织、发动和宣传工作,也就是所谓的社会动员。国内学者关于社会动员的研究主要是基于狭义视角进行探讨的,侧重于政治学意义上的社会动员研究。政治学意义上的社会动员即是指引导社会成员实现国家、政党或某一团体特定政治目标的活动,也就是一般意义上的政治动员。总结国内外学者的观点,我们可以看出,关于社会动员的含义有着一般意义上的理念认同,即社会动员是指有目的地引导社会成员参与重大社会实践活动的过程。尽管学者们对社会动员的认识不尽相同,但不可否认他们在一些方面存在共性的认识,即社会动员是一种手段,也是一种目的与过程。因此,一般意义上的社会动员是指动员主体为了实现某种特定的目的或目标,采取多种手段积极引导动员客体参与社会活动的过程。社会动员中最重要的组成部分就是思想动员。而对于媒体来说,则是凭借其所拥有的公信力、影响力这两个社会资本来进行广泛的社会发动,发动社会成员参与社会实践从而推动社会发展,这一动力机制也是媒体动员区别于传统政治动员的特点之一。

## 一 抗战中的社会动员与媒体的责任担当

抗战初期,国民党政府在战争动员方面用力甚少,群众不仅对战局的发展一无所知,就连基本的战争常识也很欠缺,其了解战争进程的渠道基本只有当时仍在坚持出版发行的《申报》《〈抗战〉三日刊》等，这些报纸刊物甚至在一定程度上取代了政府的声音。① 可以说，在当时的社会背景下报刊在社会动员过程中扮演了极为重要的角色，媒体动员成为抗战时期社会动员的主要力量。

然而，抗战时期以邹韬奋为代表的媒体人的办刊实践活动并非一帆风顺，国民党政府除了忽视群众动员，还采取了以原稿审查为标志的新闻管制政策以钳制进步言论：1928年，国民党当局在建立反动统治后迅速在新闻界设立以统制为本的新闻法律制度，提出"以党治报"方针，颁布了《指导党报条例》《指导普通刊物条例》《审查刊物条例》等，构成了其新闻检查制度的基础。这些条例规定，所有报刊必须绝对遵循国民党的主义与政策，接受国民党中央和地方党部的审查。从1932年起，国民党当局又颁布了《检查新闻办法大纲》《新闻检查标准》，变此前的出版后审查为出版前审查。1937年全面抗战爆发，抗日民族统一战线的建立，国共合作抗日局面形成，国民党政府新闻检查和文化专制政策在此期间有所松动，但从1938年起，国民政府的新闻专制又再次抬头。② 邹韬奋在抗战中的一系列办刊实践活动，就是在国民党严厉的新闻管制下进行的。

就是在这样一个严苛的政治局势背景下，面对国民党政府的报刊新闻管制以及反动派暗杀迫害等压力，民国时期的报人仍旧奔走在新闻第一线，执舆论之牛耳，为全面抗战思想动员工作作出了巨大贡献。邹韬奋作为民国报人的典型代表，其在抗战中的一系列办刊实践以及个体作为媒体人、文化人的奔走呼号，成为抗战时期媒体及媒体人抗战动员的标志，值得我们回归历史现场并结合当下媒体人的社会担当加以深入探讨和研究。

---

① 章雪峰：《书生报国无他物，惟有手中笔如刀》，《出版发行研究》2005年第6期。
② 裴鑫：《"封锁"与"反封锁"——抗战时期新闻战线争取新闻自由的斗争》，《青年记者》2005年第7期。

## 二 邹韬奋的办刊活动与抗战动员

### （一）邹韬奋抗战期间的办刊活动

1. 短暂的和平年代：都市文化生活为主题内容（1926—1931）。1926年，邹韬奋以中华职业教育社编辑股主任的身份，接办了职教社的机关刊物——《生活》周刊；1930年，成立"书报代办部"，后逐步发展为生活书店。在这段时间内，邹韬奋仍然是一位小资产阶级知识分子，其主编的刊物受众群体以小市民、小职员为主，文字"明显畅快"，内容多为一两千字的有趣文章。

2. "九·一八"事变后：疾呼救国政论（1931—1933）。1931年，"九·一八"事变爆发，《生活》周刊以疾呼救国的争论为主，成为以宣传团结抗战、谴责投降卖国为中心内容的舆论阵地，订户扩大到15万份，远销海内外，创造了当时中国杂志发行的最高纪录。不仅邹韬奋，《生活》周刊的稿费也是许多革命文人在国民党文化"围剿"环境下维持生活的主要来源。

3. 流亡期间：吸收马克思主义思想（1933—1935）。1933年，《生活》周刊被国民党政府查封，邹韬奋流亡海外，经过漂流海外两年的实地考察和参观学习，邹韬奋的思想有了很大的进步和提高，逐步将立场、观点和方法转到马克思主义方面来。

4. 全民抗战前夕：继续高举抗日救亡旗帜（1935—1937）。1935年，在上海创办《大众生活》周刊。不久，"一二·九"运动爆发，《大众生活》对这场如火如荼的抗日救亡运动给予了强有力的支援。邹韬奋在报刊上接连发表评论，痛斥国民党当局的卖国行径，并对学生的爱国救亡运动进行大力宣传和热情支持；1936年，《大众生活》被国民党政府查封。邹韬奋出走香港，与金仲华携手创办《生活日报》，该报问世后，积极宣传抗战救亡思想，不到两月，影响所及甚远，有力地推动了西南的爱国救亡运动。1936年,移至上海的《生活日报》,因国民党政府的种种干涉而未能复刊。邹韬奋便根据实际情况,将该刊副刊"星期增刊"复刊,并加以扩充,更名为《生活星期刊》,继续在上海高举抗日救亡的大旗,支持各地的抗日爱国运动。

5. 抗战期间:呼吁团结抗战(1937—1941)。1937年,邹韬奋在上海创办了《抗战》三日刊,次年7月该刊与柳湜主编的《全民》周刊合并,更名为《全民抗战》三日刊。为了满足全国各界朋友的爱国民主要求,他还先后出版了《全民抗战》战地版五日刊和《全民抗战》通俗版周刊,在上海出版了《抗战画报》六日刊。1941年,邹韬奋在香港重办《大众生活》。其主张"摆在全国人民面前的紧急问题,就是如何使分裂的危机根本消灭,巩固团结统一,建立民主政治,由而使抗战坚持到底,以达到最后的胜利"①。

(二)邹韬奋的抗战动员方式

1. 重视民众力量,以动员民众抗战为己任

邹韬奋在抗战爆发之初就认识到了民众力量的重要性,一直以来,邹韬奋强调的都是民众在救亡斗争中的中心地位和关键作用:他认为,中日两国相比而言,在军事、工业方面中国是弱项;在民众力量方面反而是强项。因此,救亡斗争的中心力量不在他方,唯在依靠"勤苦大众"②。而国民党政府对民众力量却"糊里糊涂"或"熟视无睹"③,如此短视会使中国在战争中更加被动:"目前抗战形势的不能好转最大的症结还是在仅有军事上动员,而实在没有做到全民族的整个抗战,也就是说对于民众运动仍然是未有彻底的解放。因为民众运动没有得到彻底的解放,军事上也受到很大的不良的影响。……如武装民众一事,如再不实行,敌人每占一地,即无后顾之忧,不必多消耗他们的军队来防后

---

① 白寿彝:《邹韬奋卷》,载《中国通史》第12卷,上海人民出版社1999年版。
② 陈益元:《民众与救亡的互动——邹韬奋抗战思想的两个核心》,《社会科学家》2004年第3期。
③ 邹韬奋:《抗战以来》,载《韬奋全集》第10卷,上海人民出版社1995年版,第171页。

方，可尽量运用他们军力作更进的侵略，这是多么大的危机！"① 邹韬奋认为民众是"无量的金矿宝藏"②，因此他呼吁"非彻底开放民众运动不可""非迅速使军民打成一片，是绝对没有多大把握的"。邹韬奋将民众摆在了极为重要的位置，因此他的一系列抗战动员行动都是以民众为基本点出发的。

第一，以正确舆论发动群众。要进行社会动员，必须向广大民众讲清动员的目的，只有明确动员目的，广大民众才能真正为之行动起来。抗战爆发后，邹韬奋认为若要摆脱这一中华民族历史上前所未有的危机，"须要使抗战奠定在深厚、坚定的民众基础之上"。言论作品是体现报刊舆论导向的载体，针对抗战时期新闻出版等文化工作对于动员国民的重要意义，邹韬奋在《申报》上发表的《文化工作与国民动员》一文中指出，"造成正确的舆论，唤起国民御侮的意识与坚决国民奋斗的意识，文化工作的重要是谁也不能否认的"③。所谓"正确的舆论"，此处即倡导抗日民主统一战线，教育和发动群众团结抗日。"九·一八"事变后，国难当头，邹韬奋接连在《生活》杂志上发表文章，痛陈国事，号召全国人民"组织起来，扩充起来，共同奋斗，共同制裁已死尽人心的人之行为"④。在《新闻记者当前的任务》一文中，邹韬奋进一步对抗战时期新闻出版工作的神圣使命及其实现途径作了阐释："就整个抗战建国的前途说来，宣传国策，教育民众，反映民意，督促并帮助政府对于国策的实施，现在都须彻底认识新闻记者所负责任的重大与工作的艰苦。"⑤

在这样的出版理念的带领下，邹韬奋在抗战期间主编的系列刊物均

---

① 邹韬奋：《新闻记者当前的任务》，载《韬奋全集》第 8 卷，上海人民出版社 1995 年版，第 150—151 页。
② 邹韬奋：《韬奋文录》，载《民国丛书》第 4 册，上海书店 1989 年影印本，第 99 页。
③ 邹韬奋：《文化工作与国民动员》，载《韬奋全集》第 8 卷，上海人民出版社 1995 年版，第 679 页。
④ 邹嘉骊：《邹韬奋的新闻道路》，载《编辑记者一般人》，学林出版社 1985 年版，第 252 页。
⑤ 邹韬奋：《新闻记者当前的任务》，载《韬奋全集》第 8 卷，上海人民出版社 1995 年版，第 25 页。

高举"抗日救国"的旗帜,成为一块块宣传团结抗战、谴责投降卖国为中心内容的舆论阵地。

第二,秉持为民众服务的基本思想。邹韬奋认为报刊言论必须反映大众的意志和要求,这一点早在邹韬奋初期的办报过程中就有所体现,《生活》周刊的办刊思想就是以"暗示人生修养,唤起服务精神,力谋社会改造"①为宗旨。《生活》周刊自邹韬奋接办那一天起,就敢于同邪恶、黑暗势力作斗争,力图"求有裨益于社会上的一般人"②。他在《生活》周刊第7卷第1期以及第26期发表的《我们最近的思想态度》《我们最近的趋向》中都清晰、坚定地表达了他的新闻出版理念:"以劳苦大众的出发点"办刊;"要顾到大多数民众的福利,不为少数人所利用来为他们特殊利益说话的工具"③。后来在创办《生活日报》时邹韬奋又提到:"我只有一个理想,就是要创办一种为大众所爱读,为大众作喉舌的刊物。"④"言论要完全作人民的喉舌,新闻要完全作人民的耳目。"⑤邹韬奋是这么说的,也是这么做的:不论哪份刊物,他都十分注重联系群众,仔细阅读答复读者的每一封来信,认真倾听读者呼声,反馈读者信息。⑥有学者认为:"韬奋从这些大量的不断的读者来信之中,认识了中国社会的状况,了解到劳动人民的悲惨处境和反动派的黑暗统治,看清了中国未来社会的发展道路,真正明白了中国的政治是怎么一回事,进而找到了报刊的方向。"⑦

---

① 邹韬奋:《我们的立场》,载《韬奋全集》第3卷,上海人民出版社1995年版,第256页。
② 邹韬奋:《〈不爱江山爱美人〉编者按》,载《韬奋全集》第3卷,上海人民出版社1995年版,第648页。
③ 邹韬奋:《新闻记者当前的任务》,载《韬奋全集》第7卷,上海人民出版社1995年版,第203页。
④ 邹韬奋:《〈生活日报〉的创办经过和发展计划》,载《韬奋全集》第6卷,上海人民出版社1995年版,第679页。
⑤ 同上书,第682页。
⑥ 白寿彝:《邹韬奋卷》,载《中国通史》第12卷,上海人民出版社1999年版,第256页。
⑦ 徐兆荣:《试论韬奋政论与读者来信的关系》,载《新闻学论集》第15辑,中国人民大学出版社1992年版,第148页。

同时，邹韬奋还极为注重报刊的大众性和服务性，这表现在他提倡大众化的文风，力避"佶屈聱牙"的贵族式文字，采用"明显畅快"的平民式文字，并且这一思想在抗战前后得到了进一步发展。在创办《生活日报》时邹韬奋提出了要将"文字大众化"明确作为办报刊的重要方针："本报的文字要力求大众化。尽可能用语体文字来写论文和新闻……我们要注意最落后的大众，使一切初识字半通文的妇女们，孩子们，工友们，农夫们，都能看懂《生活日报》，才算达到了我们的目的。"①

邹韬奋主编的报刊文字朴实且亲切自然、贴近生活，又敢于面对现实、伸张正义，因此获得了广大读者的信任和热爱，极大地扩大了报纸刊物的受众群体，为其抗战动员的相关思想传播奠定了良好的群众基础。

2. 锋芒直指日寇暴行及国民党独裁统治

首先，保持报纸战斗性。在《文化工作者的责任》一文中他指出，文化工作应该和抗战时期的迫切需要密切地联系起来。把文化事业与民族解放事业紧密结合，与马克思主义新闻观中"把新闻出版工作作为进行革命斗争的有力武器"的观点相契合，这也充分体现了邹韬奋将服务性与战斗性相结合的新闻出版思想。

正是基于这样的办报思想，抗战期间邹韬奋所发表的政论斗争锋芒，爱憎分明，始终指向日寇的暴行及国民党的反共政策：1938年12月，汪精卫政府投降日寇，疾恶如仇的邹韬奋对这种卖国行为深恶痛绝，他先后发表了《汪精卫的自掘坟墓》《汪精卫通敌卖国》《全国舆论对汪逆的愤慨》等文章，称其"鲜廉寡耻，已达极点"。他认为必须"继续打击汪逆一派的汉奸理论"，"提高全国同胞对汉奸理论烟幕弹的警觉性，努力禁止它的毒素的传播"②。邹韬奋以笔为刃，凭借犀利的笔锋对国民党当局的妥协退让政策以及其卖国行径进行猛烈抨击，此

---

① 邹韬奋：《〈生活日报〉的创办经过和发展计划》，载《韬奋全集》第6卷，上海人民出版社1995年版，第683页。

② 陈挥：《韬奋评传》，上海交通大学出版社2009年版，第285页。

外，他还根据自己的亲身经历撰写长篇史料《抗战以来》，其旨趣在于用光明磊落的公开言行，为着中国政治的光明前途和中国抗战建国的光明前途，"唤起国人对于政治改革的认识和努力"①。把国民党反动派"从1937年七七事变以来因为被迫抗日积蓄起来一些欺骗人民的政治资本，彻底加以清算，还它一个法西斯的本来面目"②。

可以看出，邹韬奋所主持刊物登载的一系列文章无不体现了强烈的战斗性，其根本目的在于唤醒普通民众的爱国之情来达到抗敌御侮的最终目标，用正确的舆论引导群众、组织群众为关系民族存亡的事业英勇斗争。

同时，呼吁民主与出版自由。马克思认为新闻出版就是人类自由的实现③，"没有新闻出版自由，其他一切自由就是泡影"④。他将书报检查制度视为精神创造物的刽子手，而国民党政府的新闻检查制度恰恰与马克思主义新闻观的言论出版自由理念是相悖的。马克思主义新闻思想虽有"党性原则"，但其中也蕴含了对新闻自由的诉求。邹韬奋在欧洲流亡期间吸取了马克思主义精神的理论内涵后，更是对国民党政府的新闻检查制度深恶痛绝。

作为国民参政会的成员，邹韬奋曾针对国民党政府的"新闻检查令"提出"具体规定检查书报标准并统一执行案"，并获通过。然而会后国民党政府翻脸不认账，发布了《战时图书原稿审查办法》和《修正抗战期间图书杂志审查标准》，进一步加强对抗战言论的控制。对此，邹韬奋相继发表《审查书报原稿的严重性》和《再论审查书报原稿的严重性》等文章，深刻分析了新闻检查制度中审查书报原稿的危害："关于图书要审查原稿，把思想自由的限度缩到过于严苛的地步，

---

① 邹韬奋：《抗战以来·序》，载《韬奋全集》第10卷，上海人民出版社1995年版，第171页。
② 邹韬奋：《抗战以来·第二届国民参政会的前夜》，载《韬奋全集》第10卷，上海人民出版社1995年版，第372页。
③ 《马克思　恩格斯全集》第一卷，人民出版社1995年版，第201页。
④ 同上书，第166页。

便是学术的研究与进步受到很大的障碍。"① 然而不论报人们如何反对，国民党政府依旧我行我素，对书报原稿进行检查，对即将发表的文章进行删改，导致当时报刊经常被迫"开天窗"，这些行为也使得邹韬奋更加清楚地认识了国民党政府的虚伪本质。因此倡导新闻出版自由思想的邹韬奋在抗战期间与这一政策进行舆论斗争，经常发表文章揭露国民党新闻统制制度，撰写大量文章以引领民主和言论自由，在舆论上积极引导群众与国民党的反动统治进行斗争，为争取言论自由这一保证抗战胜利的前提条件做出贡献。

3. 倡导发展国防经济，以利于真正动员民众投身抗战

邹韬奋认为，大力发展国防经济，将有利于把全国民众真正动员起来，投身到抗战事业当中。在《紧张的建设》等文章中阐述了这一观点："平常所谓国防经济建设，也许因为环境的松懈，不免有踱方步的姿态；在这万分紧张的抗战时期，应该出于跑快步的姿态。苏联的建设天天以帝国主义的进攻警惕国人，力促五年计划在四年中完成（实际是四年零三个月），我们当前的拼命时代，比当时的苏联更紧张万倍，更应该把抗战做发动机，在几个比较处于后方的省份，加紧国防经济建设。在整个计划之下，动员四万万五千万的国民，努力于重工业及农产品的紧急生产，大规模地建设交通，同时用教育方法，宣传工具，使努力于这些事业的人们，深切地了解多用一分力，即多为抗战增长一分力量，他们的艰苦努力，其劳绩即等于前线冲锋陷阵的战士。这才是真正的动员全国，大量的动员全国。"②

在邹韬奋看来，动员民众在参与后方国防建设的过程中会进一步加深其对抗战事业的认知，同时增加了民众的集体归属感，引导民众齐心协力进行抗战，从而实现全民抗战的有利局面。

---

① 邹韬奋：《再论审查书报原稿的严重性》，载《韬奋全集》第 10 卷，上海人民出版社 1995 年版，第 189 页。

② 邹韬奋：《韬奋全集》第 8 卷，上海人民出版社 1995 年版，第 153—154 页。

4. 与中国共产党紧密联系

首先，邹韬奋的办报思想与中国共产党的团结抗战主张一致。1936年，邹韬奋的《大众生活》被国民党政府查封，遂出走香港，与金仲华一起创办了《生活日报》。时任中共中央北方局书记的刘少奇以"莫文华"为笔名给邹韬奋寄去长信，指出"我觉得贵刊应担负促成解放中国民族的伟业，而目前的中心问题是民族解放的人民阵线之实际的组织。贵刊应将全部精力聚集于此"。"贵刊应成为救国人民阵线的指导者和组织者；成为千千万万各种各色群众的权威的刊物。"① 邹韬奋在收到来信之后很兴奋，在《生活日报星期增刊》第一卷第一号上将其发表，题名为《民族解放的人民阵线》，并加编者附："莫先生的这封信对于'民族解放人民阵线'有着剀切详明的指示，和我们的意思，可谓不谋而合……除开在事实上已显然甘心做汉奸，在事实上已在出卖民族利益的奴才们，我们都要尽心力把他拉到民族联合阵线里面来。"② 不久后，刘少奇再次写信，表达了对《生活日报》的肯定和希望，邹韬奋又将这封信发表，并在编者附中表示完全接受意见，为了"使人一望而知是以民族解放为本位的联合阵线；是对外的，不是对内的；是中华民族的任何分子，除汉奸外，都可以参加的，都应该参加的，并不限于任何阶级的，并且不该由任何阶级包办的"③。提出了用"民族联合阵线"而不再用"人民阵线"这一词的建议。

为了促成全国各党各派、各地方势力的团结合作，共同抗敌，邹韬奋和沈钧儒、章乃器、陶行知等救国会领导人于1936年7月15日联名发表了由共产党人胡愈之帮助起草的《团结御侮的几个基本条件与最低要求》一文，更是明确表示赞同和支持中国共产党的抗日民族统一战线政策，主张停止内战，一致抗日，呼吁蒋介石及国民党政府"应

---

① 邹韬奋：《韬奋全集》第6卷，上海人民出版社1995年版，第604—607页。
② 同上书，第607—608页。
③ 同上书，第610—614页。

该赶快起来促成救亡联合阵线的建立,应该赶快消灭过去的成见,联合各党各派,为抗日救国而共同奋斗"①。以便团结御敌,把握"抗日救亡运动的胜利前途"②。《生活日报》全文刊登了这篇文章。这一代表全国大多数人民意志和要求的呼声,引起了国内各界人士的重大反响,特别得到了中国共产党的赞同。而该信也对抗日救亡联合阵线的建立起了重要的宣传和推动作用。毛泽东几次给邹韬奋和章乃器、陶行知、沈钧儒写信,表达了对救国会的肯定。

  经过和中国共产党几位领导干部的书信往来后,邹韬奋的政治态度总是同中国共产党的主张保持一致。③ 不论是办报思想还是政治主张,邹韬奋都在竭力树立共产党正面形象。1937年"八·一三"事变以后,抗日战争全面爆发,第二次国共合作形成。抗日民族统一战线一建立,邹韬奋就立即撰文介绍中国共产党的全面抗战路线:"中共这次宣言所表示的宗旨是要'挽救祖国的危亡',是要巩固'和平统一团结御侮的基础',是要'决心共赴国难',是要造成'民族内部的团结'来'战胜日本帝国主义的侵略',是'要把这个民族的光辉前途变为现实的独立自由幸福的新中国'。这个宗旨是全国爱国同胞们所一致拥护的。要达到这个宗旨,'仍需要全国同胞每一个热血的黄帝子孙坚韧不拔的努力奋斗',该宣言因此特向全国同胞提出三个奋斗的鹄的:第一是为争取中华民族的独立自由而抗战;第二是实现民权政治;第三是发展国防经济,解除人民痛苦与改善人民生活。这三个鹄的也是全国爱国的同胞们所一致赞助的。"④

  然而国民党政府仍然利用其党营媒介对共产党的抗战活动进行歪曲

---

  ① 邹韬奋:《韬奋全集》第10卷,上海人民出版社1995年版,第837页。
  ② 邹韬奋:《韬奋全集》第6卷,上海人民出版社1995年版,第716页。
  ③ 陈挥:《一个媒体人的职责与使命——邹韬奋创办抗日报刊的杰出贡献》,《新闻大学》2015年第5期。
  ④ 邹韬奋:《文化工作与国民动员》,载《韬奋全集》第8卷,上海人民出版社1995年版,第100页。

宣传，对其抗日救亡主张和政策仍严加封锁，并散布谣言称"八路军和新四军是游而不击，不敢与日军正面交锋，只是借抗战之名保存实力之实"①。邹韬奋为了让广大群众尤其是国统区的群众了解真相，在其当时主编的刊物《抗战》《全民抗战》上及时报道抗战进程、国民政府的抗战政策、战绩以及当时的国际局势等；同时积极宣传共产党的抗日政策：在《抗战》上刊登《中国共产党对时局宣言》第32号等党的文件和一些重要文章，详细向群众介绍了中国共产党的敌后武装政策，包括建立抗日根据地，教育和发动民众与敌人作艰苦卓绝的斗争等，使得读者对中国共产党的抗日策略有了进一步认识；1937年在《抗战画报》中利用影像传播的有效性和引导力，刊登了八路军的大量照片：《新任第八路军军长朱德现已率部抵晋》《威震晋北之第八路军》《游击战士的英姿》等，无不凸显了共产党领导的军队的威武形象，并且在配图文字中反复强调八路军在抗战中的贡献，如《威震晋北之第八路军》的图片说明为："'敌进我退，敌退我进，敌止我扰，敌守我攻'。这是八路军游击战术的四句要诀。第八路军运用了这种神速的战术，最近在晋北山地中东西活跃，不仅屡予南下的敌军以重创，而且使紧迫的山西战局完全改了观。"②如此图文并茂双管齐下的形式使得普通民众对共产党在抗日战争中的认知有了改观；1938年刊载于《抗战》第44号的《救亡运动在山西》一文详细介绍了平型关大捷和牺盟会的活动情况，由于牺盟会中的各级领导均有共产党员，故这篇文章也是从侧面宣传了中国共产党组织的抗日活动。1940年沙汀在《全民抗战》中发表的《同志间》《游击县长》《知识分子》等文艺通信作品，描绘了共产党领导下的抗日民主根据地的崭新面貌，宣传了中国共产党全面抗战的革命成果。

---

① 董小玉、刘成文：《外宣媒体的党性坚守——兼谈〈新华日报〉的改版》，载《经验与历程　建党90周年"中国共产党新闻思想研讨会"论文集》，复旦大学出版社2013年版，第108页。

② 《威震晋北之第八路军》，载《抗战画报》1937年第9号。

同时，协助陕北公学、中国人民抗日军事政治大学进行招生宣传。为了培养革命干部，满足抗日民族解放战争的需要，中共中央相继在延安创办了陕北公学和中国人民抗日军事政治大学（以下简称"抗日军政大学"）。为了使广大群众知道这一消息，邹韬奋先后在《抗战》上刊登了陕北公学和抗日军政大学的招生广告：《第八路军驻京办事处来信》《陕北公学简章》《第八路军驻京办事处又来信》等"以告有志投考抗大之革命青年"，同时配合以"边区实录"等通信报道，在国统区引起了很大的反响。根据当时的报道，大量青年在看到广告后纷纷去延安"接受新知识"，成为抗日战争的中坚力量。我国著名新闻工作者陆灏就是在《抗日》的指引下去了陕北公学进行学习并投身革命，在回忆当年奔赴抗日战场的经过时曾说："在中华民族生死存亡的关头，我们这一代有许多人投身抗日烽火，是因为韬奋先生传播了中国共产党抗日救国的声音，是他的爱国主义思想激励我去了延安，使我得到了新的生命。"①

邹韬奋从整个国家和人民的利益出发，系统地分析、报道和抗战有关的国内和国际形势，全面反映人民大众在抗战期间的迫切要求，严厉抨击国民党的片面抗战政策，竭诚宣传共产党的全面抗战主张，进一步巩固了抗战期间中国共产党的群众基础。

（三）邹韬奋抗战动员的功绩及启示

第一，为抗日思想在全国推广奠定了基础。邹韬奋在抗战期间始终站在民族解放的大局和广大人民群众利益的角度上，主编发行刊物宣传抗战救国，对抗战形势进行了大量宣传，以争取民主权利为中心内容，其波及范围直至海外，尤其是在广大青年学生中的崇高声望和巨大影响力在当时十分罕见。其刊物的大量发行鼓舞了军民抗击日本法西斯的斗志，激发了民众对受难者的同情，进而提高了民众对抗日战争的热情，有力地推动了爱国民主运动的发展。

---

① 陆灏：《韬奋教我去延安》，《上海滩》1996年第7期。

第二，成为中国新闻理论与实践的重要组成部分。新闻出版工作是进行革命斗争的有力武器，邹韬奋抗战期间运用先进的思想引导舆论凝聚力量，并勇于与国民党反动势力作斗争，实现了组织群众为民族存亡的事业英勇斗争的目的，并丰富了马克思主义新闻观。我们党一直以来注重运用新闻媒体传播真理、组织群众、推动工作，做好党的新闻舆论工作，是治国理政、定国安邦的大事，邹韬奋的新闻出版活动很好地诠释了马克思主义新闻观在中国的实践应用。

第三，增强了民众对中国共产党的政治认同。抗战初期，作为执政党国民党在民众中拥有较强的政治认同。同时由于国民党的政治打压以及其在新闻报端中对共产党的歪曲抹黑，民众（尤其是国统区民众）对于中国共产党的评价并不客观。通过邹韬奋对共产党抗战策略、抗战功绩等的一系列宣传，民众愈加认识到中国共产党在抗战过程中的不可取代性，中国共产党逐渐获得了广大民众的政治认同，为日后成为推动中国政治发展的主导力量奠定基础。

邹韬奋抗战动员的实践为媒体社会动员提供了重要的启示：

第一，民众是媒体社会动员的基础：从社会动员的视角来看，抗日战争是一场涵盖社会各阶级、阶层和各团体的一场全面抗战。① 在这样一种社会各方利益团体纠缠、社会矛盾暴露的语境下，国共两党都有自己的抗战主张和策略，而邹韬奋作为民主人士敏锐地认识到挽救民族危亡的关键基点在于民众，谁拥有更多的群众基础，谁就能更好地发挥民众力量，谁就掌握了国之根本。作为媒体亦是如此，邹韬奋先生一直以来坚持的"真诚为民众服务，永远立足于大众立场"的思想就体现了这一点，而这些思想对于今天的媒体及媒体人仍然具有重要意义。改革开放以来，随着市场经济的不断发展，社会矛盾有日益激化的趋势，作为媒体人，我们应当学习先人追求正义的办刊思想，始终站在广大人民

---

① 陈益元：《民众与救亡的互动——邹韬奋抗战思想的两个核心》，《社会科学家》2004年第3期。

群众的立场上，以读者的利益为中心，以改进社会为目的，切实提高新闻舆论传播力、引导力、影响力、公信力。

第二，社会动员的升华：从"教导"民众到"依靠"民众。1933年，《生活》周刊被国民党政府查封，邹韬奋被迫流亡海外。在这期间，他系统学习了马克思主义著作，从此由民主主义者转向共产主义者。马克思和恩格斯创立的唯物史观和唯心史观的根本区别之一，就在于它坚持人民群众是历史的创造者。在比较和分析了社会主义与资本主义两种制度下不同的报刊特点后，邹韬奋的新闻出版思想也由"教导"民众转变为"依靠"民众：虽然"为大众服务精神"是贯穿邹韬奋办报实践的指导思想，但早期的他作为爱国的小资产阶级知识分子，办刊思想有着浓郁的启蒙主义及都市文化色彩，直到后期邹韬奋领悟了报刊的阶级性质后，他所主编的刊物才真正地走进群众、深入群众，把"体现党的主张和反映人民心声高度统一"。

从前文的分析中可以看到，邹韬奋在系统学习马克思主义人民报刊思想后，在抗战期间的"服务精神"与以往相比更具有理论自觉性，这也体现在创办《全民抗战》战地版和通俗版中：邹韬奋得知前线将士缺少精神食粮，出版了《全民抗战》战地版并赠送给他们，受到了前方将士和社会的高度评价；后来《全民抗战》通俗版问世，文章篇幅短小，用语浅显易懂，口语化倾向明显。文艺作品较多采用歌谣、评词等民间文艺形式。① 这种"接地气"的宣传方式与同一时期我党倡导的"文艺大众化"运动有异曲同工之妙，从根本上解决了新闻出版工作者为何要树立群众意识和群众观点的问题。

同时，社会动员与历史情境的勾连：抗战情境中的动员特点。邹韬奋所处的民国年代，国家战火连天，积贫积弱，境内各种资源都极端匮乏，在此民族危亡之际的媒体动员与舆论宣传工作也具备了一定的特点：教育资源稀缺，生活在底层的百姓大都是文盲或半文盲，为

---

① 孟晖：《邹韬奋全面抗战时期的新闻出版思想及实践》，《中国编辑》2018年第5期。

了让各个阶层的读者群众都能获取信息，真正使报纸为大众所享有，邹韬奋要求报纸内容通俗化、口语文字化，并且倡导能读懂报纸的人读报给这些受众听，以扩大读者的范围；抗战时期信息传递渠道不稳定，因此，邹韬奋采取了三日刊的形式发行《抗战》杂志，放宽了发刊时间，以供给新闻为原则，使《抗战》既有能及时报道战争局势的日报功能，起到了信息传递的作用，又有系统分析和深度报道，引导社会舆论的作用。

总之，媒体这一社会公器如何能更好地发挥其社会动员的作用，可以说，韬奋先生在特殊的战争时期，以其抗战动员的办刊理念与实践给了我们最好的答案。

# 韬奋精神对新时代新闻志向教育的启示

周立华*

**摘要**：在不断发展变化的新闻业态与生态环境下，广大新闻工作者乃至将要走向新闻传播工作岗位的新闻学子出现了心理失衡，产生了认知模糊，理想动摇，加强新闻志向教育成为时代的要求。"韬奋精神"是韬奋先生远大新闻志向在新闻实践中的结晶，是韬奋先生留给我们的宝贵精神遗产。弘扬韬奋精神，挖掘韬奋精神内核，对于新时代加强新闻志向教育有着重要的启示作用。

**关键词**：韬奋精神；习近平新闻思想；新时代；新闻志向教育

邹韬奋（1895—1944）是我国近代著名出版家与新闻记者，"韬奋精神"是其远大新闻志向在新闻实践中的结晶，是韬奋先生留给我们的宝贵精神遗产。在新时代弘扬韬奋精神，挖掘其精神内核，追寻其新闻志向践行的足迹，对加强新闻志向教育有着重要的启示作用，对广大新闻学子与新闻工作者树立正确的新闻志向有着深刻的现实意义。

---

\* 作者简介：周立华，江西财经大学新闻与传播系副教授，复旦大学新闻学博士后。
基金项目：江西省教改课题"卓越财经新闻传播人才培养模式研究"（编号：JXJG - 15 - 4 - 26）。

## 一 新闻志向教育：新时代的挑战与要求

新闻志向，是广大新闻工作者或新闻学子把新闻工作当作实现其人生价值的事业，并为之努力拼搏的决心和抱负。① 马克斯·韦伯说，"惟有将事物在主观上把自己与它相联系，并以热情献身于此，方能称得上是一种'志业'"②。新闻志向，需要新闻人将新闻工作视为志业，并为之热情献身、孜孜以求才能最终实现。新闻志向是个人追求与时代要求相结合的产物，需要通过专门的教育引导和有意识地培养，把握时代要求，积极向上，立下奋斗决心，才能树立起来。

习近平总书记高度重视新时期党的新闻舆论工作，特别是新闻工作者队伍的思想建设和作风建设，对广大新闻工作者有着殷切的希望，在讲话中正式提出了"新闻志向"这一概念。2016年11月7日，习总书记在会见中华全国新闻工作者协会第九届理事会全体代表和"中国新闻奖"、长江韬奋奖获奖者代表时，勉励广大的新闻工作者，要"坚持正确政治方向，做政治坚定的新闻工作者；坚持正确舆论导向，做引领时代的新闻工作者；坚持正确新闻志向，做业务精湛的新闻工作者；坚持正确工作取向，做作风优良的新闻工作者"。习总书记在这个时候提出新闻志向的概念，有着明确的现实指向与极强的现实指导意义。

当前，"中国特色社会主义进入新时代，我国社会主要矛盾已经转化为人民日益增长的美好生活需要和不平衡不充分的发展之间的矛盾"。"我们要在继续推动发展的基础上，着力解决好发展不平衡不充分问题，大力提升发展质量和效益，更好满足人民在经济、政治、文化、社会、生态等方面日益增长的需要，更好推动人的全面发展、社会全面进步。"

---

① 参见沈正赋《新媒体时代新闻工作者新闻志向的建构与坚守》，《当代传播》2017年第2期。

② [德]马克斯·韦伯：《学术与政治》，钱永祥等译，广西师范大学出版社2010年版，第144页。

（2017：十九大报告）在新时代，社会主要矛盾的变化，传媒技术的不断变革，舆论环境的复杂变化，对新闻工作者提出了新的要求。

在新时代，我们的新闻工作者理应根据社会主要矛盾的变化，根据传媒生态变化与新闻业态变革，主动跟进，积极调整，搞好新闻报道，为社会发展与进步营造良好的舆论环境。但是反观现实，情况并不理想。在经济环境与媒体环境发生显著变化，"人人都有麦克风""公民记者"等现实越发具象后，面对着诸如技术变革的挑战、追求"10万+"的竞争压力、激烈的市场竞争环境与众声喧哗的舆论环境，在理想与现实、坚守与诱惑等考验面前，新闻工作者心态失衡，自我角色认知模糊，乃至于滋生出悲观失望情绪，"媒体人安身立命且引以为豪的新闻理想，已经成为不少从业者羞于、怯于甚至耻于提起的词"①。在现实面前，理想与志趣似乎成为一种奢求。当下，由于正确的新闻志向的淡化或缺失，导致"新闻传播责任缺失、品质下降、伦理背离、乱象频发"。

诚然，"人人都有麦克风"、机器人可写作新闻，这是现实；如何重新定位新闻记者身份、重建专业媒体权威，也是我们亟须面对的现实难题。正如学者所言，新闻记者是"言志"的主体，也是新闻传播内容建设的主体。坚持正确的新闻志向，要正视专业记者的主体能动性，不要被新技术因素迷幻了双眼，忽视了新闻生产中"人"的作用。② 在这样的情况下，广大新闻工作者以及将要走上新闻传播工作岗位的新闻传播学子都有必要加强新闻志向教育，这是新时代的要求，也是培养卓越新闻传播人才的要求。

## 二 韬奋精神与新闻志向

韬奋先生以新闻出版为志业，为服务人民、抗战救国、社会进步，

---

① 曹林：《理想能让我走得更远更出类拔萃》，《新闻战线》2016年第3期。
② 张泉泉：《"新闻言志"：新闻业的传统命题与时代要求》，载《新闻战线》2017年7月（下）。

不畏艰险，竭尽心智，矢志不渝，虽九死犹未悔。烛照后世新闻人的韬奋精神深处，我们看到的，是韬奋先生远大的新闻志向。职是之故，韬奋精神是新时代新闻志向教育的重要精神内容，需要我们深入挖掘、大力弘扬。

对于"韬奋精神"是什么，有哪些主要内容，很难找出一个完整的读本，需要我们从时人记叙与学人阐释中进行综合讨论。

1944年，毛泽东同志为悼念韬奋逝世的题词，"热爱人民，真诚地为人民服务，鞠躬尽瘁，死而后已，这就是韬奋精神"，高度地概括了韬奋精神的核心内容。丁淦林先生在追述韬奋先生的报刊生涯时，将"韬奋精神"归纳为8个字，即"勤奋、拼搏、进取、提高"①。韬奋纪念馆馆长雷群明先生撰文阐释，韬奋精神就是"竭诚为最大多数群众服务的精神""大公无私的奉献精神"②。韬奋基金会理事长聂震宁在著作③中，将韬奋精神归纳为"为大众、爱祖国、敢斗争、善经营、懂管理、真敬业"六个方面，并进而阐释说，"在国家民族生死存亡之际表现出来的强烈的爱国主义精神，真诚地为人民服务的精神，坚持真理、永不屈服的斗争精神，以及正确处理新闻出版的事业性与商业性关系，善于经营，精于管理，爱岗敬业等等，都是韬奋精神的重要内容"④。

综合已有的诸多论述与先生报刊活动实践，我们可以从四个方面来把握韬奋精神。

一是"竭诚为读者服务"的精神。这七个字是其精神要义，至今仍被刻在三联书店的墙壁上。这一精神，首要的便是体现在为大众说话，说大众的话，即"用最生动、最经济的笔法写出来，要使两三千字的短文所包含的精义，抵得过别人两三万字的作品"，"使读者看一

---

① 陈汉忠、张卫星：《勤奋、拼搏、进取、提高——丁淦林副教授谈"韬奋精神"》，《新闻爱好者》1987年第9期。
② 雷群明：《韬奋精神的核心》，《编辑学刊》2004年第5期。
③ 聂震宁：《韬奋精神六讲》，生活·读书·新知三联书店2015年版。
④ 聂震宁：《韬奋精神六讲》（连载一），《出版参考》2016年第7期。

篇得一篇的益处，每篇看完都觉得时间不是白费的"。其次是体现在热情的读者回信上，10多年里给读者亲笔回信4万多封。① 开始是每信必回，后来信太多没法一一亲自回复，便找来助手帮忙。但助手复信，都是由先生口述大意、审阅修改后签名寄出的。重要的稿件，仍坚持亲自复信，长的有写到二三千字，"热情不逊于写情书"。要知道，这些还不是指的有关稿件的来信，而是对读者提出的各种各样的问题作答复。再次是主动让利给读者。刊物获得盈余后，他都用在发展事业上。刊物增加页码、增加画页，发行增刊，一般都不提价。

二是"艰苦奋斗，无私奉献"的精神。他坚持"在艰难困苦中奋斗"，常在"贫民窟中办报"。一间简陋的过街楼、三张办公桌，就办起了《生活》周刊。即便是在《生活》发行近20万份、事业红火、文名满天下之时，韬奋一家仍然过着淡泊清贫的生活，韬奋夫人沈粹缜甚至常为吃穿用度发愁。但为了事业，他甘于清贫，不怕吃苦。他说："我始终未曾梦想替自己刮一些什么"，反倒时时、处处为事业和读者着想。

三是"百折不挠，勇于进取"的精神。刚主持《生活》周刊时，条件差、人员不足、刊物发行少，但是韬奋先生克服一切困难，努力奋斗，将刊物办得风生水起。韬奋与其主持的《生活》《大众生活》周刊、经营的生活书店，一直坚持为人民伸张正义，为抗战救国发表主张，为社会进步针砭时弊，因此遭到国民党政府的无端迫害。② 面对《生活》周刊先被禁邮、后被禁止发行、自己被造谣诬蔑的情况，先生异常坚定。他说："本刊同人自痛遭无理压迫以来，所始终自勉者：一为必挣扎奋斗至最后一步；二为宁为保全人格报格而决不为不义屈。"③ 直至被迫出国流亡考察、《生活》周刊被查封，始终没有屈服。不几年

---

① 顾学文：《韬奋精神》，《老年世界》2017年第2期。
② 聂震宁：《韬奋精神六讲》（连载六），《出版参考》2016年第12期。
③ 《韬奋全集》第5卷，上海人民出版社1995年版，第440页。

后，还新创《大众生活》周刊，而且办得更为出色。

四是"身先士卒，热情爱国"的精神。在"九·一八"事变前《生活》周刊就充满了爱国主义的内容，事变发生后更是强烈发声，对事变进行系列报道，揭露日军滔天罪行，韬奋一口气写了《应该彻底明了国难的真相》等四篇"小言论"，呼吁抗敌救国。1932年"一·二八"抗战爆发，1月29日《生活》周刊两出《紧急号外》声援十九路军，竭力"唤起民众注意，共赴国难"。次日，韬奋在周刊《紧急临时增刊》撰文呼吁："我们应有财者输财，有力者努力，慰劳我前方义军，协助我前方义军。""我们的救国义军既忠勇奋发以赴国难，我们国民应全体动员以作后盾。"除了在报道中揭露日军罪行、撰文呼吁共救国难，韬奋还采取实际行动支援抗战。比如，决定由《生活》周刊发起组织全国性捐款，支援东北军马占山部抗日①；筹办"生活伤兵医院"，支援十九路军抗战②；援助"一二·九"运动中的北平爱国学生③。自1931年"九·一八"事变起到1935年"一二·九"运动后的数年里，韬奋一直站在历次抗日救国斗争的第一线，成为深受社会各界人士钦佩、卓具影响力的积极抗日救国的社会活动家。④

## 三 韬奋精神的启示：新闻志向教育的内容与路径选择

自2016年11月习总书记在对广大新闻工作者的四点希望中正式提出"新闻志向"概念以来，学界与业界在研读习总书记重要讲话中，结合实际，深入探讨新闻志向问题。2017年4月12日，中国记协新闻

---

① 这一义举轰动全国，自1931年11月14日至1932年1月18日止，共募捐126015.57元。邹韬奋：《援马捐款结束后之余闻》，《生活》1932年第7卷第3期。

② "一·二八"战斗打响，韬奋曾亲送7名伤员到上海同仁医院，了解到医疗条件差，医护条件跟不上，决定筹办伤兵医院，前线将士深受鼓舞。1932年3月4日正式开院。

③ 除了在《大众生活》几刊连续报道和评论热情支持，还决定：每期刊物出刊即第一时间寄送北平学生联合会几千份，由他们到各校出售，大部分收入留给学联作为活动经费。

④ 聂震宁：《韬奋精神六讲》（连载六），《出版参考》2016年第12期。

道德委员会向全国新闻工作者发出《践行"四向四做",做党和人民信赖的新闻工作者倡议书》,希望广大的新闻工作者牢记习总书记嘱托,以"四向四做"为职业标杆,努力做党和人民信赖的新闻工作者。有学者提出,在新媒体时代,我国新闻工作者的新闻志向主要体现为:应当具有政治家办媒体的意识和品质;充分发挥媒体应有的社会功能,勇于开展舆论监督;激发担当精神,敢于肩负社会责任;善于设置议程,积极引导社会舆论;树立职业自信,追求自我价值实现。①

如前文所述,韬奋先生有着远大的新闻志向,以从事新闻出版工作为志业,矢志不渝地竭诚服务人民大众,追求社会进步。从韬奋等前辈新闻人身上,我们知道新闻志向是新闻工作者在学习与实践中形成的职业志向,是其职业追求与推进社会进步的人生追求的动力与方向。作为其新闻志向与实践结晶的韬奋精神,对新时代加强新闻志向教育有着重要的启示作用。

原新闻出版总署署长柳斌杰先生认为,学习"韬奋精神"主要应深入领会三个方面:一是坚持真理、追求进步;二是心系人民、服务社会;三是献身事业、百折不挠。② 弘扬韬奋精神,加强新闻志向教育,我们可以挖掘历史资源,从韬奋先生这些先辈的精神、思想及实践中,去学习、去继承,从"事业心、爱国情、进取心"等方面去培养。

一是培养强烈的事业心。韬奋先生曾一再说:"新闻记者的活动,尤其重要的是要有正确的动机;再说得具体些,便是要为社会大众的福利而劳动,而不要为自己的私图而活动。我所敬重的朋友都是有事业的兴趣,而没有个人的野心。有事业的兴趣才会埋头苦干而仍津津有味,乐此不疲;没有个人的野心才不至于利用事业上所得到的社会信用做自己升官发财乃至各种私图的阶石。"③ 我们要学习韬奋先生的事业心,

---

① 沈正赋:《新媒体时代新闻工作者新闻志向的建构与坚守》,《当代传播》2017年第2期。
② 柳斌杰:《发扬韬奋精神 建设出版强国》,《中国新闻出版广电报》2015年11月23日第4版。
③ 穆欣:《邹韬奋》,首都师范大学出版社1995年版,第55页。

继承先生大公无私、安贫乐道的高尚品格，正确处理"事业性与商业性的统一"，自觉抵制不正之风的侵蚀。

二是培养真挚的爱国情。党的十八大以来，习近平总书记在不同场合多次谈到"爱国"，提出爱国主义是中华民族民族精神的核心。"爱国，是人世间最深沉、最持久的情感，是一个人立德之源、立功之本。"它扎根在亿万同胞的血肉里，深藏在中华民族伟大复兴的理想里，爱国不是一句口号，而是一种情怀和担当。韬奋先生就是这样，通过身先士卒的爱国行动，将热情爱国的情怀与担当进行了完美的诠释。

三是培养积极的进取心。韬奋先生有着浓烈的创新精神，与时俱进，不断进取，始终站在时代前列。韬奋先生说过，办刊物"最重要的是要有创造精神"。他随着时代的前进，斗争任务的转换，不断推出新的刊物，提出新的观点，写出新的作品。① 我们要学习韬奋先生的进取心，并以之教育我们的新闻学子、新闻工作者，要以习近平新闻思想为指导，不断进取，开拓创新，以新的思想、新的作品、新的方式方法，反映新的物质文明建设和精神文明建设成就。

四是培养精湛的专业技能。韬奋先生一生事业聚焦于"六刊一报、生活书店"，无论是编辑、出版、书店经营，还是抗日宣传与读者服务，韬奋先生都勇立潮头，做得有声有色，表现出坚定的理想信念和高超的业务水平。走进新时代，我们广大新闻学子与新闻工作者都应牢记习近平总书记的殷切寄语，"坚持正确新闻志向，做业务精湛的新闻工作者"，不断加强马克思主义新闻观、历史文化与时政学习的同时，适应时代发展与媒体变革要求，不断加强专业技能训练，争做全媒体时代的行业精英与引领者。

---

① 吴冷西：《学习韬奋精神 做韬奋式新闻工作者》，《新闻战线》1995年第9期。

# 作为社会记忆的韬奋精神(1944—2015)
## ——基于邹韬奋纪念文章的分析

张国伟*

**摘要**：邹韬奋作为中国近代史上的知名新闻出版人士，在社会上具有重要影响力。在他去世后，各界人士积极参与、组织纪念仪式，总结、塑造、解读并公开宣传韬奋精神，并形成了社会记忆烙印。不同时期的韬奋精神传扬活动体现着不同的记忆维度。本文即围绕不同时期的纪念文章，讨论韬奋精神在不同时期的宣传面向，展现各阶段政治形势、中心任务、经济因素、纪念全体等因素在传扬韬奋精神，进而形成社会记忆的多样表现。

**关键词**：韬奋精神；宣传；建构；社会记忆

邹韬奋是民国时期著名的新闻出版人士，因其对当时及后世产生过重要影响，对他的研究一直是学术界的重要议题。在邹韬奋研究议题中，韬奋精神研究占有重要地位，其中，韬奋精神的传承尤受关注。韬奋逝世后，茅盾等人的纪念文章初步总结了韬奋一生鲜明的精神魅力。1944年11月，毛泽东首次提出"韬奋的精神"。此后的70余年，韬奋精神的宣传不曾停止。不同历史时期的宣传活动形式及侧重各有不同，

---

* 作者简介：张国伟，河南大学新闻与传播学院副教授。

这些共同形成了韬奋精神的社会记忆。

近年来，随着社会形势和学术研究的发展，越来越多的学者开始关注社会记忆是如何形成的，在不同区域、不同时期是如何变化的。换言之，即社会记忆由谁塑造，机制怎样，目的为何，如何流变？[①] 具体到韬奋精神而言，即韬奋精神如何形成、宣传其精神的目的是什么，发生了哪些变化。在此研究视野下，梳理不同时期的韬奋纪念活动，考察不同时期韬奋精神的宣传重点，分析宣传活动的动机，将使我们更立体地感知韬奋精神与社会发展的互动关系，从而更有力地推动韬奋精神研究乃至邹韬奋研究的整体进程。

## 一 精神塑造与宣传：中共主导下的韬奋纪念（1944—1949）

1944年7月24日上午7点，49岁的邹韬奋，在与癌症抗争数月后，病逝于上海医院。因上海属于当时日本占领时期，他的遗体化名"季晋卿"暂厝上海殡仪馆。邹韬奋逝世后，徐伯昕和张锡荣分别携带"韬奋遗嘱"赶赴淮南和重庆向中国共产党报告哀讯。与同时期逝世的文化名人相比，邹韬奋逝世的消息并未大范围传播。

1944年9月12日，重庆《新华日报》率先刊登了邹韬奋逝世的消息，随后《新民报》等报纸开始刊登纪念文章。9月25日起，《新华日报》连续三天刊发由宋庆龄、于右任、邵力子、孙科、冯玉祥、郭沫若、茅盾等72人联名的讣告。1944年10月1日，邹韬奋追悼会在重庆举行，郭沫若致哀辞。郭沫若称赞了邹韬奋的写作和文化活动在抗日、反专制方面的巨大作用，号召民众拿起笔杆"消灭法西斯的生命力"[②]，同时抨击了恶劣的国内形势，揭露了黑暗的政治状况。

---

① 郭恩强：《报人之死：张季鸾逝世的遗体政治与集体记忆》，《国际新闻界》2015年第12期。
② 郭沫若：《韬奋先生哀词——在重庆追悼会上的讲话》，《新华日报》（重庆）1944年10月2日第2版。

此前，茅盾在重庆《新民报》撰文，以朋友的身份赞扬韬奋的疾恶如仇，"看到了卑劣无耻残暴而又惯于说谎的小人，满嘴漂亮话而心事不堪一问的伪善者，便觉得难与共戴一天"①，叹息韬奋没有"亲眼看见抗战的最后胜利"和"民主的新中国之成长"。次日，《新华日报》刊发《邹韬奋先生事略》一文，民主人士沈钧儒在文中，讲述了1941年春，邹韬奋在生活书店多处分支店被查封后，"辞去参政员之职，离渝赴港，在港仍为民主抗战，奋斗不懈"的经过，盛赞韬奋"一直并永远立在中国人民大众的立场，面对着现实，有知识便求，有阻碍便解决，有黑暗便揭发，只问人民大众的需要和公益，不知自己一身的利害"②。曾经的狱友沙千里在哀悼之余，指出"现在抗战已经七年多了，胜利犹在想望之中，全国的团结，也是脆弱非常，人民大众的生活，是陷于悲惨的境地"，号召民众"努力来完成（韬奋）未竟之志"③。中华职业教育社，在其机关刊物《国讯》杂志上，先后发表了《哀邹韬奋先生》《永远活在大众的心里》和《邹韬奋先生为何如人》等文章，缅怀曾经的同事。《国讯》《群众》周刊等刊物也相继刊登了邹韬奋同事的回忆性文章。

这些纪念文章经过遴选，于1944年10月结集成册出版，定名为《韬奋先生逝世纪念册》。仔细梳理这些文章，可以发现，无论是曾经共同入狱的沈钧儒、沙千里等人，工作生活中结识的朋友茅盾等人，还是同事下属等人，对邹韬奋的怀念与哀悼，主要集中于邹韬奋的文化活动，展示其创办书报的经历和艰辛，赞扬他利用报刊，揭露社会黑暗面，为实现新闻理想、争取社会公平而奋斗的人格魅力。

纪念邹韬奋的群体中，全国各界爱国委员会的表现尤其值得关注。这个最先由文化界发起的组织，在其发展过程中，邹韬奋一直参与其

---

① 茅盾：《永远年青的韬奋先生》，《新民报》（重庆）1944年9月30日第3版。
② 沈钧儒：《韬奋先生事略》，《新华日报》（重庆）1944年10月1日第3版。
③ 沙千里：《痛念韬奋兄》，载邹韬奋追悼委员会编《韬奋先生逝世纪念册》（重庆版），邹韬奋先生追悼会筹备会1944年编印。

中。邹韬奋的精神与主张也最为会内同人熟知。在追悼活动中，救国会刻意彰显的是：邹韬奋作为一名知识分子，以不受外界势力左右的独立姿态，批评社会黑暗面，抨击政治专制，追求自由民主。这也是当时参与纪念活动的文化人的心声。某种程度上说，最先认识到邹韬奋精神内涵的是救国会。1949年救国会解散之时，曾经重申纪念邹韬奋的初衷，"纪念韬奋，对宣传韬奋精神对知识分子有极其重要意义"①。由此可见，当时参与重庆悼念活动的民众，更多的是被邹韬奋的人格魅力感动，敬重的是邹韬奋作为知识分子始终坚持为群众服务为国事呼吁的崇高品格。

与此相较，中国共产党方面对邹韬奋逝世的祭奠，则具有更广泛的兴味。抗战以来，邹韬奋与周恩来、董必武等中共高层有过密切接触。曾与邹韬奋共事的胡绳，时任《新华日报》编委、中共南方局文委委员。在《韬奋先生的道路》中，胡绳称赞"韬奋先生能够不断进步的根本原因，在于他向群众学习的态度"②，并特别引用邹韬奋生前对解放区的评价，"我在敌后抗日民主根据地，亲眼看到民主政治鼓舞人民向上的精神，发挥抗战力量，坚持最残酷的敌后斗争，并团结各阶层以解决一切困难"③。

胡绳写就的悼文，某种程度上体现了中共方面对邹韬奋纪念所持的态度。此文刊出的前两天，中共中央于1944年9月28日发出唁电，并于10月7日刊发在延安《解放日报》的纪念专刊上：④

　　邹韬奋先生家属礼鉴，惊闻韬奋先生病逝，使我们十分悲悼，接读先生遗嘱，更增加我们的感奋。韬奋先生二十余年为救国运动，为民主政治，为文化事业，奋斗不息，虽坐监流亡，决不屈于

---

① 韬奋纪念馆编：《邹韬奋研究》第三辑，学林出版社2008年版，第508页。
② 胡绳：《韬奋先生的道路》，《新华日报》（重庆）1944年10月1日第4版。
③ 同上。
④ 邹嘉骊：《忆韬奋》，生活·读书·新知三联书店2015年版，第3页。

强暴，绝不改变主张，直至最后一息，犹殷殷以祖国人民为念，其精神将长在人间，其著作将永垂不朽。先生遗嘱，要求追认入党，骨灰移葬延安，我们谨以严肃而沉重的心情，接受先生临终的请求，并引此为吾党的光荣。韬奋先生长逝了，愿中国人民齐颂先生最后呼吁，为坚持团结抗战，实行真正民主，建设独立、自由、繁荣、和平的新中国而共同奋斗到底。谨此电唁，更望家属诸位节哀承志，遵守先生遗嘱于永久。

唁电高度评价了邹韬奋在政治、文化方面的贡献，并号召社会各界团结抗战，争取独立、自由、繁荣、和平。唁电中，特别提出了邹韬奋的入党遗愿，并强调"引此为吾党的光荣"。

与唁电同时刊发的还有《邹韬奋先生遗嘱》，并特加遗嘱前述"七月二十四日邹韬奋先生弥留时，嘱其夫人拿出遗嘱，要人读给他听，他嘱改正几个字后，即亲笔签了自己的名字"[①]。近年发现的《遗言纪要》中，邹韬奋对自己的遗体处理、著作整理、家属安排、政治及事业、资助胡愈之和处理英文本书籍等事务均作了详细的安排。

需要注意的是，《解放日报》对《遗言纪要》做了较大的改动。《遗嘱》介绍了邹韬奋的文化事业历程及遭受迫害，重点突出了邹韬奋对共产党根据地的良好印象"目击人民的伟大斗争，使我更看到新中国光明的未来"，对局势呼吁"全国坚持团结抗战，早日实行真正的民主政治，建设独立自由幸福的新中国"[②]。而《遗言纪要》则对个人后事，如遗著处理等事宜颇多笔墨了。两相比较，可以发现，在《遗嘱》中，团结抗战、实行民主等内容被突出了。换言之，政治性意味提升了。

中共方面公开唁电、遗嘱与回忆文章的时机，显然是分析当时的内

---

[①] 《解放日报》（延安）1944年10月7日，载邹嘉骊《忆韬奋》，生活·读书·新知三联书店2015年版，第559—562页。
[②] 同上书，第562页。

外社会形势后慎重选择的结果。1944年年中，正是抗日战争最重要的关头。此时，中共追悼邹韬奋，既可向社会传达团结抗战到底的意愿，又可借此机会表达中国共产党领导民众建设新中国的愿景。而将邹韬奋这样一位活跃在文化战线，积极宣传抗日，批评国民党消极抗战的知名人士，引为共产党的一分子，无疑能极大地提高中共在社会上的影响力，提升中共与国民党对话的话语权。

1944年10月11日，陕甘宁边区文教大会开始拉开帷幕。37天的会期里，中国共产党围绕着解放区的文化教育问题制定了工作方向，即"我们的一切工作的总目标就是打倒日本帝国主义……这个努力首先是战争……然后便是文化……我们必须有文化"[①]，"一切知识分子一定要抛弃脱离群众的恶习，以鞠躬尽瘁的精神献身人民，与工农兵密切结合……一定要从群众的实际需求出发"。为此，中共"要组织文教战线上广泛的统一战线，不要闹孤立主义"，"联合一切可以联合的中间力量……动员一切可能动员的进步力量"[②]。

文教大会开幕当天，周恩来召集吴玉章、博古、周扬、艾思奇、柳湜等人，讨论纪念和追悼邹韬奋先生的办法，并决定以柳湜、周扬为筹备委员会负责人。筹委会，提议华北书店改为韬奋书店，设立韬奋出版奖金，拟定分别在延安和全国发起纪念活动。全国范围内的纪念活动包括：征集纪念文、制纪念册，在渝设立韬奋图书馆，征集韬奋未刊文字作品。延安的纪念活动包括：在韬奋百日祭时举行追悼会，《解放日报》在追悼会期间出版专刊，制作追悼歌曲，出版邹韬奋选集，展览著作。筹委会建议在边区文教会上介绍邹韬奋生平，确立韬奋为出版事业模范。5天后，毛泽东批示"照此办理"。

文教大会召开期间，新华日报刊登了《学习韬奋同志》的决议。

---

① 孙晓忠、高明编：《延安乡村文化建设资料》，上海大学出版社2012年版，第108页。
② 罗迈：《开展大规模的群众文教运动》，转引自孙晓忠、高明编《延安乡村文化建设资料》，上海大学出版社2012年版，第108页。

决议提出：

> 邹韬奋先生为了中国人民大众，在文化事业尤其新闻出版事业方面，艰苦奋斗二十余年，有伟大的贡献。先生主编之刊物报纸及创办书店，均能站在人民的立场为人民的利益而努力，并一贯注意联系群众，经常拥有数万至数十万人的通信网。其始终为群众服务的精神，将永为全国人民所纪念。大会一致确认先生是中国新民主主义的新闻出版事业的模范，并号召全边区的文化工作者尤其新闻出版工作者向先生的工作精神学习，为发展边区与中国新民主主义新闻出版事业而奋斗。

无论是大会上提出的文教统一战线政策还是邹韬奋本人及生活书店在全国文化界的影响，都意味着中国共产党高度重视邹韬奋的逝世及其悼念活动。

1944年11月22日，《解放日报》出版《邹韬奋逝世纪念特刊》，延安各界在陕甘宁边区政府大礼堂举行韬奋追悼大会。朱德、陈毅、吴玉章等人在追悼大会上讲话致辞。朱德评价"韬奋先生所有的著作，都是为了中国的民族民主革命"，认为"目前中国民主势力与反民主势力正在剧烈的斗争中"，号召大家"努力于民主运动，团结全中国人民，争取抗战建国的胜利"，并题词"韬奋同志：爱国斗士，民主先锋"①。陈毅在追悼会上，回顾了与邹韬奋的几次通信，叙述了邹韬奋对苏中抗日根据地共产党与民众良好关系的赞扬。② 毛泽东为韬奋题词，"热爱人民，真诚地为人民服务，鞠躬尽瘁，死而后已，这就是韬奋先生的精神，这就是他之所以感动人的地方"③。中共高层，尤其是

---

① 朱德：《在延安举行的邹韬奋先生追悼大会上的讲话》，《解放日报》（延安）1944年11月24日第1版。
② 同上。
③ 毛泽东题词，《解放日报》（延安）1944年11月22日第附1版。

朱德与毛泽东的题词，为中共方面举行的纪念活动定下了基调。

延安的其他多位重要人士也先后著文哀悼。吴玉章盛赞邹韬奋为"近代中国文化界，在新闻事业、出版事业上，最有成绩，最有创造能力的"，认为"韬奋同志在文化事业上的作风、能力诚然可宝贵，而特别应该宝贵的是他为新民主主义而奋斗的精神"①。凯丰回顾了邹韬奋不顾国民党挤压迫害坚持出版事业的经历，认为"他在生时虽然不是一个共产党员，但是他的品质却是中华民族优秀儿女的品质"②。徐特立深情回顾了邹韬奋的文化事业，称赞其"一切新的方法和方式仍然是从群众中学习，再用到群众中去"，认为其具有"革命精神和实际精神"两方面。③ 艾思奇则称赞邹韬奋"尽了公正的新闻记者的职务，把自己的文章，严格地用作民众的喉舌"，说出了"群众心里真正要说的话"，号召学习韬奋的精神，实践"中国大众的立场"④。邹韬奋的亲密朋友张仲实，全面回忆了韬奋的生平经历，总结韬奋"为人民大众谋利益的热忱与实事求是的作风，结合在一起……走上了共产主义道路……正是中国知识分子应走的道路"⑤。

这些文章的主旨相似，集中于描述邹韬奋的思想转变，赞扬其批评社会黑暗、追求民主自由，且其作者与中国共产党的关系相当密切。这也表明中共希望借邹韬奋逝世事件表达多重含义：继续团结抗战，反对国民党专制，追求民主。

邹韬奋生前好友同事的悼念性文章，大致有一个主旨，即他们认为自己与邹韬奋同属于知识分子之列，而邹韬奋是他们中的优秀代表。中共方面的悼念文章，则更多的是对其进行政治定位，总结邹韬奋的一生

---

① 吴玉章：《哀悼为新民主主义奋斗的战士邹韬奋同志》，《解放日报》（延安）1944年11月24日第1版。
② 凯丰：《纪念韬奋先生》，《解放日报》（延安）1944年11月24日第1版。
③ 徐特立：《韬奋的事业与精神》，《解放日报》（延安）1944年11月22日第1版。
④ 艾思奇：《中国大众的立场》，《解放日报》（延安）1944年11月22日第1版。
⑤ 张仲实：《一个优秀的中国人》，《解放日报》（延安）1944年11月22日第4版。

是追求革命、追求进步的。

在中国的文化中,文章内容、作者身份、发布载体和发布时机,均具有重要的符号意义。这些符号彰显了传播目的,同时构建了所指对象的重要性。邹韬奋逝世后,组织和参与追悼活动的主体,有其生活书店的同人、文化界朋友、民主人士,而表现最活跃的当为中国共产党。中共得到邹韬奋的遗嘱后,虽然对其内容未曾大幅度删减,但在关键部分则做了重要调整。中共最高领导人的题词,不仅凝练了邹韬奋一生的精彩表现,更统一了邹韬奋的精神与中共的追求,把邹韬奋归化为中共整体至少是文化事业领域上的代表,从而塑造了邹韬奋精神的内涵。此后,中共借助强大而灵活的宣传网络,发动了延安解放区、国统区、敌后抗日根据地的各种宣传机构,大规模地宣传邹韬奋精神和事迹,几乎主导了韬奋宣传的话语权。

1945年7月24日是邹韬奋逝世一周年纪念日,延安、重庆等地举行纪念活动。延安《解放日报》当天刊载悼念文章,刚刚访问过延安的黄炎培,撰写了纪念词。张仲实、张宗麟、艾思奇、鲁果等人分别撰文以寄哀思。重庆《新华日报》当天刊登9篇文章,作者包括张澜、黄炎培、柳亚子等民主人士。黄炎培告慰韬奋"暴敌行将就歼,国事亦将就轨"[1],胜利即将实现。柳亚子则赋诗"道胜魔强柱万端,光明终古属延安"[2]。日本投降之后,周恩来即致信慰问邹韬奋遗孀,表达"中国人民一定要继续努力,为实现韬奋先生全心向往的和平、团结、民主的新中国而奋斗不懈"的志愿。[3] 上海《周报》《民主》周刊和《新文化》杂志等报刊也分别发表纪念文章,回顾邹韬奋的流亡生活、与青年的密切交往和最后的时光。此后的周年纪念活动中,共产党、民主党派人士、文化界成员分别从不同角度回忆邹韬奋的事迹,虽行文各

---

[1] 黄炎培:《韬奋逝世一周年哀词》,载《新华日报》(重庆)1945年7月24日第4版。
[2] 柳亚子:《韬奋周年挽诗》,载《新华日报》(重庆)1945年7月24日第4版。
[3] 周恩来:《致邹韬奋夫人沈粹缜的慰问信》,载中共中央文献编辑委员会编《周恩来选集》上卷,人民出版社1980年版,第225页。

异，内容有别，其宗旨则主要为争取民主自由，反对专制黑暗。

## 二 内容抽象与宏大叙事：改革开放前的韬奋精神宣传

1949年，伴随着渡江战役的结束和上海解放，中国共产党已经基本掌握了国家政治局势，即将成为全国执政党。这一变化，要求中共必须将工作重心从革命转向建设，工作内容也急需从以军事、政治为主转向经济、文化、军事、政治等方面。此后，邹韬奋纪念活动较之1949年之前，有了新的变化。

邹韬奋逝世五周年之际，毛泽东为其题词"纪念民主战士邹韬奋"[①]。作为中共文化战线长期的领导人，周恩来的题词更有代表性，"邹韬奋同志经历的道路是中国知识分子走向进步走向革命的道路"[②]。鉴于周恩来此时的政治地位，他的题词等于赋予以邹韬奋为代表的知识分子更多的进步色彩，即知识分子具有"走向进步走向革命"的内涵。周恩来的题词，具有更深层次的考虑。此时解放军已经席卷大江南北，军事方面接连取得胜利。军事胜利之后，如何安置原国统区文化人士，如何对待文化事业和知识分子的身份属性及其转变，是中共必须要解决的大事。为顺利实现政权过渡，周恩来的题词显然带有为这些知识分子定性的意义。此中原因，一方面是周恩来长期从事文化工作，对知识分子有着更为深刻的认识；另一方面则是回应和打消当时知识分子对待共产党和新政府的某些疑虑。

相比毛、周二人，此时主政上海的陈毅等人，对韬奋另有认识，这也直接反映在他们的题词上。1949年7月24日，上海《解放日报》，刊登了陈毅、曾山、潘汉年和韦悫联合署名的题词。题词赞扬韬奋"从爱国主义出发，与群众结合，为人民利益而奋斗，最后走向

---

[①] 毛泽东题词，上海《解放日报》1949年7月24日第1版。
[②] 周恩来题词，上海《解放日报》1949年7月24日第1版。

科学的共产主义,你是革命知识分子的典范,你的献身精神照耀着知识分子前进的道路,永垂不朽"①。对比 1944 年陈毅在延安韬奋追悼大会上的讲话和题词,可以发现,两个时期的题词意思相同,颇有"知识分子的人生道路必须以这种高于个体生命的一般历史发展趋势"的意味。② 相比周恩来圆融而温和的题词,陈毅等人的题词更加具有训化性。而陈毅等人的题词和倾向,"观点正确与否,另当别论,但明显日渐扩大为占统治地位的主流话语"③。陈毅等人题词的示范效应很快显现出来。

1949 年 7 月 24 日,上海举行邹韬奋逝世五周年纪念大会。宋庆龄在纪念大会上致辞,把邹韬奋定义为"一个伟大的爱国者,一位英勇的人民战士",而中国革命则是"千百万革命爱国人民踏着韬奋先生的道路,在中国共产党与毛主席正确领导之下,正在完成他遗下的任务"④。在此前后,上海的《解放日报》《文汇报》《大公报》《新闻日报》《新华日报》《世界知识》和《光明日报》等报刊分别刊载文章,纪念邹韬奋。

邹韬奋的事业伙伴与亲密友人毕云程在《世界知识》撰文哀悼邹韬奋。毕云程用绝大部分篇幅描述了邹韬奋由专营文化事业向关注政治问题的转变历程,最终走向共产主义之路。文末评价邹韬奋"始终以人民大众的立场为立场,以人民大众的利益为利益",赞扬韬奋晚年"确已成为为人民大众谋幸福的英勇的战士",其行为"与千百万杀身成仁舍生取义的人民解放革命战争的诸烈士相一致"⑤。邹韬奋的另一工作伙伴、时任三联书店负责人的徐伯昕,在《我们要学习韬奋的革命精神和工作方法》

---

① 陈毅、曾山题词,上海《解放日报》1949 年 7 月 24 日第 1 版。
② 郝丹立:《韬奋新论:邹韬奋思想发展研究历程》,当代中国出版社 2002 年版,第 4 页。
③ 李频:《韬奋形象的衍变与还原》,载韬奋纪念馆编《邹韬奋研究》第三辑,学林出版社 2008 年版,第 507 页。
④ 宋庆龄:《在上海韬奋同志逝世五周年纪念大会上的致词》,载邹嘉骊编《忆韬奋》,学林出版社 1985 年版,第 210 页。
⑤ 毕云程:《邹韬奋先生五周年祭》,《世界知识》1949 年第 20 卷第 6 期。

中，以当事人的身份，回顾了邹韬奋反对专制、追求民主的革命精神，总结了邹韬奋在创办报刊、书店，开展文化活动的经验。①

新闻界知名人物范长江在"人民民主革命已经取得了基本胜利"，"全国规模地建设事业已在逐步地开始进行"的形势下，总结邹韬奋的三个特点，"作风朴实，对待问题老老实实"，"热爱真理，热爱人民"和"专心业务，忘我工作"，评价邹韬奋做到了"运用新闻工具广泛联系群众，并在群众中坚持不懈地进行经常的思想斗争"②。

相比1949年以前，毕云程、徐伯昕和范长江三位文化界人士此时撰写的文章，已经侧重于邹韬奋思想方面的转变，开始从政治角度评价和纪念邹韬奋了。在1954年之后的纪念活动中，因为国内形势的变化，这种趋势更加突出。

1954年7月13日，中共中央宣传部发出《关于纪念邹韬奋同志逝世10周年的通知》。《通知》要求北京、上海、天津、重庆、武汉、西安、广州和沈阳等地在邹韬奋逝世10周年时举行纪念大会等活动。《通知》中评价"邹韬奋同志生前在国民党反动统治下坚持进步的文化事业，他所主持的各种刊物在人民群众中特别是青年群众中影响很大"，指出他"不但自己逐步摆脱资产阶级民主主义思想终于成为坚定的共产主义者，而且影响一大批的群众走向革命"③。这一通知内容也成为此后大陆地区纪念邹韬奋、宣传邹韬奋精神的主导基调。

在此要求和号召下，《人民日报》《光明日报》《中国青年报》《北京日报》、上海《解放日报》《文汇报》、天津《大公报》《长江日报》和重庆《新华日报》等报纸在7月24日前后先后刊登纪念性文章，报道纪念活动，宣传韬奋精神。

---

① 徐伯昕：《我们要学习韬奋的革命精神和工作方法》，《解放日报》《新闻日报》（上海）1949年7月24日。
② 范长江：《念韬奋同志》，《解放日报》《文汇报》《新闻日报》《大公报》（上海）1949年7月24日。
③ 韬奋纪念馆编：《韬奋纪念馆50年》，第55页。

在这些纪念性文章中，茅盾的文章最有代表性。此时，茅盾任中央人民政府文化部部长，位属高层，其文章所具有的符号意义和示范效应，十分明显。在这篇《邹韬奋和〈大众生活〉》的文章中，茅盾首先回顾了邹韬奋创办刊物的艰辛付出与持之以恒，认为应该学习"韬奋的嫉恶如仇、说干就干、充满信心、极端负责的精神"。对比《永远年青的韬奋先生》，可以发现，此文的大部分都符合茅盾对邹韬奋知识分子属性的认知，但到了最后部分，内容与文风陡然转变，总结出了"从韬奋身上，又一度证明了凡是有正义感、爱祖国、爱人类、爱真理的旧民主主义者，在战斗的考验中，是会走上信仰共产主义道路的，这已是历史发展的规律"①。前后行文风格反差不可谓不强烈。理解茅盾的这种转变，必须要结合当时的社会形势和政府工作重心。

1951年开始的知识分子自我教育和自我改造运动，要求知识分子学习马列主义，学习中国共产党的理论与历史，学习中央方针政策。通过两年左右的时间，中央政府完成了对知识分子的改造，全国的思想基本统一。1953年6月，中国开始进行社会主义改造。与知识分子改造运动相比，这不仅意味着私营资本转变为国家资本，资本主义转变为社会主义，更重要的是借助经济力量实行社会、思想、文化和政治等层面的全方位改造。社会主义改造中，文化系统的工作就是要把民众的思想和行动统一到集体层面，换言之，就是个性要淡化，个人要服从集体，个人的思想行动及其转变必须在社会发展规律下实现。在此影响下，茅盾的文章也开始向宏大叙事转换。这种宏大叙事的背后含义则是，邹韬奋的思想只能从"历史发展的规律"中获得。只有在此历史规律下，邹韬奋精神才有生发的基础和土壤，除此之外，任何表述、解释和宣传邹韬奋精神的方式都不合适。作为知识分子个人的邹韬奋必须从属于进步知识分子群体。

如果说茅盾、胡绳、夏衍、刘导生等人的纪念文章，是基于所处政治地位而自觉地把对邹韬奋精神的回忆与解读置于宏大叙事框架下，那

---

① 茅盾：《邹韬奋和〈大众生活〉》，《人民日报》1954年7月24日第3版。

么邹韬奋遗孀和子女的回忆文章更能反映其时的社会形势。邹韬奋刚逝世时，其家属的回忆文章，从点滴生活入手，展现了邹韬奋生活化的一面。而在其逝世十周年时，家属的纪念文章也发生了大幅度转变。遗孀沈粹缜写道："他的热爱人民，真诚地为人民服务的精神，永远感召着我"①，并用"中国人民已经打倒了三大敌人在旧中国的反动统治，并开始向社会主义社会的过渡"来告慰邹韬奋。邹嘉骊则在文章中告慰父亲："我们兄妹几人和母亲在你的影响下走上了正确的人生道路，在党的长期亲切关怀和培养下，成长为无产阶级的先锋战士，或正向这个方向努力。"②

纪念活动中具有重要地位的场所——韬奋纪念馆，在筹备过程中，它的设立宗旨，也颇能反映中共对韬奋精神宣传的选择性倾向。华东地区文化系统负责人金仲华在韬奋纪念馆三次筹备会上的讲话，均着重于突出政治功用：在陈列内容的主线确定上，金仲华在1956年11月24日指出"应该按照毛主席和周总理的话，主要是表现韬奋同志是一个知识分子走向进步走向革命的道路，主要是表现韬奋是爱国与民主"③；在展览内容上，金要求"段落要分清一下，要表达一个知识分子只有在党的领导下才能真正得到改造"④；在第三次筹备会上，金仲华"希望纪念馆能够突出知识分子走向革命、思想改造，能体现周总理题词的话，从韬奋的思想如何转变及当时生活书店与韬奋活动，突出那时的出版情况，书店……还是有群众基础的"⑤。韬奋纪念馆的《1959年度工作计划中》，有一项便是"配合党对资产阶级知识分子自改造的政策，

---

① 沈粹缜：《韬奋的遗志已经全部实现了》，载邹嘉骊编《忆韬奋》，生活・读书・新知三联书店2015年版，第222—225页。
② 邹嘉骊：《爸爸，你的理想实现了》，载邹嘉骊编《忆韬奋》，生活・读书・新知三联书店2015年版，第213—215页。
③ 韬奋纪念馆编：《韬奋纪念馆50年》，第174页。
④ 同上书，第181页。
⑤ 同上书，第182页。

通过宣传韬奋同志经历的道路,以教育启发促进改造知识分子的任务"①。1955年,《韬奋文集》出版,在序言《韬奋的思想的发展》中,编委会写到"从韬奋思想发展的过程看,可以看出半殖民地半封建的中国社会的革命知识分子思想发展的规律,这里有两个基本关键问题,一个是对帝国主义的态度问题,第二个是对工农群众和对工人阶级的政党——共产党的态度问题"。从这段文字中,可以感觉到韬奋精神的提炼与宣传必须以与共产党的关系为尺度和标准。

20世纪50年代,中国政府的各项任务发生了重大转变。在此总的社会形势影响下,思想文化也同样难以置身事外,必须积极融入潮流和各种运动中。对于韬奋形象和韬奋精神的抽象塑造与强化宣传,也在此时期完成。自少年起,邹韬奋历经多次流亡,数次创业,生活履历丰富。他反对黑暗,反对专制,先后信服三民主义、新民主主义,思想复杂。而50年代以来的宣传,把"韬奋作为爱国志士、民主先锋的丰富与多样化被淡化、肢解了"。这种宣传方式在当时的社会环境中产生了巨大效果,促进和推动了知识分子、文化界和全国思想的稳固和凝聚,客观上解决了部分社会问题。但弊端也显而易见,它不仅严重影响了人文社科的研究,更是"将风采奕奕丰满鲜活的生命存在抽象为一面旗帜,风干为一个符号"②。

此后,韬奋逝世35周年、40周年,各地先后举行纪念活动,党政军群、生前亲朋好友、热心读者均有参与。仔细梳理这一时期的文章,可以发现,邹韬奋的"思想转向,走向革命,走向共产主义"依然是主流话语表达形式,对邹韬奋精神的宣传已经自觉地按照程式化的标准进行。

在35周年纪念期间,毕云程认为"韬奋主持的生活书店是革命书

---

① 韬奋纪念馆编:《韬奋纪念馆50年》,第192页。
② 李频:《井冈山归来读韬奋》,载韬奋纪念馆编《韬奋研究》第二辑,学林出版社2005年版,第128页。

店……在党的正确领导下，完成了一个时期的历史任务"①。胡愈之评价"邹韬奋同志是一个真正的爱国主义者，革命的民主主义者，优秀的文化工作者，最后他成为共产主义者"②。史良则称赞曾经的狱友"从一个爱国知识分子，通过坚忍不拔的努力，终于走上无产阶级的革命道路，并成为无产阶级先锋队战斗的一员"③。徐伯昕回忆"韬奋同志的一生，是革命的一生，战斗的一生，为人民服务的一生"，"韬奋是一位革命永不停步，不断追求真理与光明的伟大革命者"④。在韬奋逝世40周年的纪念活动中，夏征农表示要"深深铭记"邹韬奋"谦虚、认真、一丝不苟的作风和孜孜不倦追求真理的精神"⑤。夏衍引用以往的评价，认为韬奋"是一个永远立足于大众的卓越的新闻工作者"，要学习他"实事求是，理论联系实际"的作风。⑥

## 三 与文化行业同步：20世纪80年代以来的韬奋精神研传

自20世纪80年代开始，国内对韬奋精神的研究与宣传进入了一个新阶段，这一时期韬奋精神的解读与宣传更具针对性，韬奋精神中的内涵得到了具体而微的研究。这种转变的出现，不仅与知识分子自主空间的相对扩大有关，更与文化出版行业的变化有莫大关系。

1985年以后，中国出版业出现了一个高峰，不仅图书品种保持增长，出版市场与读者群也日益扩大。1991年之后，邓小平南方谈话与党的十四大之后，经济思潮的影响力更大，出版行业迎来了又一波发展时机。出版行业在经济效益日益明显的同时，也出现了诸多问题，如服

---

① 毕云程：《韬奋和生活书店》，上海《文史资料选辑》第1辑，1979年。
② 胡愈之：《邹韬奋与生活日报》，《新闻战线》1979年第3期。
③ 史良：《向着明天奋勇前进》，《人民日报》1979年7月24日第2版。
④ 徐伯昕：《战斗到最后一息》，《人民日报》1979年7月26日第4版。
⑤ 夏征农：《难忘的会见》，载夏征农《夏征农文集》第7卷，上海人民出版社2006年版，第155—158页。
⑥ 夏衍：《韬奋永生》，《新闻记者》1984年第7期。

务意识淡薄、内容质量下降、图书粗制滥造等现象比较突出。此后，国家采取"一手抓繁荣，一手抓管理"的措施，推动文化出版行业逐步向"优质高效"的方向转移。

在这段时期内，对韬奋精神的宣传，更多的是基于实际效果出发，研究如何组织管理，提高服务意识，推出优秀作品。就如何经营管理问题，雷群明等人研究了韬奋的科学管理措施，在《学习韬奋的科学管理思想》《生活周刊的订户工作》《漫谈邹韬奋的报刊经营之道》《按企业原则进行文化生产经营活动的生活书店》《邹韬奋的报刊广告观》和《生活书店的经营之道和斗争艺术》等文章中，对此类问题进行了细致的研究；对于出版行业中始终存在且日益突出的服务问题，研究者也试图从韬奋精神中找到借鉴，《永远立于大众的立场》《邹韬奋关心难童》《韬奋与职业教材》《弘扬韬奋先生的"服务精神"》《论韬奋的对读者负责精神》《韬奋论职业道德》等文章，分析了邹韬奋的服务精神内涵以及如何运用的问题；对于韬奋编辑工作方法的探讨，研究成果之丰富，更是冠绝一时。

进入21世纪，在经历了长达近20年时间的高速增长之后，传统出版行业迎来了低谷，开始面临着严峻的形势。这种严峻的挑战来自多方面，内容复杂繁多，从业人员的素质问题，出版内容的优劣选择，发行工作的开展，来自网络等新兴媒体的受众争夺和市场挤压等。这些都是关系到传统出版行业生存的问题。一系列问题的出现，促使管理者慎重思考如何面对出版业的窘境或转型。

这一问题看似是受外部环境直接影响的"硬问题"，而其关键则是涉及出版行业定位的内在"软问题"，即如何理解和确定文化出版行业在社会结构中的地位，如何把握出版文化从业者在整个社会发展趋势中所持的态度。换言之，也就是如何理解和感知文化行业在整个社会中承担的社会角色问题。而邹韬奋作为中国新闻出版行业的代表性人物，在几十年前，就已经前瞻性地对此问题做出过阐释和实践。学习和继承韬奋精神，就显得紧迫而务实了。在此情形下，2010年以来的纪念活动，也逐渐开始在这一时代要求和主题关怀下进行，对韬奋精神的解读和宣传迎来了又一转变。

2010年，韬奋基金会联合上海市新闻工作者协会、上海市出版工作者协会，共同举行了主题为"新闻出版与时代一同进步"的纪念活动。与会代表中，政府人士、专家学者、业内工作者，共同关注"韬奋精神是什么和如何宣传韬奋精神"这一议题。

中国新闻学术研究重镇——复旦大学新闻学院的代表，从理论和实践角度阐释了韬奋的"服务精神"，提出"无论传媒形态如何变化，传播业务如何变化，服务精神是新闻出版事业的立身之本"①；上海《新闻记者》杂志的代表，对韬奋精神中的"坚持正义、坚持职业精神职业道德"，深有感触，直斥当下的新闻"三俗"现象，提倡在新媒体时代更要坚持为人民服务的精神；② 出版行业代表不仅重视行业使命感和服务精神，更对出版行业的经营管理、人才培养使用格外重视，提出要"兼顾事业性和商业性"③；长期研究邹韬奋的学者更注重韬奋作为一名知识分子的良知和爱心，高度赞扬邹韬奋是"以天下为己任的中国知识分子精神和道德的高地"④。

如果专家学者和业界人士，是根据自身行业特色和要求出发，对邹韬奋精神进行解读与宣传，那么政府人士对邹韬奋精神的认识更具有指导性，更体现某些特殊意味。时任上海市新闻出版局长焦扬的致辞，集中反映了政府层面对韬奋精神宣传的重视与选择，归纳起来就三个方

---

① 黄瑚：《邹韬奋的服务精神是一切传媒的成功之道》，2010年11月6日东方网（http://sh.eastday.com/qtmt/20101106/u1a822480.html）。
② 吕怡然：《杜绝"新闻民工"心态 让韬奋精神与时代同行》，2010年11月，东方网（http://sh.eastday.com/qtmt/20101106/u1a822480.html）。
③ 高克勤：《弘扬韬奋精神 踏踏实实做好出版工作》，2010年11月，东方网（http://sh.eastday.com/qtmt/20101106/u1a822480.html）。
④ 陈达凯：《韬奋精神建构了中国知识分子的精神道德高地》，2010年11月，东方网（http://sh.eastday.com/qtmt/20101106/u1a822480.html）。

面，即学习邹韬奋"坚持正确导向，进一步提高传播先进文化的使命感责任感"，"正确的导向"这一新闻出版工作的灵魂，要始终放在首要位置；学习韬奋"坚持人民利益至上，进一步提高新闻出版的服务意识和服务水平"，对邹韬奋的"服务精神"予以高度重视；要"坚持精益求精，进一步提高新闻工作者的精品意识和精品观念"，提高和重塑新闻工作者的责任意识。① 上海作为中国现代出版事业的发源地和出版重镇，在民国时期对文化事业的开展和实施有着相对完善的措施；改革开放后，上海又是感受时代变革最强烈的前沿，对文化、新闻、出版事业所面临的挑战和变化感知敏锐。这种文化底蕴和行业的深刻影响就是，上海对邹韬奋精神的传承与宣传也具有更强的选择性。

2014年10月14日，中央召开文艺工作座谈会，习近平发表讲话。在讲话中，习近平指出了文艺工作和文艺工作者在建设国家、实现中华民族伟大复兴梦想中的重要作用，强调"一个民族的复兴需要强大的物质力量，也需要强大的精神力量"，文艺工作者要"成为时代风气的先觉者、先行者、先倡者"，文艺工作要利用各种形式，适应新型文艺形态和文艺类型，创作出更多符合时代要求的优秀作品。在创作过程中，文艺工作者要始终以人民为中心进行创作，"要把满足人民精神文化需求作为文艺和文艺工作的出发点和落脚点，把人民作为文艺表现的主体，把人民作为文艺审美的鉴赏家和评判者，把为人民服务作为文艺工作者的天职"②。

习近平在文艺工作座谈会上的讲话精神，很快于2015年在邹韬奋诞辰120周年纪念会上得到体现。2015年11月3日，中华全国新闻工作者协会、中国出版协会、韬奋基金会联合在北京举行韬奋诞辰120周年纪念会。主管文化工作的副总理刘延东出席并讲话，中宣部、全国人

---

① 焦扬：《始终坚持精益求精 使上海新闻出版传统薪火相传》，2010年11月，东方网（http：//sh. eastday. com/qtmt/20101106/u1a822480. html）。
② 习近平：《在文艺工作座谈会上的讲话》，2014年10月15日，新华网（http：//politics. chinaso. com/detail/20151015/1000200032851921444873479791264990_ 1. html）。

大、中国版权协会、记者协会、人民日报、新华社等单位代表和邹韬奋家属参加纪念活动。刘延东在讲话中号召大家"继承和发扬他的崇高风范,将老一辈新闻工作者开创的事业不断向前推进,更好地服务党和国家大局",要求文化出版行业"深入贯彻党的十八届五中全会的新要求新部署,认真落实习近平总书记文艺工作座谈会讲话精神,坚持正确政治方向,践行社会主义核心价值观,弘扬中国精神,凝聚中国力量。要深化改革、开拓创新,多出精品力作,满足群众多样化文化需求,加快相关产业融合发展,提高对经济增长贡献率"①。刘延东的讲话内容与习近平的文艺座谈讲话精神颇为契合:从国家文化战略高度,肯定了韬奋精神的重要意义,指出了韬奋精神的宣传方向。

长期从事出版文化工作,对中国出版业有着深刻认知的柳斌杰,在纪念会上的讲话,提炼与阐释邹韬奋精神的内涵,认为韬奋精神的实质就是"坚持真理,追求进步;心系人民,服务社会;献身事业,百折不挠"②,而宣传和学习韬奋精神的目的在于,在新形势下"做好新闻出版工作",实现新闻出版强国的奋斗目标。

在纪念会举行的前一天,韬奋基金会第四届理事长聂震宁编著的《韬奋精神六讲》正式出版发行。在《写在前面的话》中,作者披露了写作动机,"新闻出版界结合学习韬奋精神,加深对习近平同志重要讲话精神的学习理解和贯彻落实"③。在新书发布会上,聂震宁接受采访时,对为何写作此书做了进一步解释,"我们似乎都会说韬奋精神,但韬奋精神究竟是什么,包含哪些内容,似乎都难以说得清楚和完整"④。在《韬奋精神六讲》中,著者将韬奋精神归纳为:为大众、爱祖国、

---

① 冯文礼、章红雨:《弘扬韬奋精神,继承韬奋传统》,《中国新闻出版广电报》2015年11月4日第1版。
② 柳斌杰:《发扬韬奋精神,建设出版强国》,《中国新闻出版广电报》2015年11月23日第4版。
③ 聂震宁:《韬奋精神六讲》,生活·读书·新知三联书店2015年版,第1页。
④ 同上。

敢斗争、善经营、懂管理、真敬业。仔细对比会发现，相比之前宣传韬奋精神中的革命精神、追求进步、思想转向，此时的宣传中心更加注重服务精神和经营管理等内容。

## 结　语

2014年9月1日，中国大陆政府公布了首批300名抗日英烈，邹韬奋名列其中。相比其他英烈的社会记忆，邹韬奋的纪念活动及精神传扬更丰富亦更曲折。这既体现于赋予他的政治内涵，同时也展现在对他新闻出版业务水平本身的发掘与纪念。1949年之前，宣传韬奋精神的目的主要在于团结抗战、揭露黑暗、反对专制、追求民主。此时的宣传活动中，独立知识分子的特性至少在国统区的纪念活动中颇为鲜明。20世纪50年代，为了适应政治需要，韬奋精神宣传活动中，其向共产党思想转变的过程和结果被高度放大，使得韬奋成了一个符号、一个旗帜，但这个旗帜显得孤单而干瘪。20世纪80年代后，随着社会形势的发展和国家建设任务的重新厘定，韬奋精神中实务性的一面又被重新发掘和宣传。进入21世纪后，出版行业面临着颠覆性变革，这使得韬奋精神中对出版事业的思考等内容被再次重视和宣传。

相比张季鸾，这位比邹韬奋早前去世的报业名人，对邹韬奋形象的树立及其精神的宣传，更能体现大陆话语中对公众人物及其精神的社会记忆。韬奋精神的凝练与宣传中，政治、经济与文化等力量在综合性地发挥作用，在某种程度上此消彼长，但每一次的变化，对其社会适用性的重视始终未曾弱化，而社会记忆亦在此中发生相应的沉淀与变化。

# 成为密友：邹韬奋与中国共产党人的接触与交往

梁德学[*]

**摘要**：抗战时期众多与中国共产党人密切交往的文化界人士中，邹韬奋具有一定的代表性。他所创办和经营的文化事业之所以成为现代中国进步出版事业之代表，与其同中国共产党人交往并接受党的帮助和指导有关。本文考证和论述了邹韬奋何以走近并交往中国共产党人、从超然党外到请求入党的原因，和与中国共产党人交往遵循的时间脉络，以及所交往的共产党人类型及交往方式等，同时分析指出，应充分注意到邹韬奋对中国共产党及共产党人的认同和接受是一循序渐进之过程，不应不加分析地将他生前所创办的书店和报刊归入中国共产党领导的范畴。

**关键词**：邹韬奋；交往；中国共产党；生活书店

1921年7月，邹韬奋从上海圣约翰大学毕业，同月，中国共产党成立。在此后相当长的时间里，邹韬奋站在大众立场，自称"心目中没有任何党派"[①]。但随着情势变化，尤其抗战到来以后，邹韬奋与坚决主张抗日的中国共产党人接触愈益频繁，相互认同，彼此支持，构建了以生活书店为中心的进步文化事业。自1931年"九•一八"事变至

---

[*] 作者简介：梁德学，新闻传播学博士，江西师范大学新闻与传播学院讲师。
① 邹韬奋：《韬奋文集（三卷）》，生活•读书•新知三联书店出版社1955年版，第84页。

1944年病逝的14年间，邹韬奋与党的领导人、军队负责同志、地下统战人员、所经营出版事业中具有党员身份的同人和著译者、新闻出版界的党员同行、四处逃难中的党员"难友"以及为数众多的青年党员（准党员）们结成了挚友和密友。

邹韬奋生前并非党员，其对中国共产党的认识和认同也有一循序之过程。他所创办的出版事业后来之所以被视为党的出版事业之一部分，与他和共产党人交往及相互信任有直接关系。邹韬奋的出版社事业，甚至其生活、生命，都曾得到中国共产党人的爱护、帮助和指引。他本人及其在抗战文化生产领域的巨大感召力，也深深鼓舞和影响了中国共产党人矢志抗战。

本文基于史料，拟考察具有知识分子独立思想与人格的邹韬奋走近并交往中国共产党人、从超然党外到请求入党，和与中国共产党人交往遵循着怎样的时间脉络，以及与邹韬奋交往的共产党人群体类型及交往方式如何等问题，借此再现抗战时期文化界民主进步人士与中国共产党人的互动与合作。

## 一 与共产党人交往的时间脉络

谁是最早与邹韬奋相识的中国共产党人目前已难判定。据曾一同在东江游击区逃难的于伶回忆，韬奋在避难此地时的一次演讲中说：

> 我邹韬奋是一个平凡的人，人生四十七，只想在苦的辣的酸的时代里干一点苦事业。后来偶然的机会，认识了潘汉年，我眼睛一亮。由于他，我跟胡愈之、鲁迅、宋庆龄、沈衡老等人多了来往，初步认识到要辣！再后来，跟周恩来、董必老、王稼祥等几位相处。①

---

① 于伶：《韬奋同志在东江游击区》，载《忆韬奋》，学林出版社1985年版，第415页。

若于伶回忆准确，潘汉年应是较早与邹韬奋接触的中国共产党人。潘汉年是大革命后中共在上海开展新文化和左翼文化运动的领导人，"他做了很多工作，在三十年代起过很大的作用"①，与邹韬奋接触并介绍其与其他中共人士相识，反映出共产党对具有爱国进步思想的邹韬奋早有统战之意。但须注意的是，"九·一八"事变前，共产党正在"左"倾机会主义的错误领导下，认为邹韬奋及其主编的《生活》周刊"代表了中间势力，是最危险的敌人"，"所以也不愿意接近它"②。邹韬奋对共产党似乎也有误解，1930年5月，他在《生活》周刊上发表文章，对被红军打死的国民党江西省南丰县县长吴兆丰称颂备至，认为吴氏为"保境安民而能奋不顾身，死而后已"，实"值得国人之讴歌悼惜"。显然，在邹韬奋的眼里，共产党还是一个被误解的政党。③ 由此可大致判定，1931年"九·一八"事变前，邹韬奋与中国共产党人之间的接触是相对较少的。到该年，韬奋虽已结识日后重要工作伙伴艾寒松和胡愈之，但胡愈之1933年方才入党，艾寒松则迟至1938年入党。

1933年年初，邹韬奋加入中国民权保障同盟，积极参加活动，胡愈之亦是"盟友"之一。同年，又与钱亦石、钱俊瑞等人相识。据钱俊瑞回忆，那时，他与胡愈之、曹亮、金仲华、钱亦石等在党的领导下，在上海组织了一个"苏联之友"社，邹韬奋常去参加座谈。"当时，参加进步组织，发表进步言论，同地下党员来往，是要冒很大风险的。"④ 同年，邹韬奋编辑的《革命文豪高尔基》一书，得到中共早期领导人瞿秋白的关注。但是同年6月，中国民权保障同盟总干事杨杏佛被杀，邹韬奋也名列"黑名单"，被迫流亡欧美。

1933年7月至1935年8月，邹韬奋先后流亡意、法、英、比、荷、

---

① 吴亮平：《吴亮平同志的讲话》，载中国出版工作者协会《生活书店、读书出版社、新知书店革命出版工作五十年1932—1982》，生活·读书·新知三联书店1984年版，第50页。
② 胡愈之：《我的回忆》，江苏人民出版社1990年版，第21页。
③ 沈谦芳：《邹韬奋与中国共产党》，《学术月刊》1995年第12期。
④ 钱俊瑞：《光彩夺目的一生》，《新闻战线》1979年第3期。

德、苏、美等国。流亡欧美的经历对韬奋思想上的冲击和影响是巨大的,在此期间,他与国外共产党和海外中共人士有了密切接触。1933年12月,他访问了爱尔兰共产党领导人;1934年8月,在莫斯科结识与毛泽东一起创建新民学会的萧三;1935年5、6月间,在美国结识美国共产党及留美的中国共产党人,被邀请旁听美国共产党支部秘密干部会议,在会上详细介绍了"中国男女青年对民族解放斗争的艰苦英勇"①。1935年7月初,与留美的中国共产党人"会面聚谈",并到芝加哥当地一个共产党部拜访。据曾任美共中国局书记的徐永瑛回忆,在美期间,邹韬奋已和他"讨论了一下如何加入共产党的问题"②。流亡经历也使邹韬奋对马列主义有了深刻认识,他曾于1933年和1934年先后花了"许多时间在大英博物馆图书馆研读马列主义著作和其他社会科学书籍,并做了详细的笔记"③。

1935年7月,"《新生》事件"发生,邹韬奋给纽约的中国共产党人致信告知情况后回国。1935年8月回到上海时,中共中央尚在长征路上,上海地下党组织处于高度隐蔽状态,邹韬奋与中共党组织无法取得较多联系。但这一年,刘少奇与邹韬奋建立了"文字交"④,徐雪寒与邹韬奋初识,张仲实也进入生活书店。⑤ 同年11月,邹韬奋在上海创刊《大众生活》,宣传抗日救亡,编委为邹韬奋、千家驹、沈志远、胡绳、金仲华、夏衍、沈雁冰。除千家驹、金仲华和邹韬奋外,其余人为中共党员——这也是韬奋所主编的刊物的核心层首次由中共党员为主构成。

1936年年初,与胡愈之、范长江等在杜重远家聚会,商量筹办《生

---

① 复旦大学新闻系研究室:《邹韬奋年谱》,复旦大学出版社1982年版,第73—74页。
② 徐永瑛:《韬奋的共产主义理想》,载邹嘉骊《忆韬奋》,学林出版社1985年版,第192页。
③ 邹韬奋:《最留恋的一个地方》,《大众生活》第1卷第3期;复旦大学新闻系研究室:《邹韬奋年谱》,复旦大学出版社1982年版,第65页。
④ 章玉梅、辛彬:《刘少奇与邹韬奋的文字交》,载邹嘉骊《忆韬奋》,学林出版社1985年版,第357页。
⑤ 张仲实:《张仲实文集》第3卷,中央编译出版社2016年版,第210页。

活日报》，邀请范长江"你一定来一个"①。2月，《大众生活》被封。3月，邹韬奋被迫出走香港，6月即在香港创办《生活日报》，得到刘少奇的大力支持，连续为报纸撰稿。在香港筹备及主办《生活日报》及其附刊《生活日报·星期增刊》的过程中，邹韬奋与柳湜等共产党人有了较多的、主动的接触，通过后者了解了中国共产党的态度和主张，决定把党的建立抗日民族统一战线政策体现在报纸宣传中。②胡愈之应邹韬奋电邀，也从法国赴香港，予邹韬奋以实际支持。在天津主持中共中央北方局工作的刘少奇，得知《生活日报》及其附刊《生活日报·星期增刊》即将创办，化名"莫文华"给邹韬奋写长信两封，阐明中共抗日民族统一战线政策，期望邹韬奋所办报刊"应担负促成解放中国民族的伟业"，尤其是要加强对"民族解放的人民阵线之实际的组织"的宣传。③1936年5月，邹韬奋与沈钧儒、章乃器、陶行知等人发起组织的全国各界救国联合会在上海宣告成立。9月18日，毛泽东《致章乃器、陶行知、沈钧儒、邹韬奋》的信，托潘汉年面交。但不久，"七君子"事件发生，邹韬奋等人被国民党移送苏州江苏省高等法院羁押，此事激起了中国共产党人强烈抗议和谴责，并在全国开展了广泛的营救运动。1937年7月，全面抗战爆发，邹韬奋等人在共产党的呼吁下被释放。经此一事，他与共产党人关系愈加强化。出狱后，邹韬奋编辑发行的《抗战》三日刊（后改为《抵抗》三日刊）、《抗战画报》和《全民抗战》，撰稿人除金仲华外，胡愈之、张仲实、柳湜、钱俊瑞等均为共产党人。根据周恩来指示，多年前与韬奋交往的老朋友潘汉年也与韬奋加强了联系，他大力支持邹韬奋工作，曾为《抗战》三日刊撰文多篇，以示中国共产党对他的支持。④

---

① 复旦大学新闻系研究室：《邹韬奋年谱》，复旦大学出版社1982年版，第85页。
② 柳湜：《韬奋逝世十周年》，载《韬奋的道路》，生活·读书·新知三联书店1958年版，第213—216页。
③ 章玉梅、辛彬：《刘少奇与邹韬奋的文字交》，载邹嘉骊《忆韬奋》，学林出版社1985年版，第357—360页。
④ 吴跃农：《不辱使命鏖战孤岛——潘汉年抗战时期在上海开展上层人士统战工作纪实》，《四川统一战线》2005年第2期。

1937年年底至1941年年初，邹韬奋辗转武汉、重庆，得以与中共中央南方局负责同志有直接接触机会。① 1937年12月下旬，周恩来与邹韬奋在八路军汉口办事处首次见面，此后至1941年，周恩来与邹韬奋在武汉和重庆两地见面机会和次数较多，周恩来对邹韬奋关怀备至。尤其在重庆，邹韬奋"常去红岩新村或曾家岩房看周恩来及南方局的其他同志，面谈或请教书店工作以及他在政治活动中遇到的问题，俾能及时得到指点"②。生活书店总管理处每月举行一次茶话会，邹韬奋也常约请周恩来到会讲话。基于信任，韬奋向周恩来提出入党，但周恩来认为党需要他以党外民主人士身份在国统区活动，"目前党还需要你这样做"③。在武汉、重庆期间与周恩来等共产党人的交往对韬奋触动极大。据杜若君回忆，1938年他在武汉接触到的韬奋，比起1935年初见时的韬奋已经有了明显的变化，此时，"他不只是一位爱国主义者，在很多方面，更像是一位共产主义战士"④。在武汉时，邹韬奋经常出席由共产党人参加的集会：

> 每次聚会中，韬奋是最活跃的人物。当时由于他和一些党员同志，特别是党的领导人常有接触的机会，再加上他对党的深厚感情，对党的方针政策了解的比较多，体会的比较深，所以在每次聚会中，他发言最热烈，最积极，内容也最丰富，再加上他那至诚感人的态度，对大家提高思想，统一意识，起到了积极的作用。而这种聚会的影响，又通过与会者各个人的活动，扩大到很多方面。⑤

---

① 邵公文：《纪念生活书店五十年》，载中国出版工作者协会《生活书店、读书出版社、新知书店革命出版工作五十年 1932—1982》，生活·读书·新知三联书店1984年版，第215页。
② 生活书店史稿编辑委员会：《生活书店史稿》，生活·读书·新知三联书店1995年版，第228页。
③ 南方局党史资料征集小组编：《南方局党史资料·文化工作》，重庆出版社1990年版，第267页。
④ 杜若君：《忆韬奋——纪念韬奋逝世四十周年》，《吉林大学社会科学学报》1984年第4期。
⑤ 同上。

在武汉和重庆时期，他还参加多个社会团体，成为共产党人好友范长江建立的中国青年记者协会名誉理事，另参加全国救国会、国民参政会等，均是其中的活跃者。他利用这些组织配合共产党人，与国民党蒋介石的投降、倒退、分裂作不懈的斗争，同时也同这些团体中共产党人密切交往，团结协作。他说："由于参加了国民参政会，对于政治的实际内幕，更给我一种实际研究的机缘。"① 在二次参政会上，邹韬奋曾与林伯渠同志商量，准备在陕甘宁边区和敌后各解放区逐步设立生活书店分店。② 邹韬奋也自言，他对抗战爆发以前的救国运动，只是肩着一支秃笔去参加，战期中由于参加了国民参政会，得有机会与抗日各党派共同参加实际的政治运动，得到更多实际的政治的接触。③

1941年年初到1944年病逝，邹韬奋是在逃难和与病魔抗争中度过的，也是韬奋与中国共产党交往最为密切的一段时光，其间，共产党人全力营救、保护邹韬奋，为救治邹韬奋的病也百般努力。逃难中，邹韬奋一方面感念党的负责同志的关爱，与中国共产党人增强了信任，同时也与一起逃难的共产党难友有了更多接触。逃离重庆时，他化装成重庆某汽车公司的商人与胡绳同行，直至衡阳时分手④。到港后，他见到老友范长江，协助创办《华商报》，自己则创办《大众生活》香港版，乔冠华、夏衍、胡绳等文化战线的共产党人在编委之列。其他一起流落香港的中共党员"难友"尚有廖沫沙、郭沫若等。⑤ 太平洋战争爆发后，邹韬奋一家在范长江等共产党人帮助下，由九龙过海到香港金仲华住处避难。⑥ 1942年1月，邹韬奋只身与茅盾夫妇、胡绳夫妇、叶以群、戈宝权、于伶夫妇、恽逸群、黎澍、胡仲持、廖沫沙、殷国秀、高汾等，

---

① 邹韬奋：《经历》，生活·读书·新知三联书店1958年版，第164页。
② 沈谦芳：《邹韬奋传》，生活·读书·新知三联书店2016年版，第350页。
③ 邹韬奋：《经历》，生活·读书·新知三联书店1958年版，第164页。
④ 复旦大学新闻系研究室：《邹韬奋年谱》，复旦大学出版社1982年版，第133页。
⑤ 郭沫若：《韬奋先生印象》，载邹嘉骊《忆韬奋》，学林出版社1985年版，第167页。
⑥ 胡耐秋：《韬奋的流亡生活》，生活·读书·新知三联书店1979年版，第75页。

由秘密交通员潘柱带领,通过日军的几重检查岗哨与铁丝网架,到达湾仔海边,① 这些难友大多为共产党人。逃离香港过程中,他听闻廖承志关心他的安全,"深深地感受到友谊和集体的温暖"②。

1942年1月,韬奋在中国共产党领导的东江游击队帮助下,进入东江抗日民主根据地。4月初,中共华南工委廖承志、连贯指示将邹韬奋安排到梅县乡下隐居。在梅县畲江江头村,邹韬奋住在共产党员陈启昌家,半年多时间里,他和陈启昌一家老小相处和睦,晚间则与村民在山间夜谈。③ 离开梅县后,先是进入苏中解放区,在区行政公署会见了苏中区委书记粟裕和陈丕显,还曾多次与苏中行政公署文教处处长刘季平畅谈,并郑重向刘提出入党要求:"现在我已经不能在国民党统治区公开露面,这样的时期已经过去。我希望同意我入党。"刘季平随后向苏中区党委和华中局做了汇报。④ 离开苏中后,在阜宁会见了新四军三师师长黄克诚,又与当时在安徽视察的军长陈毅几次通信,谈及他在苏中、苏北解放区的情况。1942年年底,陈毅托人缝制羊皮袍赠韬奋御寒。⑤

1943年2月,邹韬奋病情加剧,由新四军军部派专人护送邹韬奋回上海治疗。7月,上海地下党组织派人到新四军军部汇报韬奋病况。陈毅主持紧急会议,范长江、曾山、钱俊瑞等出席,⑥ 好友徐雪寒也在不久之后去上海探望韬奋。邹韬奋则写信托徐转交华中局:"我死也死在抗日民主根据地。"遗憾的是,邹韬奋病情恶化较快,未能如愿,此后直至病逝,共产党人始终为掩护和救治韬奋而多方奔走,悉心照料。胡耐秋认为:"如果没有党对韬奋的深切关怀,特别是在政治上周密的考虑,作出重要的指点,单靠生活书店的几个同事的照料,韬奋秘密在上海治

---

① 邹嘉骊:《邹韬奋年谱长编》(下),上海交通大学出版社2015年版,第1305页。
② 胡耐秋:《韬奋的流亡生活》,生活·读书·新知三联书店1979年版,第79页。
③ 陈启昌:《韬奋在梅县江头村隐蔽的日子里》,载《忆韬奋》,学林出版社1985年版,第472—484页。
④ 复旦大学新闻系研究室:《邹韬奋年谱》,复旦大学出版社1982年版,第143页。
⑤ 胡耐秋:《韬奋的流亡生活》,生活·读书·新知三联书店1979年版,第123页。
⑥ 张又新:《韬奋病危的时候》,载《忆韬奋》,学林出版社1985年版,第257页。

病一年多之久，能确保他的安全，不出一点问题，是很难想象的。"①

## 二 何以走近并交往共产党人

前文考述了邹韬奋与中国共产党人成为密友、挚友的大致情形和时间脉络，但事实上，在相当长的时间里，邹韬奋选择的是超然党外的立场，与共产党人的交往十分审慎。1937年4月，他在苏州法院看守所完成《经历》一书书稿，其中"立场与主张"一节写到，"我心目中没有任何党派"，"我向来并未加入任何党派，我现在还是这样"。他解释其原因：

> 我的立场既是大众的立场，不管任何党派，只要它真能站在大众的立场，真能实行有益大众的改革，那就无异于我已加入这个党了，因为我在实际上所努力的也就是这个党所要努力的。……在这个时候，我们要积极提倡民族统一战线来抢救我们的国家，要全国团结御侮，一致对外，我更无须加入任何党派，只须尽我的权力促进民族统一战线的实现。②

邹韬奋生前确实没有加入任何党派，挚友沈钧儒在他病逝时的悼念文章中也曾赞叹道："安心吧！我的朋友，韬奋！你没有加入任何党派，你是立于中国大众的立场，你的态度光明，你的认识明确，你的热血和精诚是永远在照耀着，飞洒着。"③沈钧儒的判断固然和他与韬奋在1941年即在重庆分别有关，同时也说明"超然党外"是邹韬奋展示给外界的一种"公共形象"。

---

① 胡耐秋：《韬奋的流亡生活》，生活·读书·新知三联书店1979年版，第139页。
② 邹韬奋：《经历》，生活·读书·新知三联书店1958年版，第82—84页。
③ 沈钧儒：《悲痛的回忆》，载邹韬奋追悼委员会编《韬奋先生逝世纪念册》，邹韬奋先生追悼会筹备会1944年编印，第20页。

但在《经历》一书宣称"无须加入任何党派"后仅一年,邹韬奋又在八路军汉口办事处通过好友钱俊瑞介绍,当面向周恩来提出了入党请求。① 据钱俊瑞回忆,邹韬奋当时"明确表示要争取入党,为党多做点工作"②。邹韬奋有着独立人格和独立思想,面对主政的蒋介石及国民党多次利诱都曾不为所动,何以在全面抗战爆发后不久在短时间内"改变"自己的公开立场,通过中共地下党友人向中共南方局负责人明确提出入党请求?

其一,邹韬奋主动走近共产党人并诚恳请求入党,根因于1931年"九·一八"事变后日本对中国的侵略。作为中国现代爱国知识分子的代表,邹韬奋坚决主张抗日,临终之际仍以"最沉痛迫切的情形,最后一次吁请全国坚持团结抗战"③。韬奋之所以不拥护当时主政的国民党,即与国民党的抗日态度有关。对国民党方面的不抵抗政策,他失望至极。1932年1月,国民党派胡宗南"约请"邹韬奋谈话,要求其"拥护政府抗日",邹韬奋答"只拥护抗日政府"④。面对日本侵华,邹韬奋猛烈抨击国民党的不抵抗主义,主张"必须反抗,必须抵死反抗""全国上下,一致团结对外"⑤。对于国民党在抗战期间大肆压制民主舆论的行为,邹韬奋也极为反感,这在1937年卢沟桥事变后他发表的大量文字中有鲜明体现。"在抗战爆发后,先生便致力于抨击国民党的寡头政治,争取民主政治。"⑥ 1941年出版的《抗战以来》一书中的数十篇文章对抗战后国民党当局的种种拙劣表现予以揭露,而对共产党所坚持的"抗战必须实行民主政治才能动员全国人民得到最后胜利"的主

---

① 早在1935年在美国时,韬奋即向美共中国局负责人徐永瑛谈及入党的问题。
② 钱俊瑞:《光彩夺目的一生》,载《新闻战线》1979年第3期。
③ 邹韬奋:《邹韬奋遗嘱》,载《经历》,三联书店上海分店1958年版,第404页。
④ 毕云程:《邹韬奋先生五周年祭》,载《邹韬奋年谱》,复旦大学出版社1982年版,第43页。
⑤ 张仲实:《一个优秀的中国人——邹韬奋先生的生平、其思想及事业》,载《解放日报》1944年11月22日第4版。
⑥ 同上。

张却"极表赞同"①。

其二,是基于抗战开始后他与中国共产党人共同的价值理念。抗战后,邹韬奋认为当时中国社会的急务"最扼要的说来是团结、抗战、民主"②,这一点恰与中国共产党人的主张不谋而合。在与中国共产党人日益加深的交往中,他也愈加坚信自己与中国共产党人有着共同的理想和意志。邹韬奋逝世时,朱德在延安举行的追悼大会讲话时也指出:"(邹韬奋)临终时他把希望寄托在中国共产党身上,请求追认入党,因为他到华中根据地后,亲眼看到了共产党的主张符合于全国人民的要求。"③而国民党的做法则不然,他们"在政治'曲线'往下降的不幸情况下,国民党的顽固反动派老爷们,将中山先生的三民主义抛诸九霄云外,而独津津有味于祸国殃民的'三擦主义'的横冲直撞"④。一身傲骨的邹韬奋对国民党的不妥协态度,注定遭到国民党的监视、压迫、密令通缉,甚至"就地惩办"。在苏北苏中根据地,"韬奋同志从切身所受国民党压迫,从亲眼所见敌后新民主主义的蓬勃气象,因而曾经严词拒绝加入国民党,却在临死时自己要求加入共产党"⑤。好友范长江也指出:"九·一八"以后,中国共产党曾提出联合抗日的方针,邹韬奋是坚决为这一口号而奋斗并产生了重大影响的人。抗战爆发以后,韬奋又是坚决为党的民主团结方针而奋斗的英勇战士。⑥

其三,"得益"于海外流亡的经历。1933—1935年流亡欧美各国的经历,使邹韬奋对世界发展趋势的体察更加深切。其间,他在伦敦学习了马克思主义,认识到英国"民主政治"的虚伪性和德、意法西斯的反

---

① 吴玉章:《哀悼为新民主主义奋斗的战士邹韬奋同志》,《解放日报》1944年11月22日第1版。
② 邹韬奋:《韬奋文集》第3卷,生活·读书·新知三联书店1955年版,第389页。
③ 《延安各界人士二千人前日集会 追悼邹韬奋先生》,《解放日报》1944年11月24日第1版。
④ 邹韬奋:《韬奋文集》第3卷,生活·读书·新知三联书店1955年版,第389页。
⑤ 萧三:《韬奋同志——文化节的劳动英雄》,《解放日报》1944年11月22日第4版。
⑥ 范长江:《念韬奋同志》,《大公报》1949年7月24日第6版。

动本质，联想到中国"惟希特勒马首是瞻"的蒋介石，得出结论："东西法西斯如出一辙"；在莫斯科，他参观了很多地方，看到了苏联社会主义事业欣欣向荣的景象，觉得这就是人类的出路；后来，他又到美国，发现所谓的"金元帝国"不过是富人的天堂，穷人的地狱。① 尤其在流亡伦敦期间，他"读了不少的社会科学，尤其是马列主义的著作"②。1935年4月在伦敦写作完成《萍踪寄语三集弁言》，标志着邹韬奋马克思主义世界观最终形成，奠定了他认同共产党价值观的思想基础。据徐永瑛回忆，在美国期间，邹韬奋曾与他谈及流亡生活对其思想转变之影响："韬奋最后沉着的对我说，他在国内的时候，只是一个爱国主义者，只要求中华民族的解放与强盛。……他因此觉得社会主义与资本主义不是可以任意选择的两条路。中华民族的彻底解放，只有在社会主义的无产阶级政党的共产党领导之下，才能获救，而且也必定朝着社会主义的方向走去。"③

其四，身边的共产党人影响甚大。邹韬奋的合作伙伴、共产党人胡愈之在促使邹韬奋接近共产党人的过程中起着直接的作用。"九·一八"事变后不久，经毕云程引荐，邹韬奋与胡愈之相识，胡愈之当时虽未入党，但思想已很进步且与共产党有密切联系。胡愈之建议邹韬奋的《生活》周刊应以宣传抗日为重，邹韬奋赞同并推行其建议，此后每期组稿亦邀胡愈之参加。1932年"一·二八"事变后，一度失业的胡愈之在邹韬奋帮助下进入《生活》周刊任编辑、撰述，同时参与筹办《生活日报》。《生活》周刊脱离中华职业教育社以及生活书店的创办也是在胡愈之的建议下实行的。1933年，胡愈之又协助邹韬奋把生活书店改组成为出版合作社，规定了经营集体化、管理民主化、盈利归全体的原则，使生活书店成为进步的文化堡垒。晚年，胡愈之在回忆录

---

① 张德鹏：《邹韬奋的六次流亡》，《党史天地》1996年第2期。
② 张仲实：《一个优秀的中国人——邹韬奋先生的生平、其思想及事业》，《解放日报》1944年11月22日第4版。
③ 徐永瑛：《韬奋的共产主义思想》，载《忆韬奋》，学林出版社1985年版，第192页。

中写道："就是这样我对邹韬奋起了影响作用，使他走上抗日救国的道路，靠近了党。"① 夏衍也说："邹韬奋的转变，完全是胡愈之的功劳。韬奋的生活书店，胡愈之是'军师'，他出主意，做了大量的工作。"

其五，与共产党人交往也是后者统战政策的结果。鉴于邹韬奋的爱国热忱和在文化知识界的巨大影响力，必然成为中共统战对象。他在抗战炮火的洗礼中"半路出家"，最终选择了共产党，走上革命的道路，在当时的榜样和示范作用是不可低估的。前文已述，潘汉年在1920年代中后期即有可能开始与韬奋接触，对其开展统战工作。1935年韬奋回国后不久，中共于1935年12月召开瓦窑堡会议，确立了建立抗日民族统一战线的方针，邹韬奋自然在被统战的文化人之列。在汉口和重庆，党更加直接地对他开展统战工作。尤其自1940年起，具有文化统战目的的中共中央南方局文化工作委员会建立（以下简称"文委"），②邹韬奋和文委中的周恩来、凯丰、胡绳、冯乃超、戴白桃、夏衍等交往密切，私谊颇深，而张友渔这些在生活书店内部从事地下工作的党员对邹韬奋影响也不能忽视。当然，中国共产党人对韬奋开展统战工作是一片赤诚之心，两者间的交往并不存在政治"利用"的意味。他曾致信陈毅："今天我真正的了解了共产党的统一战线绝不是形式的寒暄请客，而是和各阶层人民结成生死之交。"③

最后，邹韬奋愿意和共产党人交往，亦有个人情感上的原因，即共产党人留给他的良好印象及对其多次救助的感激。他在《患难余生记》中说："有人说，特务老爷这里所疑的'异党分子'，是指共产党分子，因为他们认为共产党能吃苦耐劳，蓬头垢面，衣服不整，似与刻苦耐劳有关，所以便生疑问。"④ 这其实是对共产党人的赞许。周恩来等共产

---

① 胡愈之：《我的回忆》，江苏人民出版社1990年版，第21页。
② 中共广西壮族自治区委员会党史研究室：《中共中央南方局的统一战线工作》，中共党史出版社2009年版，第170—171页。
③ 胡耐秋：《韬奋的流亡生活》，生活·读书·新知三联书店1979年版，第128页。
④ 邹韬奋：《患难余生记》，生活·读书·新知三联书店1958年版，第41页。

党领袖人物的气度和睿智也让邹韬奋仰慕而钦敬，他曾多次提及"周恩来先生的确是我的良师益友"①。在重庆期间，邹韬奋经常"带着钦敬和欢快的心情去看望'周公'，对'周公'的意见视为党的决定，不折不扣地坚决执行"②。弥留之际，他告诉生活书店店员张锡荣（入党时间不详），自己毕生所结交的朋友中，周恩来和胡愈之是他最为敬佩的。③ 此外，在香港九龙、广东东江游击区、苏中和苏北根据地逃亡期间，周恩来、廖承志、陈毅等对邹韬奋的生命安全都极为关心，不断下达相关指示，而一路相伴的中共友人和党员士兵则对邹韬奋既热爱崇敬，更予以悉心关怀照料，这也使得邹韬奋心怀感激。

以上是邹韬奋疏离当时主政的国民党、走近并交往共产党人的主要原因。事实上，国民党方面对韬奋也曾相当积极地争取。抗战爆发前，南京方面曾特派国民党中宣部部长张道藩与复兴社总书记刘健群往访韬奋，邀往南京见蒋介石，并请杜月笙陪同。④ 蒋介石邀请邹韬奋，有希望他做"陈布雷第二"之意。据张群后来告诉邹韬奋，"那次（蒋介石）约你赴南京面谈，就因为陈布雷先生太忙，要请你留在南京帮帮布雷先生的忙"⑤。1938年在汉口，"国民党曾费了很大力量，叫先生入党，且以三青团中央干事相诱，但先生断然拒绝"⑥。1939年7月4日，国民党中宣部副部长潘公展又奉该部部长叶楚伧的指示，要韬奋先生加入国民党，但"韬奋坚不接受"⑦。不久，与韬奋私谊不薄的南洋大学同窗、国民党中央党部负责人徐恩增又与邹韬奋多次晤谈：

---

① 张仲实：《对周恩来同志的回忆片断》，《人民日报》1985年1月8日第4版。
② 生活书店史稿编辑委员会：《生活书店史稿》，生活·读书·新知三联书店1995年版，第228页。
③ 邹嘉骊：《邹韬奋年谱长编》（下），上海交通大学出版社2015年版，第1339页。
④ 邹韬奋：《患难余生记》，生活·读书·新知三联书店1958年版，第12页。
⑤ 同上书，第24页。
⑥ 张仲实：《张仲实文集》第3卷，中央编译出版社2016年版，第254页。
⑦ 复旦大学新闻系研究室：《邹韬奋年谱》，复旦大学出版社1982年版，第121页。

他希望我加入国民党，并多研究三民主义……关于"生活"，他说中宣部主张和党办的正中数据等合并，是表示国民党看得起"生活"，真该赶紧接受！我虽感谢老同学的好意，但却无法"仰承意旨"，不胜歉然！①

即便国民党软硬兼施，但毕竟道不同不相为谋，邹韬奋最终没有选择成为"陈布雷第二"，而是坚定地走向共产党人一边。

## 三 所交往的共产党人类型及交往方式

与邹韬奋交往的共产党人中，既有中共中央及军队领导同志、地下统战人员、"生活"同人与著译者群体、新闻出版界好友、逃难中的"难友"，又有党的正规军队和游击队中的负责同志与普通士兵……从党的领袖到基层普通党员，邹韬奋都曾与之有过交往且情谊深笃，这在当时的民主人士中是不多见的。

邹韬奋与中共领导人群体的交往主要发生在1935年8月从欧美逃亡归国后。是年年初，中共中央政治局在遵义会议上确立了以毛泽东为核心的新的中央领导，但毛泽东与韬奋交往所见资料不多。1936年10月，毛泽东致信救国会章乃器、陶行知、邹韬奋、沈钧儒，称不久以前，我们在报纸上读到了章、沈、陶、邹四先生所发表的《团结御侮的几个基本条件与最低要求》和救国联合会的宣言和纲领，"这些文件引起了我们极大的同情和满意"②。但这仅是一个公开的、集体式的复信，未见其他毛泽东与韬奋个人有过直接交往的史料。刘少奇是较早与邹韬奋交往的中共领导人，1936年，他在天津主持中共中央北方局工作时得知《生活日报》即将创办，致邹韬奋长信两封，表示"深信贵

---

① 邹韬奋：《抗战以来》，韬奋出版社1946年版，第205—208页。
② 邹嘉骊：《邹韬奋年谱长编》（上），上海交通大学出版社2015年版，第668—669页。

刊是很值得真爱的"①。此信对韬奋影响很大，"当时，韬奋完全接受了少奇同志代表党所作的建议，在办报活动中坚持正确的政策和方针，不受'左''右'方面的干扰"②。如果说邹韬奋与毛泽东、刘少奇等党的领导同志交往主要是"文字交"，与周恩来的交往则更加直接和密切，两人间的交往可谓党的领袖与文化出版界领袖推心相交的典型。（详见前文）1942年11月，邹韬奋回答大众书店的一位同志时说："从武汉到重庆，直到我离开重庆到香港，其后，回到上海，转到解放区，我的一切工作和行动，都是在党和周恩来同志指示下进行的。"③ 此后直至逝世，邹韬奋始终与周恩来保持密切联系并受到后者的关怀和保护。除毛泽东、周恩来、刘少奇外，邹韬奋与董必武、林伯渠、叶剑英、秦邦宪等也多有交往，曾请他们到生活书店为店员们作政治和思想报告。

  与邹韬奋交往最密切的共产党人群体自然要属他自己所经营的文化事业中的同人。这些人中，有人短暂在这些机构中与韬奋交往共事，也有人终其一生坚守邹韬奋所创办的文化事业。他们主要来自生活书店、《大众生活》（上海）、《生活日报·星期增刊》《抗战》《抵抗》《全民抗战》《大众生活》（香港）以及《生活日报》。这些出版机构中的共产党人，对邹韬奋是信任的，也深深影响了邹韬奋办书店、办报刊的宗旨和方向。如前文提及的胡愈之对邹韬奋和生活书店的影响，他为书店选择了合作社的组织形式，首先在私有制的旧中国开创了带有社会主义性质的合作社制度。④ 纵观邹韬奋生前所经营的出版业（除1933年年底即已停刊的《生活》周刊），业务负责人和管理者群体中共产党人占据了绝大的比例（详见表1）。此外，"生活"同人中还有陈其襄、张锡荣、艾寒松、王仿子、胡耐秋、彭子冈、恽逸群、戈宝权、冯舒之、沈

---

① 章玉梅、辛彬：《刘少奇与邹韬奋的文字交》，载《忆韬奋》，学林出版社1985年版，第357页。
② 同上书，第359页。
③ 邹嘉骊：《邹韬奋年谱长编》（下），上海交通大学出版社2015年版，第1317页。
④ 梁德学：《生活书店经营管理研究》，硕士学位论文，兰州大学，2009年，第29页。

兹九、张又新、邵公文、仲秋元、李济安（李文）、华风夏等为中共党员。对在"生活"工作或曾经工作过的中共党员，邹韬奋关怀备至。（特别需要强调的是，韬奋生前对生活书店中部分共产党人的身份可能并不知晓）1936年11月，《生活日报·星期增刊》助理编辑、共产党员王永德因寒症住院，他多次去医院看望，但因抢救无效，王永德最终去世，年仅20岁。殡葬的那一天，邹韬奋"亲自送他入棺，失声痛哭"①。1940年，曾在生活书店《妇女生活》杂志工作的彭子冈生下头生子（后不幸夭折），某日邹韬奋路过她居住的重庆罗田湾，"爬了坡坡坎坎前来探视，很有兴味地和小婴儿说话，临行出人意料地从公文夹中倒出三四十个鸡蛋来"②。受与邹韬奋交往之熏陶、影响，生活书店为中华人民共和国成立后的出版业输送了众多业务素养和政治素养高的高级管理人才，如王仿子、仲秋元、李济安等。

表1　韬奋所经营出版事业管理群体中的共产党人

| 机构名称 | 成立年份 | 主要人员 |
| --- | --- | --- |
| 《大众生活》（上海）编委会 | 1935 | 编委：韬奋、千家驹、沈志远\*、胡绳\*、金仲华、夏衍\*、茅盾 |
| 《生活日报》 | 1936 | 社长：邹韬奋，国际版编辑：金仲华，副刊编辑：柳湜\*，经理：毕云程 |
| 《抗战》三日刊 | 1937 | 编辑人：邹韬奋，撰稿人：胡愈之\*、金仲华、张仲实\*、柳湜\*、钱俊瑞\*、沈志远\*、胡绳\*、艾思奇\*等 |
| 《全民抗战》 | 1938 | 编辑人与发行人：邹韬奋，撰稿人：胡愈之\*、金仲华、张仲实\*、柳湜\*、钱俊瑞\*等 |
| 生活书店编审委员会 | 1939 | 主席：胡愈之\*，编委：沈志远\*、金仲华（副主席）、艾逖生（秘书）、邹韬奋、柳湜\*、史枚、刘思慕、沈兹九\*、张仲实\*、戈宝权\*、茅盾、戴白桃\* |

---

① 邹韬奋：《邹韬奋文集》第3卷，三联书店香港分店出版社1978年版，第348—351页。
② 子冈：《忆邹韬奋》，载三联书店香港分店《生活·读书·新知三联书店成立三十周年纪念集》，三联书店香港分店出版社1978年版，第101—102页。

续表

| 机构名称 | 成立时间 | 主要人员 |
|---|---|---|
| 生活书店第五届理事会 | 1939 | 理事：邹韬奋、胡愈之*、金仲华、沈钧儒、杜重远、张仲实*、徐伯昕、王志莘 |
| 《大众生活》（香港）编委会 | 1941 | 主编：邹韬奋，编辑：金仲华、茅盾、乔冠华*、夏衍*、胡绳*、千家驹 |

注：标记*者为中共党员或不久后入党党员。

与邹韬奋交往的共产党人中，有一部分是他所经营出版事业的著译者群体和新闻出版界的同行，前者如艾思奇、胡绳、夏征农、钱亦石等，他们在生活书店出版著作或为相关刊物撰稿过程中，都曾与邹韬奋有过较密切的接触，也"积极支持过生活书店"①，同时受到邹韬奋的鼓舞和影响，如艾思奇在延安《解放日报》上撰文表示："我们应向他学习，学习他的精神，学习他怎样实践'中国大众的立场'。"② 而与邹韬奋交往的新闻出版界同行中的党员中，较为著名的有范长江、夏衍、徐雪寒、徐中尼、杨奇、于毅夫、吉少甫、胡仲持等。这些新闻出版界的共产党人，有的直接参与邹韬奋创办的报刊，更多的则与邹韬奋一同勠力筑成抗战时期进步文化事业的堡垒。邹韬奋也常帮助这些出版界的中共友人，如1941年，范长江在香港创办《华商报》，邹韬奋"答应为该报写反映抗战情况的长篇连载"③ 以示支持，即后来结集出版的《抗战以来》一书。而在早前，范长江为《大公报》写的第一篇社评《抗战中的党派问题》因张季鸾否决不予刊登，于是"把稿件给了邹韬奋，发表在《抗战》三日刊上"④。

作为中国共产党积极争取爱国民主人士，邹韬奋与共产党的统战人

---

① 邵公文：《纪念生活书店五十年》，载三联书店香港分店《生活·读书·新知三联书店成立三十周年纪念集》，三联书店香港分店出版社1978年版，第187页。
② 艾思奇：《中国大众的立场》，《解放日报》1944年11月22日第4版。
③ 复旦大学新闻系研究室：《邹韬奋年谱》，复旦大学出版社1982年版，第134页。
④ 林溪声：《范长江：记者，永远在路上》，载《大公报名记者丛书——范长江卷：塞上行》，（香港）大公报出版有限公司2007年版，第22页。

员接近和靠拢的对象，典型的如潘汉年。前文已述，潘汉年很可能在20世纪20年代末即开始做邹韬奋的统战工作。1937年卢沟桥事变后，潘汉年开始在上海公开活动，他曾通过与其接触的1935年年初任生活书店总编辑、后兼任理事会主席的共产党员张仲实做邹韬奋的统战工作。在张仲实向其提出去延安的请求时，他答复张仲实说："我看，你还是在生活书店好。"① 另如前述另一位曾担任生活书店总编辑的张友渔，是中共中央南方局派入生活书店的统战人员。1939年到重庆后，他在周恩来和董必武直接领导下，做统战工作、文化工作和民主运动。他与邹韬奋在重庆冉家巷生活书店宿舍第一次见面，此后应邹韬奋要求为《全民抗战》写"有关民主、宪政、日本问题，特别是华北敌后情况的文章"。此外，他还和张申府（后退党）、钱俊瑞、沙千里、韩悠桐等共产党人与邹韬奋合写了《我们对于"五五宪章"的意见》。②

邹韬奋生命的最后4年是在"逃难"中度过的。此间，他接触的中国共产党人主要为两类：一是组织领导秘密大营救的中共南方工委负责人、东江游击区各级党员、苏中和苏北根据地军队负责人与基层党员，二是一同四处逃亡的"难友"。前一类主要为陈毅、粟裕、廖承志、陈丕显、黄克诚、刘季平、陈玉生、陈启昌、戴白桃等，后一类则有胡绳、廖沫沙、叶以群、戈宝权、恽逸群、黎澍、胡仲持（中华人民共和国成立后入党）、王于耕等。

无论与哪一类共产党人交往，邹韬奋都给他们留下了良好印象。在各个层级的共产党人眼中，他不仅是"极热忱的爱国者"③，也是"温良而诚恳"的亲密朋友：

> 他的温良和诚恳，我想是任何一个见到他的人都能感觉到，并

---

① 张仲实：《张仲实文集》第3卷，中央编译出版社2016年版，第212页。
② 张友渔：《革命文化运动的堡垒》，载中国出版工作者协会《生活书店、读书出版社、新知书店革命出版工作五十年 1932—1982》，生活·读书·新知三联书店1984年版，第98页。
③ 郭沫若：《韬奋先生印象》，载《忆韬奋》，学林出版社1985年版，第167页。

且留下深刻的印象。他的趣味广博，他的态度坦白无隐，他是一个愿意把一切所有的告诉别人、交给别人的人。他没有任何私心或成见，他也不作任何掩饰和虚伪。我们只要看见他捧腹曲背，全身抖动的笑法，就可以知道他心无城府，不留半点秘密。只要是和他曾经相处，没有人不感觉离开他便如有所失。①

## 四 所办文化事业与中国共产党之关系

在《中国出版史》《民国出版史》《抗战时期大后方出版史》等著作中，均将邹韬奋创办和经营的生活书店及各类报刊界定为中国共产党领导下的进步出版事业。周扬也指出，"这三家书店，不只是一般的进步书店，而是党所直接领导的最早的出版机关"②。应该说，邹韬奋生前与中国共产党人交往密切，可用"肝胆相照"相形容，但就此是否可以说邹韬奋所办出版事业是具有党派性质的出版事业？邹韬奋个人与党的关系，是否等同于其所办文化事业与党的关系？

邹韬奋生前确乎承认自己"和数百工作同志所艰苦支持的这一部分的进步文化事业"是中国整个进步文化事业的一部分，但却是"与党派没有关系的民办的文化事业"③。他曾在逝世前五个月所写的《患难余生记》（未完稿）中强调：

> 《生活》就组织上说，它是四五百工作同志在十六年长时期中血汗乃至血泪的结晶品，一步一步由极小规模而扩充起来，将所有输入尽用于事业的扩充与改造，而不是由任何政党或政团出资创办

---

① 廖沫沙：《记忆中的韬奋先生》，载《忆韬奋》，学林出版社1985年版，第158页。
② 周扬：《周扬同志的讲话》，载中国出版工作者协会《生活书店、读书出版社、新知书店革命出版工作五十年1932—1982》，生活·读书·新知三联书店1984年版，第34页。
③ 邹韬奋：《患难余生记》，生活·读书·新知三联书店1958年版，第67页。

的；就这一点来说，我可以毅然决然地说，生活书店是没有党派关系的民办的文化事业。①

由此可见，邹韬奋生前并不认为自己创办和经营的文化事业具有党派性质。如果基于邹韬奋多次请求入党并接受周恩来等中央领导同志的指导，即认为其所经营的文化事业完全属于党的文化事业，则不符合历史真实。至少在邹韬奋生前，他不认为生活书店及其他相关报刊属于严格意义上的党的文化事业。

此外，邹韬奋从1926年接手《生活》周刊主编直至1944年病逝，与党的关系是一个动态发展的过程。早期的《生活》周刊是资产阶级性质的，"九·一八"事变后因坚决主张抗日，从而得到中共的肯定。但直至1933年《生活》周刊被查封，邹韬奋与中国共产党人并无太多接触，《生活》周刊与中国共产党也无直接关系。1932年生活书店成立，胡愈之为其设计了具有社会主义性质的合作社组织形式，但胡愈之此时尚未入党，书店自然谈不上接受党的指导。胡愈之本人也曾指出："生活书店的建立和发展，开始并没有得到党的关怀和支持。当时党在'左'倾错误统治下，认为'九·一八'后是日本向苏联进攻的开始，国民党反动派是铁板一块，要国民党抗日是幻想，民族资产阶级是紧跟国民党的，中间阶级是最危险的敌人。"②

但不管邹韬奋是否承认，他1935年回国后先后创刊的《大众生活》（上海）、《生活日报》《抗战》《全民抗战》《大众生活》（香港）等的编委已被胡愈之、柳湜、张仲实、钱俊瑞、夏衍、胡绳、沈志远等中共人士占据，这些人均与中共中央南方局有直接的联系。全面抗战爆发后，生活书店的编审委员会和理事会也基本由中共人士组成。（见前表）1940年夏秋，接替沈志远任书店图书编审工作的是胡绳，太平洋

---

① 邹韬奋：《患难余生记》，生活·读书·新知三联书店1958年版，第66页。
② 胡愈之：《我的回忆》，江苏人民出版社1990年版，第22页。

战争之后则是张友渔，抗战胜利之后又是胡绳。胡绳和张友渔都是中共南方局文委成员，实际上是党派在生活书店的代表。①除了编审工作，他们"还过问书店的人事以及干部教育方面的问题"，从而"加强了党对书店的领导"②。张友渔自述称："我担任生活书店总编辑这个职务，直到抗战胜利，我公开了党员身份，参加中共代表团的工作为止。在书店时，我还代表南方局文委，直接领导书店党组织的工作。当时书店党组织的负责人是方学武，我通过方学武进行领导工作，不直接参加书店内部组织生活。"③据他回忆，自己是被党派到生活书店工作的，周恩来亲自找过他，交给的任务主要有二：一是要以救国会的出版机关的面貌出现，做好左翼和中间派文化人的统战工作；二是领导生活书店党组织，做好联系进步作家，团结书店职工，同心协力，发挥革命文化堡垒的作用。④但邹韬奋生前可能并不完全知晓这些共产党人的真实身份和具体活动情况，正是基于此，他直至去世仍称自己创办和经营的出版机构是没有党派关系的民办事业。

另需注意的是，1941年后，韬奋先后在香港、东江游击区、苏北根据地和上海等地"逃亡"，生活书店已不由其实际负责，对生活书店内共产党人实际活动情况可能并不完全掌握。据邹韬奋生前的亲密合作者、生活书店总经理徐伯昕1984年1月所写的《生活书店是怎样接受党的南方局领导的》一文透露：

1939年至1947年，中共中央南方局领导国民党统治区党的生活，生活书店受到周恩来以及南方局其他负责人的重视、关心和直

---

① 生活书店史稿编辑委员会：《生活书店史稿》，生活·读书·新知三联书店1995年版，第231页。

② 江苏省政协文史资料委员会、江苏省常州市政协文史资料委员会：《新文化出版家徐伯昕》，中国文史出版社1994年版，第220—221页。

③ 张友渔：《革命文化运动的堡垒》，载三联书店香港分店《生活·读书·新知三联书店成立三十周年纪念集》，三联书店香港分店出版社1978年版，第99—100页。

④ 同上。

接指导,成为党在国统区一个有力的宣传出版机构。但是,由于生活书店本身发展的历史,以及所有的政治压迫,并且为了对革命事业更加有利,它接受和实行党的领导的方式,是靠书店负责人和党的南方局的领导同志进行个人的联系,并通过在书店工作的地下党员在内部发挥作用来实现的。①

尽管多次强调自己所经营的文化事业属"民办"性质,但基于对共产党人的信任,邹韬奋实际上是愿意接受中国共产党领导的,并对中共南方局在书店的"秘密"人事安排予以"协助"。如1940年春,生活出版合作社社员大会选举领导机构,由于种种原因,有少数非党的担任负责工作的同事未能当选。韬奋对此感到为难,亲往周恩来处,俾能得到指点和帮助。周恩来随即找书店党支部李济安、张锡荣、华风夏谈话,予以妥善安排。②

鉴于上述原因,本文认为,应充分注意到邹韬奋对中国共产党及共产党人的认同和接受是一循序渐进之过程,不应不加分析地将他生前所创办的书店和报刊归入中国共产党领导的范畴。中国共产党对邹韬奋所办出版事业的指导和领导,主要是在1935年后,尤其在1938年邹韬奋于武汉见到周恩来后,此前中国共产党对邹韬奋所办文化事业主要是以帮助和指导的形式,并不能严格称为"领导"。1940年后,党对生活书店的政治领导和组织领导实现统一③,但也是以比较特殊的方式进行的,不同于对新华书店、扬子江出版社、新华日报图书课等的直接、全面领导。正因如此,邹韬奋至死不认为自己多年经营的文化事业具有党派性质,而是有独立品格的"民办"文化事业。

---

① 江苏省政协文史资料委员会、江苏省常州市政协文史资料委员会:《新文化出版家徐伯昕》,中国文史出版社1994年版,第215页。
② 生活书店史稿编辑委员会:《生活书店史稿》,三联书店香港分店出版社1995年版,第230—231页。
③ 同上书,第231页。

# 邹韬奋青年观及其演变逻辑

张 晟*

**摘要**：邹韬奋独特的职业认知和社会经历使之与青年结下了不解之缘。邹韬奋的青年观具体表现为"九·一八"事变前、后两个时期，外加第一次海外流亡时期等共三个历史阶段。"九·一八"事变前的邹韬奋对青年的观点主要集中在个人修养与感情婚姻上，主张青年应自强不息，发扬奋斗精神，并支持男女平等，自由恋爱；"九·一八"事变后邹韬奋青年观的重心转移到了爱国主义维度，强调抗日救国，重视集体力量；邹韬奋在海外流亡的通讯则凸显了一个与中国相对照的海外青年形象建构，其富有活力、重视集体合作的特点也为邹韬奋回国后的思想转变奠定了基础。此外，韬奋青年观呈现由抽象哲思转向生活日用的内在逻辑。

**关键词**：邹韬奋；青年观；历史演进；意义逻辑

邹韬奋是我国近现代史上杰出的新闻记者、政论家和出版家。他一生创办过《生活》《大众生活》和《生活星期刊》等多种刊物，并合伙创办经营生活书店，为我国的新闻出版事业做出了卓越的贡献。作为中国新闻史上耀眼的明星，邹韬奋是学术研究的重要议题，其研究在近几

---

\* 作者简介：张晟，兰州大学新闻与传播学院研究生。

十年的发展中已经相当完善和系统,其新闻思想、媒介出版经营、言论特色、舆论观点和刊物特点等方面的研究都已经相当成熟。近年来,邹韬奋青年观的研究开始逐步浮出水面。中国知网所收录的论文中,共有两篇关涉韬奋青年观的议题,分别是《从〈读者信箱〉看邹韬奋的青年观》(龚粤,2018)和《从〈生活〉"小言论"看邹韬奋的青年观》(李雯雯,2016)。两篇论文均集中在对某一特定刊物的文本研究,虽然取得了一定进展,但仍没能全面展现邹韬奋青年观的辩证发展,同时也有待进一步系统深入地解释邹韬奋青年观产生的缘由。值得欣喜的是,著名的韬奋研究专家陈挥也开始关注这一问题,并参与其中,推进了研究的进一步深入。

青年观是人们对于青年的整体看法与基本观点。实际上,邹韬奋的形象塑造与"青年"一直是紧密联系在一起的。郭沫若在《韬奋先生印象》一文中写道:"韬奋先生是最关心青年的人,他真是一位理想的青年导师。而韬奋先生所给人的印象,特别在我的心目中,也始终显得是一位青年。"[1] 周恩来在邹韬奋的悼念会上也盛赞:"多年来,韬奋同志为了反对日本帝国主义的侵略,反对国民党反动派攘外必先安内的卖国政策,奔走呼号,舌敝唇焦,动员人们起来救亡图存,赢得了广大人民,特别是广大青年的拥戴和热爱。他是承继恽代英同志的真正的青年领袖。"[2] 这不仅是郭沫若、周恩来的个人评价,而且是社会普遍的历史共识。邹韬奋的文字力图明白晓畅,但又不失知识分子的典雅,其所办刊物的宗旨定位"永远立于大众立场",再加上邹韬奋战斗时始终昂扬不屈,使他获得了广大青年的热烈拥护与支持。细究邹韬奋的著作,就会发现青年们对邹韬奋的拥戴,是广大青年对他多年关心的一种情感认同。那么,邹韬奋青年观的缘起和表现是什么?其历史演化的轨迹如何?意义逻辑和历史价值何在?解答还是需要从历史的文本中去追寻。

---

[1] 郭沫若:《韬奋先生印象》,《世界知识》1947年第2期。
[2] 知秋:《周恩来与党外人士的深情交往》,《党史纵横》2018年第4期。

## 一　邹韬奋青年观的历史语境

邹韬奋笔下的文字，不论是职业修养的言论问答，还是内容庞杂的海外通讯，与青年相关的内容都占有了很大的篇幅。细究文本可以发现，邹韬奋对青年的重视并非是无意识的选择，而是有意识的偏重。这和他所处的时代密不可分，也与他关注的新闻传播和思想文化等领域息息相关。

首先，从时代背景来看，以梁启超为代表的中国知识分子不遗余力地对几代青年知识分子进行启蒙洗礼，极度重视青年的创造力。邹韬奋出生于19世纪末，他青年时期的中国正处于集权专制，政治动荡，传统文化多受冲击，思想混杂多变的历史阶段。值此乱世，维新派、革命派和新文化运动者虽然在目的和宗旨方面都有很大差异，但客观上却将资产阶级的思想观念系统地输入到了中国。欧风美雨的洗礼导致了国人思想的剧变与不安，而且随着中国殖民程度的日益加深，国人民族主义的诉求愈发强烈，对"新民"的呼声也逐渐高涨。较早注意到青年思想启蒙工作重要性的是梁启超，他把习得的西方学说结合中国局势进行了较为系统的介绍。在脍炙人口的《新民说》中，他鼓吹"新国"必先"新民"，其描述的资产阶级精神风貌以及道德价值迎合了当时中国青年知识分子的需要，受到了热烈欢迎。[①] 在家喻户晓的文论《少年中国说》里，梁启超更加直白地表达了对青少年的厚望，他认为，老年人命如残烛，只图几年快活而肯割地弃民，只有中国少年才能创造将来的少年中国。邹韬奋年少时常常跑到沈勇癯先生家中借阅全份的《新民丛报》，他认为这时期的文章是梁任公一生中最有吸引力的文字。[②] 这种"新民"思想对邹韬奋日后的思考有着显著的影响。

---

[①] 李泽厚：《中国近代思想史论》，生活·读书·新知三联书店2008年版，第435—436页。
[②] 邹韬奋：《工程师的幻想》，载中国韬奋基金会著作编辑部《韬奋全集》第七卷，上海人民出版社1995年版，第136页。

其次，邹韬奋独特的职业经历，让他从一开始就与青年紧密联系起来。从上海圣约翰大学毕业后，邹韬奋先在上海华商纱布交易所当英文秘书，并兼任上海青年会中学的英文教员。此后，他又在中华职业教育社任编辑股主任，同时兼任中华职业学校和海澜英文专门学校的英文教员。受黄远生、梁启超等人影响，邹韬奋本打算踏足新闻业，但因为机会难寻且生活紧张，故而"曲线救国"，先做了七八年的英文教员。当教员的经历对邹韬奋来讲并非是负担，因为对青年的喜爱让他感受到了快乐和趣味。"做教员，在我也可说是一种有趣味的工作。我尤其感觉愉快的，是可由这样和天真的青年接触。我觉得青年都是可爱的，虽则有时也有一两个使你感到不舒服，但是仔细想来，他自身也有特殊的原因而不能任咎的。"[①] 此外，邹韬奋在中华职业教育社和他的同事们发起了职业指导运动，这让邹韬奋得以奔赴好几个省市与各地青年谈话并观察社会的真实情况。[②] 同时，邹韬奋刚开始接手的《生活》周刊也是附属于职业教育社的，周刊在未改版前的初期还是以职业教育为主，目标受众本身就是广大的青年群体。

除此之外，通过《生活》周刊，邹韬奋与以青年群体为主的读者进行了积极的互动。这种平等的传受关系加深了彼此的了解，而读者的反馈进一步加强了邹韬奋对青年群体的认知与关注。"读者信箱"是邹韬奋刚接手《生活》时创设的专栏，也是邹韬奋最早与读者进行信息交流的通道。因为订阅《生活》的群体大多为"商店工厂中之学徒，与中小学校之学生"，且目的是为青年提供就业指导。所以，来信者也大体是接受过西方文化并经历了五四新文化运动洗礼的青年。[③] 邹韬奋为读者服务的思想和俯首甘为孺子牛的奉献精神得到了读者的认可，到

---

① 邹韬奋：《一种有趣味的工作》，载中国韬奋基金会著作编辑部《韬奋全集》第七卷，上海人民出版社1995年版，第188页。
② 邹韬奋：《现实的教训》，载中国韬奋基金会著作编辑部《韬奋全集》第十四卷，上海人民出版社1995年版，第191页。
③ 龚粤：《从〈读者信箱〉看邹韬奋的青年观》，《传播与版权》2018年第4期。

1932年，刊物所收信件最多曾达日以千计。广大读者的来信不仅体现了邹韬奋以读者为本位的服务态度，同时也为刊物提供了一个巨大的信息资料库。这有助于邹韬奋准确有效地把握时代脉搏，并更好地了解青年所需所想。

## 二 邹韬奋青年观及其演变

邹韬奋的青年观随其思想观念发展而变化，而其思想观念则随着中国历史的具体语境变动而变化。对于邹韬奋的思想观念发展历史，研究者们立足不同维度进行了不同形式的划分。有研究者从政治立场上将邹韬奋划分为资产阶级的改良主义者、激进的民主主义者和共产主义者三个阶段；①有研究者则以对资产阶级民主的态度划分又可以分为肯定、否定和扬弃三个阶段。②但不论采取什么样的分法，1931年的"九·一八"事变都可以视作韬奋思想的一个转折点，其青年观也因之发生了变化。

### （一）1926—1931年阶段：职业指导到主持正义

邹韬奋在回忆主持《生活》周刊的经历时提到，"周刊初期的内容偏重于个人的修养问题，这还不出于教育的范围；同时并注意于职业修养的商讨，这也还算不出于职业指导或职业教育的范围"，但其后"《生活》周刊渐渐转变为主持正义的舆论机关"③。邹韬奋前期受到新文化运动的影响很大，加上在黄炎培的中华职业教育社任职，他当时采取的救国路线是通过提高青年的职业教育素养，以个人的"敬业乐群"达到富国强民的目的。之后，随着《生活》周刊的演变发展，邹韬奋的青年观就由单纯的青年修养转到了社会政治的向度。

---

① 蔡静：《邹韬奋的变与不变》，《新闻传播》2016年第12期。
② 杨宏雨、吕啸：《从崇仰到扬弃：邹韬奋对欧美资本主义民主的认知历程》，《学术界》2018年第5期。
③ 邹韬奋：《转变》，载中国韬奋基金会著作编辑部《韬奋全集》第七卷，上海人民出版社1995年版，第203页。

邹韬奋青年观的这种变化从"小言论"中就能看出一二。在"小言论"的选题方面,邹韬奋早年侧重于从青年的小事说起,由小事延伸到讨论青年的教育、修养和婚姻等方面。譬如,《柏林大学找不出这位博士》《门房代理校长》《糊涂虫假认真》和《一位不嫁的女书记官》等。后期的选题开始涉及民族安全和社会公正,抨击时事黑暗,并且所占比例逐渐增多,如《文明国的文明行为》《人力车夫所受的剥削》《浙省政府改组中的考察费》和《交通部孝敬英国吗?》等。从邹韬奋的自传可以得知,邹韬奋的这种转变不是无意识的,而是在与青年读者充分交流后的一种自觉转向,因为青年的个人修养改变不了苦闷的现实环境。其时,"一战"后的帝国主义列强卷土重来,继续对中国进行侵略压榨,而军阀间的战争烽火也让神州大地生灵涂炭,于水深火热之中苦苦挣扎,难以看到希望和未来。邹韬奋作为中华民族的知识分子一直深切思考着民族的救亡之路,所以当青年安居乐业的期望不能实现时,邹韬奋就将他的眼光转向了社会公平与正义。

总体来看,邹韬奋个人修养为主的思想在"九·一八"事变后开始转向以舆论监督为主,其中对于青年人的道德修养、感情生活和爱国情操方面的种种问题都进行了深入探讨和研究。

1. 自强不息的奋斗精神

邹韬奋自幼熟稔中国传统文化,儒家思想依旧是其思想的底色与根基。在对青年的指导过程中,邹韬奋强调以个人的修养与进步带动国家的强大与繁荣,这与儒家"修身齐家治国平天下"的思路大体相当。邹韬奋在《无所不能的专家》中强调,天底下没有万能的专家,即是说无所不专的人实际上在任何领域都只是学了皮毛,很难有深入的研究与贡献。邹韬奋随后在文章的末尾说:"天下无万能的人,人贵有自知之明,为己身事业计,为社会进步计,这个观念都有认清楚的必要。"[①]

---

[①] 邹韬奋:《无所不能的专家》,载中国韬奋基金会著作编辑部《韬奋全集》第四卷,上海人民出版社1995年版,第723页。

与青年的交流中，邹韬奋鼓励青年要有乐观主义精神。他在《有效率的乐观主义》中告诫青年，"真正的乐观主义的人是用积极的精神向前奋斗的人，是战胜愁虑穷苦的人。这类的苦境，常人遇着，要'心胆俱碎'，'一蹶而不能复振'；只有真正乐观主义的人才能努力奋斗，才敢努力奋斗！"① 同时，邹韬奋积极乐观的精神体现在诸多方面，如在《干！》中教育青年要不怕繁难，不怕失败，奋勇前进可能会失败，但不干绝不可能会遇见成功；② 在《尽我所有》中劝告无力升学的苦闷青年，要尽我所有地往前干，只望着前途与未来，不去考虑困难、危险、烦闷和失望，因为人能做到的只有尽力去干，其他的愁虑烦恼都是庸人自扰。③

2. 男女平等下的自由交往

读者信箱的来信中有很大一部分是关于青年的社交恋爱问题，邹韬奋在回信或者评论中鲜明表明了自己的观点。邹韬奋反对封建包办婚姻，也不赞成封建礼教中的三从四德和毫无人道的贞操观念。关于青年男女之间的恋爱，邹韬奋提出过诸多建议。在《有位助教》中，一位女读者因为一位青年助教的接近而上下两难。韬奋认为："做男子的除夫人外未尝不可有女友，做女子的除丈夫外也未尝不可有男友，最重要的是所择的朋友须正派人，即品行端正的人。"④ 除此之外，邹韬奋还认为男女交往应开诚布公，因为隐瞒隔膜可能会造成误会与恶果。韬奋在《贞操》中也谈到了我国很常见的"上门守节"和"青年守寡"现象，认为这属于不合理的贞操主义。在他眼中，一夫一妻制不应该是男

---

① 邹韬奋：《有效率的乐观主义》，载中国韬奋基金会著作编辑部《韬奋全集》第四卷，上海人民出版社1995年版，第706—707页。
② 邹韬奋：《干！》，载中国韬奋基金会著作编辑部《韬奋全集》第二卷，上海人民出版社1995年版，第9页。
③ 邹韬奋：《尽我所有》，载中国韬奋基金会著作编辑部《韬奋全集》第四卷，上海人民出版社1995年版，第698—700页。
④ 邹韬奋：《有位助教》，载中国韬奋基金会著作编辑部《韬奋全集》第四卷，上海人民出版社1995年版，第152页。

性强迫女子的偏见，而应该是相互遵守、相互平等的两性道义，性的道德因两性存在而存在，两性中有一方不存在时，可以选择打破陈旧观念束缚，重新选择，而不是终身不幸。①

3. 反对不公的正义理念

随着《生活》周刊的发展壮大，刊物的言论渐渐从个人修养转移到了主持正义。邹韬奋这类文字表现了强烈的爱国主义情绪，他鼓励青年读者迎击黑暗，遵守法制，缔造光明的国度。邹韬奋的正义理念大体体现在两个方面，一个是对国内肉食者骄奢淫逸的不满与讽刺，另一个是对国外侵略者在中国肆意妄为的愤懑与控诉。其中较为典型的是《我们只得佩服文明国的法律！》一文。文中，针对外国兵对中国子民的杀戮凌辱和审判后的不公正待遇，邹韬奋号召大众万众一心，把国家弄好，为自己、也为自己的父母兄弟能够享受"文明"待遇而斗争。②

**（二）1931—1944 年：抗日救国为主的爱国主义**

"九·一八"事变发生之后，邹韬奋的思想发生了很大的转变。一方面，他开始接触并学习马克思主义，并用马克思主义的理论来分析阶级矛盾和民族矛盾；另一方面，由于蒋介石国民政府的不抵抗政策，东北土地沦陷，邹韬奋主张团结一致，积极抗日，力保国土完整。随着时局的转变，邹韬奋对青年的要求和指导方向也开始发生了变化。

1. 从求学转向救国

"九·一八"事变后，邹韬奋对于民族解放、民族独立和国土完整等问题异常重视，并支持广大青年的爱国运动。面对有些人劝说学生"安心向学"的举动，邹韬奋反对这样的观点，认为当前中国实际的客观环境并不能使青年"安心"，埋头读书、不顾一切的做法只会加剧民

---

① 邹韬奋：《贞操》，载中国韬奋基金会著作编辑部《韬奋全集》第四卷，上海人民出版社 1995 年版，第 214—217 页。

② 邹韬奋：《我们只得钦佩文明国的法律！》，载中国韬奋基金会著作编辑部《韬奋全集》第十四卷，上海人民出版社 1995 年版，第 500—502 页。

族危亡，养出顺民奴才。①

　　这里要强调一点，邹韬奋的爱国思想是从其青年时代便一以贯之的。早在他上圣约翰大学时就发表了《青年奋斗之精神与国家前途之希望》一文，文章指出，"吾国前途之希望，其在青年奋斗精神乎！"他当时便寄希望于青年来挽救大厦将倾的国家，认为青年能够以"忠恳真挚之热诚，百折不回之毅力，与己身之腐败恶习，与社会之腐败恶习，与家庭之腐败恶习奋斗，不受前人种种腐败陈言所羁縻，不受现在种种腐败环境所诱惑，卓然自立，奋往前迈，夫然后青年奋斗精神凯旋之时，即国家前途希望如愿之日"②。对邹韬奋而言，关心青年的职业教育、感情生活以及精神面貌本身就是救国的途径。然而从"九·一八"事变开始，邹韬奋已深刻认识到，国家的生死存亡是当前国人所要解决的首要问题。他认为，"集中火力对付我们民族最大的敌人的残酷的侵略"③，是中华民族当前唯一的大事，需要全体中华儿女万众一心去应对它。

　　2. 从个人转到集体

　　邹韬奋对于青年运动予以很高的评价，他将其称作"大众运动的急先锋，民族解放前途的曙光"④。但他也指出，若要形成相当规模的运动，青年必须抱有团结的意识，青年团体不仅要有目标有策略，而且在全国方面要有系统地巩固学生们的组织。邹韬奋设想，个人的力量固然薄弱，一所学校的力量也很难推动民族的发展，最好是一个地方的各所学校都有联络，全国各校各地也都能联络上。邹韬奋对于自

---

　　① 邹韬奋：《谁都没有责备请愿学生的资格》，载中国韬奋基金会著作编辑部《韬奋全集》第五卷，上海人民出版社1995年版，第89—90页。
　　② 邹韬奋：《青年奋斗之精神与国家前途之希望》，载中国韬奋基金会著作编辑部《韬奋全集》第一卷，上海人民出版社1995年版，第171页。
　　③ 邹韬奋：《地位》，载中国韬奋基金会著作编辑部《韬奋全集》第六卷，上海人民出版社1995年版，第692页。
　　④ 邹韬奋：《学生救亡运动》，载中国韬奋基金会著作编辑部《韬奋全集》第六卷，上海人民出版社1995年版，第508—511页。

己海外所目睹的青年运动印象深刻，苏联的青年运动以集体的力量积极参加社会主义建设，而美国的青年运动则以集体的力量积极反侵略反法西斯。从中国来看，中国青年当前的首要目标就是一改原先散漫的个人力量，团结起来集中力量来争取抗战胜利，建立自由幸福的新中国。①

邹韬奋后期的青年观愈发强调集体的重要性，并且强调要从全面的而不是局部的方面去考虑问题。在抗日那个特殊期间，韬奋对青年的苦闷情绪进行了生动呈现，敌人的横行无忌让拥有敏锐感觉和纯洁心情的青年有着难于抑制之苦。韬奋强调苦闷的出路只有两条，要么自暴自弃，要么寻求出路，而这个出路只能是民族的出路，而非个人的出路，因为没有希望的民族也就不存在能寻求出路的个人。最为典型的是，济南惨案让邹韬奋认识到日本侵略者对中华民族的威胁，而南京国民政府"攘外必先安内"的国策和"九·一八"事变后不抵抗的策略则让邹韬奋渐渐对依靠政府抗日的预期失去了信任，转而倾向于依靠群众的力量联合抗日。因此，邹韬奋对苦闷青年的劝诫共有三点：第一，抗战需要大量的时间和人力，绝非一朝一夕能够完成；第二，抗战要避免英雄主义，要说服多数人，依靠大众来共同奋斗；第三，每个人就自身能力从现实出发点去干。②

### （三）1933—1935 年：作为他者的海外青年形象

除了上述的两个时期以外，还有一个特殊时期，即邹韬奋第一次流亡海外时期。由于政府实行白色恐怖政策，邹韬奋人身安全受到威胁，于是在朋友的建议下他选择了出国考察。从 1933 年 7 月 14 日到 1935 年 8 月 27 日，在这两年多的时间里，邹韬奋先后考察了亚非欧美等众多国家，对苏联和美国的社会状况予以了大篇幅的呈现，并出版了

---

① 邹韬奋：《青年运动与抗战》，载中国韬奋基金会著作编辑部《韬奋全集》第八卷，上海人民出版社 1995 年版，第 416—417 页。

② 邹韬奋：《苦闷与认识》，载中国韬奋基金会著作编辑部《韬奋全集》第六卷，上海人民出版社 1995 年版，第 692—694 页。

《萍踪寄语》三集及《萍踪忆语》。其中，159篇海外通信中与青年有直接相关的内容一共涉及32篇，占据了相当大的篇幅。不论是对苏联各种类型学校的考察，还是对美国青年劳工运动的报道，邹韬奋都以浓重的笔墨加以渲染和描绘。同时，对当时欧美经济危机、失业严重和苏联百废待兴、欣欣向荣等现象进行对比分析，夹叙夹议，展现了与中国青年完全不同的青年形象和观念特征，其中许多地方都折射着邹韬奋对中国青年未来的期许和展望。

1. 青年拥有打破旧制度的勇气和力量

刚到纽约时，邹韬奋同青年工程师和老工程师讨论失业问题。老工程师想要维持现状，而青年工程师则想要扫清障碍，实行社会主义梦想。邹韬奋分析说，"经济背景决定个人的意识和认识的力量是很大的"[①]，老工程师富有而盈余，只想随意生活，过一个舒适的晚年；青年工程师则不然，他是初出茅庐的新人，在经济上对旧制度没有任何依恋。青年工程师和老工程师对失业问题截然不同的观念，展现了美国青年不满足于现状、勇于创新的特点，也是美国社会的希望所在。韬奋海外通信中所描写的美国青年勇于打破现状的这种朝气，和梁启超《少年中国说》对中国青年的期望有异曲同工之妙。

2. 发扬个性不等于坚持个人主义

苏联的音乐专门学校注重对音乐天才的选拔，选拔后的学生享有津贴和各种优惠。参观后，邹韬奋系统论证了他对个人与集体的看法。他认为："合理的社会里面是不容个人主义的存在，但往往有人把个人主义和个性混作一团，因此发生误会，以为新社会是不要发展个性的；如看了音乐学校里那样注重天才的培养，在全国各处那样注重音乐天才的发现和提拔，便知道新社会是在集体的活动中尽量发展个性的特长，而且也只有在没有人剥削人的制度的社会里，大家的个性才能获得尽量发

---

① 邹韬奋：《从伦敦到纽约》，载中国韬奋基金会著作编辑部《韬奋全集》第七卷，上海人民出版社1995年版，第301—303页。

展以贡献于社会的平等机会。"① 邹韬奋早前就有关于个人与集体的论述，但参观完苏联学校后得出的结论则对其有了很大发展。这在当时来说意义非凡，即使在今天也有可参考的价值。

3. 青年女性应有追求事业的自由

邹韬奋笔下的几位苏联青年朋友，都有着强烈的求知欲望。克娜拉女士为了自己的英语水平能够精益求精，经常来到暑校练习英语，在与参观人士的积极交流中大有精进。克娜拉的丈夫两年前因病去世，她强忍悲痛将生活的重心转移到求学上。邹韬奋认为，追求学业和事业的发展，积极参加新社会的建设工作，是苏联新女性的又一特征。在他看来，婚姻当然需要顾及，"但是婚姻或恋爱至多只是人生的一部分——无论男女——学业、事业也占着人生的一部分，也许是更重要的部分"②。男女自由平等当然不止这么一点，苏联教育的特点是以教育大众为目的，无论男女，但凡凭借智力可以升学者，都可以不用考虑家庭经济条件以及未来就业条件而选择升学。如此一来，女性青年受到家庭、经济等束缚较少，就有了更大的自由度。所以，苏联女子给邹韬奋留下了"不是忙着升学，便是忙着做事"③的印象，她们可以根据自身天赋来选择自己的方式去为这个社会服务。

4. 青年应为集体自觉服务

邹韬奋在《萍踪忆语》中从不同的侧面来表现美国青年心理的转变，比如邹韬奋曾听三位青年女子对于经济恐慌后的农民问题讲得头头是道，又比如说不少青年男女义务推销先进的报纸《工人日报》，还有诸多的富家子弟尊敬父母，但却将父亲的剥削方法和盘托出，"如数家珍"④。邹韬

---

① 邹韬奋：《音乐专门学校》，载中国韬奋基金会著作编辑部《韬奋全集》第六卷，上海人民出版社1995年版，第241页。

② 邹韬奋：《几位苏联的青年朋友》，载中国韬奋基金会著作编辑部《韬奋全集》第六卷，上海人民出版社1995年版，第265—271页。

③ 同上。

④ 邹韬奋：《美国青年运动》，载中国韬奋基金会著作编辑部《韬奋全集》第七卷，上海人民出版社1995年版，第516—522页。

奋在与美国青年的接触中发现，由于经济危机的爆发，美国青年们在人生观上发生了重大变化。原先的美国青年想要发大财，各自都以个人的立场来谋求自身问题的解决，而现在参与青年运动的美国青年们开始为大众努力，并用集体的力量来解决集体的问题。

### 三　邹韬奋青年观的意义逻辑

不难看出，邹韬奋的青年观在三个时期各有侧重，有所变化，前期侧重于青年职业教育和人格修养，而后期则偏重于家国情怀和救亡图存。那么，为什么会发生这样的转变？其独特价值和意义又是什么？

#### （一）外在诱因：时代话语与个体探索

邹韬奋青年观的转变最为明显的一点是由己到群，从个人修养上升到国家利益的关注。邹韬奋并不是之前不关注国家存亡，而是在特殊的历史阶段他选择了特殊的救国方式。

最初的救国方式就是他惨淡经营的职业教育。通过关注青年的职业教育，邹韬奋期望用职业技能的培养实现渐进改造，以图富国强民，因为职业教育可以将个人与社会、国家紧密连接起来，产生特殊的社会效果。邹韬奋在《职业教育的由来》中将其归纳为四点原因：一为无知识无职业之游民太多，不得不筹救济之方；二为欲救济学校毕业，与中途辍学学生之失业，不得不提倡职业教育；三是欲利用丰富的物产，与过剩的人工，以增进国家之生产力，不得不提倡职业教育；四是欲使青年热心社会服务，而先予以相当之充分准备，不得不提倡职业教育。[①] 国家的困顿与人民群众的积贫积弱互为因果，互相影响，欲想改造一新国家，则需扫除文盲，提升国民素质，以富民而强国。

---

[①] 邹韬奋：《职业教育之所由来》，载中国韬奋基金会著作编辑部《韬奋全集》第一卷，上海人民出版社1995年版，第675页。

邹韬奋早前与胡适相似,"不谈政治",以社会民生为重。然而,从济南惨案开始,邹韬奋逐步从文化教育转向社会政治亦是时代使然。在《济南惨剧后我们应该怎样?》的编者附言中,邹韬奋写道:"本刊向来是注重社会问题而不谈政治的,但是此次的奇耻大辱,是国命生死存亡的关键。我们国人要获得正当的生存与向上的发展,非对此事有正确的了解与态度,努力雪耻,否则国且无有,何有于生存,更何有于进展?"①

"九·一八"事变和"七七"事变的接踵而至,中国已不能凭借自身的自我发展来将内忧外患一并扫除。邹韬奋职业教育理想的破灭,使他的青年观不得不向政治这一维度去转移。这也就不难理解邹韬奋后来参与上海文化界救国会,努力组织群众进行爱国救亡运动。坐而论道不如起身行道,邹韬奋思想的这一转折既是文化问题转向社会问题,也是由社会议论转身走向政治实践。

需要强调的是,日军侵华后,包括邹韬奋在内的中国整个知识界都整体转向爱国主义,但转向程度及形态却各有不同。究其原因,作为外在诱因的时代话语和个体探索的关系演变至为重要。

(二)内在机理:从抽象思辨到日常生活

就邹韬奋青年观变化而言,时代巨变是其重要诱因,但内在机理也不可不察。

纵观当时,对青年的关注并非韬奋一人,较为典型的还有梁启超与陈独秀。梁启超基于天演论提出所谓"新民""少年"之说,其意旨在"欲其国之安富尊贵,则新民之道不可不讲"②。之后,陈独秀在《敬告青年》一文中对"青年"给予厚望,"欲救此病,非太息咨嗟之所能济,是在一二敏于自觉勇于奋斗之青年,发挥人间固有之智能,抉择人

---

① 邹韬奋:《〈济南惨剧后我们应该怎样?〉编者附言》,载中国韬奋基金会著作编辑部《韬奋全集》第二卷,上海人民出版社1995年版,第128页。
② 梁启超:《新民说》,梁启超著,载汤志钧、汤仁泽编《梁启超全集》第二集论著二,中国人民大学出版社2018年版,第528页。

间种种之思想"①。

从时代来看,"青年"之含义不仅在于国家之青年,同样也意味着青年之国家。这意味着青年的求新正是当时知识分子救亡的一种象征,对于青年的关注本身就是对国家前途的热切关怀。进而言之,欲想改造社会,如对顽固的中老年群众进行宣讲,终究是费力不讨好。能最大限度接受新思想并能在未来改造新社会者,舍青年再也无谁。与梁启超、陈独秀相比,邹韬奋青年观演化呈现以下两个特征:

第一,从抽象转为具体。邹韬奋对话的是具体的青年,而非抽象的青年。梁启超、陈独秀的青年观指向抽象的哲学思辨和历史经验,韬奋则侧重于特定时代中的社会真实和具体现实。

邹韬奋曾翻译过杜威的《民主主义与教育》,受杜威影响很大。杜威在华演讲时曾说:"譬如某人学了许多学问,别人就名他为书生。这个书生的名字不是恭维他,是侮辱他,是表明他什么都不知道的意思。因为他所知的学问,不能影响到他的行为;他的行为,又不根于他所知的学问,于是养成人家看轻知识的一种习惯。实用教育的所以重要,就是这个缘故。"② 受实用主义的这种影响,邹韬奋对青年的书写没有停留在抽象的学问中,而是继续下沉到每个人具体的行为当中去,倾听青年的生活百态,为青年的灾难困厄出谋划策。

第二,从单一转为多元。邹韬奋的青年观与教育观、爱国观、婚姻观、文化观互为联系。韬奋的青年观体现在青年的日常生活中,落实到每一个青年的具体事件。它不是单一的属性,而是与文化、社会相勾连,具有显著的深刻性和复杂性。例如在面对青年读者的质疑时,邹韬奋也会将他对国家的见解以及对时局的解析娓娓道来,凸显其青年观的同时,也表达了他的国家观。相比之下,梁启超青年观更多的是哲学思

---

① 陈独秀:《敬告青年》,载张岱年、敏泽主编《回读百年:20世纪中国社会人文论争》,大象出版社1999年版,第380—385页。
② [美]杜威:《教育哲学》,载[美]杜威《杜威五大演讲》,胡适口译,安徽教育出版社2005年版,第92—93页。

辨和逻辑推演，而不在具体的青年生活中。

外在诱因与内在机理共同促生了邹韬奋青年观的历史演进，并展示了其中的意义逻辑。邹韬奋青年观的独特性在于不是单纯的知识诠释，而是具体的社会行动，它将鲜活的思想观念融入青年的社会实践中，并因此产生了特殊的社会意义和历史价值。

此外，需要强调的是，我们也应更加全面、更加历史地审视邹韬奋的青年观，既不历史虚无主义，亦不虚饰拔高，同时还要根据历史语境加以发展完善。只有这样，邹韬奋的青年观在获得历史尊重的同时，才能穿越时空，产生应有的时代价值和现实意义。

# 报刊钩沉

# 《新生》周刊的东北意识

## 蒋 蕾[*]

**摘要**：本研究以"杜重远与《新生》周刊"为个案，解读韬奋及"生活"系列出版物的"东北意识"。从杜重远与韬奋的关系入手，分析韬奋为何选择杜重远接办《新生》周刊，并考察《新生》周刊对于"东北问题"的分析与思考，探究该刊物开展抗日救亡动员的作用。

**关键词**：杜重远；邹韬奋；《新生》周刊；东北意识

《新生》周刊是"生活"系列出版物中的一份特殊刊物。它无名有实，表面与邹韬奋无关，实际上却是《生活》周刊的替身。它不可或缺，上承《生活》周刊、下启《大众生活》周刊，是"生活"系列出版物链条中的重要一环。探究《新生》周刊的东北意识，正是为了深入了解邹韬奋及所办"生活"系列刊物的东北意识。

## 一 《新生》周刊在"生活"系列出版物坐标里的位置

《新生》周刊由杜重远创办于1934年2月，1935年6月因"新生"

---

[*] 作者简介：蒋蕾，吉林大学新闻与传播学院教授，博士生导师。本文是国家社科基金一般项目"东北沦陷区抵抗文学的生成及属性研究"（16BZW124）阶段性成果。

事件、主编杜重远被捕入狱而停刊，总共发刊72期。在邹韬奋创办的"生活"系列出版物中，《新生》周刊虽不是由韬奋主编，却是"生活"系列出版物"链条"中不能缺失的一环，对《生活》周刊和《大众生活》周刊起着承上启下、继往开来的作用。

1. 时间上的填充刊物

《新生》周刊在《生活》周刊和《大众生活》周刊之间，与前者时差为两个月，与后者时差为五个月。1933年12月16日《生活》周刊宣布停刊，两个月后——1934年2月10日，《新生》周刊于此时创刊。1935年6月22日《新生》周刊停刊，韬奋得知杜重远入狱，急匆匆地于8月从美国赶回来，于1935年11月16日创办《大众生活》周刊，距离《新生》周刊停刊5个月。

《新生》周刊对于"生活"系列出版物来说具有过渡性、填充性的作用，是其时间链条中不可或缺的重要一环。

2. 形态上的演变刊物

《新生》周刊虽然在刊物形态上与《生活》周刊极为相似，但并未固守原状，在封面设计、时事摄影运用等方面有所发展。《生活》周刊的封面是素的、黑白的，类似报纸头版，封面刊登刊物名、期数、地址、出版时间以及"本期要目"，没有图片。而《新生》周刊在首页之前加了一个刊登图片的彩色封面，图片以时事摄影、风景摄影为主。后来出版的《大众生活》周刊采取了与《新生》周刊相同的封面设计，把视觉冲击力强的时事图片放置在封面上，并因此形成"封面报道"。从刊物形态演变的角度上讲，《新生》周刊在封面设计方面突破了原有《生活》周刊的格局，对"生活"系列出版物颇多贡献。

3. 思想上的继承刊物

在办刊思想上，《新生》周刊继承和延续了《生活》周刊进行的民族抗日救亡动员，特别是主编的东北人身份强化了对失地之痛的呐喊和唤醒民族意识的紧迫感。《新生》周刊接载了许多《生活》周刊上未载完的作品，如韬奋的《萍踪寄语》、靳以的《东北行》等，与《生活》周刊的连接关系十分明显。

因此，《新生》周刊是"生活"系列出版物的重要组成部分，对于该系列出版物的延续、演变作出了贡献。

## 二 韬奋与"东北问题"的关系

《新生》周刊的主编是"九·一八"后从东北逃出的杜重远。韬奋选择让东北爱国人士杜重远接办刊物，继续进行民族抗日救亡动员，这行为本身就是韬奋救亡思想和"东北意识"的典型表现。

"九·一八"事变对于韬奋的人生有重大影响。从此，韬奋以《生活》周刊为言论阵地进行抗日救亡动员活动。梳理韬奋与"东北问题"的关系，看到以下现象：

1. "九·一八"前关注东北问题

1931年7月万宝山事件发生后，《生活》周刊持续关注事件发展并做连续报道，韬奋撰写言论《全民族的生死关头》，指出"万宝山及朝鲜排华惨案实为日本积极侵略中国的一部分表现，我们中国人欲保其民族的生存，不可仅视为一时一地的事情，当对日本有组织有计划的狠鸷野心，做彻底的认识"①。

2. "九·一八"后开展募捐活动

"九·一八"之后，《生活》周刊大声疾呼，刊载《国难惨象画报》，组织全国性捐款。1932年3月26日刊出的《关于援助东北义勇军捐款之声明》中说："自一月十四日至三月十七日止，共收壹万柒仟零参拾贰圆玖角贰分"②，《生活》周刊总共为东北义勇军捐款1.7万元。

---

① 邹韬奋：《全民族的生死关头》，《生活》周刊1931年第6卷第31期。
② 《关于援助义勇军捐款之声明》，《生活》周刊1932年第7卷第12期。

## 3. 刊登大量"东北问题"报道与研究

《生活》周刊在"九·一八"之后把报道重心转到东北问题上，每一期都有数篇文章是关涉东北的。关于东北问题的报道非常多，既有来自国外的通信如《东北问题与国际形势》（王光祈），也有关于沦陷区的报道《事变后东北的教育》《东北行》（靳以）等。

## 4.《生活》周刊停刊与东北报道有关

关于《生活》周刊的停刊原因有多种说法，如认为韬奋与"福建事件"有关而导致《生活》周刊遭查禁。但从韬奋的《与读者诸君告别》一文来看，韬奋自述停刊原因是："本刊自东北国难发生以来，愈痛于帝国主义的侵陵与军阀官僚的误国，悲怆愤慨，大声疾呼，希望能为垂危的中华民族唤起注意与努力，不料竟以此大招政府当局的疑忌，横加压迫，愈逼愈厉……"①

《生活》周刊停刊后，他请东北人杜重远办《新生》周刊，继续《生活》周刊的事业。

## 5. 为"东北作家群"出版小说集

1936年，生活书店为流亡关内的东北作家出版《东北作家近作集》。书中包括罗烽的《第七个坑》、舒群的《战地》、李辉英的《参事官下乡》、黑丁的《九月的沈阳》、穆木天的《江村之夜》、白朗的《沦落前后》、宇飞的《土龙山》和陈凝秋的《在路线上》8篇。"东北作家群"由此得名。

## 三 杜重远与韬奋的关系交往

《新生》周刊主编杜重远比韬奋小两岁，逝世比韬奋早一年，二人兄弟相称，总共有10余年交往。1931年7月，杜重远到上海与韬奋初次见面，韬奋称此次见面为"由神交而成莫逆"。1931年年底，杜重远

---

① 邹韬奋：《与读者诸君告别》，《生活》周刊1933年第8卷第50期。

在《生活》周刊上发表游记称"韬奋吾兄"。杜重远与韬奋及抗日救亡运动的关系都极为密切。1937年4月"七君子"出狱后在马相伯家相聚,合影照片中除"七君子"、马相伯外,只有杜重远一人。

韬奋为何选择杜重远来接办杂志?选择杜重远,就是选择了"东北问题"。《新生》周刊的东北意识,首先体现在主编杜重远的东北人身份上。杜重远有着多重身份:烧制"爱国瓷"的实业家,东北的抗日救亡运动代表,擅长写作的作家、记者等。

1. 杜重远身份:东北救亡运动代表人物

杜重远是吉林省怀德县人,1917年公费留日。他既是实业家,也是东北救亡运动的发起人和组织者,同时还是作家、新闻工作者,其身份核心是"抗日救亡"。

(1)实业家

杜重远1917—1923年在日本留学,学习制瓷。1923年,开办砖厂。1927年,创办中国第一家机械制陶公司——肇新窑业公司,生产瓷器。1930年,杜重远以肇新产品参加上海"全国国货展览会",肇新瓷器被称为"爱国瓷"。1927年,杜重远成为奉天总商会副会长,1928年获得张学良投资。1932年8月,杜重远在上海担任中国国货产销协会的总干事。

(2)东北救亡运动发起人和组织者

杜重远于1928年联合各县商会对日实行经济绝交。他发表演说、组织排斥日货运动和游行,开展抗日救亡动员。1929年他与阎宝航等成立"东北国民外交协会"。同时,他担任东北边防军司令长官公署秘书,成为张学良智囊团成员。

杜重远还是东北最早的流亡者。1931年"九·一八"之后,日本关东军在东北通缉捉拿20位知名人士,杜重远是其中一位。他化装逃离到北平,妻子和4个孩子则留在东北。1931年9月27日,他与高崇民、阎宝航等在北平发起成立"东北民众抗日救国会",担任常务委员会委员。

(3) 作家、学者

杜重远于1924年在奉天参加"启明学会",与宁武、高崇民、金小天、苏子元、钱公来等东北文化名人共同创办《启明》旬刊。

一般都认为杜重远是1931年以后受韬奋影响才开始写作的。韬奋1936年11月为杜重远所著《狱中杂感》一书所写的《序》中说:"杜重远先生是一名精明干练的实业家,他一向不注意做文章,甚至不相信他自己能做文章。当我主持生活周刊笔政的时候,他为着抗敌救国运动,四方奔走呼号,我约他在工作余下的时间里,偷闲为生活周刊写一些通讯,他总是很谦逊地推说不会写,后来经我再三催请,他才写一点。但是不鸣则已,一鸣惊人,我觉得他愈写愈好,他自己也愈写愈起劲。"① 实际上,杜重远的文字生涯始于1924年。

(4) 新闻工作者

1931年8月,杜重远开始为《生活》周刊撰写文章,第一篇是自述传《八年努力中的愿望》,第二篇也是自述——《虎口余生自述》。1931年年底,杜重远开始边游历、边演讲、边为《生活》周刊撰写旅行通信,他的抗日救亡活动逐渐由口头演说转向利用大众媒介。1932年他参与发起《生活日报》。1934年,他创办《新生》周刊,全面进入以大众媒介进行抗日宣传动员的人生阶段。

2. 杜邹关系四阶段:读者、作者、合作者、继承者

(1) 读者:1930年

1930年前后,杜重远是《生活》周刊的读者,与韬奋是神交的朋友。《生活》周刊最早介绍杜重远是1931年6月27日(第6卷第27期)《最切实的贡献》中,称其为"以振兴中国瓷业为己任的杜重远君"。

(2) 作者:1931年

1931年8月开始,杜重远在《生活》周刊上发表文章。第一篇发

---

① 邹韬奋:《序》,载《狱中杂感》,生活·读书·新知三联书店1936年版,第1页。

表于 1931 年 8 月 1 日，邹韬奋在《生活》周刊上刊发杜重远的文章《八年努力中的愿望》①时为其撰写编者按："杜君是本刊异常热心的一位读者，辽宁肇新窑业公司就是他一手创办的，他对国家所贡献的成绩，本刊六卷二十七期《最切实的贡献》一文中曾提及，可参看。他最近南下过沪，我们由神交而成莫逆，快慰平生。这篇文章是承他应本刊之请而做的。"杜重远在文中详细讲述自己求学的经历、办实业的艰难过程，其中包含浓烈的爱国思想。编者按中"由神交而成莫逆"一句表明：1931 年 6 月是他们第一次见面。

1931 年"九·一八"后，杜重远逃出东北来到北平、上海。1931年年底开始，他在内地游历，写下"国内通讯"约 24 篇，每篇开头都是"韬奋吾兄"。

表1　杜重远在《生活》周刊发表的 24 篇"国内通讯"（1932—1933）

| 篇名 | 游历地点 | 撰写时间 | 发表期数 |
| --- | --- | --- | --- |
| 《别后》 | 到重庆 | 二十年十二月二十四日<br>1931 年 12 月 24 日 | 1932 年第 7 卷第 3、4 期 |
| 《新机》 | 韬奋吾兄：<br>弟初到汉口 | 一月十一日<br>1932 年 1 月 11 日 | 1932 年第 7 卷第 7 期 |
| 《锦绣河山》 | 弟于本月十三日<br>离鄂赴湘 | 二十一年一月二七<br>1932 年 1 月 27 日 | 1932 年第 7 卷第 8 期 |
| 《向前干去》 | 九江通讯 | 二月十二日<br>1932 年 2 月 12 日 | 1932 年第 7 卷第 9 期 |
| 《民族异彩》 | 安庆 | 二月二十八日<br>1932 年 2 月 28 日 | 1932 年第 7 卷第 10 期 |
| 《长江之游》 |  | 三月八日<br>1932 年 3 月 8 日 | 1932 年第 7 卷第 11、12 期 |
| 《抵汕后》 |  | 二十一年六月十七日<br>1932 年 6 月 17 日 | 1932 年第 7 卷第 27 期 |

---

① 杜重远：《八年努力中的愿望》（上、下），载《生活》周刊第 6 卷第 32、33 期。

续表

| 篇名 | | 撰写时间 | 发表期数 |
|---|---|---|---|
| 《残羹》 | 香港 | 二十一年六月二十九日<br>1932 年 6 月 19 日 | 1932 年第 7 卷第 29 期 |
| 《包办》 | 广州 | 二十一年七月四日<br>1932 年 7 月 4 日 | 1932 年第 7 卷第 30、31 期 |
| 《鬼多人少》 | 澳门 | 二十一年七月七日<br>1932 年 7 月 7 日 | 1932 年第 7 卷第 32 期 |
| 《渐入佳境》 | 梧州 | 二十一年七月十一日<br>1932 年 7 月 11 日 | 1932 年第 7 卷第 33 期 |
| 《良好印象》 | 桂林 | 二十一年七月十八日<br>1932 年 7 月 18 日 | 1932 年第 7 卷第 34 期 |
| 《精神振奋》 | 柳州 | 二十一年七月二十七日<br>1932 年 7 月 27 日 | 1932 年第 7 卷第 35 期 |
| 《干与不干》 | | 二十一年七月三十日<br>1932 年 7 月 30 日 | 1932 年第 7 卷第 36 期 |
| 《南方之青岛》 | 厦门 | 二十一年八月十二日<br>1932 年 8 月 12 日 | 1932 年第 7 卷第 37 期 |
| 《如适异国》 | 福州 | 二十一年八月二十日<br>1932 年 8 月 20 日 | 1932 年第 7 卷第 38、39 期 |
| 《百折不回》 | 北平 | | 1932 年第 7 卷第 41 期 |
| 《前线通讯》（一） | | | |
| 《前线通讯》（二） | 热河 | 二月二十八日<br>1933 年 2 月 28 日 | 1933 年第 8 卷第 10 期 |
| 《前线归来》 | 北平 | 三月一日<br>1933 年 3 月 1 日 | 1933 年第 8 卷第 11 期 |

杜邹关系是"兄弟"。1933 年 3 月杜重远在上海与侯御之结婚，韬奋携妻儿参加婚礼。由生活书店出版的《锦绣山河》编入了杜重远的国内通讯，生活书店出版的《狱中杂感》集纳了杜重远在主编《新生》周刊时期的作品。韬奋为这两本书都写了序，从序的写作时间上可以看出韬奋对作者的态度和感情。为《锦绣山河》写序的时间为 1933 年 6 月 24 日，此前一周——杨杏佛于 6 月 18 日被暗杀，韬奋处境危险，写序后的第 20 天——1933 年 7 月 14 日，韬奋乘意轮"佛尔第号"离沪，

流亡国外。《狱中杂感》的序写于 1936 年 11 月 3 日，20 天后——1936 年 11 月 23 日上午 2 点半，韬奋被捕，同时被捕的还有沈钧儒、章乃器等，史称"七君子事件"。

（3）1932 年：合作者

1932 年 3 月，韬奋倡议创办《生活日报》，杜重远也是发起人之一，并拟做《生活日报》经理部主任。韬奋在《积极筹备中的〈生活日报〉——干部姓名的公布》一文中这样写道："杜先生在东北创办辽宁肇新窑业公司，从数千元的规模，不到十年，办到近百万元的规模，凡曾到他厂里考察过的，无不叹服他的成绩优良，精明干练。他虽于瓷业有特殊的研究，而在管理行政方面实具有他的天才。他如要再办瓷业，仍可本其学识经验，主持规划，但我们却要借重他的精明干练的天才来主持本报的经理部。"① 该报未办成。

（4）1934 年：继承者

杜重远还成为韬奋事业的继承者。《生活》周刊于 1933 年 12 月 16 日停刊后，在不到 2 个月时间里办起《新生》周刊（1934 年 2 月 10 日）。1934 年 9 月，杜重远还担任《太白》的特约撰稿人。

## 四 《新生》周刊是《生活》的重生与替身

1. 具有连续性

《生活》周刊结束后仅仅 2 个月，《新生》周刊就以原来《生活》周刊的姿态出现在大众面前。

某些作品从《生活》周刊开始刊登，《生活》周刊结束后在《新生》周刊上继续刊登，如韬奋的《萍踪寄语》、靳以的《东北行》等。

2. 编辑部原班人马，作者群高度重合

邹韬奋曾给戈公振写信说："《新生》为《生活》后身，乞兄为之

---

① 邹韬奋：《正在积极筹备中的生活日报》，《生活》周刊第 7 卷第 13 期。

撰文，表面上由杜重远兄负责，一切仍属旧贯，编辑由艾寒松兄负责，发行仍由徐伯昕兄负责。"①

对比这两份杂志的作者，其作者群高度重合。如毕云阶、艾寒松、戈公振、靳以（丹鸟）、平心（童恂斋）、楚基（潘楚基）、吴赞廷、炳然、扛日、孟如（金仲华）、马星野、胡愈之等，原在《生活》周刊撰稿，后在《新生》周刊上发表文章。

表2　　　　　　　　《生活》与《新生》的共同作者

| 《生活》周刊作者 | 《新生》周刊作者 |
| --- | --- |
| 杜重远、毕云程、艾寒松（易水）、戈公振、靳以（丹鸟）、平心（童恂斋）、楚基（潘楚基）、吴赞廷、炳然、扛日、孟如（金仲华）、马星野、胡愈之、顾学范（记者）、何忍 | |

3. 版面形态相似

从页码、版式、栏目、广告等方面看，二者惊人地相似。

页码数基本相同。两份刊物的页码都在24页左右，内容容量相同。

版式基本一致。第一页版式相同，都为版权页、目录和言论，言论由主编亲自撰写。

栏目相仿。言论由"小言论"改为"老实话"，仍保留"小言"。

广告相同。由基本相同的广告，可以知道该杂志的广告经营团队基本未变。

表3　　　　　　　　《生活》与《新生》栏目

| | 《生活》栏目 | 《新生》栏目 |
| --- | --- | --- |
| 相似栏目 | 小言论 | 老实话、小言——大小言、危言 |
| | 外国通讯 | 外国通讯 |
| | 国内通讯 | 国内通讯 |
| | 信箱 | 小新闻 |
| | 一周要闻 | 一周大事日记 |

---

① 生活书店史稿编辑委员会编：《生活书店史稿》，生活·读书·新知三联书店1995年版，第44页。

续表

| | 《生活》栏目 | 《新生》栏目 |
|---|---|---|
| 新增栏目 | | 新术语 |
| | | 信不信由你、小统计 |
| | | 文化消息 |
| | | 职业生活 |
| | | 国际问题讲话、社会问题讲话、经济问题讲话、常识讲话 |
| | | 东北通讯 |

当然二者还有些不同，区别在于：

（1）封面变化。虽然《生活》周刊办了"生活画报"，但其封面一直是素的，《新生》采用照片作为杂志封面，后来的《大众生活》周刊也采用照片为封面。

（2）《新生》周刊增加了新栏目"新术语""东北通讯"等。

## 五 《新生》周刊的"东北"特色

1. 主编与作者的东北人身份

在《新生》周刊上，主编和作者都自述东北人身份。

杜重远在《发刊词》中说："我不是一个文学家，也不是一个新闻记者，更不是伟人名流，我从前是在沈阳办过实业的，我曾手创过一个容一千多工人的瓷业工厂，这个工厂依然开着，只是我因为不甘心做日本帝国主义的顺民，所以到如今竟变成一个无家可归无业可图的人了。"

作者于炳然在英国采访了韬奋，他在《访韬奋》中说："在韬奋清谈娓娓之后，我想到我的小孩，我想到我的小孩的母亲，此刻她们正在日本帝国主义铁蹄下残喘着，我想到我的故乡，我想到故乡的三千万民众。"① 这些话表明他是一个东北人。后来，于炳然在《文汇年刊》上发表《七年来的东北义军》。

---

① 于炳然：《访韬奋》，载《新生》周刊第 1 卷第 2 期。

作家章靳以，因父亲在沈阳、哈尔滨经商，多次进入被占领后的东北。他在《新生》周刊继续发表在《生活》周刊上未刊完的《东北行》。来信的读者卢振中、小说作者李辉英等都是东北人，他们都在文章中自述东北人身份，讲述自己所遭受的创伤。

2. 大量东北话题

《新生》周刊中的高频词是"东北"，几乎篇篇文章中都有与"东北"相关的字句。《厦门实况》讲的是深受日本殖民影响的厦门，在文章最后一句是"一般的民众都忙着去顾念关外失地，却轻易地忽视这将蹈东北四省覆辙的厦门"①。

3. 一手的东北报道

靳以的《东北行》以第一人称"我"在哈尔滨、沈阳等地的亲身经历，讲述了沦陷后的"满洲国"现状。②

第1卷第6期出版了专刊《傀儡登场》。该期杂志以《三月一日——天津》（作者何忍）报道了：溥仪在伪满洲国登基之日，天津日租界内公开悬挂满洲国旗，气焰十分嚣张，而国民政府对于伪满洲国的存在处于一种无力状态。

第1卷第9期刊登的《亡国电影观演记》，是由原《生活》周刊记者顾学范撰写的。顾学范得知上海日租界将播放纪录电影《建国之春》，就找机会混入其中观看，他转述纪录片而让读者了解更多关于东北的情况。

笑岩的《沦亡了的故乡》也讲述了在东北沦陷区里的亲身经历。③泰然的《到日本去》讲述了在日本参观"国际产业观光博览会""满洲国"展场的经过，并配图片。④刘子平的《满洲纪行》讲述"平沈通车"后经遭遇爆炸事件的经历。⑤

---

① 蒋微希：《厦门实况》，《新生》周刊第1卷第1期。
② 靳以：《东北行》，《新生》周刊第1卷第5期。
③ 笑岩：《沦亡了的故乡》，《新生》周刊第1卷第18期。
④ 泰然：《到日本去》，《新生》周刊第1卷第19期。
⑤ 刘子平：《满洲纪行》，《新生》周刊第1卷第27期。

### 4. 开展东北问题研究

杜重远的《大亚细亚主义》、马星野的《从军事上观察日俄战争》、梁纯夫的《日本军部与满铁》《驻满机关改组的问题》等，这些文章在今天看来仍具有深刻而独到的研究价值。翻译家、经济学家吴清友的《东北事变后列强态度的剖视》、春生的《售路成功以后的日俄关系》、老维的《铁蹄下的东北铁路》[①] 等都具有强烈的研究性。

《新生》周刊还具有很强的学术性，它开创性地建立了栏目《新术语》，总共提供了137个术语。这些术语主要与殖民侵略有关，如"殖民地""割让地"等。新术语相当于关键词，由此可以对日本侵略殖民的现状做更为深入的剖析。

此外，很多研究性文章的作者具有鲜明的专业性。如作者吴清友是翻译家、经济学家，《售路成功以后的日俄关系》的作者春生是专门研究铁路的专家。

表4　　　　　　　《新术语》样目中的术语（137个）

| 期数 | 时间 | 术语 |
| --- | --- | --- |
| 1—1 | 1934-02-10 | 殖民地、半殖民地、次殖民地 |
| 1—2 | 1934-02-17 | 自治殖民地、劳动殖民地、保护国、永久中立国 |
| 1—3 | 1934-02-24 | 共管、委任统治制、势力范围、割让地 |
| 1—4 | 1934-03-03 | 不平等条约、最惠国条款、商租权、治外法权 |
| 1—5 | 1934-03-10 | 租借地、租界、领事裁判权、公使团、工部局 |
| 1—6 | 1934-03-17 | 买办、圆桌会议、机会均等主义、债权国 |
| 1—7 | 1934-03-24 | 宗主权、不侵犯条约、不宣而战、自卫权、条约保障占领、哀的美敦书 |
| 1—8 | 1934-03-31 | 甘地主义、门罗主义、史汀生主义 |
| 1—9 | 1934-04-07 | 救世军、十字军、基督教 |
| 1—10 | 1934-04-14 | 国际联盟、神圣同盟、民族自决 |
| 1—11 | 1934-04-21 | 军缩、军备休假、领土不割让条约 |
| 1—12 | 1934-04-28 | 世界大战、世纪、世界语 |

---

① 老维：《铁蹄下的东北铁路》，《新生》周刊第1卷第43期。

续表

| 期数 | 时间 | 术语 |
|---|---|---|
| 1—13 | 1934-05-05 | 五一劳动节、五三事件、五四运动 |
| 1—14 | 1934-05-12 | 五五纪念、五七纪念、五九纪念、五卅纪念 |
| 1—15 | 1934-05-19 | 九国公约、非战公约、蓝辛石井协定、远东门罗主义 |
| 1—16 | 1934-05-26 | 汉奸、亡国奴、浪人 |
| 1—17 | 1934-06-02 | 高等华人、猪仔、唐人街 |
| 1—18 | 1934-06-09 | 青纱帐、义勇军、生命线、傀儡国 |
| 1—19 | 1934-06-16 | 科识分子、同路人、投机分子、代言人 |
| 1—20 | 1934-06-23 | 华尔街、唐宁街、红场、白宫 |
| 1—21 | 1934-06-30 | 摩登、烟士披里纯、安琪儿、木乃伊 |
| 1—22 | 1934-07-07 | 太阳黑子说，二重外交，二重人格，象牙之塔，十字街头 |
| 1—23 | 1934-07-14 | 冲锋队、钢盔团、突袭队、葛杯吴 |
| 1—24 | 1934-07-21 | 人权宣言、美国独立宣言、巴黎公社、明治维新 |
| 1—25 | 1934-07-28 | 英雄主义、温情主义、改良主义、 |
| 1—26 | 1934-08-04 | 个人主义、拜金主义、机会主义、历史的使命 |
| 1—27 | 1934-08-11 | 攻守同谋、假想敌、局外中立国 |
| 1—28 | 1934-08-18 | 航空母舰、游击战争、便衣队、缓冲地带 |
| 1—29 | 1934-08-25 | 跨党分子、职业革命家、机关报 |
| | 1卷30—41期（1934年9月1日至11月17日），该栏目停刊 | |
| 1-42 | 1934-11-24 | 布尔乔亚，托辣丝，乌托邦，罗曼丝，歇斯底里 |
| 1-43 | 1934-12-01 | 绿色国际，桃色国际，黄色国际，赤色国际 |
| 1-44 | 1934-12-08 | 国际公法，国际私法，国际公断，国际法庭，国书，国交 |
| 1-45 | 1934-12-15 | 觉书，照会，抗议，引渡，外交团，黄祸 |
| 1-46 | 1934-12-22 | 恐怖主义，冒险主义， |
| 1-47 | 1934-12-29 | 恋爱至上主义，艺术至上主义， |

5. 文学抵抗、影像抵抗

《新生》周刊的文学部分，具有强烈的抵抗意识。连载小说《赵洛二》《日本当铺》《开发满洲的柱石》等，诗歌《现在是我们再生的时候了》等，都以当时的日本殖民侵略为表现内容，具有以文字进行抵抗的特征。《新生》周刊创刊号上刊登的小说《赵洛二》，讲述了中国苦力如何被日本侵略者诱骗、威胁而为日本人修战壕、当炮灰等苦难故事。

《新生》周刊的时事摄影，是一种影像抵抗。第 1 卷第 5 期从封面到内页都以《傀儡登场》为主题，用图片展现了溥仪登基的闹剧和日本对东北赤裸裸的侵略。第 1 卷第 15 期在画页中刊登了照片《中东路售卖问题》，让读者知道日本侵略者正与苏联谈判，以非法方式占有中东铁路。第 1 卷第 32 期的《这一年来的东北》、第 1 卷第 37 期的《东北近况》等，都以照片形式展现东北沦陷后的现状。《生活》周刊也很重视影像，推出了《生活画报》，但《新生》将对于影像的重视又向前推进了一步。

## 六 《新生》周刊对"东北问题"的思考

1. 全球视角

东北问题是整体问题，《新生》周刊对于东北问题的思考不仅从全国视角出发，也从世界视角来观察。1935 年新年之际，《一九三五年的世界政治经济地图》将东北问题放置在世界政治经济大格局之下来思考。在《注意妥协的意义》中，作者葛乔一一剖析国际政局中"妥协"背后的利益交换。《新生》周刊进行了大量的海外报道，发表国外通讯和国外时事照片，特别关注法西斯情况和苏联情况（戈公振发回很多苏联报道），这是从全球性的视角来看东北问题和中国面临的抗日救亡问题。

由于这种全球性视角，很多文章具有强烈的前瞻性，如第 2 卷第 9 期发表的《细菌战与未来战争》详细介绍了细菌战的情况。

2. 经济思维

贸易战、货币战、文化战……《新生》周刊认为，东北问题不仅是武器战，还是贸易战、货币战等。

创刊号上《比武力还厉害的占据》是由实业家卢作孚写的，他说："日本人用武力占据了东北四省，让全国人惊心动魄，倒还不是可怕的事情，最可怕的是她的棉纱，已经占据了华北，而且已占据了扬子江的下游直到湖北为止，棉织物则已占据到长江上游，进了四川，驱逐了一切本国的棉织物。"①

《新生》周刊关注铁路，关注邮政如《东北通邮的重要性》，关注银行动向如《银行周报与中日经济提携》，对于货币战有所观察如葛乔的《列强的货币战争》、杜重远的《两大钱庄倒闭》。《新生》周刊甚至还对日本主办的中文报纸进行梳理，总结其文化战方面的谋略。

经济思维不仅来自主编杜重远以及作者们的实业家身份，也是对《生活》周刊的继承，韬奋就十分重视通过对经济问题的解析来看政治问题。

杜重远主张"经济抗日"，如《为丢炸弹与跪哭团谨答读者》②，但他在《日暮穷途的景德镇》中对中国经济有进一步的担忧。③

3. 乐观态度：明耻教战

《新生》周刊倡导全民族抗日救亡，认为出路在于团结、有组织的战斗，民族抗争一定会取得胜利。杜重远："我们要有越王尝胆的决心，我们要有愚公移山的壮志"，"国家虽亡，我们也要积极地救亡"④。

而对劣势，《新生》周刊从不气馁，杜重远在《老实话》中大声疾呼："民族精神是不死的"，"东北义勇军的继续冒死抗争，就是人心不死的证据"⑤。他说："民族革命的战争是不计成败的，因为不抗争也是亡，抗争尚有解放的希望，从已往史实证明，民族革命最后总是成功的。"⑥

---

① 卢作孚：《比武力还厉害的占据》，《新生》周刊第 1 卷第 1 期。
② 杜重远：《为丢炸弹与跪哭团谨答读者》，《新生》周刊第 1 卷第 42 期。
③ 杜重远：《日暮穷途的景德镇》，《新生》周刊第 1 卷第 34 期。
④ 杜重远：《为消极悲观的青年们进一言》，《新生》周刊第 1 卷第 18 期。
⑤ 杜重远：《民族精神不死》，《新生》周刊第 1 卷第 13 期。
⑥ 杜重远：《"九·一八"三周年》，《新生》周刊第 1 卷第 32 期。

## 结　语

　　杜重远与韬奋的关系以及办刊经历，展现了韬奋以刊物为言论阵地开展抗日救亡的曲折经历，也呈现出杜重远开展救亡动员的三个阶段。在结识韬奋以前，杜重远在东北地区宣传抗日、进行动员，主要采取演讲方式——口头传播。逃亡关内的第一年，杜重远一边沿长江游历、募捐，一边给《生活》周刊写稿，他开始利用大众媒介进行救亡动员。等到创办《新生》周刊，杜重远就以主编身份在每一期社评栏目《老实话》里进行宣传动员，充分利用报刊媒介进行救亡动员。杜重远对于日本侵略者的认识、对于救亡动员的思考，也在这段经历中不断深入。

# 沸腾的血流在激荡着：邹韬奋与两本
# 《全民抗战》信箱外集

叶 舟[*]

**摘要**：邹韬奋先生主持的全民抗战社于 1940 年先后出版了两本《全民抗战》周刊信箱外集——《激流中的水花》和《生路》。之前，学界对于这两本《全民抗战》信箱外集研究不多，对《生路》更是着墨寥寥。无论是邹韬奋先生撰写的《弁言》，还是其中应该出自邹韬奋先生之手的编者回信，《邹韬奋全集》《年谱》均未提及。本文便将《激流中的水花》《生路》这两本《全民抗战》周刊信箱外集汇总介绍，既补《韬奋全集》及《年谱》之阙，并借此略论韬奋先生对抗战的贡献及其影响。

**关键词**：邹韬奋；全民抗战社；信箱外集；《激流中的水花》；《生路》

邹嘉骊先生在编纂韬奋先生年谱时，曾经提及这样一件事：20 世纪 40 年代，生活书店在重庆出过一本读者信箱集，书名叫《激流中的水花》，就知道一个书名，其他情况一概不清楚。后来在重庆出版社唐慎翔女士的帮助下，了解到《激流中的水花》是全民抗战社编的《全民抗战》信箱外集，选编《抗战》三日刊、《全民》周刊、《全民抗战》周刊信箱栏 1937 年 3 月至 1939 年 10 月未发表的通讯 53 篇，1940

---

[*] 作者简介：叶舟，上海社会科学院历史研究所副研究员。

年4月由重庆生活书店出版。邹嘉骊先生先将韬奋先生所纂的弁言收入《韬奋全集》的第9卷，后经老编审汪习麟先生的考证，书中所收回信也出于韬奋先生之手，故又将53篇回信收入《邹韬奋先生年谱长编》中。① 然而也许邹嘉骊先生并不知道，全民抗战社在当时编纂的《全民抗战》信箱外集，除了《激流中的水花》之外，还有第二辑《生路》，同样是由徐伯昕发行，全民抗战社编著，于1940年12月由桂林生活书店出版。② 《生路》选编了《全民抗战》周刊信箱栏1939年10月至1940年4月未发表的通讯62篇，其弁言同样由邹韬奋先生撰写，书中所收的回信也应当均出于韬奋先生之手。之前，学界对于这两本《全民抗战》信箱外集研究不多，对《生路》更是着墨寥寥，由于种种客观原因，《邹韬奋全集》《年谱》均未提及此书。本文便将《激流中的水花》《生路》这两本《全民抗战》信箱外集汇总介绍，既补《韬奋全集》及《年谱》之阙，并借此略论韬奋先生对抗战的贡献及其影响，以就教于各方家。

## 一  邹韬奋与全民抗战社

1937年7月31日，在"七君子事件"中被捕的邹韬奋被国民党政府无罪释放。出狱后不到半个月，8月13日，日军对上海发动了大规模进攻，"八·一三"淞沪抗战爆发。为了声援上海军民的抗战，韬奋立即投入抗日救亡的新战斗中。根据茅盾的回忆，在淞沪抗战爆发的第三天即8月15日，邹韬奋已经确定要创办一个抗战杂志。③ 经过昼夜努力筹备，不到一个星期，便于8月19日在上海出版了《抗战》三日刊。

---

① 邹嘉骊：《快乐的追踪：付印前的几句话》，载邹嘉骊编著《邹韬奋年谱长编》，上海交通大学出版社2015年版，第3页。

② 曹鹤龙等编：《生活·读书·新知三联书店图书总目（1932—2007）》，生活·读书·新知三联书店2008年版，第68页。

③ 茅盾：《烽火连天的日子》，载《茅盾全集》第35卷，人民文学出版社1997年版，第138页。

邹韬奋在第 1 号的《编辑室》一文中便说："在这民族抗战的紧急时期，本刊的任务，在一方面是要对直接间接和抗战有关的国内和国际的形势，作有系统的分析和报道，显现其重要意义和相互间的关系；在又一方面，是要反映大众在抗战期间的迫切要求，并贡献我们观察讨论所得的结果，以供国人的参考。本刊为便于读者记忆起见，每逢三六九发行，即每逢三日、六日、九日、十三日、十六日、十九日、廿三日、廿六日，及廿九日，就发行一项，以后类推。本刊内容力求适合抗战紧急时期的需要，希望作家和读者多赐教。"①

《抗战》三日刊出到第 86 号后，便与《全民》周刊合并，联合创办新的《全民抗战》周刊。《全民》周刊是救国会的机关刊物，于 1937 年 12 月 12 日在汉口创刊，社长是沈钧儒，编辑者为李公朴、柳湜等，发行人是李公朴，同样由生活书店销售。1938 年 7 月 7 日，《全民抗战》正式出版，由邹韬奋任发行人，邹韬奋、柳湜共同担任主编（第 155 期后由邹韬奋一人担任主编）。对于二者合并的事，《全民抗战》第 1 号上刊登了相关的启事："为集中力量充实内容起见，《抗战》自八十七期起与《全民》自二卷六期起合并，改出《全民抗战》三日刊。"②在署名为本社同人的《全民抗战的使命》一文中，邹韬奋对二者合并的原因有着详细的说明："我们感到我们这两枝号角分散的声音还不够洪亮，我们这两队号手，各个的力量还不够强大，为了配合新的抗战形势，集中人力物力的原则，我们深觉这两个抗战的单位应该并成一个。因此，我们遂于这伟大的抗战周年纪念之际，将两个刊物实行合并，合组全民抗战社，发刊《全民抗战》三日刊。我们决定在集中双方的力量，发挥双方的特点，补足双方过去的不够的原则下，以统一的意志，从事更大的努力，力求我们今后对于全民动员的号召与教育上更多地尽力。"③《全

---

① 《编辑室》，《抗战》1937 年第 1 号。
② 《抗战三日刊、全民周刊合并启事》，《全民抗战》1938 年第 1 号。
③ 邹韬奋：《全民抗战的使命》，载《邹韬奋全集》（增补版）第 8 卷，上海人民出版社 2015 年版，第 32 页。

民抗战》创办初期依然为三日刊，由生活书店总经销，每逢三、六、九日发行。① 第1号到第13号是在汉口出版，后因汉口战事吃紧，自第十四期起开始在重庆排印。② 自第29号起，由于印刷不及，加上纸张供应问题，《全民抗战》开始改为五日刊，每逢五、十日出版，每期比原来增加四页，零售价从4分改为5分。③ 1939年5月3、4日，由于重庆遭到日机的狂轰滥炸，印刷极为困难，《全民抗战》被迫从70号后改为周刊，直到第157期停刊。④ 根据相关研究者的论述，当时重庆虽然是陪都，但其地处内陆，又是山城，交通也不便利，再加上当时处于战时，条件很差，《全民抗战》周刊基本上都是用土纸印刷，印刷质量很差，纸张很薄，有些字迹印刷模糊不清。⑤ 这也应当是日后全民抗战社编纂的这两部信箱外集存世极少，不为外界所知的重要原因。

## 二　两本《全民抗战》信箱外集

1. 缘起

在创办《抗战》三日刊和《全民抗战》时，邹韬奋在大众中已经具有极高的声望，这当然得归功于他当年《生活》周刊的成功办刊实践。《抗战》三日刊和《全民抗战》周刊很多的读者便是当年《生活周刊》的读者。"我虽然与你不相识，但由以往爱国运动的领导，你的名字，就在我的脑海中印象着了。我在北平求学时，我还是《生活》周刊及《大众生活》的读者，那时，对于你，我是万分的羡慕和敬仰，后由你的伟大行动和百折不挠的精神，更激荡了我的向上的一颗心。我对于你所著的书，藏之尤丰富，小寝室的桌上和架上，关于你的著作，

---

① 《全民抗战》1938年第1号。
② 北京印刷学院、韬奋纪念馆编：《店务通讯》下卷，学林出版社2007年版，第124页。
③ 《本刊改出五日刊重要启事》，载《全民抗战》1938年第29号。
④ 《本刊改为周刊启事》，载《全民抗战》1938年第69号。
⑤ 张文明：《邹韬奋新闻出版实践与思想研究》，社科文献出版社2015年版，第126页。

更为我所悦读。"① "过去我是《生活》周刊的最热忱的读者之一，因了它的影响，使我的思想认识都得到了很显著的进步，那时候，我把它看做比宝贝还重要，我真太爱他了。"② 而在"七君子事件"中，邹韬奋在狱中不屈不挠的斗争更是赢得了当时中国社会各阶层爱国人士的敬佩，他的爱国行为和崇高的人格力量使他在读者心目转化成为一个抗日爱国的符号。这在当时很多的来信中都有所反映："先生，你是我最崇拜的一个人，数年前看到你主持的《生活》周刊，那时我就把先生当做我精神上的教师。不过后来我在东三省服务，看不到先生的文字，但是关于先生的行踪，我都知道。最使我难受的就是先生的被捕，直到去年七七事变我才放了心。因为知道先生们得了自由了。在先生主办《生活日报》（香港出版）的时候，我还不揣冒昧的给先生写过信。也许先生会忘掉我的。总之我是最敬爱最钦佩先生之为人，因为先生们是为大众服务，不是以个人作出发点。"③ 其中一位20岁出头的女孩子在信中叙述邹韬奋先生对她的影响尤为典型：

> 先生，你的大名早在我脑海里留下了一个不可磨灭的印象。大约还是我十六七岁的时候，我就很爱读报章杂志，如《申报》及先生主编的《生活》周刊等。我一看到它，我就对它有一种好的感想，它像一帖兴奋剂使我麻痹的神经立刻可以兴奋过来，同时使我了解到社会上一般黑幕及通病。的确，它是充满活力的一种刊物，是青年人独一无二的指导朋友，是失意的人安慰者，是劳苦大众的咽喉，它是如何的同情人，怜惜人呵！先生，这是你的力量，要充满了活力的人，才能办出这种有力量的东西来！在那个时候，先生，你的大名就在那个时候种下了根深蒂固的印象，我在深深的

---

① 《沸腾的血流在激荡着》，载《生路》，桂林生活书店1940年版，第2页。
② 《身体使我绝望》，载《激流中的水花》，重庆生活书店1940年版，第171页。
③ 《救国的热情时时在燃烧着》，载《激流中的水花》，重庆生活书店1940年版，第9页。

敬慕着你，艰苦奋斗的精神和申张正义的魄力。其后关于先生的一切，我都很关心着。如先生和史良、沈钧儒等诸先生在沪上被捕的情形，那时我正在××女中读书，每天我必得跑到报架前去看关于你们一行人的消息，及被审问时的情形，那里我是如何的在担心着你们一行人。我只有默祷上帝佑护着为正义、真理、申张、奋斗的人。一直到你们被释放出来，我的心才随着安定下来。后来又看到七君子之狱，约略知道你们在狱中的情形。先生你写的东西我看到很多，如萍踪寄语、再厉集及激变等，我都是反复的读着。我只觉得先生的文章，是一帖绝好的兴奋剂，同时我不断的介绍我熟识的同学和朋友，叫起他们都买你的书籍，使他们在无形中可以得到一盏指导的明灯。①

邹韬奋的人格魅力和办刊特色使得《抗战》三日刊和《全民抗战》周刊在人民大众中继续产生了重要的影响，《全民抗战》周刊在战争最困难的时候销量也一度突破30万，这在当时可以说是一个不可思议的数字。一位读者是如此评价《抗战》三日刊的："我是《抗战》三日刊的一个热心读者，关于抗战救亡工作者所必须的知识，我早已感到十二分的饥渴，它——《抗战》三日刊，确曾供给我不少的食粮。我每一次接到它都是紧张的愉快的一口气把它读完，得到了这些精神上的滋养，我慢慢的感觉到自己的身心于无形中健壮起来，对于国内国际的形势和各种重要的问题有了比较正确的认识，对于抗战前途有了胜利的信心，同时我就逐渐觉悟到在这争取民族解放的大时代里，我也应该拿出自己所可能尽力的力量来。"② 难怪当时有舆论认为《抗战》三日刊"一度甚至取代了政府的声音"③。

---

① 《充满了热情的自白》，载《生路》，桂林生活书店1940年版，第112—113页。
② 《信箱》，《抗战》三日刊第75号。
③ 韬奋纪念馆编：《邹韬奋研究》，学林出版社2006年版，第230页。

邹韬奋一贯追求要做"民众的喉舌",为大众办刊,与读者交朋友、建联系,站在服务大众的立场上编辑刊物是邹韬奋一贯的宗旨,所以他一向注重与读者的互动交流。"信箱"便是邹韬奋所办刊物的一个传统栏目,1926年10月他接任《生活》周刊主编之时即开辟。除少数几期外,《生活》周刊每期都有读者来信,少则一篇,多则四五篇,内容也非常广泛,大至抗战救国、社会制度的探讨,小至求学、职业、婚姻、社交、工作方法,以至于文字技术等问题的讨论,形形色色,无所不谈。而且,这一栏目受到广大读者的爱护与支持,成为一个品牌栏目,也成了邹韬奋办刊的特色。邹韬奋自己曾说,在主编《生活》周刊期间,他最费心的是两个栏目:一个是每期一篇的"小言论",一个便是"读者信箱"。"信箱里解答的文字,也是我所聚精会神的一种工作。我不敢说我所解答的一定怎么好,但是我却尽了我的心力,有时并代为请教我认为可以请教的朋友。"① 给读者回信,从此成为邹韬奋重要的一项工作,他自己回忆道:"读者一天天多起来,国内外的来信也一天天多起来。我每天差不多要用全个半天来看信。这也是一件极有兴味的工作,因为这就好像天天和许多好友谈话,静心倾听许多读者好友的衷情。其中一小部分的信是可以在周刊上公开发表和解答的,有大部分的信却有直接答复的必要。有的信虽不能发表,我也用全副精神答复;直接寄去的答复,最长的也有达数千字的。"② "做编辑最快乐的一件事就是看读者的来信,尽自己的心力,替读者解决或商讨种种问题。把读者的事看作是自己的事,与读者的悲欢离合,甜酸苦辣,打成一片。"由于"读者信箱"影响之广泛,使得"青年的脑海里,都留存着先生(邹韬奋)的影子,多少青年的由衷之言和不平之鸣,都喜欢向

---

① 邹韬奋:《聚精会神的工作》,载《邹韬奋全集》(增补版)第7卷,上海人民出版社2015年版,第198页。

② 邹韬奋:《生活史话》,载《邹韬奋全集》(增补版)第9卷,上海人民出版社2015年版,第720页。

着先生倾诉，如像会着知己倾诉一般。"① 很多人即使不是他的读者，但是也会经别人的介绍，知道"先生很能解答难题"，因此会将"朝思暮想，不得解决的问题"，请求他来解答。②

因此，在《抗战》和《全民抗战》时期，邹韬奋继续沿用了原有成功的经验，信箱仍然是其固定的栏目。根据现有研究者的统计，从1937年8月创刊到1938年7月停刊，《抗战》三日刊出版86期中，共发表了152篇读者来信。③ 而1938年10月到1941年2月被国民党当局查禁停刊，在重庆出版的《全民抗战》周刊刊载了读者来信170篇。④ 而这只是这两份刊物收到读者来信的一小部分。不过和《生活》周刊时期不同，自从"九·一八"事变以来，邹韬奋是以深重的心情思考着中国的前途，以满腔的热忱寻求抗日救亡的道路的，他创办《抗战》三日刊和《全民抗战》周刊，也如前所述是"要反映大众在抗战期间的迫切要求，并贡献我们观察讨论所得的结果，以供国人参考"。在此时"为大众办刊"不仅体现在要为大众服务，解答大众在抗战中的各种疑难，更体现在反映大众在这一时期的迫切需求，同时唤醒处于迷茫中的大众，利用报刊的宣传教育大众，帮助大众用正确的观点去认识抗战的时局，动员大众参加到抗日战争的大潮中去。在这一宗旨背景下，《信箱》栏目便被赋予了新的意义。

早在编辑《生活》周刊时，邹韬奋便"因篇幅有限，而读者来往商榷问题的信很多，不及一一发表，故每隔若干时有《信箱外集》的编辑"⑤。因此自1930年起便陆续编有《该走那条路》《迟疑不决》《迷途的羔羊》等信箱外集。而《抗战》《全民抗战》时期，形势已经和之

---

① 《现在究竟去不去呢》，载《生路》，桂林生活书店1940年版，第10页。
② 《决意到新疆去》，载《生路》，桂林生活书店1940年版，第48页。
③ 王琳：《〈抗战〉三日刊研究》，硕士学位论文，北京印刷学院，2006年，第27页。
④ 薛阳阳：《重庆时期〈全民抗战〉研究（1938—1941）》，硕士学位论文，重庆大学，2016年，第60页。
⑤ 邹韬奋：《〈迷途的羔羊〉弁言》，载《邹韬奋全集》（增补版）第4卷，上海人民出版社2015年版，第453页。

前完全不同，正如邹韬奋在《激流中的水花》所言："这本书里所选辑的读者来信，是从廿七年三月以后一年半间的时期里写出的，是在我国战士因战略关系从淞沪撤退，民族神圣战争踏入更坚忍持久的阶段，是抗战工作者随着由局部抗战而扩展为全面抗战的形势下，更广大地开展着各种工作，以配合持久战需要的时期。在这样具有伟大意义的时期中，由全国各地读者写来的书信，他们在这里面所表现的激烈的情绪，在这里面提出的迫切的问题，都充分地反映着这段伟大时期的现实，值得我们的尤其深切的注意。"[1] 为了更准确全面地反映这一特殊时期人民大众的心声，把读者的"友谊热情与真知灼见更扩大到无量数的男女好友的心坎中"[2]，让刊物成为"真正代表全国人民的公意与全民教育、宣传最有力的工具"[3]，编辑新的《信箱》外集便必须要提上议事日程，这便是《激流中的水花》和《生路》两本信箱外集出版的背景。值得一提的是，最初生活书店的《读者信箱汇集》《读者信箱外集》出版之后销量并不尽如人意，1933年，徐伯昕改用《最难解决的一个问题》《悬想》《该走那条路》《迟疑不决》《迷途的羔羊》等书名再版，受到读者注目，发行量猛增。[4] 那么，作为《激流中的水花》和《生路》这两本书的发行人，其书名是不是可能仍由徐伯昕所起呢？这是个需要更多资料来确证的问题。

2. 特点

邹嘉骊先生说，《全民抗战社》的信箱外集是选编《抗战》三日刊、《全民》周刊、《全民抗战》周刊信箱栏未发表的通讯，其实根据邹韬奋写的，"《抗战》三日刊和后来与《全民周刊》合并编行的《全民抗战》

---

[1] 邹韬奋：《〈激流中的水花〉弁言》，载《邹韬奋全集》（增补版）第9卷，上海人民出版社2015年版，第327—328页。
[2] 邹韬奋：《〈生路〉弁言》，桂林生活书店1940年版，第1页。
[3] 邹韬奋：《全民抗战的使命》，载《邹韬奋全集》（增补版）第8卷，上海人民出版社2015年版，第33页。
[4] 《徐伯昕年谱》，载《新文化出版家徐伯昕》，中国文史出版社1994年版，第453页。

周刊都设有信息栏，备读者来信讨论各种问题之用，但是读者来信很多，不是三日刊或周日刊的信箱栏的有限地位所能容纳，所以径行答复的信占着最大部分。这些信件原来是不准备发表的，只是本刊编者和读者诸友间的直接通信而已，但是其中内容往往不仅与来信者本人有关系，却多少具有一般性，为有同类问题待决者所共同关心的，因此特就廿七年三月至廿八年十月的许多信件中稍加甄别，选择其中之尤有参考价值者，编成这本《激流中的水花》，也就是《全民抗战》信箱外集第一辑"①。可见信箱外集仅仅包括《抗战》和《全民抗战》两本杂志，并不包括《全民》周刊。这是因为如前所述，《全民》周刊是由李公朴等创办，虽然由生活书店发行，但并非由邹韬奋主持。而《抗战》《全民抗战》则完全由邹韬奋主持，所以无论是弁言还是回信，基本上都是出于韬奋之手。

《激流中的水花》弁言作于 1940 年 1 月 9 日，仅仅三个月之后，邹韬奋又写成了新的信箱外集《生路》的弁言。可见当时《全民抗战》收到读者来信之多，也可见邹韬奋工作之勤奋。《生路》所收的是《全民抗战》周刊未发表的自 1939 年 10 月至 1940 年 4 月半年间的编读之间的来往信件。由于其《弁言》未收入《全集》和《年谱》，笔者特将其全文录出：

> 《全民抗战信箱外集》第一辑的《激流中的水花》，不久以后又编成了这第二辑《生路》，在编辑的过程中重新阅读全国读者诸友的来信，好像老友重逢，殷勤话旧，使编者常常地感到读者诸友的深挚的友谊与热情，使编者深深感受到读者诸友的真知灼见的可贵。我们要把这友谊热情与真知灼见更扩大到无量数的男女好友的心坎中去，这个第二辑的编成是可以帮助我们达到这个目的。这第二辑的信箱外集，也是从没有发表过的本刊编者和读者间的来往信

---

① 邹韬奋：《〈激流中的水花〉弁言》，载《邹韬奋全集》（增补版）第 9 卷，上海人民出版社 2015 年版，第 327 页。

件中选集而成的。它所包括的时间从二十八年十月至二十九年四月间，约占半年的时间。各信略集性质分为三大类：（一）学习、工作、生活；（二）社会、政治、教育；（三）健康、婚姻、家庭。和以前我们编辑信箱外集的向例一样，只注重信的内容，把有关个人的容易引起个人不便的地方都尽力避免，加以删除。这许多信里所提出的问题，所表现的意见，不仅是各信作者本身所遇到的，也是许多其他朋友可能遇到的，看到这本书，就好象参加由全国各地到来的朋友所召集的一个"问题讨论会"一样，可以启发参加者的思考力与判断力，可以增强参加者对于各种问题的认识。

韬奋记于全民抗战社　二九，四，三〇

邹韬奋在主持《生活》周刊时，特别是在"九·一八"事变之前，读者对象基本上是城市平民，《生活》周刊又力求避免谈政治，《信箱》中来信的主要内容是以市民群体的日常生活需要和心理精神为中心的，这从当时出版的《信箱汇集》《信箱外集》中的目录便可见一斑。如《迟疑不决》的目录便包括求学、职业、婚姻、家族、疾病、法律等，其中占据最多篇幅的是婚姻。正如有研究者所言，"从国学书目的开列，到薪水不够怎么办，到讨小老婆的烦恼，到男女社交公开，到爱的表达方法，到分餐制的好坏，到家庭纠纷的调解，甚至到如何保护皮肤，如何医治狐臭，怎么有效避孕"[1] 等无所不包，其实具有日常世俗性、消费性的特征。但是"九·一八"事变之后，时势发生变化，读者们已经不能再安心过着平静的日子，"当时政治上的日益黑暗和日益反动，引起许多青年的不满，他们的来信，便好像迫击炮一样接连不断的压迫着，要求提出关于政治问题的解答"[2]，而此时邹韬奋本身思想

---

[1] 沈谦芳：《韬奋传》，生活·读书·新知三联书店2016年版，第85页。
[2] 毕云程：《邹韬奋先生五周年祭》，载韬奋纪念馆编《韬奋的道路：纪念韬奋先生论文集》，三联书店香港分店1978年版，第191页。

也发生了变化,"应着时代的要求,渐渐注意于社会的问题和政治的问题,渐渐由个人出发点而转到集体的出发点了"①,这种情况下,读者信箱的内容也发生了重大的变化。

到了《抗战》和《全民抗战》时期,由于时势的剧烈变化,刊物的办刊宗旨更是较《生活》周刊时期发生了明显的变化,"一是巩固全国团结,提高民族意识,灌输抗战知识,传达、解释政府的国策,剖析国内政治、军事、经济、文化以及国际之情势,为教育宣传的任务。另一是以使政府经常听到人民的声音,民间的疾苦,动员的状况,行政的优劣,使政府在领导抗战、实施庶政上得到一种参考,为我们政治的任务"②。这时作为编者而言,不可能再局限于为读者解答一些日常生活中的苦闷,为读者答疑解惑,代办事情上;而是必须更多地烙上深刻的时代印记,引导读者用正确的观点去认识抗战的时局,正确认识抗战的意义,增加必胜的信心,促进读者以积极的态度投入到时代大潮,投入到抗战事业中,为抗战发动和保存力量,已经成为最重要的使命。邹韬奋先生曾这样描述刊物的这种使命:"一方面对于一般民众含有指导意味,以造成共同的动向,一方面亦所以反映民众的潜伏的愿望。中山先生所谓唤起民众,共同奋斗,舆论界实亦负有此种责任,和一纸'条陈'作用迥不相同。当然,全国的舆论不是一二种刊物所能包办,但是它却不应该因此抛弃它的一部分责任。"③

同样,此时读者关注的问题也与以前有着明显不同,他们更多地关注社会发展的方向和前景、民族的命运和国家的兴亡,许多读者来信提出的问题都是如何参与到抗战的相关工作中去以及如何读书、求学,以

---

① 邹韬奋:《经历》,载《邹韬奋全集》(增补版)第 7 卷,上海人民出版社 2015 年版,第 202 页。

② 邹韬奋:《全民抗战的使命》,载《邹韬奋全集》(增补版)第 8 卷,上海人民出版社 2015 年版,第 32—33 页。

③ 邹韬奋:《摩擦》,载《邹韬奋全集》(增补版)第 8 卷,上海人民出版社 2015 年版,第 173—174 页。

为投入抗战作准备,很多读者更是鉴于国难严重,不愿偷安苟活,情愿抛弃家庭和事业,经过艰苦跋涉,要参与救国工作,尽一个国民的责任。① 这时期的来信当然也有生活、家族等方面的疑难问题,但是这些问题也无一不与社会的进步、国家的发展联系到一起。

这种变化反映到这一时期信箱外集的目次和内容上,便与《生活》周刊时期有明显的不同。《激流中的水花》和《生路》的目次大致相同,基本上分为三类,一是学习、工作、生活,二是社会、政治、教育,三是健康、婚姻、家庭(其中《激流中的水花》将第三部分分为婚姻与家庭、健康与法律两部分),第一部分是占据最多篇幅的,而篇幅最少的是之前内容最多的婚姻、健康、家庭部分,到《生路》时期更是将这一部分合并为一编。第一部分之所以占据如此多的篇幅,也是因为读者多为青年学生,此时中国"自抗战发动以来,各业均受战事影响,裁员紧缩,而失陷之地区又日见增广,是以目前失业者日益众多,全国各阶层人民之生活问题,均异常严重"②,再加上社会依然黑暗,很多青年报国无门,"想去的地方没有路,而有路可以去的地方又是黑暗的官僚制度把持的场所"③,所以,在来信中"苦闷""彷徨""困惑""无助"的字眼经常出现,请求帮助也自然越来越多,邹韬奋回信关注最多,用力最多的也在这方面。

3. 内容

两本《信箱》外集总共刊发的 115 篇来信,来自全国的各个省份,包括辽宁、山东、四川、贵州、山西、江苏、湖北、陕西、安徽等地,甚至有居住在国外的华侨。年龄以十七八岁到二十多岁的青年为主,青年学生占了主体,但工人、士兵、商人、教师也不少,年龄小的还在上初中,也有自谦"将近暮景",但依然充满着蓬勃的朝气、青年的精

---

① 《救国的热情时时在燃烧》,载《激流中的水花》,重庆生活书店 1940 年版,第 5 页。
② 《来到这万花筒似的都市》,载《激流中的水花》,重庆生活书店 1940 年版,第 33—34 页。
③ 《离开了慈父》,载《激流中的水花》,重庆生活书店 1940 年版,第 15 页。

神①的中老年人。来信的主题很多都涉及抗战、军事、宪政、时局、主义等国家大事，如怎样运用游击战术，防空办法的商讨，又如对汪精卫案的看法，对兵役宣传的看法，对组织工会的看法，对公务人员出入娱乐场所的看法，对国民参政会的看法，对三民主义的看法等，还有如苏联进兵波兰以及"扑朔迷离的欧战局势"。当然同时也有很多涉及切身利益的问题，如求知方面则又如何觅取写作的题材，文学内容与形式哪个重要，历史有什么用，数学成绩如何提高等；如求学方面则有同等学力是否可以参加高考，教科书涨价问题，贷金应否取消，等等；此外如同姓是否可以结婚，怎么治懒病，怎么能够不任性，肺病的治疗方法，理念不合怎么离婚等看似琐屑的小事，可谓是五花八门。但这些信不管内容之深广与否，文笔之优美与否，都反映了这一时期中国的现状，反映了人民的疾苦和心声，反映了社会的进步与黑暗。

邹韬奋一直说，"我们希望和每一个读者都能成为互相切磋的精神上的好友，同时，我们对于读者诸友的意见，更抱着'知无不言，言无不尽'的态度"②。他一直秉持这样的理念，不论对方的问题是否幼稚，也不论对方的学历高低，只要是这些问题是具有普遍性的，都会写详细的复信，坦率地阐明自己的观点和意见，提出解决意见的方法。这些来信，既安慰了那些在战争时期处于彷徨和苦闷中的人们，更对抗战的顺利推进起到了积极的作用。总体而言，表现在以下几个方面。

一是坚定人们胜利的勇气和信心。

对于抗战的最终胜利，对中国未来的前途，邹韬奋始终充满信心，在回信中他也努力把这种信心传导给读者。他写道："抗战这个任务，必然能够完成，所以青年对于抗战的态度，应该是乐观的，充满着希望

---

① 《打击动摇分子》，载《激流中的水花》，重庆生活书店1940年版，第126页。
② 《依人作嫁》，载《激流中的水花》，重庆生活书店1940年版，第28页。

的。"① 我们相信，我们的国家，永远不会消亡，因为大多数的民众，正在同心协力地肩负起抗战建国的重任，至于少数腐化分子的尸位素餐，最多只能增加一点抗战过程中的困难，使最后胜利的路，到达得迟缓一些，绝不会发生什么大的影响。② 但另一方面，他也指出，抗战的胜利并不是一蹴而就的，"'光明'决不是单凭'期待'即可来临的，要寻求光明，必须自己实际参加努力争取的工作，不能采取旁观的态度"③。所以他热忱地鼓动人们积极投身到抗战当中。他号召，在全国一致发动神圣抗战的今天，每一部分的工作人员，都应当站在自己的岗位上，为国家民族贡献全部的力量。④ 同时，他也希望"青年应该根据各个不同的环境，以及自己的能力，来参加抗战建国，作为抗战建国队伍中的一员。如果现在在求学时代，也该充实知识，不断地锻炼自己的意志与体魄，准备在将来贡献于国家。要扫除一切苟安偷懒的心理，认清青年在这时代中应负的使命"⑤。在回答如何为抗战作贡献，是不是应该抛下家庭走上前线时，他就指出，"后方工作如怎样去组织民众，训练民众，使得他们都成为抗战的强大的力量，这些工作是和到前线上去与敌人拼命同样重要的"⑥。"把全部的心血，灌溉在这个文化战争的利器上，从教育民众，振奋士气，粉碎敌人造谣分化的阴谋，这些方面的意义来讲，所收得的成果，当不下荷枪杀敌的英勇战士。"⑦ 所以无论从事任何一项工作，都是为抗战作出贡献，只要"立定坚决的意志，认清正确的方向，不断地努力，决没有不可克服的困难"⑧。同时，他也警告读者，"个别的地方政权，还在摧残抗敌工作，制造摩擦，客观

---

① 《青年对抗战应有的态度》，载《激流中的水花》，重庆生活书店1940年版，第101页。
② 《我们的义卖工作》，载《激流中的水花》，重庆生活书店1940年版，第83页。
③ 《辜负了国家给我的教育》，载《激流中的水花》，重庆生活书店1940年版，第32页。
④ 《寒伧的土产》，载《生路》，桂林生活书店1940年版，第73页。
⑤ 《青年对抗战应有的态度》，载《激流中的水花》，重庆生活书店1940年版，第101页。
⑥ 《让他们自生自灭吧》，载《激流中的水花》，重庆生活书店1940年版，第54页。
⑦ 《在文化战线上》，载《生路》，桂林生活书店1940年版，第82页。
⑧ 《迷途的羔羊》，载《生路》，桂林生活书店1940年版，第47页。

上帮助敌人取消抗战的力量。"他希望,"针对这一现象,我们便得格外警惕,加紧努力,抗战工作本来是非常艰苦的工作,必然要通过许多崎岖的道路。应当利用一切可能的机会打击他们的阴谋,使民众能明辨是非,选择他们应走的道路"①。

二是指导人们认识社会,改造社会,促进社会进步。

抗战时的中国,大部分有志青年都被炮火声所惊醒,逐渐认识到了要"为了人类幸福而奋斗",但是由于当时中国社会仍存在着很多的黑暗面,"抗战中一切都在进步,但政治的进步太慢了,配合着民族解放战斗的伟大意义,比例应有的进步,那缓缓的进步简直只能算是没有进步"②。所以很多人在想为抗战做贡献时,经常会碰到"无路可走"的困境,③ 很多青年们都感叹"永远被平凡的生活,狭隘的环境,机械的工作束缚住","感到苦闷,烦躁而不甘忍受"④。针对这一现象,邹韬奋敏锐地认识到,抗战必须和建国联系在一起,取得军事的胜利和推动社会进步,缺一不可,所以他不遗余力地号召青年们认识社会,用自己的力量来改造社会,促进社会进步,这也是他在回信中用力最多的方面。

首先他希望青年必须对中国的社会现状有清醒的认识,认识到"中国的社会,是一个复杂的社会,难免有一些顽固的、落后的封建残余,感到中国如继续进步下去,他们将被毁灭,于是勾结了甘心做敌人奴隶的民族叛徒们,企图破坏抗战,阻挠进步,使用各种方式来打击作为建设新中国的基本力量的进步分子"⑤。正是这些负面的因素,使得中国"现实的环境,往往因为种种客观条件所限制,而不能如我们的理想那么美满。尤其是在现在的社会里,常常发生许多矛盾的、不合理

---

① 《在文化战线上》,载《生路》,桂林生活书店1940年版,第82页。
② 《没有本位工作可做》,载《激流中的水花》,重庆生活书店1940年版,第24页。
③ 《为人类的幸福而奋斗》,载《激流中的水花》,重庆生活书店1940年版,第10页。
④ 《迷途的羔羊》,载《生路》,桂林生活书店、重庆生活书店1940年版,第46页。
⑤ 《中国现在需要的是生存》,载《激流中的水花》,重庆生活书店1940年版,第120页。

的、令人痛心的现象,而使愿意积极工作的青年,感到苦闷与消极"①。同时,他也告诉青年,中国并不只是一片黑暗,"中国的民族,并非如你了解的'不能认清自己的利益,起而图生存发展之途',相反地,他们是充满着活跃的革命热情,如果能够发挥出他们潜在的力量,将成为一股可惊的洪流"②。

所以,也许客观环境不尽如人意,但是青年们不应该怨天尤人,逃避现实,黑暗现象"决不是没有方法可以消灭的。况且,社会的轮齿正不断地向前推动,配合着这一股前进的洪流,决不能在现状面前低头,汩没在黑暗的浪潮里,我们知道在黑暗的后面接着来的便是光明,我们要发挥巨大的力量,迎接光明,争取光明的从速实现"③。反之,如果所有的人都抱着消极的态度,"让群魔在社会上乱舞,那就永不会有澄清的一天。即使环境如何恶劣,工作范围是如何狭隘,总不能放弃工作而袖手旁观,还应该积极地争取适应的工作机会,设法改进现状"④。对待这些困难和黑暗,他要求青年们"立定脚跟,向侵袭来的障碍用力还击,它如披上了'保护色的外衣',我们便该撕破它;它如果企图'摧残干部',破坏工作的人,我们便该把它'推下深渊'。我们不能依赖,更不能等待;丰富的热情,固然需要,冷静的理智,更应该培养"⑤。也正因为这样,他才会在回答"合理的光明的中国,什么时候才能实现"的问题时这样说:"这答案就得在你自己身上和许多青年身上寻求,认清这病源所在,就容易对症下药,需要千万的青年,用全部的力量,经过长时间不断的努力,才能够彻底疗治根深蒂固的痼疾。在努力的过程中,挫折和失败要当作平常的事情,一个人倒下去

---

① 《领受了闭门羹》,载《激流中的水花》,重庆生活书店1940年版,第37页。
② 《中国现在需要的是生存》,载《激流中的水花》,重庆生活书店1940年版,第120页。(标注形式有异)
③ 《愿意入新闻界工作》,载《生路》,桂林生活书店1940年版,第87页。
④ 《领受了闭门羹》,载《激流中的水花》,重庆生活书店1940年版,第37页。
⑤ 《为人类的幸福而奋斗》,载《激流中的水花》,重庆生活书店1940年版,第13—14页。

了，另一个再接上去，用不着眼泪，用不着愤恨，咬紧牙关，迈步向前进，这样，谁能说在中国的土地上开不出光明艳丽的花朵？"①

同时，他又针对青年们容易冲动和盲目的特点，要求青年们在改造社会，促进社会进步时要有计划，有技巧，有策略，有远见。有青年在信中以为，邹韬奋"回答别人的问题多数是让他安心现在的工作"②。其实这是个误解，邹韬奋也说他从来不会要求青年安于现状，他希望的是青年们不要好高骛远，要从身边做起，从小事做起，不要因为一时的挫折而气馁。他说，首先要考虑的就是我们目前所处的环境对于社会国家是否有所贡献，假如这答复是肯定的，"那么，我们只须在工作上力谋发展，不必过分重视一些枝节问题。人事的纠纷，待遇的歧异，固然应当在可能范围内予以调整，但这些不合理的现象，都包含着传统的因素，决非一朝一夕所能纠正过来，在这里，一面努力，一面却须有耐心，这是一个积极工作者必须具备的条件"③。其次，斗争必须要有计划，讲究策略，不能做无用功，更不能无谓地牺牲。"无论做什么事物，在事前，我们必须要有充分的准备，缜密的计划，至少对于客观的环境要有适当的估量。否则，单凭追求光明的感情向前进行，必然会遭遇到许多不可避免的困难而难于达到目的。"④"要顾到现实的环境。在不违背正确的原则前提之下，不妨稍微迁就一点，机变一点。"⑤"如过分夸大主观的力量，而一味盲干，或过分强调客观的环境而退缩不前都是不对的，工作的方式要能灵活的运用，决不能一成不变，同时，理论与实际的情况，也要能适当的配合。"⑥ 曾经有青年想组织学徒工会，邹韬奋以为在现实世界中根本行不通，"你这个计划，不仅不能取得人

---

① 《我怎么说呢》，载《生路》，桂林生活书店1940年版，第223页。
② 《不满意现在的生活》，载《激流中的水花》，重庆生活书店1940年版，第21页。
③ 《辜负了国家给我的教育》，载《激流中的水花》，重庆生活书店1940年版，第31页。
④ 《离开了慈父》，载《激流中的水花》，重庆生活书店1940年版，第17—18页。
⑤ 《为人类的幸福而奋斗》，载《激流中的水花》，重庆生活书店1940年版，第13—14页。
⑥ 《一个工人的呼声》，载《生路》，桂林生活书店1940年版，第156页。

家的响应,恐怕一提出来,自己的职业,就要被打得粉碎"。所以"把全部的精力放在不可能实现的工作上,是一个可笑的浪费。希望你能打消这个空想,准备为更实际更有效的工作努力"①。

三是指导人们走正确的革命道路,学习正确的革命理论。

邹韬奋先生是个民主主义者,但是随着国内外形势的变化,他的思想发生了转变,逐渐成为一个坚定的共产主义者和革命者。他在回信中虽然为了斗争的需要,会说"在目前的中国,无疑的国民党是领导抗战的主要力量,因为它既掌握着中国的政权,而它所奉行的主义,亦正为全国民众信仰的主义"②,但实际上,他经常积极地宣传革命理论和革命思想,他经常教导青年用唯物主义和辩证法的观点分析问题,学习知识,"研究一个学说,应当认清它所发生的社会基础,它所代表的社会层的利益与见解。不要把甲种学说和乙种学说混同,也不能把甲的学说来解释成为乙的,尤其要注意的是要配合当前的环境与特殊的需要,如果研究学说能抱这种态度,就能得到更深刻的顿悟"③。当青年为社会上一些流传的错误和反动思潮所困扰时,他帮青年们厘清思路:"一种进步的、正确的理论,有铁一般的事实做它的根据,任何攻击批评,都不能摇撼它本身的价值。某一些人,因为自己不能接受正确的理论,相反地,正确的理论所发生出来的力量,会影响到它的私利,于是,不惜用种种方法来污蔑它,企图把它消灭,殊不知在聪明的读者根据事实加以研究之后,真伪立辨,那些奇奇怪怪的挂羊头卖狗肉的招牌,终于会被事实所粉碎的。"④ 有青年看到了当时国民党特务炮制的诬蔑共产党领导的抗日根据地和抗日大学的反动著作《抗大归来》,心中充满疑惑的时候,他在回信中充分肯定了抗大的作用:"多多少少的有志青年,愿意抛弃了舒适的生活而去吃苦,而吃过一个时期的苦,分发到各

---

① 《组织学徒工会》,载《生路》,桂林生活书店1940年版,第166页。
② 《疑事数点》,载《激流中的水花》,重庆生活书店1940年版,第130页。
③ 《关于三民主义的研究》,载《生路》,桂林生活书店1940年版,第31页。
④ 《追求真理》,载《激流中的水花》,重庆生活书店1940年版,第145—146页。

个战场上的工作干部,把学得的知识,应用在实际的工作上,表现了多少优秀的成绩,这就可证明,这样的学校,确能适合抗战的需要,这样的学校,确能灌输实际的活的知识,造就坚强的工作干部,决非专尚空谈只顾表面的学校所能望其背。"他告诉青年们,对于革命根据地和革命大学如果只有"肆意谩骂,一味攻讦","其居心何在,也就不问可知了"①。

## 三 结语

胡愈之先生曾说:"在中国的新闻工作者中,他(指邹韬奋)是第一个重视和读者群体的联系的"②,有研究者也说:"自觉地把读者来信看成是刊物的'维他命',是了解当前社会生活动态、掌握群众思想脉搏的途径,作为指导宣传、撰写文章的依据;自觉地把处理读者来信看成是为群众服务的机会,全心全意地为读者解决思想、工作、生活上的种种问题,从而在刊物和广大读者之间建立起那样亲密无间的关系"③,在中国新闻报刊史上应该首推邹韬奋先生。从全民抗战社这两本《信箱外集》便可以看出邹韬奋在这方面的努力。

整个抗战时期,邹韬奋先生面临资金的缺乏、人手的不足,迁徙频繁,自 1940 年起更屡屡遭到外来的强大的政治力的摧残,可谓艰难困苦至极。但就在这样困难的情况下,邹韬奋"以坚决的意志和镇定的心情",为了中华民族的文化事业含辛茹苦而无所怨怼的为之奋斗。④正如读者所言,"先生树帜文坛,力持正论,对于汉奸国贼之徒,如汪

---

① 《疑团》,载《生路》,桂林生活书店 1940 年版,第 213 页。
② 胡愈之:《韬奋和他的事业》,载韬奋纪念馆编《韬奋的道路:纪念韬奋先生论文集》,三联书店香港分店 1978 年版,第 191 页。
③ 俞月亭:《韬奋论》,河北教育出版社 1991 年版,第 87 页。
④ 邹韬奋:《艰难困苦中奋斗》,载《邹韬奋全集》(增补版)第 9 卷,上海人民出版社 2015 年版,第 692 页。

精卫等者，口诛笔伐，不遗余力，褫奸佞之魄，扶正士之气，全民抗战之文字，有裨此日抗战之国是，不啻战场百万雄师。"① 曾经有读者在来信中对生活书店寄来的书被当地的县党部携去万分不解和痛心："这些书、这些刊物，都是大多数人的至宝，都是大多数人的喉舌，然而，它们却遭遇到这种不平的待遇，能令人不痛心么？"② 邹韬奋在回信中尽力做出解释："最近这一时期，我们已屡向中央有关当局诚恳呼吁，希望未经禁售的书籍，均能获得法律的保障，不再遭受非法的损害。当局也一再允诺通令各地保障商人的合法权利。但这种不幸事件，还未能完全绝迹。某些地方当局还有不能体谅中央意旨的，实在是由于政治尚未完全走上清明的轨道，政令尚未完全统一的缘故。"③ 这封信写于1939年11月，邹韬奋的回信则写于1939年12月。但实际上，这时邹韬奋、全民抗战社和生活书店都处于风雨飘摇的边缘。1940年7月中旬，韬奋拒绝了当局生活、中正两书局合并或派国民党党代表监督书店的提议，被威胁"不合并即须全部消灭"④。1941年2月7日，国民党中央秘书处和三青团中央团部联合给各省国民党党部发出加急密电："澄密，并转三民主义青年团支团部。中共利用生活书店等散布违禁书刊，经会商决定，仰即对该生活书店及类似之变相书店，与军政当局及审查机关商洽依法予以查封，具报为要。"⑤ 这一密杀令下达后，从2月8日开始，半个月内，生活书店仅存的6个分店中，成都、桂林、贵阳、昆明、曲江5地分店都被查封，书刊财产被没收，职工遭逮捕，仅剩下重庆分店。受此影响，2月22日《全民抗战》延迟一周后出版第157期，从此再未复刊，全民抗战社也再不可能出版新的《信箱外集》

---

① 《犹有迹象未能融洽》，载《生路》，桂林生活书店1940年版，第176页。
② 《能令人不痛心么》，载《生路》，桂林生活书店1940年版，第178—179页。
③ 同上书，第181页。
④ 邹韬奋：《最后的商谈》，载《邹韬奋全集》（增补版）第10卷，上海人民出版社2015年版，第361页。
⑤ 国民党中央图书杂志审查委员会档案（60）（1）527号，转引自《生活书店史稿》编委会编《生活书店史稿》，生活·读书·新知三联书店2013年版，第200页。

了。2月28日，邹韬奋不得已辞去参政员，留书出走，此后四处辗转，继续为团结、抗日、民主、进步而奔走呼号，直至病逝，也没有看到抗日战争胜利的那一天。

虽然邹韬奋没有等待到光明最终来临的那天，但他却已经为这一天的到来作出了卓越的贡献。邹韬奋在回答读者来信时曾经写道："改造社会，决不像写一个字那样简单容易，决不会在短时间内靠少数人的力量，即可完成。要达到一个幸福的社会，必须积若干人的精力，经若干时间继续不断的努力方能达到目的，你可以负起这工作的一部分，作为工作的一员，但终你一生，也许不会看到你所憧憬的社会，所以，一定要抱着牺牲的精神与成功不必在我的信念，才能肩负起这个艰巨的工作。"[①] 这段话恰恰是他自己一生的写照。他为改造中国社会，促进抗战胜利，作出了不可磨灭的贡献。他说过："我们不愿唱高调，也不愿随波逐流，我们只根据理性，根据正义，根据合于现代的正确思潮，常站在社会的前一步，引着社会向着进步的路上走。所以我们希望我们的思想是与社会进步时代而俱进。"[②] 他是这么说的，也是这么做的。从这一层面来讲，我们在今天回忆和学习邹韬奋的言行和功绩，其实有着新的意义和价值。

---

① 《绝不屈服》，载《激流中的水花》，重庆生活书店1940年版，第97页。
② 邹韬奋：《我们的立场》，载《邹韬奋全集》（增补版）第3卷，上海人民出版社2015年版，第264—265页。

# 马克思主义视域中的新大陆游记[*]
## ——重读邹韬奋的《萍踪忆语》

张高杰[**]

**摘要**：《萍踪忆语》是邹韬奋运用初学的马克思主义理论考察研究20世纪30年代美国社会的报告文学作品。美国在作者眼中呈现出民主政治的虚伪性和繁荣经济的虚弱性，国内阶级剥削和阶层对立非常严重，被剥削阶级的反抗运动风起云涌。而作者在书中呈现的形象可以被分析为学习者、研究者和体验者三个总体协调又局部冲突的角色，体现了爱国知识分子的实用理性和马克思主义理论的实践性特点，而其中体验者角色逸出统一框架的部分对于当代读者具有更大的吸引力。

**关键词**：邹韬奋；《萍踪忆语》；马克思主义；角色协调

《萍踪忆语》是邹韬奋用马克思主义的理论视角观察美国社会写成的经典报告文学作品。1933年，邹韬奋因为其爱国民主活动被国民党列入黑名单，当年7月14日，他前往欧洲，开始了第一次流亡生活。他先后考察了意大利、瑞士、法国、英国、德国、苏联，于1935年5月由伦敦赴美视察三个多月，《萍踪忆语》即为作者1935年8月回国后

---

[*] 本文系国家社科项目《延安时期中国共产党新闻传播话语建构及其当代价值研究》（19BXW009）延伸性成果。

[**] **本作者简介**：张高杰，解放军信息工程大学洛阳外国语学院，副教授、文学博士，厦门大学历史学博士后。

所著，全书部分篇章曾在《世界知识》上陆续发表过。1936年11月22日，邹韬奋等人遭遇震惊中外的"七君子事件"，全书的最后八篇就是作者被捕后在江苏高等法院看守分所里完成的。

## 一 作为客体呈现的美国社会

"这本书对于美国的政治、经济、社会、文化各方面，如政治背景，劳工运动，农民运动，青年运动，杂志和新闻事业等等，都根据种种事实，有所论述"①。作者自觉按照马克思主义唯物史观的历史发展规律理论和阶级分析方法，对资本主义发达到最高度的美国进行了全方位的考察，为读者建构了一个他眼中的真实的美国形象。20世纪30年代，朱自清、郑振铎、王统照等作家都写过赴西方旅行或访问的游记，但是相比较而言，邹韬奋这种带有浓厚左翼色彩的新闻体游记写作在中国现代文学史和新闻史上都是开创性的，具有相当重要的历史意义。概括起来，作者从各个领域、各个层面观察到的美国大致呈现如下特点：

1. 虚伪的资本主义民主，其实质是金圆政治

多党制是美国民主政治的重要表现方式，然而作者看到美国驻德大使开列的美国实际统治者的五十九人中，绝大多数都是华尔街的台柱子，美国的民主政府不过是华尔街资本专政的假面具，华尔街的金融资本家"凭藉着经济上的无上权威，控制着共和和民主两个政党的机构，指挥着全国的政治策略，所以号称'公仆'的德谟克拉西的大总统，以及无数的大小官吏，都不过是这些'大亨'们在后面牵着线的舞台上的傀儡罢了"②。美国的两个政党无论是平时的钩心斗角还是四年一次的总统角逐，都是金融资本家为着他们更大的牟利游戏而开展的政治

---

① 邹韬奋：《萍踪忆语》，作家出版社2000年版，第1页。
② 同上书，第28页。

游戏而已。为了掩盖金圆政治的本质，巩固利润制度，资本家还控制了教育、新闻、宗教等工具，采取社保和救济制度等种种手段，为他们的金圆政治或大唱赞歌，或暗做掩护，维持大众的幻想，进一步麻痹他们的思想。

2. 表面的资本主义经济繁荣，其背后为残酷的阶级剥削和严重的阶层对立

作者分析了纽约这个人们认为是世界上最富有的城市，在摩天大楼和美丽的洋房组成的全景相片中却夹杂着一片汪洋般的贫民窟，与不远的第五路和公园路的高耸云霄的宏丽大厦相对照，一为天堂一为地狱，其中巨大的贫富分化正"可以作为资本主义社会的代表型的写真"①。这种贫富分化背后反映了残酷的剥削，主要是资产阶级是对劳工阶级的阶级剥削，此外还有对黑人的种族剥削，对妇女、儿童等弱势人群的剥削等。剥削造成的阶层对抗严重威胁着资本主义的政治经济安全，资产阶级采用劳工侦探等种种方式，他们试图消灭被剥削者的反抗，事实上却造成了更大的对抗。罗斯福新政试图挽救日趋没落的资本主义，然而资本主义内在矛盾最终却巩固了资本家的组织，进一步加深了美国社会的鸿沟。所以在作者看来，资产阶级的黄金时代已经过去，其日薄西山的命运已经注定无法改变。

3. 日益觉醒的被剥削阶层及更为自觉的反抗运动，在动摇美国现行社会基础的同时，也为美国社会带来了新的希望

美国20世纪30年代的经济危机进一步暴露和加深了当时美国社会的种种矛盾，美国的劳工阶级等被剥削民众越来越认清美国社会的本质，对资产阶级不再抱有幼稚的幻想，各种革命思潮和反抗运动此起彼伏，且组织越来越严密和成熟。作者看到运动中那些进步的人们勇敢坚强、乐观坚韧、胆大心细、见识深刻，他们通过自己不断成熟的组织，为自己谋取以前绝不可能得到的权利，使美国的统治阶级觉得头痛，然而却

---

① 邹韬奋：《萍踪忆语》，作家出版社2000年版，第43页。

为种族解放、阶级平等迎来了曙光。作者在书中多次提到的恩哲罗·亨顿案件即为其中典型的例子，19岁的黑人亨顿协助当地的黑色和白色工人组织起来参加失业工人的示威运动，却被当地法庭判定二十年的"链队"酷刑，如要免罚保释金为十五万金圆。然而出乎法庭的意料之外，在国际劳工保卫团的努力下，全国工人在经济恐慌的窘境中，短短时间内即筹集超过十八万金圆的捐款，充分显示了美国劳工的团结精神和无穷力量。

## 二 创造主体角色的多重性

邹韬奋很早就是一个爱国主义者，"一九三一年'九·一八'以后，在全国风起云涌的抗日运动中，他逐渐接受了马克思主义"①，在逃亡欧美之前，他已经和当时的先进知识分子一样，学习掌握了马克思主义的历史唯物观，开始用阶级和阶级斗争的观点认识社会现实，在出走和游历欧美和苏联各国的过程中，他也自觉地用马克思主义学说来分析研究各国的现实，写出了《萍踪寄语》《萍踪忆语》等极具影响力的海外通信作品。在《萍踪忆语》这本书里，作为创作主体的作者呈现出三个相互关联的角色担当，即学习者、研究者和体验者。

### 1. 学习者

作者在书的《弁言》中开宗明义指出，这本书涉及范围很广，而"尤其注意的是旧的势力和新的运动的消长，由此更可明了资本主义发达到最高度的国家的真相和它的未来的出路。这里面有着种种事实和教训，给我们做参考"②。可见，作者是作为一个自觉的学习者来考察美国社会方方面面的事实，在考察过程中，作者总结了社会发展的规律以

---

① 参见陈挥《简论邹韬奋马克思主义世界观的确立——兼与穆欣同志商榷》，《上海大学学报》（社会科学版）1987年第2期。

② 邹韬奋：《萍踪忆语》，作家出版社2000年版，第1页。

及美国社会发展中的各种经验教训，并注意紧密结合中国社会现实来进行仔细的分析讨论，其经世致用的思想表露无遗。比如对于只空喊振兴工业而不愿想到社会制度缺憾的实业救国的倡导者，作者分析了美国的工业现状后明确指出："振兴工业谁都赞成，但同时却不要忘却振兴工业——尤其是半殖民地位的国家里——有它的重要的先决条件。美国资本主义还有过一度的繁荣时期（即使在此繁荣时期，也还有三百万人左右的失业），这一度的繁荣时期还是它的特殊环境和特殊时代给它的机会，这已不是半殖民地的国家所能望其项背的了，而况即此有过一度繁荣幸运的美国，到如今仍不免一天一天地钻入牛角尖里去……这种当前的事实，应能使我们睁睁眼睛，不要再胡闹了。"[①] 而在考察过美国"御用工会"与政府狼狈为奸的本质后，作者也向大家提出了一个有价值的教训，即"只有劳工者群自己手里的政权，才能真正实行有益于劳工的计划"[②]。值得注意的是，除了注意学习对中国社会发展有帮助的经验教训之外，作为中国新闻出版界的重要人物，作者还特别留意美国办刊办报方面值得学习的经验，哪怕是立意反动的报纸，其中文字、编辑、排版等方面的技术细节作者也给予了充分的注意，充分体现了一个新闻工作者的职业精神和专业眼光。

2. 研究者

在《萍踪忆语》中，作者用马克思主义的理论方法考察研究了美国社会的方方面面，特别是对于那些容易迷惑人的社会现象，诸如民主、繁荣、社会保险、罗斯福新政、宗教、社保、新闻等等。马克思主义的历史唯物论和阶级分析学说可以说是一件极为好用的利器，再加上作者辛勤收集的各种证据材料，两者结合写出来的许多篇目，颇有点学术论文的味道，也有着政论文章的风格，用以揭示以上种种表面现象背后的真实面目，方便痛快，无往不胜。比如作者考察了美国的失业救济

---

① 邹韬奋：《萍踪忆语》，作家出版社 2000 年版，第 25 页。
② 同上书，第 59 页。

计划，得出的结论是：统治者为避免更大的危机被迫施行的，而且在这个计划下也只照顾到因失业而遭难者全部人数中的半数，即便这些获得失业救济的人仍然还是在半饥饿中生活，"我们常听见有人极端赞美'文明国'对于失业救济的可佩，调查实际的情形，原来是这么一回事"①。在《"赶快"》一文中，作者开篇即把研究结论和盘托出："常听见有人谈起美国人的讲究效率，总引起人们的歆羡，以为这真是一件再好也没有的事情；但是经过一番视察研究之后，才知道在资本主义社会里，引人歆羡称道不置的效率，也只是一种剥削的利器。"②

3. 体验者

作者赴美考察，所见所闻有许多切身的经验和感受，这在描写作者冒着极大生命危险赴南方考察农产区域和黑人被压迫状况、黑人反抗运动的篇章中体现得最为集中。这些篇章叙述作者的亲身见闻和经历，甚至包括作者与黑人运动领袖会谈、旁听黑人劳工会议等亲自参与的活动细节，也具体描绘了像保柏、纪因、赛意、R君、M女士、康特、纠利爱斯等一批给作者留下深刻印象的黑人和工运领袖形象。这一部分与全书前面研究美国经济社会本质的篇章有很大的不同，因为是对作者亲身经历和行程的具体描绘，更充分体现了通信这一文体的特征，叙述非常具体生动，情感表达也更为饱满动人。比如黑人遭受种族歧视和种族隔离我们都有一定的了解，但是当你看到作者描写"黑白分明的汽车"时，你会有极为生动的真切体会："白种乘客上车后都尽量向前几排的座位坐下；黑种乘客上车后却争先恐后地尽量寻着最后一排的座位坐起……渐渐地白的由前几排坐起，向后推进，黑的由后几排坐起，向前推进，这样前的后的都向中间的一段推进，当然总要达到黑白交界的一排座位。那个黑白交界的座位虽没有规定在那一排，但是前几排坐满了白的，后几排坐满了黑的，最后留下空的一排，只须有一个白的坐上去，黑的就

---

① 邹韬奋：《萍踪忆语》，作家出版社2000年版，第65页。
② 同上书，第71页。

是没有座位,也不敢再凑上去;反过来,如只有一个黑的坐上去,白的也不愿凑上去。所以在交界的地方,总是黑白分得清清楚楚,一点不许混乱的。"① 读至此处,读者不免有和作者一样的感慨:"萦回于脑际的是被压迫民族的惨况和这不合理的世界的残酷!"② 作者在考察劳工运动时,因为看到那些"精神焕发,热烈诚恳,对社会工作具有极浓兴趣的可爱的青年"③,作者和他们在一起短暂地工作一段时间后,对他们充满了深挚的情感,对他们在艰难的形势下开展的卓越工作也表达出深深的敬佩,甚至明确说,有机会和 R 君谈话并旁听他们在严重形势下开展的秘密干部会议是"生平最最愉快的一件事","是我此生永远不能忘却的万分惊奇的经历"④,这些努力于人类公共福利的工作者"是未来的光明灿烂的世界所放出的一线曙光!我要馨香膜拜迎接这一线的曙光!"⑤ 其中情感的丰沛跃然纸上,这是对美国被压迫民众的祝福,当然也是对中国青年和中国未来的祈盼和希望。

## 三 马克思主义话语实践的复杂性

在《萍踪忆语》中,作者表现出来的学习者、研究者和体验者三种角色呈现出一种总体协调下又有局部冲突的复杂景观。如果说学习者体现了作者作为爱国知识分子的救国热情,那么研究者体现的是一个马克思主义研究者的理论水平,体验者体现的则是一个通信作者的真实情感和生动表达。三者的协调表现在,研究和体验是方式,学习经验教训为我所用是目的,三者统一在马克思主义的理论视野下。

在三种角色中,学习者和研究者两个角色更是高度协调,合二为

---

① 邹韬奋:《萍踪忆语》,作家出版社 2000 年版,第 176 页。
② 同上书,第 178 页。
③ 同上书,第 170 页。
④ 同上书,第 190 页。
⑤ 同上。

一，这其中既有马克思主义理论深刻的解释力和强烈的实践性的原因，同时也表现了先进的爱国知识分子在时代环境下将研究与改变现实结合起来的努力和实用理性的特色。读者可以很明显地看到，作者对美国社会的研究考察是建立在马克思主义的唯物史观和阶级斗争学说的基础上的。正如李泽厚在《试谈马克思主义在中国》指出的，唯物史观特别是阶级斗争学说，成为马克思主义在中国最初也是最突出的被接受和被实践的部分。[①] 作者在写作《萍踪忆语》时，学习马克思主义的时间并不算长，作为一个初学者，在运用马克思主义理论进行研究时难免会有不够深入全面甚至有点牵强的缺陷。比如作者对罗斯福新政的认识只是强调其最终仍是为了让资本家获取更多利润，认为"复兴计划实行后，失业工人得到位置的诚然有百余万，但都是把原有工作的工人时间腾出一部分（工资当然也依比例减少），给失业工人去做，结果是大家吃不饱。至于'大亨'的利润，那却是丝毫不许动的"[②]。而实际上，新政对摆脱大萧条危机起了最直接的作用，不仅基本克服了美国20世纪30年代经济危机，还曾造成战后美国经济长期上升的总趋势，对整个资本主义世界都有着重大影响。再如《杂志国》，作者将六十四种只刊登小说的杂志说得一无是处，认为无论是恋爱、侦探、探险还是战争小说，都含着反动意识的毒素，"对于整千整万的劳动阶层中人所传播的麻醉作用，在美国的革命方面是一件很严重的事情，也是美国最前进的政治组织所注意的一个重要问题"[③]，这样的结论现在看来不免有点片面。类似这种研究的简单化和片面化倾向在这本书中还有不少的表现，这表明作为一个马克思主义初学者，作者此时对复杂研究对象的分析还不够辩证具体，也不够深入全面。

三种角色中的经验者角色为了与前两者协调，其经验范围和内容都

---

① 李泽厚：《中国现代思想史论》，安徽文艺出版社1994年版，第7页。
② 邹韬奋：《萍踪忆语》，作家出版社2000年版，第54页。
③ 同上书，第128页。

被限制在马克思主义和爱国主义的视角之下，但如前所述，仍保留了体验过程的真实生动的特征。令人饶有兴味的是，经验者角色因为其强大的活力，仍保留了一些逸出前两个角色的内容。比如作者的革命朋友保柏，是一名美国富家子弟，其母亲的思想连一位自由主义者还算不上，她对这个独子的唯一希望是继承后父的事业，然而当她看到儿子的志向所在后，也不绝对地要反对，只是劝儿子不要因革命工作荒废了学业，把自立的能力弄得充分些，"这在原则上实在是不妨加以谅解的，至少是后辈对于前辈不必在这上面辩驳"①，但是保柏的革命的态度却不能与母亲相容，"我觉得保柏的态度也有些不对，因为他对于苦心孤诣的母亲一句话都不让"②。由于认同保柏的志愿，作者和婉地劝说他的母亲接受保柏的想法。这种善意的劝说被保柏的母亲大加赞赏，却引起保柏很大的埋怨。这里面不再是简单的阶级分析，而是归复到人性的层面，真实呈现了在面对家庭与革命冲突时的人物的复杂性。另有一个颇有点出乎读者意料的例子是，铁路工人、工会的重要分子、被认为是最忠实的同志 S 君，作者对他屋子的舒适情形进行一番描写后说道："我们中国的工人固然梦想不到有这样屋子住，就是我所认识的中国的小有产者阶层，也很少很少有这样的屋子住。"③

书中也有一些与阶级和社会分析完全无关的内容，比如 S 君 7 岁的儿子说作者的眼睛不像中国人，因为外国报纸刊物上画中国人总喜欢画得像中国戏剧人物那样眼角吊起来的样子。颇令人回味的阅读现象是，对于作者使用马克思主义理论对美国社会进行的细心研究，在当下的语境中我们会欣然接受，但文学阅读兴味不一定浓厚，倒是那些超出学习者和研究者角色，描述作者亲身经历的体验内容，读起来更生动有趣，印象深刻。这一方面是因为当代读者受过马克思主义的

---

① 邹韬奋：《萍踪忆语》，作家出版社 2000 年版，第 213 页。
② 同上。
③ 同上书，第 193 页。

教育，对其中的理论方法和研究结论较为熟悉，我们并不能以此否定本书的历史价值；然而另一方面，这也再一次说明了文本的独立性和内在的复杂性，文本被创作出来后，在不同历史时期，面对不同的读者，其被关注的重心可能大大不同，这也是作者在写作的时候所不曾意料到的。

# 试述《生活》周刊新闻照片的来源

高 明[*]

**摘要**：新闻照片是通过视觉手段来传达信息的新闻报道体裁，是对新闻内容和主题的高度概括。笔者对《生活》周刊的新闻照片进行了统计，共有45期周刊及所附的33期《生活画报》中的新闻照片标注了照片拍摄者和提供者。

**关键词**：邹韬奋；生活周刊；新闻照片

## 一 《生活》周刊中的新闻照片

《生活》周刊，1925年10月11日由黄炎培创办于上海，初为中华职业教育社的机关报，第1卷由王志莘任主编，1926年10月第2卷起，由邹韬奋接办。"九·一八"事变后，《生活》周刊积极宣传"抗日救国、共赴国难"的主张，逐渐演变为新闻评述性质的周刊。1932年7月，《生活》周刊被国民党政府以"言论反动、毁谤党国"为由部分查禁；1933年7月，被禁止全国邮寄，邹韬奋被迫流亡海外；同年12月16日被国民党查封，出至第8卷第50期停刊。

在报纸上刊登新闻照片传递信息，更加直观、形象，又能美化版面，彰显新闻真实性，更为人们所青睐。在20世纪初的中国，教育并不普及，平民识字的固多，而不识字的也不少，1925年1月，毛泽东

---

[*] 作者简介：高明，博士，上海社会科学院图书馆文献部馆员。

代表国民党中央宣传部在中国国民党第二次全国代表大会上作《宣传报告》，强调"图画宣传"的重要性："中国人不识文字者占百分之九十以上。全国民众只能有一部分接受本党的文字宣传，图画宣传乃特别重要。"①摄影术在中国的传播和发展，在极大程度上改变了人们的阅读习惯。照相制版技术传到中国，"与图画一大革新"。"文义有深浅，而图画则尽人可阅；记事有真伪，而图画则赤裸裸表出。盖图画先于文字，为人类天然爱好之物。虽村夫稚子，亦能引其兴趣而加以粗浅之品评"②。新闻照片作为新生的事物不断成长，成为社会大众不可或缺的宣传工具，"要想新闻事业发达，必须提倡阅报，要想提倡阅报，必须注意人生兴趣；要想注意人生兴趣，必须提倡新闻照片"③。

国内最早在报刊上使用新闻照片的是戢元丞，他创办的《大陆报》开国内报刊使用照片宣传的先河。④1909年前后，国内报刊逐渐开始采用新闻照片。辛亥革命时期，各报新闻照片的数量激增。从武昌起义到中华民国临时政府成立，上海的报刊几乎每天都刊载新闻照片。在民国元年（1912）10月20—23日的4天内，同盟会在上海出版的《警报》刊出新闻照片就有《革命军都督黄兴》《革命军占领蛇山轰击衙署之写真》《两军必争的武胜关》等十多幅新闻照片。⑤《神州日报》也在所出的临时增刊中刊出了赵声、黎元洪等人的相片和"上海光复后之县署""上海道署大堂之余烬""上海光复后之巡警四路分局"等报道上海光复后情况的新闻照片。⑥

20世纪二三十年代上海的报业市场最发达，竞争也最激烈，对新闻照片的使用也最积极主动。除了出现专门的图画类刊物外，普通报刊

---

① 毛泽东：《宣传报告（中央报告之七）》，《政治周报》（广州）1926年第6、7期合刊。
② 戈公振：《中国报学史》，中国传媒大学出版社2016年版，第203页。
③ 苏锦元：《新闻照片与人生兴趣》，《青年界》1935年第5期。
④ 伍素心：《中国摄影史话》，辽宁美术出版社1984年版，第112页。
⑤ 吴群：《辛亥革命时期的摄影报道》，《摄影丛刊》第7辑，上海人民美术出版社1981年版，第79页。
⑥ 方汉奇：《中国近代报刊史》，山西教育出版社1991年版，第670页。

的图画副刊、专刊刊载新闻照片亦较为普及。1920年黄伯惠从狄楚青手中买下《时报》，聘请唐镜元开辟了摄影室，拍摄照片供画刊使用，同年6月9日出版了"图画周刊"，主其事者为戈公振。《时报图画周刊》（1924年更名为《图画时报》）是我国最早的报纸摄影副刊。20世纪30年代，《申报》出版了《申报图画周刊》（停刊两年多后更名为《图画特刊》）、《新闻报》出版了《新闻报图画副刊》、《晨报》出版了《图画晨报》等，上海销量较大的中文报纸都开始出版新闻画刊。1926年，良友图书馆公司创办了《良友》画报，此后《大众》《中华》《文华》《时代》等画报亦相继创刊。

在此背景下，邹韬奋接办《生活》周刊后不久，在第2卷第12期署名恩润的《请看已用十二万万元于利人事业的煤油大王》①一文介绍石油大亨洛克菲勒时，使用了一张"洛氏星期日早晨在礼拜堂前面与邻居女孩欣然握手之影"的照片，这是《生活》周刊使用新闻照片之始。第2卷第41期刊载的"小新闻"《相距万里顷刻相见！》一文，两幅关于美国飞行家林德白在巴黎、林德白与横渡大西洋的飞机合影的新闻照片注明了"特约通讯记者伯傅自美国华盛顿寄"②，这是《生活》周刊第一次出现新闻照片的署名信息及来源。按出现的时间先后顺序，《生活》周刊的新闻照片可以分类如下③：新闻报道中配发的照片，其中"外国通讯""各国通讯""国内各地通讯"等栏目中刊载的新闻照片数量最多；照

---

① 恩润：《请看已用十二万万元于利人事业的煤油大王》，《生活》周刊1927年第2卷第12期，见《生活》周刊合订本第2册，人民出版社1980年影印本，第74页。

② 《相距万里顷刻相见！》，《生活》周刊1927年第2卷第41期，见《生活》周刊合订本第2册，第292页。伯傅为何人，俟考。

③ 详见高明《试述〈生活〉周刊的新闻照片》，载《邹韬奋研究》第五辑，上海三联书店2017年版，第171—186页。另，张玉鑫《〈生活〉周刊新闻图像传播研究》（硕士学位论文，兰州大学新闻与传播学院，2018年）对《生活》周刊包括新闻照片在内的新闻图像的传播环境、传播内容、传播形式、传播特质以及历史经验五个方面进行系统分析，总结了《生活》周刊新闻图像在传播形式和传播内容方面的特点、优势和作用，总结了《生活》周刊新闻图像的历史价值和对当今图像传播的启示。但是对《生活》周刊新闻照片的来源着墨过少，基本沿袭了《试述〈生活〉周刊的新闻照片》中的分类，有关新闻照片数量的统计等问题亦有待商榷。

片新闻，这种形式的报道以新闻照片为主，辅以介绍照片的简短文字，少则不足十字，多则二三百字，且多与本期、本版的其他内容无涉；特刊画报（第2期），即第6卷第1期附赠的《〈生活〉五周年纪念特刊画报》和第6卷第42期附赠的《〈生活〉周刊双十特刊画报》；专刊画报（第11期）；《〈生活〉图画附刊》（第8期）；《生活画报》（第38期），蓝印影写版，各期用色不同，编排新颖，内容丰富，以照片为主，配以简要文字说明。所刊登照片基本都与当期或者前后一期《生活》周刊的内容契合。所刊载新闻照片主要有时事、人物肖像、体育运动、国外国内风光、健身、民俗、美术等，即"关于国内外时事，人物，风景，美术，体育，各地特殊风俗以及其他有趣味之照片"①。

## 二 《生活》周刊新闻照片的来源

笔者对《生活》周刊的新闻照片进行了统计，共有45期周刊及所附的33期《生活画报》中的新闻照片标注了照片拍摄者和提供者。根据所有刊载新闻照片的说明，照片的来源大致有以下几种情况：

1. 《生活》周刊编者、友人（同行/同学）、受访人/单位提供的新闻照片②

作为《生活》周刊的主编，邹韬奋本人就是新闻照片的积极提供者，《生活画报》第31、33、36、37号刊载埃及、意大利、瑞士的风光照，有金字塔、威尼斯、庞贝古城、罗马斗兽场、比萨斜塔等世界文化遗产，这些新闻照片就是他在海外流亡期间拍摄的。作为《生活画报》和《生活》周刊两期"特刊"的主编，戈公振更是义不容辞地为《生活》周刊提供了大量的新闻照片。戈公振为38期《生活画报》中的第

---

① 《下半年度的一点新计划》，《生活》周刊1932年第7卷第23期，见《生活》周刊合订本第7册，第368页。

② 这里的"友人"仅仅限定于非专职摄影记者。

11期提供了近百幅新闻照片，亦可谓是《生活画报》的第一作者。此外，褚民谊、谌小岑等政治人物利用身份优势提供的时事照片，更是吸引了大批的读者。其他提供过新闻照片的顾树森、庄泽宣等是邹韬奋曾经职教社的同事；程沧波为邹韬奋在圣约翰大学时的校友。

此外，按照新闻采访的逻辑规律，《生活》周刊刊载的访谈性质文章除了明确注明新闻照片来源外，其作者肖像、采访对象等所配发的新闻照片正常都是作者或者受访者/受访单位提供。《生活》周刊第3卷第25期沈寿宇《四山环绕中之金陵女子大学》"金陵女大创办人德本康夫人""金陵明镜（寿宇先生摄赠）"，明确为作者提供。其他类似的如第3卷第14期《一百四十四天的县长生活（三）》的顾树森肖影，第19期《记蔡子民先生》（上）的蔡元培肖影，第23期《男女同学的沪江大学》配发的"新旧两校长""校长办公处课堂及男生宿舍（由左而右）""女生宿舍""教授住宅""科学馆""郑章成先生的家庭"，第26期《发明四角检字法的王云五先生》（上）的王云五先生肖像、王云五先生的办公处等，所配新闻照片应为受访人/单位、作者所提供。

2.《生活》周刊社专职摄影记者及上海/外埠的报社同行提供的新闻照片

晚清报馆不设摄影记者，所需新闻照片，大部分是由照相馆和业余摄影记者提供，其中一小部分是向外国人征集来的。[①] 早期报刊上的新闻照片都不署名，光绪三十三年（1908），《神州日报》打破了这个惯例，多次刊出署名李少穆拍摄的新闻照片，开了报刊使用署名新闻照片的先河。[②] 20世纪20年代初，中国以拍摄新闻照片为职业的摄影记者才出现。上海第一个摄影记者是张友德。张友德原在照相馆工作，后被

---

[①] 吴群：《辛亥革命时期的摄影报道》，载《摄影丛刊》第7辑，上海人民美术出版社1981年版，第79—80页。

[②] 方汉奇：《中国近代报刊史》，山西教育出版社1991年版，第671页。

《时报》老板聘为时报摄影记者,拍摄五卅运动和全国运动会的照片。20世纪30年代,上海各个报馆都有自己的摄影记者,《时报》有唐镜元、张友德、郎静山、蔡仁抱,《申报》有王小亭、胡伯洲、俞创硕,《新闻报》有马赓伯、杨霁明,《时事新报》有吴宝基等。当时摄影记者一般都很少,仅有一二人或二三人,多者四五人,活动范围有限。八开本的《时代画报》每期出30页左右,其中百分之三十到四十的新闻照片由自己的摄影记者拍摄,任务繁重。①

目前可以明确的《生活》周刊的摄影记者只有金为伟②一人。金为伟为《生活》周刊拍摄了大量时事、体育、风光等新闻照片。1932年"一·二八"抗战期间,金为伟深入江湾抗战前线,记录了上海军民浴血抗战的场景,第7卷第5期附赠"民众爱戴的卫国军人"专刊,刊载了1页金为伟所摄6位抗日将领的戎装照;第13期刊载了1页6幅金为伟所摄江湾战场之惨状,与正刊中金为伟所撰《江湾之行》一文相呼应;第16期"《生活》周刊社伤病医院留影"刊载了1页5幅金为伟所摄之照片。

为《生活》周刊提供新闻照片的其他报社记者有《时事新报》记者叶如音,他随北伐军在山东前线采访时拍摄了《惨遭蹂躏的山东》组照,其一是"孔陵",其二是"在前线服务的女同志(政治部宣传员)",其三是"孔庙的侧面",以及蒋介石、冯玉祥等人在前线的多幅新闻照片,并注明"专登本刊",亦可见《生活》周刊在新闻图片上的版权意识。其他如于长缨③、《国闻周报》(天津)汪松年④、《时事新

---

① 王天平、丁彬萱主编:《上海摄影史》,上海人民美术出版社2012年版,第69、54页。
② 金为伟,上海近代著名摄影家,原为蓬莱照相馆摄影师,最迟从1932年年初成为《生活》周刊的摄影记者,1932年11月1日在静安寺242号创办大同照相馆。1931—1932年同时为《柯达杂志》《图画时报》《时代》《图画晨报》《礼拜六》等杂志提供了约30幅人物肖像照片和体育运动照,署名多为"蓬莱金为伟"或者"金为伟赠",亦由此可见金氏擅长人物和体育摄影。故笔者怀疑金为伟为蓬莱照相馆摄影师和大同照相馆老板期间,同时受聘于《生活》周刊。1941年加入上海照相业同业公会,为理监事。大同照相馆1949年时仍在营业。
③ 于长缨,中国摄影供应社、《摄影画报》《商报画刊》记者。
④ 汪松年,早年参加北伐军,北伐军占领北京后弃武从文,担任《国闻周报》(天津)摄影记者,擅长时事新闻摄影,亦曾为《新生》周刊提供新闻照片。

报》吴宝基①、《申报》李尊庸②、《大公报》兼职记者陈嘉震③等摄影记者，中国新闻社、国闻社、申报社、东北新闻社等新闻媒体都为《生活》周刊提供过新闻照片。

3. 专业照相馆提供的新闻照片

如前所述，不设摄影记者的报馆、出版机构大多数委托照相馆的摄影师代为拍摄。19世纪70年代，上海的照相业就已经比较发达。辛亥革命前，上海已有近十家照相馆，设在南京路上的宝记、中华、耀华、兆芳四家最大。④ 20世纪二三十年代，照相馆为报刊提供的新闻时事照片，一般都比较及时，而且常常是送片上门，稿费多少并不计较，只要求在被采用的照片上，写明"某某照相馆摄"即可，类似现今的"购片广告"。这样，随着报刊的发行传播，也扩大了照相馆的影响，进而增加业务收入。从当时报纸、杂志、画报等出版物刊登的照片来看，有相当一部分是照相馆拍摄的。例如1927年远东运动会在上海举行选拔赛，运动会举办方以招标方式招商承包拍摄运动会上各项赛事的精彩镜头。"王开"不惜代价地投标获得了这次运动会所有比赛的摄影权。"王开"派出技术最好的摄影师，又临时招聘一些摄影人员做助手，组成四个摄影小组，活跃在竞赛场上。他们特意使用了当时比较高级的"罗勒发来克斯"快镜，抢拍了许多精彩的比赛场景，并赶在当天晚上冲洗出来，及时地收费提供给各家报社。当时上海各报社大都没有专职

---

① 吴宝基（1911—1989），浙江杭州人，1929年高中毕业后经人介绍进入《申报》摄影部当练习生，在报社摄影部主任王小亭指导下学习冲洗、放大等暗房技术。1931年进入《时事新报》，由为通信稿配照片逐渐成长为特派员、特派记者，从此走上了摄影之路。

② 李尊庸（1901—1959），浙江海宁人，杭州第一师范攻读美术。1921—1923年在日本学习西洋画。1927年起任《申报》驻京记者和摄影部主任，1937年由开明书店出版《日本侵我记实》画册，后任新声通讯社摄影部主任，兼《时代画报》《良友画报》特约摄影。

③ 陈嘉震（1912—1936），浙江绍兴人，毕业于齐鲁大学，《大公报》兼职记者，《艺声》主编，详见张伟《摄影师陈嘉震》，载氏著《都市·电影·传媒——民国电影笔记》，同济大学出版社2010年版，第111—114页。

④ 舒宗侨：《上海早期的照相业》，载中国摄影家协会创作理论研究部编《中国摄影史料》第3辑，中国摄影家协会1982年版，第25—27页。

摄影记者，而市民却十分关注远东运动会的信息，尤其是赛场上的实况镜头，因此各大报社竞相向"王开"购买每天的竞赛新闻照片。"王开"的照片价格开得不高，但有附带条件，就是在刊登的每幅照片下都要注明"上海王开照相馆摄"字样。由于当时在上海举行的远东运动会是上海大小各报每天必登的头条新闻，因而"王开"所拍的照片每天都在上海各报的显要位置亮相，连外省市的报纸也纷纷转载，这使得王开照相馆在全国亮出了招牌。① 《生活》周刊上也刊载了很多王开照相馆拍摄的新闻照片，第5卷第19期刊载了王开提供的"参加本届全国运动会的上海女篮球队"、第20期"参加本届全国运动大会的辽宁游泳选手"、第22期"参加本届全国运动会游泳的香港队"；第6卷第22期首次出现的"附刊"，以"江南男女健儿一瞥"为题，2页刊载了由王开照相馆提供的7幅在大夏大学举办的江南大学第五届田径运动会的照片，第25、26期刊载了二十余幅王开等提供的在上海举办的万国运动大会的新闻照片。可知王开照相馆也是《生活》周刊新闻照片的重要提供者，亦可证明王开照相馆在体育新闻照片的拍摄上确有其特色。

此外，静安寺雪鸿照相馆、蓬莱照相馆、同生照相馆、大同照相馆、启昌照相馆也都为《生活》周刊提供过大量的新闻照片。

4. 留学海外的中国学生提供的新闻照片

《生活》周刊"海外（国外）通讯"栏目始于第3卷第50期，主要是向国内读者介绍他们"闻所未闻或知之甚少而又喜闻乐见"的海外各地见闻，内容包括东西各国政治、经济、文化和社会生活状况等。该栏设置目的在于"一则可以藉此略悉各国最近情形，也许可以由此稍明世界大势；二则也许可以供我国社会参考或比较。对于个人修养方面，亦可以扩大胸襟，放远眼光"，"无非藉此使得我国同胞有所比较

---

① 阿铭：《王开照相馆与远东选拔赛》，转引自王天平、丁彬萱主编《上海摄影史》，上海人民美术出版社2012年版，第68页。

而谋奋发,或明其流弊而力谋避免"。① 《生活》周刊建立了一只强大的作者队伍,海外通信员就有数十人,遍及美、日、德、比、意以及南洋一带,先后刊载过英、法、美、日、德、比利时、墨西哥、意大利及南洋各国特约通信员的专稿。②

栏目撰稿者多为留学生,其中提供过新闻照片的有留学日本的徐玉文、殷木强;留学比利时的凌其翰(寄寒);留学英国的费福熊(费巩)、程沧波、欧阳格;留学美国的李公朴、庄泽宣、邹恩泳、刘湛恩、江文汉;留学德国的王光祈、张近芬、吕炯;留学法国的章渊若、秦国献、章徵言、曹师昂等。例如李公朴,《生活》周刊第3卷第50期(1928年10月28日)正式开始了连载他的海外通讯《直渡太平洋》,这也是"国外通讯"的首篇刊载。李公朴在美国一边读书一边劳动的间隙,从《直渡太平洋》开始,一直到第6卷第5期(1931年1月24日)的《中国参加比国博览会之教训》,整整两年间,李公朴在海外时一共为《生活》周刊撰写了35篇通信。③ 期间共配发了新闻照片5张,虽然只有第3卷第52期、第4卷第10期的"美国通讯"栏目注明了"李公朴先生自美寄赠""李公朴先生寄赠"外,但是根据图文的逻辑和相关性,其余刊载的新闻照片也应是李公朴寄赠的。此外,第3卷第27—28期的《游德的观察》(上)和《游德的观察》(下)中"张近芬女士肖影""德国海港内之帆船""德国克虏伯厂工人村落中之住宅""德国城市中之道路(在德兰诗顿)""德国萨克逊王之离宫(在德兰诗顿)"当为作者张近芬提供;第4卷第19期"英国通讯"欧阳格《征帆回忆》所配"欧阳格先生伉俪及子女"、第40期"日本通讯"徐玉文《江岛游记》所配发"江岛全景""从江岛望对岸片濑的风景";第

---

① 邹韬奋:《免得误购后悔》,载《生活》周刊1929年第4卷第51期,见《生活》周刊合订本第4册,第392—393页。
② 赵文:《〈生活〉周刊(1925—1933)与城市平民化》,上海三联书店2010年版,第60页。
③ 叶舟:《李公朴与〈美国通讯〉》,载《邹韬奋研究》第六辑,上海锦绣文章出版社2018年版,第162页。

6卷第9期（1931年2月21日）张叔武《丹麦给我的印象》等，都是"海外通讯"栏目作者提供的新闻照片。

海外留学生不仅提供"海外通讯"栏目中的新闻照片，还从国外寄回了他人拍摄的新闻照片。《生活》周刊第6卷第43—46期、第48期共5期附赠的《〈生活〉国难惨象画报（一至五）》，每期刊载3—16幅由成之自日本寄回的侵华日军所摄侵略中国的照片，这些新闻照片成为日本侵华的铁证。

需要说明的是，虽然这些海外通信员大都是《生活》周刊的读者（后成为好友）或者邹韬奋的好友，例如为《生活》周刊撰写了63篇"日本通讯"、提供了13张新闻照片，可谓是"海外通讯"的第一作者的徐玉文，她是经友人介绍成为《生活》周刊的读者，并渐渐地和《生活》做了"很亲切的好朋友"，在《生活》的鼓励下，她到日本留学专研蚕丝。到日本后，她对《生活》周刊的事很热心，在攻读自己专业的同时，撰写"日本通讯"，邹韬奋称赞她是"最先热诚赞助本刊的同志"，"也是我们所最感谢而永不能忘记的一位"①。又比如李公朴回国后，继续为《生活》周刊提供了多幅国内的风光照片。因为"海外通讯"栏目的新闻照片相对集中且数量较多，所以仍单独归为一类。

5. 读者自发来稿

自从邹韬奋接手《生活》周刊后，"刊物编排上别具一格，文字上通俗生动，使其成为当时颇受城市平民阶层欢迎的大众通俗杂志"②。在办刊的实践探索中，逐步明确了《生活》面向市场、面向市民大众的发展路径。伴随着《生活》周刊的商业化发展，刊物在杂志宗旨、读者定位等方面注重向市民群体倾移，在内容和形式上力求通俗化、市民化。《生活》周刊在第6卷第29期《〈生活〉图画附刊》刊载过征集

---

① 韬奋：《欢迎徐玉文女士回国》，《生活》周刊1931年第6卷第16期，见《生活》周刊合订本第6册，第333—334页。

② 赵文：《〈生活〉周刊（1925—1933）与城市平民化》，上海三联书店2010年版，第1页。

新闻照片的启示,欢迎读者踊跃提供新闻照片,"本刊以后遇有好材料时,即增加图画附刊,欢迎各处有新闻价值的照片,风景照片,或体育照片,请附简单说明,酬金每件一圆至四圆。如不用需还者,请附足寄还邮票。如属有系统之多张相片,本刊并愿特为一事同时登出(例如二十八期之泰山与孔林)"①每张新闻照片的酬金为一至四圆。第7卷第23期《下半年度的一点新计划》后"附本刊征求照片简章",对即将随刊附赠的《生活画报》所选新闻照片的内容、来源、刊载方式、稿酬等亦做了详细的说明:"(一)凡关于国内外时事、人物、风景、美术、体育、各地特殊风俗以及其他有趣味之照片,均甚欢迎。如属有系统之多张照片,当同时登出。(二)投寄照片,均请附详细说明,并用厚纸包封挂号寄下,寄到时如已损坏,本刊不能负责,特别有价值之新闻照片,请用航空邮递或其他快捷方法寄下。(三)照片一经本刊揭载,每张奉酬现金一圆至五圆,如有特别精彩者当酌加。(四)如所寄照片不用须退还者,请声明并附足回件邮票。(五)投寄照片如声明不愿受酬,当于揭载时注明投赠人姓名,以答雅意。"②虽然这些是《生活画报》的"照片简章",但这也基本上反映了整个《生活》周刊选择新闻照片内容的主要原则。第8卷第16期《生活画报徵求照片》亦说"本画报徵求关于时事、人物、风景、美术、历史、学术、体育、各地特殊风俗以及其他有关有趣味之照片,每张奉酬一圆至五圆,如有特别精彩者当酌加"③。将新闻照片最高稿酬提升到了五圆,④鼓励《生活》周刊的读者积极投稿。

---

① 《欢迎相片》,《生活》周刊1931年第6卷第29期,见《生活》周刊合订本第6册,第626页。

② 《下半年度的一点新计划》后"附本刊征求照片简章",《生活周刊》1932年第7卷第23期,见《生活》周刊合订本第7册,第368页。

③ 《生活画报徵求照片》,《生活》周刊1933年第8卷第16期,见《生活》周刊合订本第8册,第322页。

④ 《生活》周刊第7卷开始"全年五十期连邮费一圆五角,国外四圆,香港、澳门、九龙二圆五角,邮票代价九五折"(《生活》周刊第7卷第14期),可见投稿者能够被录用一张新闻照片少则够订阅大半年多则可以订阅三年多的《生活》周刊,这个价位的稿酬还是很有吸引力的。

20世纪二三十年代在上海有自备照相机、会拍照的，大都是接受了近代西式教育，会讲些洋文，平日穿西装打领带的白领，或是经济收入还可以的文化人，南京路是他们下班之余的休息地，咖啡厅是他们文艺茶话钟爱的去处。对于他们而言，摄影体现的是一种现代都市的消费和娱乐，就如同看电影、喝咖啡、去舞厅一样是一种时髦。①"现在照相真是流行极了，我的朋友中有许多自备照相器，自己会拍照；马路上卖照相器的店到处皆有，而且一二十块就可以买一具。"②许多知识分子掌握摄影技术，不是为了开照相馆，进行生意盈利，而是"或在旅行，见名山胜迹，摄之以供他日卧游之助；或遇事切要，摄之以登书报，传众同观；近而家人妇子，时摄一影，留为他日几年，以遗赠后人"③。"以登书报，传众同观"也是摄影爱好者的一大动力。陈昺德④、左赓生⑤、陆沁范⑥、周振光⑦、钱伯辛⑧等人都是新闻照片的积极投稿者。此外，《生活》周刊还刊登了一些翻拍国外报纸的新闻照片，例如第5卷第44期"德国通讯"刊载的陆祖农《两张照片》即注明翻拍自德国刊物。⑨

---

① 丁玉华：《上海摄影的都市语境》，http：//wen.org.cn/modules/article/view.article.php/1222/。
② 丰子恺：《美术的照相——给自己会照相的朋友们》，载《丰子恺全集》第10册《艺术理论艺术杂著》卷四，海豚出版社2016年版，第79页。
③ 杜就田编译：《新编摄影术·序言》，商务印书馆1928年版，第2页。
④ 陈昺德，上海复旦大学毕业生，擅长田径运动。1927年获全国运动会1万公尺赛跑冠军。曾任上海市童子军总司令，兼数所中学体育教员，当时为上海风云人物之一，以拍摄肖像照、体育运动照擅长。一生献身体育运动。历任复旦大学体育教授兼体卫主任、国立暨南大学体育教授兼体卫主任。详见赵俊毅《民国时期的体育摄影家陈昺德》，http：//zhaojunyi.blog.siyuefeng.com/article/11778，《中国摄影学会画报》第720期。
⑤ 左赓生，中华摄影学社会员，擅长人物摄影。
⑥ 陆沁范，吴湖帆弟子，上海人，画家，工人物仕女。
⑦ 周振光，燕京大学学生，学生会领袖。
⑧ 钱伯辛，清华大学学生。
⑨ 陆祖农：《两张照片》，《生活》周刊1930年第5卷第44期，见《生活》周刊合订本第5册，第729页。

## 三 新闻照片与《生活》周刊之关系

从新闻照片出现的形式、来源可以发现,《生活》周刊新闻照片的刊登数量是一个逐步增加的过程,从新闻配图、照片新闻直至最后出现了以新闻照片为主的副刊《生活画报》,38 期的《生活画报》共刊登了 669 张新闻照片,新闻照片的增加与《生活》周刊的发展壮大有着极大的关联度。

1.《生活》周刊增加新闻照片是顺潮流而为

大量刊登新闻照片离不开摄影器材的发展和摄影技术的普及。1920 年前后,国外照相器材工业兴起,英美法日德诸国的照相器材厂商纷纷来上海设立分支机构或特约华商经销,当时经营照相器材的洋行有:日商千代洋行,美商柯达公司,英商依尔福洋行、双龙洋行、谦信洋行,德商矮克发洋行、礼和洋行,法商不步洋行、先灵洋行等。后来五洲、中英、屈臣氏、华美等药房和兆芳、耀华、宝记、美昌、品芳照相馆等兼营照相器材,也有眼镜店钟表店兼营照相器材的。[①] "近代年来因工业商业美术等种种需要,摄影术的应用范围,亦逐渐扩大。每年进口的摄影材料竟达数百万元。"[②] 1910 年 3 月 1 日《时报》上,同一天,就有三家德国照相器材的广告,一是矮克发各种照相材料,二是德国高尔上 GOERZ(VEST—POKET TENAX)摄影快镜,三是史脱而伯(SAT-RAP)厂照相及化学纸。[③]《生活》周刊第 7 卷第 11 期也刊登了德商矮克发洋行的广告,"春日摄影请用矮克发'伊连固'软片"[④]。20 世纪二三十年代,上海南京路上可以买到当时各国最先进的照相器材,仅南

---

[①] 周振华、罗智子:《中国影像史(1927—1937)》第 6 卷,中国摄影出版社 2015 年版,第 92、100 页。

[②] 朱寿仁:《编辑者言》,《中华摄影杂志》1931 年创刊号,中华艺学社刊行,第 9 页。

[③] 仝冰雪:《中国照相馆史(1859—1956)》,中国摄影出版社 2016 年版,第 55 页。

[④]《生活》周刊 1932 年第 7 卷第 11 期,见《生活》周刊合订本第 7 册,第 151 页。

京路销售进口照相器材的就有永安公司、先施公司、新新公司、冠龙照相馆、王开照相馆、中华照相馆、兆芳照相馆、英明照相馆、宝记照相馆等十余家公司。① 同时，影像制版技术于19世纪中叶随着火棉胶湿版照相和玻璃网屏的问世，逐步形成了由照相、修版、晒版和印刷4个主要工序构成的图像复制工艺格局。我国在20世纪初引进了珂罗版和三色铜版制版技术，20年代又引进并应用了平板照相制版工艺。1922年商务印书馆引进双色胶印机，首次使用了胶版印刷技术。到了1925年以后，铜版印刷十分普遍，报纸和画刊上使用照片越来越频繁。②

上海早期的著名摄影家绝大多数是文化人，还包括商人、医生、官员、艺术家、职员、记者、大学生等。③ 许多中上层知识分子、商人和自由职业者掌握了摄影技术，他们把照相术从照相馆中解放出来，利用业余时间进行摄影创作和研究工作，具体表现为组织摄影社团，举办摄影展览，出版摄影书刊。上海是近代摄影团体的大本营，1925年林泽苍在上海创立"中国摄影学会"；1928年郎静山、黄振玉等在上海组织"中华摄影学社"；1929年胡君磊、邵卧云、陈民屏等在上海组织"上海摄影会"；1930年陈传霖、林泽苍、林雪怀等在上海发起成立"黑白学社"；1931年郎静山、黄仲长、徐祖荫等组织"三友影会"等。中华摄影学社成立后在《时报》馆三楼举办了四届摄影展。④ 第一届摄影展在上海闭幕后，又到南京、杭州等地展出。第二届摄影展览会吸引了15000多人去参观100多幅摄影作品，轰动一时。华社第四届摄影展

---

① 周振华、罗智子：《中国影像史（1927—1937）》第6卷，中国摄影出版社2015年版，第68页。

② 范文霈、周振华、郑丽君编：《中国影像史（1919—1927）》第五卷，中国摄影出版社2015年版，第108页。

③ 王天平、丁彬萱：《上海摄影史》，上海人民美术出版社2012年版，第28页。

④ 1928年3月9日至11日；1928年11月9日至12日；1929年12月6日至9日；1930年12月19日至23日，详见胡玥《"华社"论影——中华摄影学社小史》，硕士学位论文，复旦大学，2014年。

时,"三日来,细雨漾漾,由签名处报告参观之男女老幼,约五千人。足见沪上人士对摄影之注意矣。尤有可述者。当第一日雨最大时,闻名国内外之名画家潘玉良女士,特乘飞机来沪,由交际博士黄警顽偕来鉴赏久之。又有名漫画家黄文农、名摄影家吴中行等,分道由首都常州乘夜车来。吁!可谓盛矣。闻该社除续展两日外,不日即将社员作品□往南京、广州、沈阳等处陈列,以促起国人注重艺术,是诚沟通国内文化善举也"①。中华摄影学社还编辑出版过《天鹏》《中华摄影杂志》两种摄影杂志,发表了许多优秀的摄影作品、艺术论文和技术推广的文章。华社所带动的风尚习气,普遍且深远,不仅在中国各地引发了组织摄影学会的热潮,校园中摄影社团纷纷成立,也促使许多大型刊物如《良友》《文华》《美术生活》等登载了更多的新闻照片。②陈传霖在《八年来的黑白影社》一文中统计的1932年黑白影展观众达2万人以上。1935年第四届影展观众多达4万余人。③除了摄影展的极度受欢迎,上海滩上照相馆数量也因为利润的丰厚而逐年蹿升,1918年上海有照相馆39家,到1936年全市已增加到了378家。④

2. 新闻照片加强了《生活》周刊与读者的互动

《生活》周刊的编者与读者之间的互动非常密切。"读者信箱"栏目是《生活》周刊的一大特色,多次举办大型讨论,就青年们感兴趣的焦点、热点问题,组织青年展开探讨交流。从读者来信量来看,自1926年10月24日《生活》第2卷第1期开办"读者信箱"到1928年11月,平均每日可收信四五十封。到1929年6月就增加到平均每日100多封。到1930年11月又增加至每日200封。到1932年5月最多

---

① 玖:《华社影展详记》,《申报》1930年12月25日第11版。
② 林路:《郎静山与上海摄影琐证》,载上海市摄影家协会编《郎静山》,上海文化出版社2014年版,第8页。
③ 陈传霖:《八年来的黑白影社》,载《黑白影集》第3册,黑白影社1937年版,第104—106页。
④ 上海通志编纂委员会编:《上海通志》第4册,上海人民出版社、上海社会科学院出版社2005年版,第2825页。

时竟日收信千封以上。每年收到的来信总数达两三万封。① 而新闻照片一目了然、通俗易懂，不受年龄、性别、语言以及时空的限制，信息传递效果最佳。新闻照片的画面形象是由各种直观、立体、生动自然的形象所构成，其报道题材多、观众层次众多，具有旺盛的生命力。正可谓"凡一记事中，多附插照片，以互相辉映，使阅者一目了然，既省光阴，又有无穷的兴趣，所以新闻照片对于人生，实有莫大的价值"②。

新闻照片具有舆论导向价值：对当前社会舆论的评价；对当前社会舆论及舆论行为的引导；就某一社会事实制造舆论。③ 例如轰动一时的交通部部长兼大夏大学校长王伯群与大夏大学校花保志宁婚礼一事。王伯群在愚园路建了一栋豪宅，1931年这幢气派而华丽的私宅已基本建成。1931年6月19日天津《大公报》报道，王保于18日在上海结婚，场面豪华。《生活》周刊第6卷第27期的"每周新闻"栏目以《久惹是非之王保婚礼》为题发表了一篇新闻评述，对王保婚姻只从法律和道德角度进行评论，引起了读者的不满。④ 第6卷第30期"信箱"栏目刊登了读者国立清华大学梁展如的来信，认为只从婚姻角度评论王保婚事掩盖了更严重的王伯群豪华婚礼的费用问题。韬奋登报重申了《生活》周刊根据事实说话的立场，认为没有证据之前不能妄下断语。保志宁执笔、王伯群签名为他们自己辩护的来信《余等婚事》，说婚礼很俭省，要《生活》周刊不要相信小报的报道。⑤ 这引起了读者更大的不满，不断有读者来信质疑，并怀疑韬奋收了人家的钱而对事情真相不

---

① 俞月亭：《论〈读者信箱〉——〈生活〉周刊研究之三》，载《韬奋论》，河北教育出版社1991年版，第88页。
② 苏锦元：《新闻照片与人生兴趣》，《青年界》1935年第5期。
③ 范文霈、周振华、郑丽君编：《中国影像史（1919—1927）》第5卷，中国摄影出版社2015年版，第195页。
④ 《久惹是非之王保婚礼》（本埠新闻），《生活》周刊1931年第6卷第27期，见《生活》周刊合订本第6册，第577—579页。
⑤ 梁展如：《很不对的》；王伯群：《余等婚事》，《生活》周刊1931年第6卷第30期，见《生活》周刊合订本第6册，第643—645页。

予揭露。第6卷第34期"信箱"刊登了读者陈淡泉的来信，要求韬奋对此作进一步的评价。其实《生活》对这件事一直在进行暗访，已经掌握了确凿的证据，在同期发表了《生活》的调查报告，证实了王伯群确实正在租界建设豪宅，最具有说服力的除了文字之外，读者陈淡泉寄来了"此为王氏新邸的侧影，花园尚不在内。陈君赠"的新闻图片，《生活》周刊记者所摄"王氏新邸园墙之一部分""此为王氏新邸正面""此为王氏新邸花园之又一部分""王氏新邸之一部分，在园中之新邸尚可见其一角""此为王氏新邸花园中布置未完成者之一部分"5幅新闻照片，① 有图有真相，是非曲直一目了然，有力地驳斥了王保来信中说的"伯群素尚简约，虽备员中央数载，自顾无此多金"的谎言。

"新闻照片容易给读者们一种深刻的印象，足以增加读者们记忆的能力，给读者们很有益的。此外，新闻照片为真实事实证明的最好工具，如谓飞机失事消息，关于该机的实际情形尚无下落之时，倘将该机在某地坠落时之照片登诸报端，一切猜疑，便水落石出"②。《生活》周刊多有对国内外时事报道的新闻照片。例如沧波的《十月十日的英国国丧》一文报道了R101号飞船失事、四十八名遇难人员举行国殡仪式的新闻，作者配发了"R101号飞船前一日的留影""R101号飞船内饭厅一部分""R101号飞船"三幅照片，增加了新闻的可读性，拓展了读者对这个新闻的全面了解。③

新闻照片满足了人们的好奇心理，使普通大众从内心深处激起一种动力；其次能激起人们对崇高的追求，从而爆发出内在的力量；新闻照片对于文字信息有无可比拟和替代的特性，它往往使不同社会阶层、不同文化背景的人们都能对新闻影像一目了然，其转喻性、互文性的特点

---

① 陈淡泉：《对王保应做进一步的批评》，《生活》周刊1931年第6卷第34期，见《生活》周刊合订本第6册，第739、740—742页。
② 何名忠：《新闻照片的价值及其取材》，《留东学报》（东京）1936年第2期。
③ 沧波：《十月十日的英国国丧》，《生活》周刊1930年第5卷第50期，见《生活》周刊合订本第5册，第824—825页。

最终完成了新闻照片与读者之间的信息传递，所以一图胜千言。① 《生活》周刊从第 3 卷起专门增设一个栏目"游踪所至"，讲述一些编者在旅途中的见闻。于是国内外的名山大川的照片成为读者喜闻乐见的一个方面，"各地通讯"中也有国内的庐山、泰山、曲阜、桂林等地的风光照。这些都成为《生活》周刊吸引读者的一个重要方面。例如曾虚白在自传中提到，"在金陵女大教书生活中另一使我不能忘怀的旧事是二十年四月二十一日至二十五日这五天带着大群女生乘着两节载货火车（因为可以打地铺故特选坐货车）作泰山与曲阜之游，又为我生活打开一条从来没有尝味过的新滋味。坐货车，一节是给我与沈寿宇以及几位同学的父亲专为男人们挂的，另一节是全部女生挤在一起用的。特选货车的作用，大家好把带来的被褥铺在车底当床睡。这是一个好主意。可是，真睡上了，耳贴车底听车轮的滚动震荡如雷，那里有入睡的可能。可是，我们决不因失眠而减少了游山的兴趣，反因为起床后奔到女生车上参加她们带来的丰富早餐，说说笑笑，平添了许多登山群乐预感的兴奋"②。而《生活》周刊第 6 卷第 28 期以"泰山与孔林"为题，3 页刊载了沈寿宇寄送的 8 幅金陵女子大学教授沈寿宇、曾虚白、丁遂栋、何积璠等率六十余名大学生春假登泰山、游曲阜的留影，图文并茂，民国高校学生业余生活的场景跃然纸上。通过这些丰富多彩的新闻图片，提高了报刊的吸引力，加强了读者与《生活》周刊之间的互动联系，形成了良性循环。

3. 邹韬奋的人格魅力与交游为《生活》周刊带来了高质量的新闻照片

邹韬奋的报格思想独立于任何权势，不受外部资本和党派的控制；保持公正的立场，是非对错绝不偏袒；珍惜报刊的信用，表里如一，言

---

① 范文霈、周振华、郑丽君编：《中国影像史（1919—1927）》第五卷，中国摄影出版社 2015 年版，第 193—195 页。

② 曾虚白：《曾虚白自传》上集，联经出版事业公司 1988 年版，第 104—105 页。

行相符。其报格思想的归宿是为大众服务,为大众主持正义。植根于传统文化中的君子人格要求,就是修身为先,然后可以"治国平天下",在舆论事业中就是做广大读者的朋友,为社会大众服务。概言之,就是做一个独立守信的人,办独立可信的报刊。① 这使得《生活》周刊在读者心中具有极大的公信力。《生活》周刊的作者主要以文化教育界、新闻出版界的知识分子为主,是围绕《生活》而形成的知识分子群,依照其教育背景、经济地位与社会声望的不同,可以分作两类:一类可称为平民知识分子,这些人包括普通留学生、编辑、记者、教师等;另一类则可归类为精英知识分子,他们大多为各行各业的专家、社会名流。平民知识分子与读者的互动,基本是以《生活》周刊为中介,通过书信往来、投稿参与讨论进行的。……至于精英知识分子与普通读者之间的联系互动,多数是以《生活》周刊主编邹韬奋为中介进行的。② 例如邹韬奋在接办《生活》周刊的同时,在《时事新报》工作了大约一年的时间。与总主笔陈布雷、总经理潘公弼私交甚好。③ 所以《生活》周刊就从容地约到了陈布雷的长篇专访,并配以其肖影。④ 韬奋不仅与海外通讯的作者在国外时积极互动,回国时韬奋不光亲自迎接,还在《生活》周刊发文以示庆祝。⑤ 通过邹韬奋的朋友圈,为《生活》周刊约来了大量高质量的稿件和独家的新闻照片。

邹韬奋在主编《生活》周刊时成功地使用新闻照片,为《生活》周刊增加了鲜活的生命力,这对于增加《生活》周刊的销路更是大有

---

① 李春:《邹韬奋的报格思想研究》,载《邹韬奋研究》第5辑,上海三联书店2017年版,第44—62页。

② 赵文:《〈生活〉周刊(1925—1933)与城市平民化》,上海三联书店2010年版,第148—149页。

③ 陈挥:《中国出版界邹韬奋》,人民出版社2017年版,第36—38页。

④ 《生活》周刊编者:《陈布雷先生的生平》,《生活》周刊1928年第3卷第17期,见《生活》周刊合订本第3册,第185—189页。此照片明确注明"敬赠生活周刊社 十七年二月 陈畏垒"。

⑤ 邹韬奋:《欢迎徐玉文女士回国》,《生活》周刊1931年第6卷第16期,见《生活》周刊合订本第6册,第333—334页;邹韬奋:《记欢迎李公朴君回国》,《生活》周刊1930年第5卷第50期,见《生活》周刊合订本第5册,第828—829页。

裨益,"报社的照相铜板印现代化的技术的精进后,1928年起每刊登一张新闻照片可以增加销路一千多份"①。《生活》周刊第6卷第42期特刊附《〈生活〉周刊双十特刊画报》共56页(正刊48页,画报8页),远超常规《生活》周刊之篇幅,且售价照旧,故此期发行甚广,据第6卷第50期"潘绪伦会计师对于本刊《双十特刊销数之证明》",可知此期共印刷15.5万册,其中批发及零售共计13.1051万册,预订2.1597万册,赠阅及交换903册,共计15.3551册,存余1449册。② 正因为邹韬奋在《生活》周刊、《大众生活》等新闻实践中成功地运用了新闻照片,重视新闻图片的战斗作用,重视组织和采用新闻照片,他自己拍摄照片,也组织别人拍摄照片,所以《中国影像史》中把邹韬奋与戈公振、梁得所并列,作为影像出版人物。③ 这些都是邹韬奋在近现代新闻出版史、摄影史上值得书写的一笔。

---

① 王雅伦:《拂尘揭影:郎静山与现代艺术的交会》,载上海市摄影家协会编《郎静山》,上海文化出版社2014年版,第51页。
② 《双十特刊销数之明证》,《生活》周刊1931年第6卷第50期,见《生活》周刊合订本第6册,第1118页。
③ 韩丛耀、赵迎新:《中国影像史(1919—1927)》第5卷,范文霈、周振华、郑丽君主编《中国影像史》,第232页。

# 1937—1938年抗战动员与媒体建构

## ——《〈抗战〉三日刊》内容研究管窥

李新丽[*]

**摘要：**《〈抗战〉三日刊》诞生于抗战烽火里，历经乱离流浪，一方面提供报道，以系统分析和报道国际国内抗战形势，并呈现其重要意义和相互关系，同时也反映大众在抗战时期的迫切要求，贡献媒体观察以供国人参考。本文选取《战局一览》《国际形势》《时评》《各地通讯》《读者来信》等栏目并对其进行内容分析。

**关键词：**《抗战》三日刊；抗战战事；媒体呈现

"战争与和平"素为中外历史和文学艺术母题，西方《荷马史诗》由特洛伊战争开篇，东方中国则告诫后世：国之大事，在祀与戎。放眼寰宇，世界范围内局部冲突纷争不断，2019年适逢中国人民抗战胜利74周年，虽隔着历史迷雾与时光铁幕，当我重新翻检《〈抗战〉三日刊》，打开发黄散落的纸页，其中散发出的神秘气息令我的内心澎湃不已。鼓天下之动者存乎辞，《〈抗战〉三日刊》的编辑出版，虽然持续

---

[*] 作者简介：李新丽：博士，安徽大学新闻传播学院教师。此文系2019年安徽省高等学校省级质量工程项目《知—情—意—行：以安徽大学新闻传播学院教学〈中国传统文化素养〉课程创新与提升研究为例》延伸性成果。

了不到一整年的时间，但其于国于民的历史功勋不可小觑。一份三日一出的小刊物，以抗战之名，曾于上海和武汉抗战的滚滚烽烟中，抚慰了普通民众的心灵，鼓舞了抗日英雄前赴后继的斗志，唤起了全民族的觉醒，推动了全面抗战的展开。

1937年8月19日《〈抗战〉三日刊》在上海创刊，由韬奋先生主编。因受上海租界当局的干扰，曾一度易名《抵抗》，第30期起迁至汉口出版。出至1938年7月3日止，共出86期。[①] 之后与《全民周刊》合并，改出《全民抗战》三日刊。《〈抗战〉三日刊》的主要内容，其第1号《编辑室》概括说："一方面是要对直接间接和抗战有关的国内和国际的形势，作有系统的分析和报道，显现其重要意义和相互间的关系；在又一方面，是要反映大众在抗战期间的迫切要求，并贡献我们观察讨论所得的结果，以供国人的参考。"这两大方面的内容具体来讲，则包括战局分析、国际形势、社论时评、各地通信、战时常识、读者来信、诗歌漫画等内容。栏目多元，栏目内容声气相求，形成穿插互补之势。（由于资料所限制，并不确定《〈抗战〉三日刊》的资本运营情况）

中国知网上搜索到12篇直接相关文献，从内容上来分类，其中3篇属于《〈抗战〉三日刊》一般性介绍，4篇论及《〈抗战〉三日刊》社会动员功能，3篇关于《〈抗战〉三日刊》报道方式，1篇谈及《〈抗战〉三日刊》的历史文献价值，1篇属于随笔范畴。从时间上来看，较早一篇发表于1992年，最新一篇发表于2018年。与《〈抗战〉三日刊》间接相关的材料，见诸写邹韬奋先生的一些文献。

作为历史的抗战已经远离我们，有关抗战的记忆却依然鲜活地留存在各种记忆文本和符号中。其中陈平原在《抗战烽火中的中国大学》论及当时大学内迁的过程，弦吹户诵，弦歌不辍，精神不死；齐邦媛在《巨流河》中记录了从北至南的流转过程，令读者动容。钱穆在《国史

---

① 刊名为《抗战》从第1号到第6号，第13号、第16号、第18号、第27号到第86号《抗战》，刊名为《抵抗》从第7号到第12号，第14号到第15号，第17号，第19号到第26号。

大纲》中写到，"所谓对其本国以往历史略有所知者，尤必附随一种对其本国以往历史之温情与敬意"。我个人觉得最大的问题是，当国家蒙受欺凌，锦绣山河惨遭涂炭之际，书生报国无他物，惟恃手中笔如刀，《〈抗战〉三日刊》作为一份八十年前的历史文本，她是什么？她对于今天的启示是什么？在今天新时代背景下，挖掘《〈抗战〉三日刊》的历史文化资源，以及散落在文字中的原始儒家真精神和家国情怀，尤其值得特别珍视。

1. 战局一览是战时媒体地图

《战局一览》是《〈抗战〉三日刊》重头文章，以及时高效地传播上海与华南华北等区域最新抗战形势为鹄的。从数字来看，总共有86篇，每号一篇；从位置分布来看，50号之前，都是每号头条文章（第1号除外）；自51号起，《社论》成为头条文章，战局分析类文章位居其次；从名称上来看，第11号之前，都冠之以《战局一览》，12号起，战局分析都有明确的标题；从内容上来看，既有关于全国宏观战略部署和战术安排，又有关于地方性战局战事介绍，资料翔实。

在当时，撰写这类文章是很困难的。首先表现在消息来源。众所周知，战事一起，近代中国本不发达的交通、通信早已中断，小道消息又满天飞，要撰写战局分析文章，确切消息从何而来，此难一也；其次表现在出版周期。刊物三日一出，了解情况后还要赶制稿件，时间受限；再次宏观把握战局走向。非常时期即使派记者到前线打探军情，要做到客观公正报道战事，同时还要宏观把握和概括瞬息万变的战局走向，的确构成极大挑战。除第1号没有署名、第86号署名"胡绳"以外，战局分析文章均出自金仲华之手。金仲华（1907—1968），浙江桐乡人，曾任宋庆龄的助手，被宋称为"我一直非常尊敬的人"。1927年，他由杭州之江大学毕业后入上海商务印书馆，从此步入出版界。抗战前后，金仲华和邹韬奋一起合作办报刊，先后出版了《大众生活》《永生》《生活日报》《生活日报周刊》，其中也包括《〈抗战〉三日刊》。《〈抗战〉三日刊》从第 1 号起，每期均有战局分析，或笼统地冠以《战局一览》的名称，或直趋焦点《苏浙皖三面激战》第 31 号、《济宁血战·鲁局好转》第 37 号，介绍战局进展，分析战场得失，以通报抗战消息，鼓舞我方士气。这些文章连在一起看，就是上海"八一三"事变后至武汉陷落前后的抗日战争简史。特别是战局分析后所附金端苓手绘地图，直观明了，对于帮助读者理解文章内容大有助益。这符合金仲华编刊的一贯做法，他曾说："我的计划是要把时事和地图联系起来，增加一般人对于世界形势的了解。"他的这种做法，也形成《〈抗战〉三日刊》对战事报道的一大特色。饶有趣味的是，手绘地图的金端苓，正是金仲华的妹妹。这个时候，金仲华兄妹联袂打造的战局分析文章，图文并茂。

第 1 号《战局一览》中提及："目前整个的战局，有着南北两个重心，南面的重心在上海，但也连带到南京与杭州一带；北边的重心应该在平津，连带到平绥津浦与平汉三条铁路线，但现在实际的重心已移到南口。"

第 2 号《战局一览》关于 1937 年 8 月 18—23 日上海战事的分析：分别从日军进攻的区域以及日军作战武器分析，得出日军主要的作战力量集中在华北，对于上海来说，在积极抵抗日军同时还要加强和其他地区的配合。同时还附了一张我空军根据地和日军进攻路线图。

第 3 号《战局一览》分别考察了上海最近三天战局分布，结合当时华北局势，特别提出"进攻乃是防御的最好方法"，鼓励军事力量积极抗战。

第 4 号《战局一览》详尽分析了上海战争重心发生了转移，华北战争重心也正处于转移中。并附有详明适用的沪战地图。

第 5 号《战局一览》分析了上海当时最新战况，日军进攻上海主要区域以及进攻策略，从而指出这将是一场持久战。

第 6 号《战局一览》不仅详尽介绍了上海各地的战事，同时也介绍了福建、青岛和津浦与平汉两线战事，强调我军已经掌握着大局上的优势和最后胜利的关键。

第 7 号《战局一览》不仅介绍了淞沪战事，同时还介绍了华南华北战事。

第 8 号《战局一览》综述沪战爆发一月以来的战事，全景扫描了华北、华中和华南的战事，不仅指出目前三处的战况，同时也高屋建瓴地指出三处的战略优势和存在的问题，特别指出日军封锁华南沿海并未对抗战带来实质性影响。

第 9 号《战局一览》综述了最新发生在华北、上海和华南战况，不仅有战事速递，尤为难得的是对于各处军事优势和劣势总体分析，附有进攻策略。并附有淞沪抗战的新阵线地图。

第 10 号《战局一览》首先从天气入手，幽默诙谐："三天来，在上海是秋雨的天气，不断的雨，湿透了敌人的军火；雨后的泥泞，使敌人的大炮搬不动，使坦克车开不动，使飞机场也不能用；雨水涨满了壕沟，东洋矮脚兵也站不住了。我们的战士却不受妨碍。""三天来，在北方，是晴朗的月亮天气。夜间，我们的游击队活动起来，一直穿透敌人的防线，深入敌人的后方。"以天气为由头，接下来重点分析了华北、上海和华南的最新战事。

第 11 号《战局一览》主要介绍了中日战事吃紧，战争范围也不断扩大，其中空战成为重要的方式，逐一剖析华北、上海和华南最新空战实况。

第 12 号《战局一览》开始有明确的主标题与副标题《华北主力战的前夜》，此标题高度浓缩了文章的内容。

第 13 号《战局一览》之《晋北游击战的胜利》不仅报道了最新发生在晋北地区的捷报，同时还分析了取得胜利的原因。

第 14 号《战局一览》之《敌军第四次总攻上海》详细报道了敌军对上海攻击的重点区域及其特点，同时还介绍了华北、平绥及华南主要战况。

第 15 号《战局一览》之《敌军侵沪战略的改变》详细报道了敌军对

上海发动的第四次进攻及其路线图,同时报道分析了华北华南战况。

第 16 号《战局一览》之《晋北游击战争的展开》报道津浦线上敌军攻陷德州,淞沪阵地两翼继续大战。

第 17 号《战局一览》之《蕴草浜南岸的血战》详细报道了敌军在蕴草浜与我军血拼战况,同时也扫描了华北、平汉线等地的战况。

第 18 号《战局一览》之《平汉路敌西攻娘子关》详细报道华北几个战线上的形势以及敌军围攻上海之势。

第 19 号《战局一览》之《山西决战的前夜》详细报道了平绥路敌军占归绥攻包头。

第 20 号《战局一览》之《大场阵地展开主力战》在九国公约国会议背景下淞沪敌军企图直取真茹,陕西敌我两军在相持中,敌舰窥海南岛轰击北海。

2. 国际形势是《〈抗战〉三日刊》的优势所在

1934 年创刊的《世界知识》的编辑人员,如胡愈之、金仲华等,同时也是《〈抗战〉三日刊》国际形势栏目的撰稿人。抗战伊始,国人自然关注国际形势,关注各国对于日本侵略中国的态度,尤其是关注日本国内的形势。国际形势栏目包括两方面内容:一是日本的情况。有军事实力分析:《日本陆军军力的估计》第 9 号、《日本军队的战略》第 10 号、《日本到底有多少空军》第 17 号。有综合国力分析:《日本能作"长期战争"吗?》第 3 号、《日本经济能作持久战吗?》第 9 号、《替敌人算一算账》第 19 号、《替敌人算第二笔账》第 20 号。有日本国内情况:《日本动员的印象》第 2 号、《日军官烦闷自杀》第 64 号、《没落中的日本士兵与民心》第 80 号。二是各国情况,尤其是其对日本侵华的态度。有综合形势分析:《国际间一致反对侵略者》第 1 号、《随着抗战展开的国际形势》第 4 号、《最近的国际形势》第 14 号、《日趋有利于中国抗战的国际形势》第 30 号。有具体国家态度分析:《最近美国态度的分析》第 12 号、《日德意防共公约》第 26 号。有各国人民声援中国抗战的报道：《杜威等主张抵制日货宣言》第33号、《美国人的反日情绪》第31号、《十一国抵制日货》第42号。

　　苏联的态度和有关情况是《〈抗战〉三日刊》尤为关注的。其原因很简单：一是日本侵华曾以"共同防共"相号召，为此还与德、意签订防共条约，对于当时已确立社会主义制度的苏联来说，不能不有所警惕；二是从地缘关系上讲，中国是日本与苏联间的战略缓冲带，如果中国一旦被日本全部占领，那苏联就会直接面对日本。这也是苏联所不愿意见到的。日本"是中国和苏联的共同敌人，中国和苏联这两大民族对于制裁侵略国的暴行以奠定远东及全世界的和平，实负有共同的使命"；三是韬奋等认为，"苏联红军最初以一个'器械破败'的人民军队，和四面包围的强敌作战，居然能把敌人击溃，成为保卫'国家独立''人民权力''阶级利益'与'自己信仰'的新式大军，这种成功的先例，是可以大大地增强抗战中我们的自信力的"，"在目前的民族以血肉争取自己的独立和自由的伟大斗争中，研究苏联奋斗的经过和建设的成就，更可给我们以不少的鼓励和借镜"。为此，一方面《抵抗三日刊》第24号集中刊发了韬奋的社论《苏联革命廿周纪念》，宋庆龄的长文《两个十月》（配有列宁、列宁夫人及斯大林的头像），金仲华的《最真实最彻底的民主》《列宁三十年的奋斗》的短论。同时还配发蔡若虹《也是从锁链里挣扎出来的》漫画：上方是一个昂然直立手握钢枪的标有20THUSSR的苏军战士，下方是一个被埋在锁链中标有"中国"但举着"全面抗战"牌子的中国人。其意思再明白不过：学习苏联，坚持全面抗战，中国也要从锁链里挣扎出来，争取民族独立。这样一来，《抵抗三日刊》第24号几成"苏联专号"。另一方面，生活书店也趁时而上，编辑出版了大量有关苏联的书籍。

　　3. 时评是《〈抗战〉三日刊》重要言论

　　战时时事评论总共86篇，期间经历了署名和排序变化过程。首先经历了无署名无标题、署名"韬奋"的时评到署名"韬奋"有标题社论的过程，足见战时评论的重要性和地位提升过程。1 号是《社评》，2—27 号都是无署名无标题的《时评》。28—29 号为有标题且署名"韬奋"的时评。30—86 号都是署名"韬奋"有标题的《社评》。其次，文章排序经历了一个变化过程，从 2—52 号仅次于战局分析类文章，到 53—86 号一直保持头条文章。

1 号《社评》主要从三方面做出梳理：上海抗战的重要意义、政治准备的补救和谁的责任，国难当头上海抗战意义重大，政治准备必须要配合军事行动，新闻界人士也要行动起来，才能最终将日本军队逐出上海。

2—27 号都是无署名无标题的《时评》。2 号《时评》主要从两方面加以讨论：救济难民与国防经济、上海设停战区问题。

从 51 号—86 号，社论称为《〈抗战〉三日刊》的头条文章，总共 36 篇，均出自邹韬奋。

社论时评涉及抗日救国工作的方方面面，均"显现其重要意义和相互间的关系"，"并贡献我们观察讨论所得的结果，以供国人的参考。"或分析国际形势，如《国际形势与中国抗战》第 49 号；或盘点国内情况，如《充实政府力量的真义》第 31 号；或揭露腐败现象，如《怨毒丛生的征兵舞弊》第 42 号，或抨击妥协论调，如《打破妥协迷梦》第 19 号；或关注军队，如《整饬军纪》；或牵挂儿童，如《战时的儿童保育》。拳拳爱国心，充溢字里行间。

第 33 号刊登韬奋社论《当前的急务》：当前最大的急务就是要挡住日本继续侵占国土，一方面需要前方的战士担负重任，后方的国人也需要坚持民族自信心，同时政治上负责者也需要言出行随。

第 83 号刊登韬奋社论《最后的五分钟》：以拿破仑关于战事的胜利取决于"最后五分钟"，分别从中国已做好持久战的准备、日本国内发行公债即将导致破产和国际社会对中国抗战声援三个方面论述，鼓舞国人无论从国内还是从国际上看，抗战形势都有利于中国，寄望中国同胞时刻做好战斗准备，争取"最后五分钟"神圣任务。

4. 各地通信是《〈抗战〉三日刊》的一大特色

重视通信是邹韬奋办刊的一贯作风。他不仅在刊物上登启事征集战地、后方的通信，自己也亲自动手撰写。上海沦陷后，他于1937年12月2日出发，从香港经广西至汉口，一路撰成《桂游回忆》，连载在第31号至49号。《桂游回忆》介绍了广西当局的"艰苦奋斗"，广西公务员的"勤奋奉公"，表示深信"在复兴中华民族的伟大事业上，广西是一个很重要的生力军"。

第31号《桂游回忆》之一《振作与虚怀》特别写到广西的印象，一是他们的振作，一是他们的虚怀。振作的精神不仅反映在他们外在的穿着和精气神，同时也反映在我们上班的状态；虚怀体现在广西党政军界不仅汇报广西的情况并征求意见，同时还体现在他们召集党政军公务人员听取邹韬奋等人关于战况的报告。

第32号《桂游回忆》之三《热烈诚恳的青年朋友》特别记录了广西大学理工学院的青年学生对抗战教育的热情，令作者感动。

尤其值得一提的是，《〈抗战〉三日刊》第59号至72号（第64号中断一期）连载了舒湮的长篇通信《边区实录》，对陕甘宁边区的政治、经济、文化教育、司法制度以及民众运动等方面的情况作了系统报道。这在当时国统区的新闻媒体中还是不多见的。

第20号刊登了罗琼《一线曙光》（南昌通讯），通过分析比较南昌人民对于抗战不同的态度和表现及其原因，虽然南昌存在着诸多的声音，中国农村合作出版社等还是给"故郡"带去了一线曙光。

第30号起刊登杜重远《到新疆去》，其实是抗战版"溪山行旅"记，转换个角度来观察抗战时的中国大地及大地上生活困苦多艰的人民。文章描述了陆行和空中飞行的见闻，将其放置在日寇侵略的背景下，颇多感慨。尤其当作者滞留汉口，见到满街鞋子大兴感叹。到西安后，西安表面的摩登下隐含着被摧残的可能。作者苦中作乐，居然还挪揄了西安——这"半老徐娘"一把。由于天气原因，滞留西安期间，作者收集了西安抗战的好坏消息。几经波折后，作者抵达兰州，徜徉兰州街市，感受回汉杂处的生存状态。尤其当作者从兰州飞往肃州途中，坐在飞机上的他观察着住在初世纪古洞穴中的苍生，真是百感交集。飞行过程中，作者还和年轻飞机机师交流，原来这位还是《〈抗战〉三日刊》的热心读者。

第33号刊登了魏精忠通信《今日之平津》，分别描述了北平和天津境况，日本人进入北平后，圣洁高雅的燕京大学陷入一片死寂，清华园中一片狼藉，生活于王府井的人们接受着日本人无休止的盘查。相对于北平，昔日东方文化古城、北方重镇的大商埠深陷人间地狱，面对此情此景，作者大声疾呼，诚望血性国人奋起，收复国土。

第34号刊登了石不烂通信《湖南的青年》，刻画出湖南青年有志难申的苦闷形象，令人难忘。

5. 战时常识专栏是为了适应民众的需要而设置

战时常识虽多为基本知识，亦有可观之处。专栏分别介绍了防空、防毒、救护等方面的常识。如《从飞机谈到炸弹——怎样才能避免炸弹呢？》第1号、《毒气是怎样的？》第2号、《略谈救护》第3号等，严格来讲，这是政府职能范围内的事情，但在政府职能缺位的年代，只能由出版界代而行之。

值得一提的是，除去战时常识专栏的具体内容，还有学者从历史和文化的角度传播常识。

第1号韬奋《战的反面》告诉民众当时的常识，战的反面就是丧权辱国。只有明白了战的反面，才能下最大的决心，才能感觉到重任在肩。

第1号无患《从飞机谈到炸弹》类似于飞机与炸弹的说明书，详细介绍了飞机和炸弹的种类、特点以及具体的躲避方法，条分缕析，让人一目了然。

第2号郭沫若《我们为什么抗战？》高屋建瓴，概括了抗战的三大原因：为保卫自己的祖国，为保卫世界的文化和为保卫全世界的福祉。文章从眼前的战况和从历史的纵深处入手，论及日本曾受惠于东方文明和欧洲文明，文中用"礼物"来阐述中国和日本的关系，以及日本与欧洲世界的关系，日本非但不涌泉相报，反而军国主义沸腾，摧残中国及世界文明。郭沫若先生在文章中号召民众积极投身抗战，表达了"时日曷丧，余及汝偕亡"的决心。

第2号章乃器《怎样展开弄堂组织？》认为做民众工作的人要具备两个条件：要知道大众的要求，同时也要把自己当作大众之一员。立足于抗战大背景，同时具体而微地谈及如何做好弄堂组织的具体步骤，亲切生动。

第2号曹聚仁《在〈最前线〉的五分钟》，记录了深入"最前线"的所见所闻所感，文中用"蜘蛛""蚂蚁"和"车轮"来描述它们枕戈待旦的紧张状态。

第5号谢六逸《战时的新闻记载》集中论及战时的新闻记载，不仅需要消息的正确和意识的正确，还需要借新闻的力量去鼓舞、指导并团结民众。尤其谈到战时新闻记者应该具备一些常识，有所为又要有所不为，具有同情心，不能类似秦人视越人的肥瘦而无动于衷。

6. 读者来信与读者互动的重要渠道

《〈抗战〉三日刊》主要任务之一是"反映大众在抗战期间的迫切要求，并贡献观察讨论所得的结果，以供国人的参考"，共有145封读者来信和291封编辑回信。这些信件基本出自普通民众之手，既有15岁的少年、20多岁的青年、30到50岁的中年人，也有60多岁的老人，职业身份包括工人、教师、士兵、学生、新闻记者、商人和华侨等。从中可以看出该刊读者群分布的广泛性，民众参与的积极性。此外，信件的来源地包含安徽、海南、陕西、湖北、四川、山东、河南、重庆等省市，这些信件的内容主要都是以抗战为主题。

来信多是各地读者写来反映问题，其中有的问题确实重大。如第

45号刊湖北大冶县石灰窑胡忠来信《保护国防资源》,指出政府当局并没有注意到,汉冶萍煤矿公司实权仍操于日本人手中,日本人在利用中国的矿产资源制造军火攻打中国。

此外,"读者来信"的内容围绕以下几个问题展开:(1)如何办好抗战报刊,第3号就刊登了民众关于报刊形式意见的信件;(2)关于抗战的主张,民众关于"抓壮丁"的意见等被刊登出来;(3)揭露抗战背景下的贪污腐败与鱼肉百姓的行径,第27号刊登了官员贪污腐败的信件;(4)普通民众报国无门和艰难生活,第82号刊载了一位乡下女子报国无路的苦闷。

针对民众的来信,《〈抗战〉三日刊》编辑的回信尤显功力:(1)从理念上鼓励民众积极投身抗战,第21号回信中将定位"抗战是持久战",民众应该做好充分的思想准备;(2)从具体策略上指导民众如何进行有效的抗战。针对读者关于抗战来信,编辑给予个性化的实际指导。当读者倾向于做一个文化工作者,而不满足于小学教务时,编辑则回信说,文化工作者与小学教务并不矛盾,而且两者都是抗战工作的一部分;(3)引导民众一致对外。在给读者的回信中,号召民众积极抗日,给出了"抗日第一,一致对外"的抗日主张。

短简从第3号开始,主要回复民众关于抗战各类问题,成为沟通编读往来的窗口和重要途径。

其实从第2号开始已设立了《信箱》栏目。本号信箱栏仅刊登了两封读者来信,并未附编者回应。第一封信来自一位热血青年,他们从平津出发骑行到南京以表达对日本侵略的愤慨。

第3号短简集纳了三封回信。第一封主要回复了读者三个问题,关于形式方面、关于内容方面要切合战时需要和文字方面要力求通俗易懂。第二封主要针对失业工人问题。第三封信回应了难民救济问题。

第4号短简集纳了六封回信,这六封信中有五封都是读者的困惑,国难当头,救国无门的苦闷:第一封信主要针对读者如何参与抗战的途径做了解答。第二封信主要针对读者就郭沫若文章中关于满族统治中原的历史描述做了回应。第三封信回复了民众参加抗战工作。第四封信回复了读者关于防毒药水的用法。第五封是读者对文章的意见。第六封主要回复读者"失业的痛苦"和"报国无门"。

7. 诗歌漫画是点睛之笔

文章合为时而著，诗歌合为事而作。《〈抗战〉三日刊》先后发表了冯玉祥、沈钧儒、郭沫若、钱亦石、何香凝、关露、劳荣等人的诗作。这些诗作均围绕抗战救国主题，通俗易懂，简洁明快。其中以冯玉祥发表诗作最多，如《战利品》第9号、《吴淞口大战》第13号等，计有21篇之多。此外，《〈抗战〉三日刊》还发表了光未然、冼星海的《纪念五一节》歌曲（第67号）和著名漫画家蔡若虹的多幅抗战漫画。

郭沫若《抗战颂》第1号号召民众觉醒："我们的武器或许不如敌人，但我们的民气和士气要超过敌人无数倍，我们并不怕氯气，不怕细菌，我们要以肉弹来把敌人摧毁。同胞们，我们大家要振作起来，一点也不要失望，不要惊惶，我们要抗战十年八年，抗战到日本帝国主义的灭亡。"

冯玉祥《九八》第1号写到，国难当头，国人当以马相伯老人为好榜样，"国难当头民族危，救亡天职不可逃，为国贡献我身体，必须自己身体好。要努力，须趁早，等到衰弱后悔晚了"。

冯玉祥《二百条鱼》第4号写到：目标为何物，长桥六十孔，鱼死二百条，桥自水上横。母舰运飞机，黩武以穷兵，海陆搬万里，炸鱼成大功，可怜日民血，军阀乱挥用。

劳荣《黄浦江开始了咆哮（一）》第3号、劳荣《黄浦江开始了咆哮（二）》第4号集中表达了民众对于抗战的决心和勇气。

8. 广告（书讯）

书讯在当时起到了启迪大众和传播新知的作用。

第1号、第2号无。广告的内容大多关于抗战主题书刊的出版发行。

第 3 号刊登了生活书店启事和《抗战画报》征求战事照片启事。

第 4 号刊登《抗战画报》第一期要目，四社战时联合旬刊启事以及生活书店增设霞飞路临时营业处启事。

第 5 号刊登《战时联合旬刊》第一期要目和《中华公论》第 1 卷第 2 号要目。

第 6 号刊登了《世界知识》等联合发布对本埠订户公鉴和《战时联合旬刊》公告。

第 7 号刊登了《抗战画报》第二期出版简讯。

第 8 号刊登《高射炮》旬刊，为上海诗歌作者联合出版，内容都是目前抗战的炮声中有力的呼号，《黑白丛书·非常时期特刊》之《街头壁报》和《弄堂组织》以及《本刊启事》。

第 9 号刊登了《抗战画报》第三期内容要目，《战时联合旬刊》第二期内容要目，《战时妇女》出版简介；此外《黑白丛书》之《非常时期特刊》，其中包括再版《街头壁报》，"壁报"是真正大众的文化食粮，深入民间，宣传效力极大。本书提供了许多办壁报的经验和方法，在关于壁报的形式、编制、内容和文字等方面都有具体的技巧传达；再版《巷堂组织》简介，这本小册子是战时从事下层民众组织工作的指南针。

第 10 号继续刊登了《黑白丛书》之《非常时期特刊》两种。战时唯一的儿童报纸《战时儿童》三日刊创刊号出版简介。该报由白桃主编，内容除报告战事消息外，还有战事儿童知识指导，文字浅显易懂，并刊登照片和图画；另刊登《战时必读书》的书目及作者信息和具体价目。

第 11 号刊登了《战时联合旬刊》第三期要目、《战时必读书》书目和邹韬奋《经历》书讯。《经历》是作者 20 年来奋斗历程的自白，不仅可以看到作者的学生生涯、职业界所受到的辛酸苦辣，更重要的是，从中可以读出作者服务社会的态度和具体办报办刊的经验。此外，在立身处世和写作方面，《经历》也给年轻人以有益的指导。

第12号刊登了由生活教育社编辑的旬刊《战时教育》目录，由抗战画报社发行的《抗战画报》广告。第13号刊登了三本书讯。第一本是上海生活书店发行《国防前线的绥远》，鉴于当时绥远已经成为国防一线，本书综述绥远地理、政治、经济、社会各方面。凡绥省的自然环境、重要都市、绥境蒙旗的沿革及组织、人口及其重要构成、文化及习俗，及其产业、资源、交通运输等，详说无余。且根据可靠的统计，把绥省整个经济状况，给予了严密的分析。书中附有详细地图，有助于读者对于绥省现状的了解。第二本是由上海生活书店经售《战时知识青年的修养与任务》，这本小册子说明了知识青年在抗战时期所负的特殊使命，和应做的具体工作。第三本是由上海生活书店发行路威著（胡愈之译）《战争与间谍》，本书以政治的国防立场，分析间谍在政治上与国防上的意义和作用。对于近代间谍制度发展的过程和著名国际间谍活动的史实，阐述尤详，融知识性和趣味性于一炉，译笔流畅，可做侦探小说来读。

第15期刊登了生活书店总经售《救亡日报》十日合订本，该日报以"集中救亡言论，报道救亡消息"为主旨。由抗战画报社发行《抗战画报》、由生活书店总经售《战时联合旬刊》，生活书店总经售傅东华主编《文学》，白桃主编《战时大众知识丛书》包括《怎样组织义勇队》《救护知识》和《警卫知识》。

第16期刊登了书店总经售韬奋《萍踪寄语》，该书为韬奋先生游美视察研究的结晶，通过对美国的调研，期望帮助国人形成对美国正确的认知。书内附铜版插图多幅，可与文字对照阅读。此外还刊登了中国无线电工程学校的广告，该学校抗战期内加设《战时训练无线电技术速成班》，短期内培养无线电技术人员。

第17期刊登了四本书讯。两本是由生活书店发售，张佐华著《游击战术讲话》，苏联作家富曼诺夫著（郭定一译）《夏伯阳》，该小说描写俄国著名游击战士夏伯阳的英勇战绩，无疑对于中国当时游击战争具有借鉴意义。《医药与救亡》是一份瞩目医药与抗战的小刊物。最为动人的是，在书讯间还有一份署名"上海煊白"的小广告《承欢侄鉴》："来示已悉。尔为保卫国家出而从戎，自常钦佩。惟尔祖母棋子念尔备殷，望即来一通讯地址，否则亦希间旬来函以通音问，此吾日夕所望也。"读后顿感"烽火连三月，家书抵万金"之古道沧桑。

第 18 期刊登了最近出版的系列抗战主题新书，其中包括《战时的宣传工作》《战时的妇女工作》《救护知识》等，此外还有内容大革新后，以"发扬抗战精神、普及抗战教育"为主旨的《抗战画报》，再次刊登了第 17 期署名"上海煊白"的小广告《承欢侄鉴》。

陆机《文赋》尝云文章之用"济文武于将坠，宣风声于不泯"，诚然，书生报国无他物，惟恃手中笔如刀。邹韬奋在《辛酸的回忆》中如此表述："只望能在此茫茫的人生长途中，寻得一花一蕊，贡献给读者诸君，倘诸君觉得在有些趣味的材料中，随处得一点安慰，得一点愉快，得一点同情，得一点鼓励，便是他暗中在精神上所感到的无限的愉快！"《〈抗战〉三日刊》诞生于抗战烽火里，历经乱离流浪，一方面提供报道，以系统分析和报道国际国内抗战形势，并呈现其重要意义和相互关系，同时也反映大众在抗战时期的迫切要求，贡献媒体观察以供国人参考。

# 世道·民生·文心
## ——从《萍踪寄语》探究邹韬奋的知识分子精神及其当代价值

朱智秀[*]

**摘要**：《萍踪寄语》是现代著名记者、出版家邹韬奋先生20世纪30年代被迫流亡欧美时所见所闻所思所感的真实记录。通过这部通信集我们能够洞悉其作为一个现代知识分子典范的精神内涵：一、世道之维：在新的时代面前放眼全球，探究和认识中国问题与展望未来；二、民生之维：关心民生疾苦，不仅为中国劳苦大众的疾苦呐喊，而且以悲悯之心体察整个世界底层民众的生存困境；三、文心之维：勇敢担当，用手中的一支笔描述事实、揭露罪恶、传播理想和希望。邹韬奋的精神永远激励着我们当代的知识分子继续奋勇前进。

**关键词**：邹韬奋；《萍踪寄语》；知识分子精神

《萍踪寄语》是现代著名记者、出版家邹韬奋先生因参加民权保障同盟会的进步活动被国民党当局列入追杀黑名单的危急局势下得到文化界友人鼎力相助而流亡欧美两年多中的见闻和思考的真实记录。这次行程从1933年7月14日邹韬奋登上去欧洲的"佛尔第号"轮船开始，到

---

[*] 作者简介：朱智秀：文学博士，河南理工大学文法学院中文系副教授。

1935年8月愤慨于国民党对《新生》杂志的查封而从美国经太平洋返回国内，旅行中他先后考察了意大利、瑞士、法国、英国、德国、苏联和美国，搜集了大量宝贵材料。作者依据这期间的视察和研究所得写成《萍踪寄语》三集和《萍踪忆语》一书，是当时和之后了解西方社会真实面貌不可多得的第一手资料，其价值和意义曾得到周恩来先生的高度肯定。邹韬奋（1895—1944）出生于晚清国势飘摇的动荡时代，青年时期受到五四新文化运动进步思想的影响，1922年开始即投身现代中国的新闻出版事业，此后到他1944年去世的20多年间，他为中国的新闻事业做出了不可磨灭的贡献。为此，他多次流亡国外、多次被捕入狱，为中国社会进步发展和抗日救亡事业九死一生，直至生命的最后。邹韬奋先生作为一个典型的现代知识分子，以自己的身体力行和奋力拼搏，为我们树立了一个积极投身时代发展洪流且以一种无所畏惧、勇敢担当的精神推动历史进步实现个人价值的楷模。本文拟从《萍踪寄语》这本影响深远的通信文集切入，集中探究邹韬奋的知识分子精神及其当代价值。

## 一　世界眼光和民族意识

1840年鸦片战争以来，中国的近代知识分子被迫开始"睁眼看世界"。随着越来越多的仁人志士通过各种渠道了解和探究中国之外的世界，清朝"闭关锁国"的思维和局面终于被打破，中国进步知识分子逐步摆脱了老大帝国的"夜郎自大"心态，以一种全新的立场和姿态寻求和确立"中国"在全球的地位。1911年辛亥革命之后，中国现代知识分子在新文化运动的激励和引导之下勇敢担当起了"评估一切价值"和革新社会与文化的使命，以开阔的视野和清醒的意识投身于现实，筚路蓝缕，奋力向前。其中，最值得关注的一个现象是：现代知识分子在理解和审视一切现实时具有了十分明确的"世界眼光和民族意识"。这种世界眼光和民族意识在邹韬奋的《萍踪寄语》中有极其鲜明的表现。

第一，通过客观具体的见闻描写，作者看清了中国社会方方面面的落后现实。

《海上拾零》一文中，作者写到了一位名叫叶滚亨的华商。这位华商是专程送自己的一双儿女到德国去上学，由此他谈到了中国国内教育与国外相比的落后状况。作者实事求是地承认了国内教育的确不如人意，而且无可奈何地指出了造成现状的根源，即日本侵略的影响、时局的动荡、人才难觅报国之门以及封建思想流毒的侵蚀。

《法国的农村》一文中，作者从三个方面展示了法国农村的先进与独特。第一，农业科学研究的先进。他特别关注到法国凡尔赛农业研究院、国立格立农试验场和格立农国立农业专门学校先进的科学研究与服务农村的措施，作者不无感慨于他们对植物病理的研究中对植物的呵护甚至超过我国内地民众受到的重视，赞赏他们对有贡献的知识分子的塑像纪念，调侃他们把"猪猡"照顾得堪比人类。第二，农村组织管理和文化教育的井然有序。"村长+书记"的管理框架，普遍地被各地农村采用，村长是没有薪水的纯服务岗位，书记一般由有相当薪俸的小学校长兼任。第三，农村的基础设施比较完备，邮局、平坦的马路、电车、咖啡馆等也一应俱全。这样的农村景观无疑是全方位地优于我们国内农村的，是作者肯定的对象。

在《世界公园的瑞士》一文中，瑞士处处绿草如茵的田野，鲜花点缀的房屋，色彩缤纷美不胜收的如画风景，还有那清洁的电气火车和衣着整洁的服务人员一起，组成了作者心目中"美好而理想的生活蓝图"，所以他毫不吝惜地用了"名不虚传""美妙绝伦""赏心悦目""青翠欲滴""心醉"等一系列饱含赞美之情的词汇，这在别处的游历中是很少见的。

对这些见闻的具体描写和作者内在情感的自然流露，能够让读者清晰地认识到当时中国在教育、农村建设以及社会整体发展等方面的落后面貌。

第二，通过记述人与人之间发生的一些小故事，作者看清了世界范围内普遍存在的以强凌弱的文化逻辑。

作者在前往欧洲的轮船上，不时遇到来自不同国家、不同民族、不同文化背景的人，这些人之间发生的各种故事以及矛盾冲突让作者时时感受到作为中国人、印度人等国际地位低下国家的公民所遭受的不公平待遇。

在《海上拾零》一文中，作者记述了自己见到的一件"气人的事情"。"佛尔第号"轮船停泊在孟买码头，一对英籍夫妇称到船上兜售杂志画报的印度人"碰"了他们的女儿，因此对恰巧经过而可能无关此事的印度人"举起手就打"，而印度人则无助地"抱头而逃"。从这件看似微小的冲突中，作者向我们展示了欧洲国民普遍的"强势"和"蛮横"，表达了对印度人这一国际弱势群体的高度同情。

《海程结束》一文中，作者写出了殖民地人民的悲惨命运。与作者交谈过的一个在印度居住了二十几年的英国工程师，"便把印度人臭骂得一钱不值"。作者从他的态度中感受到了"殖民者"自视为"天人"而视殖民地人民"不如蝼蚁"的不公现象。而来自爪哇的华侨某君所讲的荷兰殖民者与爪哇本地居民天壤之别的生活状况，更是对殖民者的剥削和罪恶充满愤慨。他写道："一个荷人一日的生活费竟等于二百五十个人的生活费了！"另外，殖民者不仅在物质上严重剥削当地居民，而且从精神上进行控制，想尽一切办法要预防当地居民的觉醒和反抗。殖民者的这些所作所为，难道不正是日本侵略者在中国大地上正在上演的丑剧吗？邹韬奋对此看在眼里，怎能不痛在心头？

《海程结束》一文中，作者把自己的体验做了概括：通过观察，他发现了欧美各国人中英国人"架子最大"，常常让人觉得高不可攀；美国人圆滑幽默，比较好打交道。而被西方殖民者统治的印度人则难掩其"被压迫民族的苦痛"，与中国人似乎心灵相通，有着"屈辱"而难以摆脱的悲苦处境。在国外，中国人常常被人看不起，只要是黄种人稍微显得体面一点就会被当作日本人。日本对中国的侵略之势不断加强，身在国外漂泊的作者为此深感屈辱而忧心如焚。

第三，通过身处国外的切身感受，树立不卑不亢的民族意识。

《船上的民族意识》这篇短文中，作者结合自己在轮船上的见闻和思考，生动鲜明地表达了自己对"中华民族"在国际上悲惨处境的愤慨和对造成这一现状的根源的反思。作者通过自己的观察，介绍了轮船上的乘客身份，"中国人七个，十几个印度黑人朋友（其中有一些着装奇怪的印度妇女），此外都是黄毛的碧眼儿"。虽然只是简单地介绍乘客，我们也可以从言辞中感受到作者亲疏远近的微妙心态，他称同样处于被西方殖民者统治的印度黑人乘客为"朋友"，而称那些强势自大的欧洲白人为"黄毛的碧眼儿"，显然具有不言自明的"调侃"和"讥讽"意味。这样的乘客群体必然会发生许多发人深思的摩擦与故事。果不其然，一位"大块头的外国老太婆"与李君之间就因为一个帆布椅子发生了误会与争执，轮船上由此风波骤起。中国人的"民族意识"被激发出来，中国人在国外时时可能遭到欺侮和践踏，被人看不起，被不公正地对待，有时候只能忍气吞声的现实就这样鲜活具体地呈现在读者的面前。作者并没有感性地一味偏袒自己的同胞，而是十分冷静客观地分析了种种现象，提出了自己认为应该秉持的正确的"民族意识"。

（一）要冷静分析遇到的具体问题，不能简单冲动地盲目反抗或怯懦退让。在老太婆与李君为一把椅子争执的这件事上，作者既不像甲君那样愤愤不平热血沸腾地对老太婆抗议，也不像乙君那样"出门就准备着吃亏"，而是理性地找到了解决问题的办法，最后老太婆也找到了自己的椅子，而且向李君道了歉。可见作者的客观冷静和不卑不亢的态度才是中国人应该具有的"民族意识"内涵之一。

（二）中国人在与外国人交往的过程中对自己的言行举止也要有清醒客观全面的认识，不能神经过敏。文中批评了一位赴外国经商的同胞

"高声喧哗"的不良习惯，指出了中国人容易"神经过于敏感"的错误，倡导一种"自尊自爱自律"的处世态度。他首先指出"不过有的时候也有自己错了而出于神经过敏的地方"，接着描写了这位同胞不分时间场合的"大嗓门"影响了他人的作息而被外国人指责的过程，对这位同胞做错了还不自省反而振振有词表示了不认同。邹韬奋主张中国人在国外要"自尊自爱自律"的认识对我们当下的国人也是深有启发的。如今距离作者写作此文的时间虽然已有80多年，中国的国势和地位也已经发生了翻天覆地的变化，但中国人到国外旅游购物还常常会因为"大声喧哗""随地吐痰"或"不排队等候"等不文明行为遭受诟病，由此，我们不能不为作者当时所具有的"远见卓识"而感佩。

（三）国内的政治混乱和国际外交的失败是中国人的国际形象和地位不堪的根源。作者不无敏锐地道破了国人被欺凌的根本原因，他写道："理由很简单，无非是国内军阀官僚们闹得太不像样，国际上处处给人轻视，不但大事吃亏，就是关于在国外的个人的琐屑小事，也不免受到影响。"李君的无端被欺负、浴室里洗澡的国人被驱赶等鸡毛蒜皮的小事都是不容置疑的明证。另外，"九·一八"事变以来日本人的嚣张和中国官兵令人气愤的软弱行径更是雪上加霜一般恶化了中国的"国际地位"，挫伤了中国人的国际形象。作者列举出西方报纸上"拖着辫子的中国人拼命狂奔"而"日本兵拿着枪大踏步赶着"的漫画，问了一句"这样的印象，怎能引起人的敬重？"他不由感慨"这都是'和外'的妙策遗下的'好现象'"，讽刺挖苦了国民党的"不抵抗政策"带来的恶果。鉴于这一点，作者认为要改变这种局面，不仅要进行国际的反对帝国主义压迫的斗争，也要坚决肃清国内"民族中的帝国主义附属物"，把斗争的矛头直指当时的国民党政权，这无疑具有超乎寻常的勇气和胆识。

第四，通过对别国历史事迹的评介，以求激发中国人的独立自主和反抗精神。

《游比杂谈之一》中作者评叙了在比利时游历的见闻与感想。比利时是一个在德、法两个大国的夹缝中求生存的弹丸小国,在文中作者最关注的问题是:这么一个仅有八百万人口、面积不过一万一千余平方公里的"小国"是如何凭借自己的力量在世界屹立不倒,在欧洲强国相互争夺和挤压的局势下生存和发展的。从作者的"着眼点"我们就很敏锐地意识到他所念念不忘的是自己处于"落后挨打"境遇中的"祖国",想要从比利时这一"小国"自立自强的感人历史中寻找"奋发有为"之路。一开头,作者就对比利时"夹在法、德两个大国之间"的不利地理位置进行了介绍,并且告诉我们比利时是"这两个大国扩充地盘时常争的地盘",但这样一个"小"国,居然能在"你抢我夺"之间,"靠着自己斗争的力量,终于能维持他们的自由平等的地位",其背后隐藏着多少没有言明的"悲愤和痛苦"啊!在文章的结尾部分,作者重点记叙了对参观比利时博物馆遇到的美丽活泼少女的深刻印象,引发出对健康进步的"民众教育"的赞赏;作者还用极其精细的笔触描述了比利时民众对"无名英雄墓"的顶礼膜拜,叙述了两次伟大的反侵略战争,高度赞扬了比利时人民毫不妥协的"民族精神"。他情不自禁地赞叹道:"比利时虽是蕞尔小国,她所以能卓然立于世界,也全靠这一点英勇抗战,令人不敢轻视的精神。"作者呼吁中国民众英勇抗击日本侵略者、保卫国家领土完整和国家独立自主的思想不言而喻。

《游比杂谈之二》中,作者再次描写了比利时这样一个"在欧洲经过战争最多"的国家。著名的滑铁卢之战就发生在这里,不可一世的拿破仑就是在经此一役之后最终败亡的。"虽以拿破仑的将才,一有轻敌之心,也免不了大吃败仗,这倒给我们一个很好的教训!"在中国国内战事日紧,日本侵略者狼子野心欲盖弥彰之时,邹韬奋对英国威灵顿将军的勇敢善战和以死抗击精神表达崇敬之意在当时具有极其鲜明的时代意义。

在参观比利时文化中心罗文时,作者提到了第一次世界大战中德国军队对罗文放火焚烧三天的罪恶行径,当时,比利时当局的做法是"死抗暴敌",根本没有在中国国内所发生的签订不平等条约、转移宝藏到租界等令人深感耻辱和荒诞的做法。在比利时的报纸上,到处刊登着关于中国的"负面新闻",这令作者深感受辱,但作者清醒地认识到是我们国人没有做出什么令人赞许的事情,怎么能埋怨别人呢?真是"哀其不幸、怒其不争",令人悲愤难当!

从以上四个方面我们可以看出,在20世纪30年代中国内忧外患灾难深重的历史关头,作为现代知识分子的邹韬奋已经具有开放的文化视野和强烈的民族自强意识,他能够站在"全球"的高度来思考中国的现实处境和问题,具备了高瞻远瞩的气魄和胸怀。

## 二 民生疾苦与现实关怀

20世纪30年代,世界资本主义制度已经高速发展了200多年。欧洲和美国是当时世界上发达国家集中的区域,整个社会的物质丰富程度和文化发展水平都远远超越了世界其他地区,中国的落后和羸弱是不容置疑的,所以才在19世纪后期以来不断遭遇列强的侵略和掠夺。在这种残酷的现实面前,流亡欧美的邹韬奋并没有丧失自己的忧国忧民情怀,他依然始终如一地保持着一颗拳拳爱国之心,无论身在何处,永远心系故国。不仅如此,他还把对底层民众生活幸福的关怀之心和关切之情推而广之到全世界,由此看清了资本主义社会制度表面奢华之下隐藏的剥削和压榨、危机与冷漠,揭示了资本主义制度的阶级本质。

作者对欧美社会现实的观察是客观真实的,他并没有从主观态度出发情绪化地批判西方的资本主义制度,他的文章之所以能起到积极的社会认识作用,主要还是得力于作者在"客观真实描写"的基础上自然地得出令人信服的结论。作者在欧洲旅行期间,看到了西方资本主义发展给社会带来的巨大物质财富和先进便捷的基础设施建设。《瑕瑜互见的法国》一文中，作者客观地介绍了法国资本主义制度下存在的"优点"，主要有三个方面，即服务周到极其便利的城市地铁交通，高密度的美丽的城市公园和廉价干净的公共浴室，有助于社会进行高效管理的居民"身份证"。这些现代化的基本设施建设和组织管理方式开阔了读者的视野，一定程度上反映了作者对资本主义制度优越性一面的理性认识和借鉴态度。在《世界公园的瑞士》一文中作者虽然告诉我们他到欧洲主要是为了观察和学习而不是为了娱乐，因而并没有把著名的"世界公园"——瑞士作为自己的游历目标，仅仅是因为旅途经过的缘故观赏了几个瑞士城市美丽如画的风景。但在这篇独特的文章中，作为读者的我们却能够从字里行间感受到作者对"瑞士"的无比喜爱和赞叹。这是瑞士的美丽自然风光和美好生活设施让作者感受到了"理想生活"的蓝图。作者这时一定会想如果我们中国也可以建设得这么美好该是多么令人兴奋啊！

值得关注的是，邹韬奋在客观介绍这些优越之处的同时，他更多地把注意力放在了这种"繁荣"背后的社会真实状况，让我们看清了资本主义的社会本质。

第一，随处可见的贫民窟，揭示了资本主义社会不可掩饰的贫富差距。

《威尼斯》一文，作者开头先描写了意大利东南海港布林的西的普通与贫穷，像样的街道只有一条，"在街上所见的一般普通人民多衣服褴褛，差不多找不出一条端正的领带来。"更显穷相的几处弄堂里还时时可见招徕"客人"的妓女。与布林的西形成鲜明对比的是威尼斯的"水城"特色和建筑整洁，而"街上行人衣冠整洁很多"，因为他们"大多数都是由欧美各国来的游客，尤其多的是来自号称'金圆国'的阔佬。"圣马可广场附近宏丽的建筑物、广场上夜晚灯火辉煌游人如织的盛况、拥有世界著名游泳场的利都小岛街道上的奇装男女都让我们感受到威尼斯城的繁华与富庶。但作者在描写了风景如画、美丽宜人的威尼斯后，十分明确肯定地告诉我们，"这是意大利五六百年乃至千余年前遗留下的古董，我们还不能由此看出该国有何新的建设成绩"。"我们在许多人赞美不止的威尼斯，关于大多数穷人的区域，也看了一番，和在布林的西所见的也没有什么两样"。贫富差距的存在以及社会经济状况明显的两极分化是深深震动作者的一种现象我们由此能清晰地发现作者暗含的关心疾苦和同情社会底层民众的价值观。

《巴黎的特征》一文中，作者集中介绍了最流行的咖啡馆文化和"玻璃房子"文化。咖啡馆文化代表的是巴黎的"现代与时尚"，这里的有闲阶级甚至普通人都可以享受这种现代文明带来的热闹和闲逸、自由与自我，街道上熙熙攘攘的男男女女和他们开放不羁的行为都是令人羡慕和惊奇的。与此形成鲜明对照的则是表面繁荣之下掩盖的悲惨与无助。繁华的咖啡馆前并不少见的处境悲惨的下层民众无不令人动容，"衣服褴褛，蓬头垢面的老年瞎子"在向人乞讨，"一面叫卖一面叹气"的卖报老太婆，费尽心机招徕"客人"的凄苦"野鸡"，还有在"玻璃房子"（公娼馆）计算钟点卖身的妓女……这些迫于生计的"巴黎市民"的悲苦和艰难使作者洞悉了资本主义繁荣背后不可忽视的贫富分化和两极差异。

《大规模的贫民窟》一文中，作者比较详尽地描写了在当时资本主义世界最发达的英国，首都伦敦竟然拥有世界闻名的大片贫民区——东伦敦。与西伦敦的繁华阔绰形成鲜明对照的是东伦敦的拥挤、破败和无助。资本主义难以掩盖的贫富分化和阶级矛盾，以一种尖锐刺目的方式使人一览无余。随着电车开进"东伦敦"，西伦敦"最奢华的店铺，皇族贵人的官邸，布尔乔亚的俱乐部、博彩院、戏院、官署、公园、议会、西冥寺以及最豪华的住宅区"都消失殆尽，满眼可见的是带着烟囱喷出许多黑烟的旧式烧煤汽车、衣衫褴褛的乘客、蓬头垢面东奔西窜的孩子和破败低矮的老屋。这里的居民过着与老鼠、虱子、蚊虫为伍的生活，无奈、无助甚至绝望，疾病和饥饿是他们难以摆脱的噩梦。生存条件的恶劣令人震惊，而资本家仍在不遗余力地剥削与搜刮钱财，政府部门也在虚张声势地欺世盗名。在作者的笔下，这是一个没有希望的社会，富人的天堂就是穷人的地狱，他情感的天平早已彰显了对贫民窟中底层人民的同情关心和对富人资本家作威作福的社会制度的极度痛恨。

第二，经济危机周期性发生，造成了资本主义社会矛盾激化，经济凋敝、失业人数剧增恶化了底层民众的生存状况。

《曼彻斯特》一文中描写了1929年世界经济恐慌以来日本与英国两个帝国主义国家"大抢市场"的局面，日本商品的价格极度低廉，给英国商品带来了巨大的冲击，就棉织物来说，"弄得兰开夏的棉织工厂停工的停工，倒闭的倒闭，叫苦连天！""帝国主义互争市场的把戏，正在钩心斗角一幕又一幕地演出，愈演愈尖锐化！"作者很少在通信写作中使用感叹号，这里竟意外地连用两个，由此可见他的情绪激愤到了何种程度。

《利物浦》一文中作者写道："曼彻斯特到了倒霉时代，利物浦也不得不到了倒霉时代。繁荣时代，规模越大越值赫；倒霉时代，规模越大越糟糕，越难收拾。"经济危机使得大量工人失业，市面萧条，民生凋敝。利物浦的贫民窟，"所谓'slum'，该处是在英国最大的贫民窟之一，衣服褴褛，房屋破烂，触目皆是。"工程殊为宏大的利物浦"浮码头"和尚在继续建造的工程浩大的利物浦大教堂都耗资甚巨，与此处最大的贫民窟两相对照，不能不感慨资本主义社会的两极分化之严重。在利物浦的华侨有三百八十人，这些华侨大多从事水手、伙夫、洗衣工、餐馆小老板等底层职业，生活大抵都比较艰难，这时已有六十八人失业。

《华美窗帷的后面》中写到一位表面沉静端庄却因失业陷入经济困境的妙龄少女不得不出来"卖身"度日，她的处境已经如此悲惨，而她还说比她更加窘迫困苦的女子多得很。

《巴黎的特征》一文中作者清楚地告诉我们，面对经济危机带来的个人失业及社会种种乱象，法国采取的看似不错的失业津贴潜藏着难以克服的困难，政府"拯救危机"的措施是那么疲软无力。经济危机是资本主义制度的一个"毒瘤"，揭示了其深层的社会矛盾和潜藏的破坏力。

第三，金钱主宰下的人际关系，使亲情冷漠、婚姻扭曲、人与人之间缺乏普遍的关心和热情。

《华美窗帷的后面》作者给我们记述了自己所住的有着华美窗帷玲珑雅致的三层洋房主人的悲惨处境。洋房的主人竟然是一个"天天在孤独劳苦中挣扎地生活着的六十六岁的老太婆"，她家庭破碎，身边无人照顾她，她还得每天辛辛苦苦地收拾房间、替租客们预备汤水和早餐，忙得不可开交。老太太提起自己死在战场上的儿子就悲伤落泪，但她依然顽强而勤苦地挣扎着活下去，这鼓舞着作者"增加了不少对付困难环境的勇气"。作者对这个房东非常宽容而友好，她也对作者赞赏有加。从老太太的生活困境中，作者看出了资本主义社会的一些本质，"在资本主义发达特甚的社会里，最注重的是金钱关系，一分价钱一分货，感情降到了零度，没得可说的"。她不去投奔她的女儿，竟是因为不愿成为女儿女婿的负担，那女儿也不主动来承担照顾母亲的责任吗？作者说："在现代社会里，金钱往往成为真正情义的障碍物。"这些所见所闻揭开了英国社会表面华美的面纱，让我们看到了其背后的另一种真相。

《曼彻斯特》一文介绍曼彻斯特环境污染严重，但"街市热闹，商店装潢美丽，交通便利，马路平阔，男女熙来攘往"。"我"住的小旅馆干净整洁，但却让人深刻地感受到人与人之间的剥削关系是那么鲜明。小旅馆中被雇佣的两个青年女侍者的整日忙碌、不得休息的劳苦和老板与老板娘的整日闲暇就使人顿感"劳逸的不均，人生的不平"。在华侨某甲家中的一次就餐，让作者看清了金钱带来的人性的扭曲。五十多岁的英国老太太深感"钱很重要"，于是把自己二十岁左右的女儿嫁给了年逾半百而外貌奇丑的某甲，靠着女儿女婿生活，而那个怀孕三个来月的英国女孩总是沉默寡言郁郁寡欢,显然这样的婚姻对她来说是多么不合情理且无可奈何。这也是钱和生存压力造成的不公平和无奈现实。

《黄石公园和离婚胜地》一文里,作者介绍了美国黄石公园的"大"和"奇",对其知名景观如能够规律喷水的温泉、壁立千仞的危岩、不怕人的熊等作了简要的描述。在盐湖城的盐水湖中游泳是难得的奇遇,而世界著名的离婚城雷诺更让人匪夷所思。雷诺的"离婚"简直高效而利落,但深究其后的逻辑,竟然是资本主义"商业文化"的组成部分。"婚"到底能不能高效而如愿地"离"掉,其决定因素是"有没有钱"这一经济根本。因为"离婚方便"而引发的高消费令人咋舌,这不能不说是资本主义国家的又一个荒诞离奇的"金钱游戏"!

人际关系的和谐美好是人生幸福的重要影响因素之一,而通过作者的这些见闻,我能够深深认识到资本主义社会中"金钱"对人与人关系的腐蚀与扭曲,洞悉其中存在的精神缺失。

第四,在社会文化方面,男女不平等、种族歧视等社会现象依然令人触目惊心。

资本主义制度在其发展之初,就提出了"自由、平等、博爱"等具有进步意义的人道主义思想,这是值得肯定的文明之光。但时间已经过去二三百年,欧美发达资本主义国家的许多社会现象却展示了与之相异的现实风貌。

《佛罗伦萨》一文中,作者风趣地记录了各大教堂前通告文字中"男女不平等"的禁例。与男子"只要脱帽"就可进入教堂不同的是,"凡妇女所穿的衣服袖子在臂弯以上的不许进去,颈上露出两寸以上肉体的不许进去,裙和衣服下端不长过膝的不许进去,衣服穿得透明的不许进去",可见在西方宗教文化中存在着对女性更多的禁忌,男女平等的文化建设之路仍很漫长。

《由柏明汉到塞尔马》作者到柏明汉的目的是"要看看美国南方的黑农被压迫的实际情况"。在小旅馆里,做茶房的黑青年偷偷摸摸地低声求我在纽约给他荐一个工作；柏明汉整洁漂亮的市容市貌背后隐藏着许多贫民窟；黑人遭遇种族歧视不能与白人平等地使用理发馆、教堂；贫民窟里居民住宿和生活条件之差等，这些现象无不向读者传达着一个明确的信息：柏明汉表面的繁荣美好是建立在对黑人的歧视和剥削之上的。离开柏明汉，作者前往柏明汉南边的小镇塞尔马"去看看变相的农奴"。在前往塞尔马的公共汽车上，作者观察到了白人与黑人生活的一个非常典型的侧面：他们是如何坐车的。上车后白人从前往后坐，黑人从后往前坐，"黑白交界"处的座位只要有一"白"或"黑"人坐上，即使空着，肤色不同的乘客宁可颠簸受罪也绝对不去坐空位，这足以看出在他们心目中"黑白分明"的鸿沟。作者由此感受到的是"被压迫民族的惨况和这不合理世界的残酷！"白人对黑人的歧视和压迫与中国的被侵略和压迫有何本质的区别呢？美丽整洁宜人的小镇塞尔马，"以一万二千的黑人，供奉着那五千的白人！""变相的农奴"（黑人）依然是没有人身自由的奴隶，他们的劳动成果几乎被完全剥夺，过着一种麻木、单调、枯燥、无聊、无助、无望的苦役生活，甚至仍然可以出让和买卖。20世纪30年代中期，美国南北战争（1861—1865）结束已经70多年了，南部却依然存在着如此残酷落后的"农奴"群体，这不能不说是对西方资本主义制度的极大讽刺。

从以上的四个方面，作者非常具体生动地向读者展示了西方发达国家的社会现状，揭示了资本主义制度表面的繁荣之下隐藏的种种危机，为中国民众看清国际局势，追求更加进步完善的社会理想提供了很好的参照。

## 三　奋不顾身与勇敢担当

我们知道，邹韬奋的欧美之行实际上是时局所迫的流亡，自有一番难以言说的痛苦隐含其中。但当我们阅读《萍踪寄语》中的文字时，却丝毫感受不到任何的颓废与迷茫，更没有逆境中一般人常有的烦恼和抱怨。难能可贵的是颠沛流离之中的艰难没有让他内心痛苦，也没有让他情绪低迷，虽然一路奔波辛劳，他却总是心系故国，不断思考着奋起之路。这种知识分子的责任担当意识不能不令人肃然起敬。

在《萍踪寄语》一书中，我们从作者点点滴滴偶尔提到的描写自己生活侧面的文字中能够对其精神内核有所了解。作为一个处于现代阶段的中国知识分子，从他的身上我们可以发现以下值得敬仰的人格品质。

第一，崇尚智识，无私坦诚。

《月下中流》中作者写了自己不惜重金报名去游览埃及首都开罗结果却未能如愿的失望与惆怅，钱虽然省下来了，但却失去了与古埃及文明近距离接触的大好机会。由此我们也可以看出，作者对人类历史上光辉灿烂文明的强烈好奇心和求知欲。

《佛罗伦萨》一文中，作者用赞叹的语气概括介绍了佛罗伦萨这个欧洲中世纪文化中心丰富多彩的文化艺术胜迹，接着便怀着歉意和遗憾之情写道："佛罗伦萨的雄伟的古建筑和艺术品太多了，记者又愧非艺术家，没有法子详尽地告诉诸友，对艺术特有研究的朋友，最好自己能有机会到这里来看看。"这样的坦诚相告让读者深感亲切，仿佛作者就是我们最友好贴心的朋友，因为无法满足我们的好奇心和求知欲而忐忑不安。邹韬奋极其"真诚"的写作态度和语气让他的通信文章具有了打动人心的力量，俘获了许多读者的心。

在《巴黎的特征》一文开头，作者告诉我们，他在欧洲游历的过程中，不仅要不断撰写通信稿件寄回国内，而且为了更好地观察与了解欧洲各国的世情百态及时地补习外语。作者有比较好的英文基础，但有些国家英文并不能很好地完成基本的交流，这就需要及时学习新的语言以备不时之需。为了到俄国去游历，作者在巴黎时就很用心地补习了两周法文。这种积极学习不断进步的精神值得每一个有志于学的知识分子奉为典范。

第二，心系祖国，忧国忧民。

《海上拾零》一文中，作者深为轮船上的信息闭塞和与外界时事的隔绝而苦恼，此时他却意外地了解到同行的"某君"的一番高论。某君认为在国内或国外时"看报"常常使人怒火中烧，这于人的健康很有妨碍，在船上或出国旅游时消息不通恰恰可以避免情绪干扰，过得舒心快乐。作者也十分清楚中国当时正处于内忧外患之中，国内的军阀混战和民生艰难令人忧愤，实在会影响人的好心情。但与某君不同的是，他一丝也没有感到轻松和快乐，反而更加焦灼不安。他沉痛地写道："你尽管耳不闻目不见，糟糕的国势和凄惨状况仍然存在，并不因此而消灭，而且一出国门，置身异地，夹在别国人里面，想念到自己国内的乌烟瘴气，所感到的苦痛只能愈益深刻。"我们从这些朴素的话语中能够深切地体验到邹韬奋那种"忧国忧民"的赤子之心。这一爱国主义的情感也许才是作者流亡国外的两年多里时时萦绕心头的精神内核，而在《萍踪寄语》中作者却把它深深隐藏在质朴文字的字里行间，只在此处有一次清晰的直抒胸臆。

第三，不辞辛苦，笔耕不辍。

在《世界公园的瑞士》一文的开头，作者用这样的话语表明了自己赴欧旅行的初衷和目的，他说："记者此次到欧洲去，原是抱着学习或观察的态度，并不含有娱乐的雅兴。"这样的心态奠定了其整个行程中所见所闻所感的关注点以及写作的重心，作者不是为了"好玩"或"猎奇"才下笔，他是带着鲜明的责任感和严肃的态度来审视西方，为寻求国家民族的富强发展之路而不断探索思考着。

《船上的民族意识》一文的开头，作者简要描述了自己在轮船上渡过印度洋时于大风浪中极度颠簸的惨状。轮船一上一下地摇摆，头部难受而难以进食，一天多来"苦不堪言"。但就是在这样的艰难行程中，他还是在状况稍好些的时候坚持写作。他在文中写道："写此文的时候，是靠在甲板上的藤椅里，把皮包放在腿上当桌子用，在狂涛怒浪中缓缓地写着，因明日到科伦坡待寄，而且听说地中海的风浪还要大，也许到那时，通讯不得不暂搁一下。"由此我们可以清晰地感受到邹韬奋在去欧洲的旅途中出行条件是相对艰苦的，但作者却丝毫没有因为境况窘迫而放弃工作。他以一种"分秒必争"的精神用笔记录着自己的所见所闻和所思，真诚而急切地想要把它们分享给国内的读者和民众。

为此，作者不顾旅途劳顿，常常在疲惫不堪的状态下加紧撰稿。在《世界公园的瑞士》一文中，作者给我们介绍了自己赶写稿子的情形。8月19日下午，作者到达瑞士的首都伯尔尼，安顿好住处，他就很急切地想把游历意大利的印象和感想写成通信稿，无奈过于奔波劳累，"一躺下去，竟不自觉地睡去了半天"，于是就在睡醒后"夜里才用全部的时间来写通讯"，而且"二十日上午七点钟起身后继续写"，才把要写的稿子完成。在这篇通信的末尾，作者提到自己为采访中国驻瑞公使馆的工作人员而"因此饿了一顿中餐"这件事。

《由巴黎到伦敦》一文开头，作者概述了自己在伦敦一个多月的日常生活，从一个侧面反映了他"流亡"欧洲的生活常态。他说"这一个多月的时间却也支配得很忙"，"大概上半天都用于阅览英国的十多种重要的日报和几种重要的杂志，下半天多用于参观，或就所欲查询的问题和所约的专家谈话，晚间或看有关所查询问题的书籍，或赴各种演讲会（去听不是去讲），或约报馆主笔谈话，或参观报馆夜间全部工作，每天从床铺上爬起来，就这样眼忙，耳忙，嘴忙，忙个整天"。这段话寥寥一百来字，就写尽了作者的"匆忙与奔波"，勾勒出了一个进步知识分子投身工作生活实践的热情与坚韧。

由以上这些点滴的文字记录中，我们仿佛看到旅途劳顿的作者孜孜不倦地争分夺秒写作的情形。在由巴黎经英吉利海峡到伦敦的渡轮上，作者因为听闻了许多有关"晕船苦楚"的描述，因此为应对这一磨难做好了充分的心理准备。他在内心涌现出一种令人感动的情绪，他说"觉得我所以肯，所以能不怕怎样大的风浪在前面，都鼓着勇气前进，只有应付的态度,没有畏惧的态度,就只因为我已看定了目的地——所要达到的明确的对象——又看定了所要经的路线。此事虽小,可以喻大。"作者一个人孤身漂泊在举目无亲的欧洲各国,奋勇前进,不畏艰难,其精神和动力难道不是来源于内心的坚定和献身祖国建设事业的热忱吗?有了高远的目标,就不畏风雨兼程,这是一种多么伟大的精神啊!

第四,追求理想,求真务实。

《运动大检阅》叙写了1934年7月24日下午在莫斯科观赏的一次"运动大检阅"活动。苏联作为当时世界上社会主义国家的典型代表,标志着一种全新的社会制度。十月革命的胜利曾鼓舞全世界无产阶级和被压迫民族的革命者,也给中国这样一个处于内忧外患之中的国度带来了全新的希望。作为一个积极寻求国家民族富强之路的现代知识分子,邹韬奋的欧洲之行在苏联感受到了光明和未来的感召。《运动大检阅》一文中作者以一种抑制不住的热情全面描写了这次活动的空前盛况。这天参加检阅的男女青年有十余万人,他们个个衣着整齐,带着不同的运动器材,精神抖擞地展示着一种全民性的"健康美"。这些活动中的服装、体育器材等都是国家免费提供的,这是一个"与众不同"的现象。莫斯科体育委员会的负责人安梯朴夫的问话"你们准备好了吗"和被检阅的运动员"准备好了"的回答展现了令人振奋的民族精神和国民形象。这是在欧洲其他各国难以看到的"整体风貌",也是作者十分惊喜的"发现"。苏联这个举世瞩目的社会主义国家在用"体育精神"塑造着全新的"国民形象",给作者也给所有的中国人带来了独特的文化景观。

《谒列宁墓》这篇通信中邹韬奋记叙了自己参观列宁墓地的经过以及由此引发的思考。作者怀着崇敬的心情瞻仰了马克思主义的伟大领袖列宁的遗容,歌颂了他"虽死犹生"的精神感召力,高度评价了他在长期的革命斗争过程中表现出的"百折不回、屡败不屈"的坚韧精神。作者清醒地认识到,正是"信仰从来没有丝毫动摇过"的对"主义"

的坚定才是列宁"不受失败沮丧的最大原因"。从列宁在布尔什维克和孟什维克的艰难斗争过程表现出的勇气智慧和高瞻远瞩中,邹韬奋看到了无产阶级革命领袖的开阔胸襟和革命热情,感受到了列宁全心全意为"勤劳大众"奋斗而不计较个人名利地位的感人力量。可以说,在20世纪30年代中期,邹韬奋已经树立了坚定的无产阶级革命信念,表现出了高度的革命理想主义和献身中国革命的热情。

《开放给大众的休养胜地——克里米亚》一文中作者不吝笔墨地从各个角度描绘出了克里米亚的风光秀丽和气候宜人,在此基础上,作者一次次兴奋地向读者宣告:这里再也不是少数贵族和资产阶级的专享胜地,而是已经变成了"勤劳大众的疗养院和休养院了!"那些普普通通的"粗手粗脚的工人,或土头土脑的农民"随处可见,作者为这种翻天覆地的改变而激动不已,他游遍整个欧洲,终于找到了不同于其他国家繁荣外表下贫民窟遍布的所在,找到了"勤劳大众"享受美好生活的"世外桃源"——苏联大众的休养胜地克里米亚!

《雅尔达》一文中,雅尔达是克里米亚半岛上最美丽的区域,列伐低亚这座"尼古拉第二在最美丽的雅尔达遗留下来的一个最美丽的别墅,现在却成为工农大众的一个最好的疗养院了!"作者一边描绘列伐低亚别墅的宏丽奢华,一边叙述着与之有关的历史趣闻,调侃嘲讽着封建统治者的愚蠢堕落,斗转星移时代变迁,这里如今成了供工农大众中表现优异者免费疗养身心的地方。在音乐室里那个弹钢琴的女突击队员与前来参观的几位美国朋友之间有一场"颇有意味"的对话。女突击队员问美国朋友:"你们也有同样的权利(按:指优待工人如住在这疗养院等等)给你们的工人们吗?"结果令历来优越感极强的美国人感到惭愧。这虽然是一个小小的插曲,但也足以看出邹韬奋对苏联优越的社会主义制度的追慕和对西方资本主义制度的否定。在文末,作者以风趣的口吻写道:"我们在这'御道'上时时碰着一二十或二三十成群结队的男女工人或农民,也在来来往往游行着,个个平民都做了'皇帝'

了!"苏联全新的社会生活照亮了作者的内心,这才是他所追求的理想世界!

由以上的分析我们可以看出,作为现代知识分子的邹韬奋在国家民族处于内忧外患之中的历史关头,从来没有失去过为国为民勇敢担当的勇气和斗志,他崇尚智识,热爱祖国,不畏辛苦,追求理想,积极投身于革命实践,即使牺牲自己也在所不惜。在他身上有一种高尚的人格魅力值得我们歌颂和学习。

## 结　语

每个人都生活在一个特定的社会历史环境之中,我们没有办法脱离自己的现实境遇而空谈"知识分子"的价值实现。邹韬奋先生在20世纪30年代的特殊时代背景下,以自己的实际行动和文字著述给我们做出了榜样。从他的《萍踪寄语》一书中,我们能够深刻地洞悉作为一个现代知识分子所具有的伟大人格和博大胸怀。他放眼世界,以开放的态度重新寻找中华民族的未来出路;他忧国忧民,不仅为中国劳苦大众的疾苦呐喊,而且以悲悯之心体察整个世界底层民众的生存困境;他勇敢担当,用手中的一支笔描述事实、揭露罪恶、传播理想和希望。邹韬奋的精神永远激励着我们当代的知识分子继续奋勇前进。

为此,摘录两条评语与诸君共勉:

忧时从不后人,办文化机关,组救国团体,力争民主,痛掊独裁,哪怕冤狱摧残,宵小枉徒劳,更显先生正气;历史终须前进,开国事会议,建联合政权,准备反攻,驱除日寇,正待吾曹努力,哲人今竟逝,倍令后死神伤。

——周恩来和夫人邓颖超挽邹韬奋联

你并没有离开我们,你还活着,你还活在我们每一个人的心里，每一个青年的心里，千千万万人民大众的心里。你是活着的，永远活着的，从中国历史上，从我们人民的心目中，谁能够把邹韬奋的存在灭掉呢？

——著名学者郭沫若在邹韬奋的追悼会上演讲

**注释：**

陈福康编："海上文学百家文库"第45册，《胡愈之　邹韬奋卷》，上海文艺出版社2010年版，第364页。邹韬奋记述了一件事，"周恩来先生有一次偶然和我提及《萍踪忆语》，他说关于美国的全貌，从来不曾看过有比这本书所搜集材料之亲切有味和内容丰富的"。

邹韬奋：《萍踪寄语》，北京师范大学出版社2014年版。这本《萍踪寄语》中的文章主要包括：从三集《萍踪寄语》中筛选出来的22篇文章，1篇原载1936年9月《世界知识》第4卷第12号上的《由柏明汉到塞尔马》，1篇原载1937年5月上海生活书店版的《萍踪忆语》的《黄石公园和离婚胜地》，总计24篇通讯，集中展现了作者这次欧美之行的主要见闻和思考。本论文中的引用文字凡出于本书的，不再独立注明，只用上标标明其页码，特此说明。

# 对比求新

# 传承与演化：韬奋新闻奖评选结果的回顾与反思

吴　锋[*]

**摘要**：韬奋新闻奖是我国新闻编辑及通联领域的最高奖。它虽然还是一个相对年轻的奖项，但在中国的权威性和影响力不亚于普利策新闻奖，历来是各界关注的焦点。本文运用定量与定性分析相结合的方法，通过韬奋奖获奖群体特征与韬奋原型的对比分析发现：当下韬奋新闻奖存在传承不足、改造失当、异化严重等问题。要走出此种困境，须正本清源，"回到韬奋原型"，真正传承邹韬奋的核心价值与职业理念。

**关键词**：韬奋原型；韬奋新闻奖；传承；异化

## 一　问题的提出

在人类演进史上，几乎每一个民族或地区都出现过光耀千古、令人恒久记忆的英雄人物，其传奇经历和光辉事迹通常会被"升华"为一个意涵丰富的"理想原型"———一套近乎完美的行为准则及价值符号系统，成为后人尊敬与崇拜的"图腾"[①]。为传承图腾符号的社会意涵，

---

[*] 作者简介：吴锋，西安交通大学新闻与新媒体学院教授，博士生导师。
[①] 王曰美：《原始社会人的主体意识之觉醒》，载《华东师范大学学报》（哲学社会科学版）2008年第2期。

后人通常举行类似宗教仪式的纪念活动，而以英雄之名命名的奖励评选活动即属惯常的渠道载体。在新闻界，最具权威性或影响力的奖项亦大多借业内英雄人物之名，是故美国的普利策新闻奖、法国的"阿尔伯特·伦敦新闻奖"、加拿大的"杰克·韦伯斯特新闻奖"等皆循此道。在中国，民国时期杰出的新闻记者、出版家邹韬奋，以不屈而卓越的新闻出版经历树立了一座不朽的精神丰碑，他为劳苦民众谋福祉的人文关怀旨趣、坚守言论独立的"报格"意识、创新求精的新闻专业理念和竭诚为读者服务的奉献品格等精神气质具有超越个体、穿透时空的深层魅力，成为我国新闻界的理想原型。韬奋去世后，周恩来提议以韬奋为出版事业模范，此议得到了国家和人民的认可。[1] 1987 年中国韬奋基金会成立，1993 年该基金会委托中国记协主持开评"韬奋新闻奖"，成为经中宣部批准常设的奖励我国新闻编辑、新闻评论员、新闻性节目制片人、通联、校对等新闻工作者的最高荣誉奖。2005 年据中央关于《全国性文艺新闻出版评奖管理办法》，范长江新闻奖和韬奋新闻奖合并统称"长江韬奋奖"，但评选中仍有区分。自 1993—2010 年年初韬奋奖已评选 10 届，共 96 人获此殊荣。值得追问的是：当下韬奋新闻奖在多大程度上传承了韬奋原型？又发生了何种流变，甚至是否发生了"异化"呢？

在《中国学术期刊文献库》检索发现：（1）以"邹韬奋"为主题的研究文献达 307 篇，对其生平履历、职业经历、社会活动及新闻思想等做了全方位、立体式研究，自中华人民共和国成立以来一直是热点问题。（2）以"韬奋新闻奖"为主题的研究自该奖开评以来亦是各界关注的焦点，关于该奖的设置缘起[2]、获奖者经验与感悟的个案描述及获奖群体的共有特质[3]等均已有论述。但从时态变迁视角，考察韬奋新闻奖与韬奋原型之关系的研究尚付阙如。在新形势下，回望韬奋原型，透

---

[1] 雷群明：《编辑记者要读点韬奋》，载《编辑学刊》2008 年第 5 期。
[2] 阮观荣：《韬奋新闻奖诞生记》，载《青年记者》2008 年第 6 期（上）。
[3] 刘保全：《从韬奋新闻奖得奖者身上看新闻工作者素质》，载《新闻采编》1996 年第 3 期。

视韬奋新闻奖评选结果所反映的成绩与问题,对改进和完善新闻界的奖励制度具有借鉴意义。

从逻辑上讲,由韬奋原型演化成韬奋新闻奖,不外乎三种路径:一是传承,即以韬奋之笔名命名的奖项,会直接传承韬奋原型中的某些元素,以证实该奖项的正宗性和合法性。二是改造,即作为一项代表国家意志的官方奖项,受时代主题切换和多方利益协调等影响,韬奋新闻奖会对原型加以修改,以回应新的时代主潮及多方利益诉求。三是异化,即作为一个数量稀缺、充满诱惑的制度化奖项,因制度缺失或程序操作问题,可能出现背离公众期待的"背反"现象。本文即从上述三个维度考察韬奋原型与当下韬奋新闻奖获奖群体之间的关系。

此外,为准确描述现今韬奋新闻奖获奖群体概貌,本文引入SPSS 16.0工具对其总体特征进行统计分析。据评选规则,所有参评作品及有关材料需按规定公示,评选结果则永久公示。该公示制度为本文的统计研究提供了可靠的数据来源。本研究的数据信息主要来源于中国新闻奖评选公示材料即中国记协网。对公示材料中未知或不详信息的指标信息,则在谷歌、百度等搜索工具上以获奖者姓名为主关键词,以其所在媒体名称为次关键词,查询其简介及新闻报道材料。将通过上述方法搜索到的相关数据信息进行编码和标准化处理后,进行统计分析并生成图表。

## 二 传承:韬奋新闻奖对韬奋原型的直接继承

所谓传承是指韬奋新闻奖直接引鉴韬奋原型中的某些元素,使得现今获奖群体在某些方面与邹韬奋原型具有同一性或近似性,以增强社会认同。这种传承通过现今韬奋新闻奖获奖群体的特性体现出来。

(1)精英知识分子原型的传承。对邹韬奋原型的认识应重视其文化教育背景。他先后就读于福州工业学校、上海南洋公学,1919年由南洋公学院机电工程科转入圣约翰大学文科，该校系近代中国成立最早的教会大学之一，独享"东方哈佛"之誉，并于1920年创办国内第一个新闻系，率先将美国密苏里新闻学院教育模式传入中国。① 从6岁到26岁，从传统私塾教育到近代西洋教育，从工程教育到人文社科教育，邹韬奋接受了20年的教育。该精英教育背景对其后从事新闻出版活动的影响无疑是潜移默化、至巨至深的。在韬奋新闻奖评选中其精英知识分子原型得到传承：（1）从获奖者最高学历看，在96人中，高中及以下学历者24人，占25.0%；中专与大专学历2人，占2.1%；本科55人，占总数的57.3%；硕士研究生学历12人，占总数的12.5%；博士研究生学历3人，占3.1%。从时代变迁来看，获奖者学历有逐步提高的趋势。韬奋新闻奖前五届中40%的获奖者系大专以下学历，而到后五届中大专以下学历者不足10%，硕士及博士研究生学历者提升至20%。（2）从获奖者取得最高学历的培养单位来看，出现频次由高到低依次为：复旦大学9人次，中国传媒大学7人次，人大5人次，山东大学4人次，中国社会科学院3人次；川大、南开、吉大、华中科大、西北大学、湖南师大、南京师大、上海外国语大学分别为2人次；北大、武大、中山大学、暨南等23所院校分别为1人次。此外，密苏里大学、伦敦大学、莫斯科大学及瓦溪本大学4所海外院校各1人次。其中，出现2次以上的培养单位皆系211工程大学或国内顶尖科研院所，而海外培养单位亦属世界一流大学。获奖者培养单位的出现频次格局呈清晰的"马太效应"，名校出身尤其是新闻传播学科强势的重点院校具有更高的获奖概率。由此可见，现今韬奋新闻奖获得者大多在国内外知名重点大学受过高等教育，其以深厚学养支撑新闻业务的特征传承了韬奋原型中的精英知识分子形象。

（2）应和时代主题原型的传承。邹韬奋创办报刊之所以发行量大，所著"小言论"之所以受欢迎，最根本缘于及时回应时代核心诉求、

---

① 顾子筠、张刚：《曾立潮头沪学府：上海圣约翰大学》，载《科学中国人》2007年第4期。

符合时代主题主潮。由邹韬奋开创的平民化言论"讲人民大众想讲的话,讲国民党反动派不敢讲的话,讲《新华日报》不便讲的话"。他鲜明地提出"团结抗日,民主自由"的主张,认为报刊应"以社会的改进为目的",报人应"站在社会的前一步,引着社会向着进步的路上走"①。这种主动回应时代主题、积极参与社会改造的韬奋原型在现今韬奋新闻奖中得到传承:据韬奋新闻奖获奖者代表作品内容涉及对象的特性进行统计表明,代表作品反映重大事件(作品内容主要反映年度内发生的影响范围广、受众广泛知晓的标志性事件,党和国家重大事件,及历年国家特别事件如非典、雪灾、地震等灾害性事件)的有 45 篇,占 46.9%;反映国计民生的(反映普通民众的社会问题及利益诉求)44 篇,占 45.8%;反映重大人物者(作品内容涉及国家领袖、政府高官、知名度较高的精英人物)7 篇,占 7.3%。亦即反映时代重大实践、重要人物及回应基层群众民生诉求的代表作品有更高的获奖概率。

(3)奉献者原型的传承。与台前的知名记者相比,编辑是幕后奉献者,韬奋新闻奖正是对甘于寂寞的"无名英雄"的奖励。邹韬奋从 1926 年开始新闻出版活动,先后创办并主持过"六刊一报",新闻出版的所有环节,从采访到编辑,从校对到编审,从装帧设计到印刷发行、广告经营等皆亲有经历,历练成一位"出版全才"②。在出版活动中,邹韬奋不仅重视编辑工作,还热心读者服务,视读者为"真正的维他命"。他在《生活》周刊上设《读者信箱》专栏,其读者服务涉及范围之广、投入精力之多、服务内容之深前所未有,达到了"竭思尽智"的境界。③ 现今韬奋新闻奖亦传承了韬奋奉献者的原型:(1)从获奖者的岗位类型看,有 86 人属编辑岗位,占 89.6%;4 人系新闻节目制片人岗位,占 4.2%;3 人为新闻评论员,占 3.1%;2 人是校对岗位,占

---

① 马征、陈璐明:《略论邹韬奋的新闻出版思想》,《新闻世界》2009 年第 3 期。
② 李献英:《邹韬奋报刊活动及"韬奋精神"略论》,《牡丹江师范学院学报》(哲学社会科学版)2007 年第 2 期。
③ 王瑞:《从〈店务通讯〉看邹韬奋读者意识的演进》,《北京印刷学院学报》2008 年第 5 期。

2.1%；1人系通联岗位，占1%。这表明，不仅编辑能够获奖，编辑背后的制片人、校对员乃至通联人员皆有获奖之机会，是对奉献者工作的肯定。（2）从获奖者工龄来看，获得者的平均工龄为25.16年，最长工龄42年，最短工龄10年，其中约六成系夜班编辑，过着昼夜颠倒的生活，甘愿把毕生精力默默奉献给新闻事业。

通过上述三方面的传承，从现今韬奋奖获得者身上可找到韬奋原型的影射。这种传承带来双重效应：一则从源头上找到一个精神依托，诠证该奖项的正宗性和合法性，强化其光环效应；二则在现实中树立一个具象化的理想标杆，印证该奖项的神圣性和合理性，强化其威权效应。

## 三 改造：韬奋新闻奖对韬奋原型的强化与修正

流变是在传承韬奋原型的基础上，因应时代变迁或多元群体利益整合的外部张力而发生的变异。从现今韬奋新闻奖获奖群体的特性看，主要有以下几个方面：

1. 稀缺性的强化。以现今目光审视邹韬奋原型，他不仅是知名记者又是编辑大家，不仅是出版全才又是奉献英雄，不仅是政论家又是人民斗士，不仅才艺超群而且品格超凡，确乎近现代中国历史上罕见的理想偶像，也注定了以其命名的奖项乃常人难以企及的梦想。邹韬奋理想原型的稀缺性在现今韬奋新闻奖中得到强化。（1）奖项数量的严格限制。韬奋新闻奖每届限定10名，最初每3年评选1次，1998年起每两年评选1次，2005年起每年一评但取消提名奖。从1993—2019年初共96人获奖，其中，第3届和第10届评出9人，第5届评出8人，其余7届为10人，平均每届评出9.6人。如此看来，该奖评选程序和规则较为严格，体现了宁缺毋滥原则。（2）获奖单位的垄断性。以历届韬奋新闻获得者所在媒体单位出现频次的统计显示，《人民日报》（8次）、中央电视台（6次）和新华社（6次）、中央人民广播电台（4次）、中国国际广播电台（4次）、《光明日报》（3次）和《经济日报》（3次）7家媒体出现频次3次以上，以绝对优势位居第一梯队；《中国青年报》《今晚报》《文汇报》、内蒙古电视台等9家媒体为2次，位居第二梯队；《广州日报》《解放日报》《新民晚报》等80家媒体为1次，位居第三梯队。可见，那些知名和美誉度高、占有更多政治经济和人才资源优势的媒体几乎垄断了现今的韬奋新闻奖，处于国内新闻媒体金字塔顶部的媒体具有更高的获奖概率。

2. 意识形态指涉鲜明原型的强化。在法兰克福学派看来，媒介不仅是意识形态的工具，而且媒介本身就是意识形态①，但媒介的意识形态取向说到底是在主办者及从业者的采编活动中体现出来。在邹韬奋的新闻出版活动中，意识形态立场十分鲜明。他在漂流海外两年的实地考察和参观学习后，在资本主义和社会主义价值观的观照中，逐步接纳和认同马克思主义的价值形态；在共产党和国民党的对比中，逐步转向支持共产党抗日救国的政治立场，并严词拒绝国民党拉拢入党的威逼利诱，在死后被追认为共产党员②。在现今韬奋新闻奖评选中，这种意识形态指涉鲜明的原型得到传承：（1）从获奖者的政治面貌来看，中共党员72人，占总数的75%；群众24人，占25%。（2）就获奖者所在媒体的意识形态属性而言，获奖者所在媒体为意识形态属性较强的政治性媒体72家，占75%；获奖者所在媒体为意识形态属性较弱的市场化媒体仅24家，占25%。国内媒体虽然经历了改革开放30年多年商业化和市场化大潮的洗礼，但韬奋新闻奖的意识形态属性并未淡化，中共党员及意识形态属性较强的党报党台频道具有更高的获奖概率。

3. 专业教育背景的强化。邹韬奋后来在新闻出版领域做出杰出成就，却并非新闻专业"科班"出身。他进入上海圣约翰大学时，该校

---

① 邵培仁、李梁：《媒介即意识形态》，《浙江大学学报》（人文社会科学版）2001年第1期。
② 王凤青：《邹韬奋为何愤然辞去国民参政员》，《文史春秋》2009年第7期。

新闻系尚未开办,他入校后主修西洋文学、辅修教育学①。他利用课余时间参与《约大周刊》采编实践,培育了新闻采编特长,受到初步的新闻思想启蒙。改革开放后我国新闻教育飞速发展,韬奋新闻奖获奖者的专业教育基础亦得到夯实,韬奋新闻奖获奖群体的专业教育背景得到强化。对获奖者取得最高学历时所学专业的统计显示:在96人中,有24人无专业研习背景(高中以下学历者无专业之分),在72名有专业研习背景者中,有36人系新闻专业(含新闻学、编辑出版学、广电新闻学)出身,占有专业研习背景者总数的50.0%;19人系语言文学专业,占26.4%;5人系理工类专业,占6.9%;哲学和经济类专业者分别4人,分别占5.6%,3人系军事和法律专业,占4.2%;1人系艺术专业,占1.4%(见表1)。这表明,尽管语言文学、理工等非新闻类专业亦有获奖机会,但新闻专业获奖者占有明显优势,修读新闻学专业从业者与其他专业相比有更高的获奖概率。

表1　　　　　　　　获奖者所修专业频次统计

|  |  | Frequency | Percent | Valid Percent | Cumulative Percent |
|---|---|---|---|---|---|
| Valid | 新闻 | 36 | 37.5 | 50.0 | 50.0 |
|  | 中文/语言文学 | 19 | 19.8 | 26.4 | 76.4 |
|  | 理工 | 5 | 5.2 | 6.9 | 83.3 |
|  | 哲学 | 4 | 4.2 | 5.6 | 88.9 |
|  | 经济 | 4 | 4.2 | 5.6 | 94.4 |
|  | 军事　法律 | 3 | 3.1 | 4.2 | 98.6 |
|  | 艺术 | 1 | 1.0 | 1.4 | 100.0 |
|  | Total | 72 | 75.0 | 100.0 |  |
| Missing | 无 | 24 | 25.0 |  |  |
| Total |  | 96 | 100.0 |  |  |

4. 多元主体利益的整合。当韬奋新闻奖由个人符号上升为代表行

---

① 王凤青:《邹韬奋为何愤然辞去国民参政员》,载《文史春秋》2009年第7期。

业利益及国家形象的公共符号时,在彰显奖项本身的旗帜导向功能外,亦需考量利益调和、群体公平、区域均衡等诸多生态要件,以增强该奖项的社会聚合力。对 96 名韬奋新闻奖获奖者的统计显示:就性别来说,男性 77 人,占总数的 80.2%,女性 19 人,占总数的 20.8%。每届获奖者中,女性最多 3 人,最少为 0 人;男性最多占 10 人,最少为 5 人。就民族而论,汉族获奖者出现的频次为 89,占整体的 92.7%。少数民族获奖者中,藏族 3 人,占 3.1%;回族和蒙古族均系 2 人,分别占 2.1%。以获奖者所在媒体的区域分布来论,东部 69 家,占 71.9%;东部 15 家,占 15.6%;东部 12 家,占 12.5%。获奖者的这种分布结构与我国媒体从业者的性别结构、民族结构及媒体资源的区域分布格局大抵相符。在奖项评选中,适当考虑性别、民族和区域分布等生态指标,与其说是一种妥协和退让,不如说是对复杂现实国情的主动回应,多元主体利益的调和达到了强化奖项认同感和向心力的目标。

5. 对新型媒体样式的接纳。由于科技水平所限,邹韬奋所处时代以平面报刊为主体,且主要以综合类媒体占主导。随着近现代电子技术尤其是网络技术的发展,新闻媒体的载介类型朝向多样化、细分化发展。在新型媒体格局下,对新型媒体式样的接纳势所必然。统计显示,就获奖者所在媒体的载介类型而言,报社获奖人数达到 58 人,占总数的 60.4%;广播电视台为 31 人,占 32.3%;通讯社 6 人,占 6.2%;网络 1 人,占 1%。就获奖者所在媒体的内容细分属性而言,获奖者所在单位为综合性媒体者 82 家,占 85.4%;为细分型专业媒体者 14 家,占 14.6%。可见,在现今韬奋新闻奖评选中,在保持传统媒体主导地位的同时,将广电、网络乃至细分型媒体均纳入其中,显示了该奖项的开放性和应变张力。

以当下视角来看,上述变异似乎是必然的。当韬奋新闻奖上升为代表整个新闻行业的整体利益,乃至彰显国家意志的官方奖项时,邹韬奋的"个性原型"就演化成一个意涵丰富的"符号",承载着多重社会使命。一方面，因时代背景的演替，韬奋原型需加以强化或改造，成为符合新的时代价值取向的"当代符号"；另一方面，诸多背景各异、诉求不同的利益群体纠缠于此，使得韬奋新闻奖不得不调和多方利益，以维系社会公正与均衡，成为整合多方利益、增强行业认同的"公共符号"。

## 四 演化：韬奋新闻奖对韬奋原型的背离

演化是指韬奋新闻奖发展到一定阶段，分裂出韬奋原型的对立面，甚至蜕变成外在的异己的力量。透过现今韬奋新闻奖获奖群体的信息统计，其中脱离韬奋原型、违背奖项设置者的初始旨意、背离公众期待的"背反"现象等确实存在。

1. 年龄老化的病症。纵观邹韬奋的报刊出版生涯，有两个峰值点：一是以1931年《生活》周刊发行量突破15.5万份、创当时期刊销量高峰为标志，迎来他新闻出版生涯中的第一个巅峰，时年36岁；二是以1935年《大众生活》销量达20万份，超过原《生活》周刊、创近现代中国期刊之最为标志，迎来他新闻出版生涯中的第二个巅峰，时年40岁。此后邹韬奋虽并未停止探求的步伐，但就其社会影响效果及创新程度而言，皆未超过这两个峰值时取得的成就。从年龄上分析，韬奋新闻事业的巅峰期应在36—40岁之间。这恰好符合新闻出版业从业者创新峰值的年龄分布规律，即新闻人的职业巅峰期大多出现在中青年期，过了该巅峰期，其创新能量会有衰减。但当下韬奋新闻奖获奖群体的年龄特征与此相比有较大差异。对比统计发现，韬奋新闻奖获奖者获奖时的年龄均值为50.58岁，众数为59岁，年龄区间为31—63岁，最主要的年龄分布在48—60岁之间，约占总体的59%，这其中又以58—60岁者最众。32—34岁、36—38岁这两个区间的人数最少，55岁以上接近退休者达41人，占总数的42.7%。足见当下韬奋新闻奖获奖者大多已经进入职业创新的衰退期，患上年龄老化之病。若获奖者获奖后仍在工作岗位，则其思维取向难以契合时代迅疾变迁之步伐，难免阻遏新闻创新改革，近年来业界关注的报纸内容老化和读者老化问题莫不与此相关；若获奖者获奖后即离开工作一线，再也难觅新鲜作品，则使奖励演化为"退休荣誉奖"，难免名不副实。

2. 官僚化的侵蚀。通观邹韬奋生平，鲜见严格意义上的官僚履历。1933年邹韬奋加入宋庆龄、蔡元培等发起组织的中国民权保障同盟，被选为执委；1936年加入全国各界救国联合会，又被选为执委。邹韬奋虽任要职，但因上述组织皆系民间团体，不能称其为官僚。1938年他被遴选为国民参政员，虽享在国民参政会上提议之权，但"提议等同废纸，会议徒具形式"，亦非正式官衔，1941年他愤然辞职。[①] 邹韬奋在所创办的报刊中虽担任主笔或主编之职，但属企业职务性质，与现今媒体官员大有不同。我国当前新闻媒体的行政管理类同于政府的科层官僚体系，媒体高层官员或由主管部门任命，或由上级下派，或与政府同级官员对调等即是例证。韬奋新闻奖的官僚化倾向表现在两方面：（1）从获奖者个人官职特性看，获奖者的职务高低与其获奖概率呈高度正相关。本研究对获奖者获奖时的职务统计表明：在96名获奖者中，43人为媒体高层干部（社/台长、总编辑及相应副职领导），占44.8%；35人为媒体中层干部（中层部门主任及副职），占36.5%；6人为媒体基层干部（基层科室主任），占6.2%。有明确行政职务者84人，占总数的87.5%；无职务的普通员工仅12人，占12.5%。亦即有行政职务的领导干部在评选中具有绝对优势，且职务级别越高获奖概率越高，尤其是媒体最高领导如社长、总编辑及副总编辑等几乎占了获奖总数的一半。（2）从获奖者所在媒体的行政级别看，获奖者所在媒体行政级别的高低与其获奖概率呈高度正相关。我国新闻媒体通常有县市级、地市级、省级和中央级四级，相对应的行政层级有副县级、县级、厅级和部级或副部级四级。统计显示，在96名获奖者中，中央级媒体40人，占

---

① 冯烈俊：《圣约翰大学新闻教育初探》，载《中国外资》2009年第7期。

41.7%；省级媒体获奖者52人，占54.2%；地市级4人，占4.2%；无县市级媒体获奖者。媒体获奖概率从中央到地方呈明显的级差分布，凸显了行政权力参与奖项分割的印迹。此外，获奖者职务与其所在媒体行政级别的交叉统计显示（见表2），中央级和省级媒体中的中高层干部具有最高的获奖概率。换言之，不仅个人权力纠结于此，媒体单位的行政权力亦渗透到奖项的争夺中来，使得韬奋新闻奖的运行随"官"的利益和意志转移，官本位的体制设置和制度安排取代了奖项评选的专业规则。

表2　　　　　　获奖时职务与媒体级别的交叉统计

| Count | | 媒体级别 | | | Total |
|---|---|---|---|---|---|
| | | 地市级 | 省级 | 中央级 | |
| 获奖时职务 | 无职务 | 1 | 4 | 7 | 12 |
| | 初级（基层干部） | 0 | 5 | 1 | 6 |
| | 中级（部门主任） | 1 | 14 | 20 | 35 |
| | 高级（媒体最高层干部） | 2 | 29 | 12 | 43 |
| Total | | 4 | 52 | 40 | 96 |

3. 敢言品格的蜕化。审视邹韬奋的新闻出版经历，"敢言"是其办报理念的一根红线。他一贯坚守言论自由和精神独立，"对政府，对社会，都以其可观的无偏私的态度，做诚恳的批评与建议；论人论事，一以正义为依归；正义所在，全力奔赴，生死不渝"，保持刚正不阿的"报格"①。自接办《生活》周刊的那一天起，他就敢于同邪恶、黑暗势力作斗争，力图"求有裨益于社会上的一般人"，对于社会上的贪污腐化等现象，不免要迎头痛击，予以无情的揭露和批判，尽管遭遇威胁、恐吓，查封报馆以及被迫6次流亡、1次入狱等极端困苦，②仍在所不辞。敢于担当、勇于批判、执于抗争，此其敢言原型的写照。对韬奋新

---

① 赵文：《略论邹韬奋独立人格精神的特色及形成》，《学理论》2009年第25期。
② 张德鹏：《邹韬奋的六次流亡》，《党史天地》1996年第2期。

闻奖获奖者代表作的倾向性进行统计发现,在96篇代表作中,有47篇持中性立场,占49%;35篇持歌颂立场,占36.5%;14篇持批判立场,占14.5%。亦即大部分获奖者未能言明作品立场,另有相当一部分人习惯于歌功颂德,只有极少数能够坚守批判立场,但显然处于边缘化境地。在现今韬奋新闻奖的代表作中,传统精英知识分子忧国忧民、战而不屈的英雄本色变成了稀缺品,甚至蜕化成某些既得利益集团的代言人,在某些重大社会问题上集体失语,丧失了新闻人应有的社会关怀与批判意识。正如曹鹏所言,① 当前,某些官方主流媒体完全不讲新闻规律,一味歌功颂德,其版面与栏目中看不到负面新闻事件,在国际国内复杂、深重的危机局面下,人为制造出一片歌舞升平的虚假景象,公然背离民意,这也是大多数党报党台发行量下降、收视率下滑的根本原因。

## 五 结论

综上所述,可将韬奋新闻奖与韬奋原型之间的继承关系概括为:"传承不足、改造失当、异化严重"。所谓传承不足,即韬奋新闻奖虽然传承了邹韬奋的精英知识分子、应和时代主题及奉献者等原型形象,但与本真的韬奋理想原型——高尚的动机、为劳苦民众说话的立场、充分满足读者需要的群众观、富有创造精神的业务观、以言论自由为核心的新闻自由观、以人格与报格为第一的新闻道德观等②——相比,显得不够,尚有很多本应传承的精髓未能得到传承。所谓改造失当,即韬奋新闻奖虽在稀缺性和专业教育背景等方面有合理的强化,在整合多元群体利益、接纳新型媒体样式等领域做了有益改造,但亦有失当之处。尤其是在以经济建设为中心、在市场化媒体获得跨越式发展并获得受众认

---

① 曹鹏:《两会报道:主流媒体与网络舆论谁主沉浮》,《新闻记者》2010年第4期。
② 参见徐新平《邹韬奋大众新闻思想述论》,《湖南大众传媒职业技术学院学报》2004年第4期。引用时有改动。

可、以党报为代表的政治性媒体已在事实上被边缘化的背景下，依旧不断强化奖项评选的意识形态属性，使得党报党台背景的媒体几乎垄断了奖项，而在一定程度上反映受众民意、舆论影响巨大的市场化媒体在奖项评选中却处于边缘化境地。这种强化显然有悖民意，未能如实反映我国新闻媒体的现实格局。所谓异化严重，即现今韬奋新闻奖出现了获奖群体年龄老化、官僚化侵蚀及敢言品格蜕化等异化现象，使得韬奋新闻奖的评选似乎不是依循新闻专业主义的基本逻辑，而是臣服于权力和政治安排；本应圣洁的韬奋新闻奖不是行业精英比拼职业精神的赛场，俨然变为由少数权势阶层操纵的名利场；本是铁骨铮铮、"人民斗士"的韬奋原型，蜕变成当下人云亦云、唯命是从的官僚之辈等，这是韬奋原型或奖项设置者所始料不及，但又必须正视的客观存在。

作为一代编辑大师，邹韬奋给后人留下了极为宝贵的精神财富，所遗憾者，我们通常将这些宝贵财富封存打包、束之高阁，只在特定的场合下掸掸灰尘、顶礼膜拜，而实际却言行不一，距离大师的身影渐行渐远。① 作为一个以韬奋命名的新闻界最高奖，不能只停留在技术和操作层面来考量奖项评选问题，而要从行业价值观构建的高度来审视，倡导他"真诚为人民服务"的普世价值与终极信仰。作为一个行业的精神标杆，它要给从业者传递一种人文情怀，不管市场化、世俗化和功利化等现象如何泛滥，现今之韬奋新闻奖都要保持"超越"的姿态，以引导更多的新闻人"仰望星空"，挣脱官本位的牢笼，重建一方宁静的精神家园。韬奋新闻奖评选要避免异化严重和改造失当等窘境，就必须正本清源——"回到韬奋原型"，从中寻找更多本原的精神依托，真正继承和发扬他"真诚为人民服务"的核心价值观。唯其如此，韬奋新闻奖才能获得更深层次的道德魅力和社会体认。

---

① 高旻：《重温邹韬奋办刊"几个原则"对现实工作的指导意义》，载《乌鲁木齐职业大学学报》2008 年第 2 期。

# 交往、同化和异质：延安《解放日报》中的邹韬奋与鲁迅对比研究[*]

## 李晓灵　许小平[**]

**摘要**：延安《解放日报》是邹、鲁对比研究的一个特殊路径，它折射了中共对邹、鲁的历史阐释和意义建构。延安《解放日报》中的邹、鲁对比研究基于其非凡的历史交往。整体而言，规模空前的传播数字景观，使邹、鲁成为延安《解放日报》传播史上悼念性报道和传播的典范。其中，强大的同化性是重要特征，它表现为对传播主体的褒扬、改写和保留。同时，异质性又是一个与之并生的、为人所忽视的传播特质，它表现为战士与主将、战友与"同志"、新闻与文化的不同。延安《解放日报》对邹、鲁的特殊传播景观，为中共的邹、鲁史观奠定了基础。它凸显了中共话语体系的历史性和复杂性，也进一步展示了中共现代传播史观的巨大张力和内在裂痕。

**关键词**：延安《解放日报》；邹韬奋；鲁迅；同化；异质

无可置疑，邹韬奋和鲁迅是现代中国历史上足可彪炳后世的文化巨

---

[*] 本文系国家社科项目《延安时期中国共产党新闻传播话语建构及其当代价值研究》（19BXW009）阶段性成果。

[**] 作者简介：李晓灵：兰州大学新闻与传播学院教授，博士，复旦大学新闻与传播学博士后；许小平：兰州大学新闻与传播学院副教授。

擘，邹韬奋以新闻为业，鲁迅以文学为舟，异曲同工地探索着昌化国运、救治民魂的道路，而现代媒介则是他们共同的凭借。与之相映生辉的是，在远离上海的西北，中国共产党以延安《解放日报》为阵地，于抗敌救国的军事斗争之外，也进行着艰苦卓绝的文化启蒙和政治传播伟业。

1936年10月19日，鲁迅因肺病逝于上海。七年之后，1944年7月24日，邹韬奋罹患癌症同样在上海撒手人寰。原名为陈绍禹的王明在延安《解放日报》题词断言，"韬奋先生之死是中国人民在鲁迅先生死后的最大损失"①。彼时，远在千里、被围困于陕甘宁边区的延安《解放日报》于此尽发哀悼之意，广为传播。纪范亭有诗云："回忆西湖哭鲁迅，延安此月悼韬奋。细菌猛虎杀人多，不及当今苛虐政"②。于是，邹韬奋和鲁迅作为国统区的文化巨擘，宿命地共同成为陕甘宁边区延安《解放日报》文化传播的焦点。同时，国统区和边区，自由文化人和中共党组织，专业主义持守者和政党性媒介交织在一起，互为辉映，并以特殊的媒介呈现，建构了一种影响深远的传播景观。

质言之，作为一种特殊的媒介，延安《解放日报》对邹韬奋和鲁迅的媒介呈现，表达的是中共彼时身为非执政党对一代文化巨擘的组织认同和历史评价。而且，这种组织认同和历史评价逐步成为中共话语体系中的重要组成部分，进而以话语建构的方式被延续、完善和强化。它最终被定型为具有强大统制效力的话语符码，并有效地编码为中共所追求的一种历史性、合法性和同一性。邹韬奋和鲁迅就此化形为一种历史的阐释、历史的重构和历史的符码，个体、组织和媒介产生了某种复杂的意义。它展示了一种有效可行的路径，即如何通过延安《解放日报》中邹韬奋和鲁迅的媒介呈现比较，来置换庞杂的系统性对照。它将以媒介传播的视角来洞察邹韬奋和鲁迅的历史异同，以及中共韬奋观和鲁迅

---

① 陈绍禹（王明）：《邹韬奋先生逝世纪念特刊》附2版，延安《解放日报》1944年11月22日。

② 纪范亭：《追悼邹韬奋之死，想到一切人之死》，引自《邹韬奋先生逝世纪念特刊》附1版，载延安《解放日报》1944年11月22日。

观之迥异，进而探究中共话语体系的特殊性和历史性。

具体来说，延安《解放日报》中邹韬奋和鲁迅的媒介呈现究竟有什么异同？这种媒介建构的历史成因是什么？它表达了一种怎样的媒介观、阐释观和建构观？它又体现了邹韬奋和鲁迅怎样的历史运命，以及中共话语体系的何种历史特性？

这些问题看似传统，但是，当它以历史对照和媒介阐释的视角切入的时候，我们有理由期待它会给我们些许新的思考和启示。

## 交往与传播：历史的起点

历史并不都是偶然，冥冥之中，总会显示出某种特殊的关联。邹韬奋生于1895年，比1881年生的鲁迅小14岁，二人本不属于一代人。五四时，邹韬奋才24岁，还是上海圣约翰大学的一个青年学子，风华正茂，血气方刚，而鲁迅则已38岁，俨然是新文化运动的旗手和开启时代的导师，冷峻睿智，深刻犀利。但是，对国家命运的思考、民族解放的追求以及对专制制度的抨击，使得他们超越了年龄、资历以及视域的界限，产生了强烈的共鸣。延安《解放日报》的传播正是基于这种共鸣，并极力鼓吹之。

对鲁迅而言，邹韬奋是需要提携的后辈和互为呼应的战友。鲁迅曾经为邹韬奋的译作《革命文豪高尔基》写信，表示愿提供高尔基画像集，"奉借制版"，以为插图，并代译作者名。其后，鲁迅又仗义执言，反驳《申报》副刊《自由谈》对《革命文豪高尔基》的批评，以"希望刻苦的批评家来做剜烂苹果的工作"[①]的寄语热情鼓励。1933年7月14日，邹韬奋被迫离沪赴欧考察，生活书店陷于空前的困难时期，鲁迅挺身而出，积极写稿，支持生活书店。据时任《译文》主编黄源统计，在1933—1935年邹韬奋流亡海外的两年多时间里，鲁迅给生活书

---

[①] 鲁迅：《鲁迅全集》第五卷，人民文学出版社1991年版，第299页。

店创办的 4 种杂志写稿达 79 篇之多。其中《文学》26 篇（1934.9—1935.10），《译文》27 篇（1934.9—1935.10），《太白》25 篇（1934.9—1935.9），《世界文库》则 1935 年 6 期连载译文《死魂灵》。① 鲁迅直言，如《文学》者，虽"与我无关系，不过因为有些人要它灭亡，所以偏去支持一下"②。正因为鲁迅的大力支持，生活书店及其杂志"其声势之浩大，威力之猛烈，简直是所向无敌的"，生活书店俨然成为"反文化'围剿'中一座战无不胜的坚强堡垒"③。

就邹韬奋来说，鲁迅是先驱、导师和战友。作为出版家，邹韬奋非常关心鲁迅先生著作的出版。鲁迅与许广平的通信集《两地书》由青光书局出版后，邹韬奋很快就写文章给予介绍。鲁迅去世后，邹韬奋著文深情悼念，并对鲁迅加以高度评价。"鲁迅先生是民众从心坎里所公认的一个伟大的领袖"。"我们永远不能忘记鲁迅先生，因为他是民族解放的伟大斗士；我们永远不能忘记这位民族解放的伟大斗士，更须永远不忘记他的刚毅不屈的伟大人格。"④ 邹韬奋进一步阐释，"鲁迅先生不仅仅是一个文学家，并且是一个思想家。他的伟大是在他对于一般民众的普遍而深入的影响""我觉得鲁迅先生留给我们的最可贵的遗产，是他那样始终不懈的积极的斗争精神。他是一位最早反封建的努力革命的老将。"最后，邹韬奋发出呼唤，"我以为我们后死者的斗争者，应该承袭鲁迅先生的积极的斗争精神，为民族解放的伟大而艰苦的工作，努力前进"⑤。

邹韬奋还写了《一句话纪念鲁迅》⑥《鲁迅先生逝世周年纪念》

---

① 陈挥：《韬奋评传》，上海交通大学出版社 2009 年版，第 166 页。
② 生活书店史稿编辑委员会：《生活书店史稿》，生活·读书·新知三联书店 1995 年版，第 100 页。
③ 穆欣：《邹韬奋》，首都师大出版社 1995 年版，第 79 页。
④ 邹韬奋：《悼鲁迅先生》，载上海《生活星期刊》1936 年第 1 卷第 22 号。
⑤ 邹韬奋：《笔谈鲁迅先生》，载刘运峰编《鲁迅先生纪念集》（上），天津人民出版社 2007 年版，第 100 页。
⑥ 韬奋基金会、上海韬奋纪念馆编：《韬奋全集》第六卷，上海人民出版社 2015 年版，第 717 页。

（1937年10月19日上海《抵抗》三日刊第19号）、《鲁迅先生逝世二周年》（1938年10月15日《全面抗战》五日刊第30号）等文纪念鲁迅先生，并盛赞鲁迅先生"战而不屈"①，是"伟大的斗士"②。

由此观之，邹韬奋和鲁迅以文相交，实在是惺惺相惜，心灵相通。

在现实生活里，邹韬奋和鲁迅也多有交集，他们在中国民权保障同盟成立大会上相识，并成为战友。据《鲁迅日记》记载，鲁迅与邹韬奋之间通信共五次，寄书两次，但现在仅存鲁迅的一封信。邹韬奋主持的生活书店还负责出版茅盾主持、鲁迅任编委的《文学》杂志，出版鲁迅主持的《译文》杂志③。可见他们交往不仅限于书文交流，现实交往也非同一般。

邹韬奋和鲁迅的特殊交往，是延安《解放日报》对他们进行报道传播的引言，亦是两者比较研究的基础和历史起点。

## 传播数字图景：规模宏大，各有特色

就传播的广度和深度而言，在延安《解放日报》的传播史里，邹韬奋和鲁迅是极为独特且无人可及的。延安《解放日报》曾经有过对不少社会历史名人的悼念活动，其中既有屈原、孙中山等历史人物，也有李大钊、瞿秋白等革命先驱，更有刘志丹、左权、关向应等中共将领。当然，也包含高尔基这样的世界文学巨匠。这些悼念性报道中，除了邹韬奋和鲁迅，孙中山是最为突出的案例。延安《解放日报》分别在1944年3月12举行了孙中山逝世十九周年纪念、1946年3月12日举行了孙中山逝世二十一周年纪念活动，共刊发纪念性稿件11篇，其

---

① 韬奋基金会、上海韬奋纪念馆编：《韬奋全集》第六卷，上海人民出版社2015年版，第717页。
② 邹韬奋：《笔谈鲁迅先生》，载刘运峰编《鲁迅先生纪念集》（上），天津人民出版社2007年版，第100页。
③ 张铁荣：《鲁迅与邹韬奋》，《今晚报》2016年10月12日第13版。

中社论2篇，评论2篇，简讯5篇，作品1篇，其他1篇，共涉及9个版面。这与延安《解放日报》对邹韬奋（80篇，社论1篇、评论34篇、48个版面）和鲁迅（44篇，社论1篇、评论19篇、41个版面）报道相去甚远。其他人物则几乎都是零星报道，总体报道没有超过10篇者。相形之下，无论是报道篇幅、持续时间，还是报道深度，延安《解放日报》对社会历史名人的悼念都没有与邹韬奋和鲁迅可比肩者。换言之，邹韬奋与鲁迅的悼念是延安《解放日报》悼念性报道和传播的典范，具有不可超越的位置。

延安《解放日报》中的邹韬奋和鲁迅显示了独特的传播数字景观（见图1）。

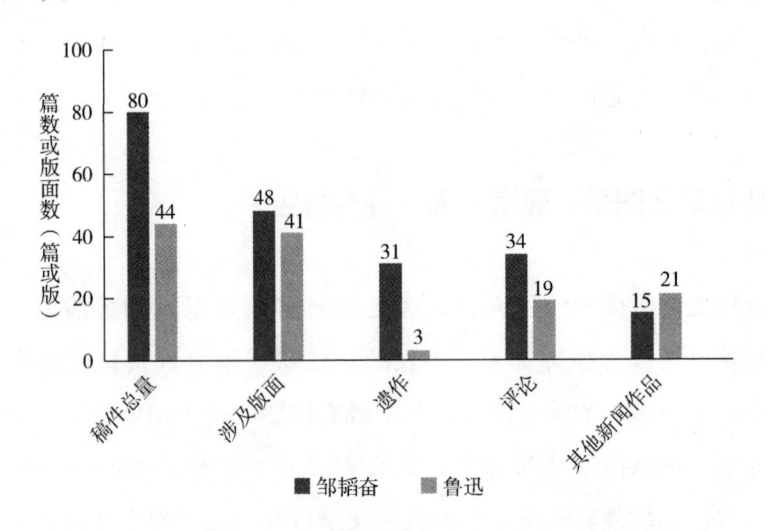

**图1 延安《解放日报》邹韬奋和鲁迅传播数字景观对比**

注：本图系笔者根据延安《解放日报》相关内容统计而成。

延安《解放日报》对邹韬奋和鲁迅的传播具有显著的特征。据笔者不完全统计，稿件总数方面，邹韬奋从1944年10月7日到1946年8月5日将近两年的时间里共有稿件80篇，鲁迅则在1941年8月12日到1946年10月23日六年多的时间里共有稿件44篇，总体数量上邹韬奋要多于鲁迅。同时，版面也大有玄机。邹韬奋近两年的报道涉及版面有48版，而鲁迅六年也才有41版。其他如遗作和评论的对比方面，邹韬奋和鲁迅也分别呈现31∶3（版）和34∶19（篇）的情状，邹韬奋也要比鲁迅多一些。只有其他新闻作品的报道方面，邹韬奋和鲁迅分别是15篇和21篇，鲁迅稍多一点。但是若要把这个数字比放到鲁迅六年的时段和邹韬奋不到两年的时段中进行相比的话，那么这些优势也可忽略不计。可见，邹韬奋的传播要比鲁迅更加密集，分量也要更重，而鲁迅的传播则比邹韬奋持续时间更长，更有跨度。

此外，延安《解放日报》对邹韬奋和鲁迅的报道在其他方面也有所表现。就拿纪念性特刊和专栏来说，也有鲜明的特征。延安《解放日报》不到两年时间共推出了两个邹韬奋的纪念特刊，一个是1944年11月22日共4版的"邹韬奋先生逝世纪念特刊"，另一个是1945年7月24日第四版整版的"邹韬奋先生逝世一周年纪念"专刊，前者共3版27篇稿件，后者1版共4篇稿件。与之不同的是，延安《解放日报》六年最多的时间共推出了六个鲁迅纪念专栏，分别是1941年逝世五周年、1942年逝世六周年、1944年逝世八周年、1945年逝世九周年和1946年逝世十周年专栏，尤其以1942年六周年为盛（稿件共计10篇，简讯2篇，社论1篇，评论5篇，作品2篇）为重，1941年五周年次之（稿件共计6篇，简讯3篇，评论性文章3篇）。表面上，栏目的数量和体量方面似乎鲁迅要多一些，但是鲁迅是六年，邹韬奋是不到两年，折算下来，其实鲁迅并不占优势。而且需要强调的是，鲁迅是专栏，邹韬奋是特刊。特刊是特意刊发的专版，专栏仅仅是在特定版面设置的专门栏目，版面分量有很大的差别。综合来看，两者在量和质上都存在着显著的差距。

总体而言，虽然延安《解放日报》对邹韬奋和鲁迅的报道和传播在数字景观上各有侧重，各有特色。相比之下，邹韬奋相关报道分量更重一些，更有历史指向，鲁迅相关报道持续时间更长一些，更具历史跨度。但它们共同指向一个维度，表达的是中共对其所标举的文化典型的极度彰显。

这种传播数字景观表明，延安《解放日报》对邹韬奋和鲁迅的报道和传播规模空前，无可比拟，堪称延安《解放日报》传播史上悼念性报道和传播的典范。

### 同化：褒扬、改写和保留

透过传播数字景观的外衣，仔细审视传播内容的内核，不难发现，延安《解放日报》对邹韬奋和鲁迅的报道和传播首先具有一种强大的同化性。它表现为对传播主体的褒扬、改写和保留，这是组织和媒体特定传播意图下的特殊传播策略。

#### 一 褒扬：价值理想的凸显和政治追求的传播

邹韬奋和鲁迅是中共标举的两个文化典型，对他们的褒扬是一种特殊的纪念和传播。其中，价值理想的凸显和政治追求的传播是其核心所在。

首先是对邹韬奋精神和鲁迅精神的高度评价。

延安《解放日报》对邹韬奋的价值理想进行了热情讴歌，并给予高度评价。毛泽东将邹韬奋的这种精神精辟地阐释为"韬奋精神"，即所谓"热爱人民，真诚地为人民服务，鞠躬尽瘁，死而后已，这就是韬奋先生的精神，这就是他所以感动人心的地方"[1]。朱德称之为"爱国志士，民主先锋"[2]。中共中央的唁电则以组织的身份对邹韬奋进行了全面的概括和评价，"韬奋先生二十余年为救国运动，为民主政治，为文化事业，奋斗不息，虽坐监流亡，决不屈于强暴，绝不改变主张，直到最后一息，犹殷殷以祖国人民为念，其精神将长在人间，其著作将

---

[1] 毛泽东题词，延安《解放日报》1944年11月22日，"邹韬奋先生逝世纪念特刊"第1版。
[2] 朱德题词，延安《解放日报》1944年11月22日，"邹韬奋先生逝世纪念特刊"第2版。

永垂不朽"①。

其后,延安《解放日报》组织了规模宏大的纪念活动,无论是作为政治组织的中共,还是中共领袖、中共其他高级领导者乃至高级知识分子,都积极地撰写文章,追念邹韬奋的可贵精神,并对邹韬奋的价值理念和精神内涵给予了热情褒扬和高度评价。

1944 年 10 月 7 日,延安《解放日报》在头版用几乎整版的规模集中对邹韬奋的逝世进行了报道。《邹韬奋先生事略》记述了邹韬奋的生平事迹,《邹韬奋先生遗嘱》则以遗嘱的方式展现了邹韬奋的高风亮节,《中国文化界先进战士邹韬奋先生病逝 弥留时呼唤:全国坚持团结抗战 早日实行真正的民主政治》《悼邹韬奋先生》和《中共中央电唁邹韬奋先生家属》则无不以组织的声音表达了哀悼和追念之情。

之后,1944 年 10 月 25 日,延安《解放日报》第四版刊登了郭沫若的《邹韬奋先生哀词——在追悼会上讲演稿》。郭沫若饱含深情地说,"你并没有离开我们,你还活着,你还活在我们每一个人的心里,每一个青年的心里,千千万万人民大众的心里。你是活着的,永远活着的,从中国历史上,从我们人民的心目中,谁能够把邹韬奋的存在灭掉呢?"②

纪念规模最为隆重的要数 1944 年 11 月 22 日共 4 版的"邹韬奋先生逝世纪念特刊"了。这期特刊刊载了共 27 篇纪念性稿件,撰写者主要是中共高层领导和中共党内高级知识分子。中共高层领导中除了毛泽东和朱德的上述题词外,陈毅的《纪念邹韬奋先生》、凯丰的《纪念韬奋先生》和陈伯达的《纪念邹韬奋先生》是其代表,他们都对邹韬奋进行了高度评价。无疑,他们的评价带有强烈的组织意识和政治导向,侧重于对邹韬奋政治理念的张扬。

相比之下,纪念群体中,党内高级知识分子更具有某种主体性,他

---

① 《中共中央 电唁邹韬奋家属》,延安《解放日报》1944 年 10 月 7 日第 1 版。
② 郭沫若:《邹韬奋先生哀词——在追悼会上讲演稿》,延安《解放日报》1944 年 10 月 25 日第 4 版。

们兼具组织角色和个体知识分子的双重身份，尤其是个体知识分子的本质特征，与邹韬奋作为民主人士和新闻专业主义知识分子的身份有着高度的契合，这就在某种意义上增加了纪念的妥帖性和深刻性。其中较为突出的有续范亭的《追悼邹韬奋先生之死 想到一切人之死》、徐特立的《韬奋的事业与精神》、柳湜的《我们这一代正需要的精神》、张宗麟的《永远前进的精神》、艾思奇的《中国大众的立场》、何干之的《最可爱的人格》、徐懋庸《由服务大众到得到力量》和张仲实的《一个优秀的中国人》等。这些文章以个体知识分子的视角对邹韬奋的精神内涵进行了深度挖掘，服务大众、人格力量和精神气度是关注的焦点，而全面审视和系统阐释则是传播特征所在。党内高级知识分子的纪念还体现在《邹韬奋先生与青年》（共9篇）、《韬奋先生的生活、工作、战斗》（共6篇）栏目的开辟，一批更富人性、更具有个人色彩的文章，以生活细节的追忆呈现了一个有血有肉、生动可感的青年导师和民主斗士形象，令人动容。前者较为突出的有朱婴的《教青年认识了革命真理》、胡绩伟的《决心向你学习》、李文的《循循善诱》、鲁史的《我不敢忘记我的恩师》和徐一峰的《我怎能忘记你》等，后者有茅盾的《始终保持着天真》、沈钧儒的《一生写作劳猝》、范长江的《大公无私 虚怀若谷》、钱俊瑞的《"我就是这样，看你怎么办?"》、艾寒松的《严拒利诱》、沙千里的《与检察官斗争》和胡绳的《在东江抗日根据地》等。可以看出，个人品德、师生情谊和生活细节等是知识分子视角的核心，还原邹韬奋作为一个个体"人"的精神气度，并加以生动展现，是其目的所在。

1945年7月24日第4版的《邹韬奋先生逝世一周年纪念》是另外一个纪念专刊，共有5篇文章，分别是黄炎培的《韬奋逝世一周年纪念稿》、张仲实的《不屈不挠尽善尽美的作风》、张宗麟《韬奋先生逝世周年纪念》、艾思奇的《血肉相连》和鲁果的《十一月二十二日》等。一周年之际，延安《解放日报》对邹韬奋进行了进一步的解读，值得注意的是，中共高层领导在组织定位业已成型的情况下缺席了此次周年纪念活动，所以纪念的主体就完全被高级知识分子所占据。知识分子在组织定位之下，进一步深入挖掘邹韬奋作为中国现代知识分子和专业新闻报人的深刻内涵，更加契合邹韬奋的身份特征，思考更加全面、更加系统、更加深刻。这是延安《解放日报》对邹韬奋的最后一次媒介呈现，褒扬和纪念依然是中心议题。

此中，"韬奋精神"在价值理想层面被一步步补充完善，强化凸显，并最终被阐释为热爱祖国，热爱人民，追求民主，不畏强暴，服务大众，扶助青年等内涵。

鲁迅精神亦是延安《解放日报》褒扬和纪念鲁迅的传播核心。延安《解放日报》唯一一篇纪念鲁迅的社论《纪念鲁迅先生》声称，"鲁迅是中国新文学运动的先进战士和指挥员，是我们民族解放斗争最优秀的代表"，是"伟大的英勇的旗手"，他的事业在于其"思想、著作和行动"。社论进一步阐释，鲁迅以"锐利的笔锋，横扫一切保守落后的势力，划破黑暗，指示光明"，"鲁迅先生有着最明确的政治立场，最清楚的原则的战斗态度。他坚持革命的大旗，明分友敌之区别。对于阻碍革命前进的黑暗势力，他是坚持英勇地搏斗，毫不留情……一直战斗到死"①。社论以中共中央机关报身份指明了鲁迅精神的内涵，这就是对黑暗保守势力"韧"的斗争精神，对光明的无限热诚和追求，以及革命的热情和民族的立场。

与邹韬奋不同，延安《解放日报》对鲁迅的纪念主要是由知识分子来完成的（其中一个重要的原因是中共及其高层，尤其是毛泽东，在这之前已经以组织的名义基本形成了对鲁迅的总体评价，后面有述）。周扬撰文盛赞鲁迅是"精神界的战士"②，萧三称鲁迅是"鲁迅正是思想革命底先驱，是伟大的文学家和伟大的思想家"，吴玉章称鲁迅

---

① 社论《纪念鲁迅先生》，延安《解放日报》1942年10月19日第1版。
② 周扬：《精神界之战士——论鲁迅初期的思想和文学观，为纪念他诞辰六十周年而作》，延安《解放日报》1941年8月12日第2版。

是"中国空前的伟大的革命思想家和文学家",其理想在于以"思想革命来建成新思想""社会革命来建设新社会"①等等。这些延安知识分子撰写的鲁迅纪念文章,都是在延续社论对鲁迅精神内涵的界定,起到了补充和完善的作用,其主旨都是在凸显鲁迅的价值理想。

其实,中共第一次对鲁迅的正式评价始于1936年10月22日,即鲁迅在上海去世后的第三天。中共中央和中华苏维埃中央政府发表了三个"表示最深沉痛切的哀悼"的文件(《为追悼鲁迅先生告全国同胞和全世界人士书》《致许广平女士的唁电》《为追悼与纪念鲁迅先生致中国国民党中央委员会与南京政府电》),称鲁迅为"中国文学革命的导师、思想界的权威,文坛上最伟大的巨星。""而鲁迅'旗手'形象的确立,则主要得力于当时正在中国共产党内冉冉升起的新的政治领袖——毛泽东。"②早在延安《解放日报》之前,毛泽东就对鲁迅精神作过非常著名的论断。毛泽东对鲁迅书面上的正式评价,据说是1937年年底在延安风沙弥漫的操场上作出的。这篇由汪大漠记录、后来刊发在《七月》杂志第四集第二期上题为《毛泽东论鲁迅》的讲话中指出,"鲁迅精神"的三大特点,即为政治远见、斗争精神和牺牲精神③。其中,毛泽东还盛誉鲁迅是"中国的第一等圣人",是和封建社会的圣人孔夫子相比肩的"现代中国的圣人"④。1940年毛泽东在其《新民主主义论中》终于推出了他最为著名的论断。毛泽东对鲁迅冠之以"旗手"和"主将"之谓,连用9个"最",并用"文学家、思想家、革命家"⑤加以评价,这是绝无仅有的。这样的评价因其精练的概括和高度

---

① 吴玉章:《纪念鲁迅先生逝世六周年——在纪念会上的讲话》,延安《解放日报》1942年10月26日第4版。

② 田刚:《鲁迅与延安文艺思潮》,载梁向阳、王俊虎主编《延安文艺研究论丛》第一辑,陕西出版集团、陕西人民出版社2012年版,第154页。

③ 《毛泽东与鲁迅彼此是如何评价对方的?》,http://hisory.people.com.cn/GB/205396/17837214.html。

④ 毛泽东:《论鲁迅》,《人民日报》1981年9月22日第1版。

⑤ 毛泽东:《新民主主义论》,载中共中央毛泽东选集出版委员会编《毛泽东选集》第2卷,人民出版社1953年版,第658页。

的评价最终升华为中共对鲁迅的盖棺定论,延安《解放日报》对鲁迅和鲁迅精神的评价只能延续这一路径,这也是历史的必然。

可见,延安《解放日报》对邹韬奋和鲁迅高度褒扬,都以"个体精神"("韬奋精神"和"鲁迅精神")加以命名,"战士"是共同的界定。同时,反对黑暗专制,追求民主进步,爱国爱民和民族气节,以及坚持不懈的斗争精神,是其价值理想层面共通的、最为重要的构成要素。

其次是政治取向的高调凸显,党性立场的刻意归拢。

延安《解放日报》是中共中央机关报,本质上是一份政党性报纸,天然地以表达自己的政治取向和党性立场为己任。那么,它以邹韬奋和鲁迅的报道与传播来彰显中国共产党的政治纲领和政治追求,亦是应有之义。

延安《解放日报》在对邹韬奋相关传播中,一再彰显邹韬奋和中共政治理念的高度吻合。1944年10月7日是延安《解放日报》对邹韬奋的第一次悼念,《邹韬奋先生遗嘱》和《中共中央电唁邹韬奋先生家属》无疑是两个最为重要的文本。遗嘱以韬奋慷慨激昂、沉郁悲壮的语气表达了对时局的担忧和对自我的追忆,并提出了骨灰移葬延安、申请追认入党的政治请求。对此,电唁表示,"我们谨以严肃而沉痛的心情,接受先生临终的请求,并引以为吾党的光荣"①。这意味着,中共在接受骨灰移葬延安的同时,也接受了邹韬奋入党的要求。一申请一接受,显示了政治追求和党性立场的高度认同,这是吸纳,也是皈依。此后新遗嘱改写情节的出现,使得党报和组织刻意归拢的意图更趋明显。

其后,陈毅在1944年11月22日延安《解放日报》的《"邹韬奋先生逝世纪念特刊"》中,发表了《纪念邹韬奋先生》一文。陈毅在文中称,邹韬奋是"继孙、鲁两公之后""从革命民主主义开始,直达共产主义行列"②的楷模。这就无形中把邹韬奋与马克思主义思想的共产

---

① 《中共中央电唁邹韬奋先生家属》,延安《解放日报》1942年10月7日第1版。
② 陈毅:《纪念邹韬奋先生》,引自《"邹韬奋先生逝世纪念特刊"》附1版,延安《解放日报》1944年11月22日。

主义目标联系在了一起。换言之，中共高层以褒扬的方式将邹韬奋的政治追求和中共的政党目标进行了有效的嫁接。直到中华人民共和国成立后，中共的组织话语和新生的学术话语（如穆欣和陈辉等学者对邹韬奋马克思主义世界观确立的讨论等）都将邹韬奋的历史评价逐步马克思主义化，并且定型为一种具有强大笼罩性和规训性的历史话语体系，几无撼动的空间和可能。于是，邹韬奋在新闻界便和范长江一道成为中共的两个代表符号，在文化界则和鲁迅一起成为具有重要历史地位的符号指代。这是组织认同，也是话语权力。

鲁迅在延安《解放日报》中也有相似的症候。延安《解放日报》一再将鲁迅与中共及其所尊奉的马克思主义进行有效缝合，以便获得更大的话语空间和权力。1942年延安《解放日报》的社论《纪念鲁迅先生》宣称，"共产主义者，进步的文化界和抗日人民，在先生的文学事业道路上找到他们光荣的先驱"。在这里，社论虽未将鲁迅直接与共产主义者进行关联，但是鲁迅作为共产主义者先驱的界定，实际已经在其中建构了某种关联。社论进一步延展，"然而鲁迅先生底伟大，不仅是在他是一个中国近代的最伟大的文学家，而且更重要的是，他是伟大的革命家，民族解放的战士，中国共产党的良师与战斗的同志"。社论的最后结点是，"今年我们纪念鲁迅先生，重温先生的这些见解，弥觉珍贵与亲切，我们革命的文艺永将坚决遵循这个方向和毛泽东同志的指示，面向工农兵大众去，这样来纪念自己的大师"[1]。这种表述将鲁迅与革命家、毛泽东、中国共产党乃至中共的文艺方向都顺理成章地连成一体，以一种特殊的勾连彰显了鲁迅和中共之间有效的共通性。

萧三在其《整风运动中读鲁迅》将鲁迅进一步楔入了声势浩大的整风运动中。萧三推断，"如果鲁迅今天还在，他无疑是我们整风运动中的一员健将。现在呢？在这方面，仍然如生前一样，'他是我们的导

---

[1] 社论：《纪念鲁迅先生》1942年10月19日第1版。

师'。"因为鲁迅"是配得上他'自以为光荣的''得引为'共产党的'同志'的",是"真正的'非党的（或党外的）布尔什维克'"。而且，"'我们整风学习'中反教条主义，反主观主义，重研究调查，加强党性，反宗派主义，反党八股这许多问题，在鲁迅的著作里每一项都尖锐地提出来过"①。在萧三的逻辑里，鲁迅因其强烈的党性和阶级性，以及对教条主义、主观主义、宗派主义的反对，顺理成章地成为延安整风运动有力的支撑者和精神同盟军。

相较之下，最为直接的当属周文的《鲁迅先生的党性》。周文以鲁迅先生《答托洛茨基的信》为据，认为鲁迅有"坚定的党的立场"，鲁迅"把托派打得体无完肤，狗形毕露，以保卫党，保卫无产阶级，保卫统一战线"②。周文进一步将鲁迅冠之以"党性"，把鲁迅拉入到了所谓反托派分子王实味的党内斗争中，为之助阵。

如此看来，延安《解放日报》中，鲁迅从共产主义者光荣的先驱，到"非党（或党外）的布尔什维克"，再到强烈的党性，一步步楔入了中共的意识形态话语中，其中，党性立场之下刻意归拢的取向逐步显现，并渐趋直白。

其实这种取向并不是始于延安《解放日报》，毛泽东在1937年就曾经指出，鲁迅"并不是共产党的组织上的一人，然而他的思想、行动、著作，都是马克思主义化的"③。延安《解放日报》的这种解读或许是对毛泽东这种表述的延续和推进。

## 二 改写：组织阐释和刻意拔高

延安《解放日报》对邹韬奋和鲁迅的传播中，褒扬当然是主要的

---

① 萧三：《整风学习中读鲁迅》，延安《解放日报》1942年10月18日第4版。
② 周文：《鲁迅先生的党性》，延安《解放日报》1942年6月22日第4版。
③ 《毛泽东与鲁迅彼此是如何评价对方的?》，http://history.people.com.cn/GB/205396/17837214.html。

方向。在此基础上,延安《解放日报》也对邹韬奋和鲁迅进行了有效的改写。

邹韬奋的改写相对是显性的,主要体现在对遗嘱的改写上。1944年10月7日,延安《解放日报》刊载了一篇名为《邹韬奋先生遗嘱》的稿件,追悼邹韬奋。这篇遗嘱也成为邹韬奋遗嘱的定版,广为流传。2004年7月20日,《光明日报》刊登了邹韬奋女儿邹嘉骊写的《徐伯昕记〈遗言记要〉是韬奋遗嘱的原始版》一文。邹嘉骊的文章说,这份遗书是徐伯昕次子徐敏代表徐家给她的。两篇遗嘱从内容和文风方面都存在着很大差别,如邹嘉骊所说,延安《解放日报》版应该是对徐伯昕版的改写。

延安《解放日报》版遗嘱体现出鲜明的改写性话语特征,首先是外在的形式改写,由朴素真挚的口语风格转变为简洁凝练、慷慨激昂的书面语风格;其后是内容的改写,从事无巨细、情真意切、家国兼顾的周全安排,到重点分明、忧国忧民的激情表白,既有删繁就简,也有刻意掩饰和政党化改造,表达了由生活逻辑到政治逻辑的过渡,拔高和保留杂陈。其三是授权的合法性和改写裂变之间的冲突。这种演化反映的是延安《解放日报》作为中共中央机关报复杂的政党化改写逻辑。

改写最核心的表现就是将邹韬奋从一个国统区的"左"倾自由民主知识分子,改化为与延安志同道合的无产阶级革命战士。徐伯昕记《遗言记要》中,邹韬奋坚持其民主斗士的政治立场,即所谓"完全以一纯粹爱国者之立场",且"拥护政府,坚持团结,抗战到底,能真正实行民主政治"。需要强调的是,这里的"政府"是指蒋介石主政的"国民政府",而不是"边区政府"。而且,邹韬奋心目中的关于政治及事业的理想状态是,"视察民主政治情况,从事著述,决不做官。如时局好转,首先恢复书店,继办图书馆与日报,愿始终为进步文化事业努力,再与诸同志继续奋斗二三十年",完全是一个自由民主知识分子的口吻。尽管遗嘱中有"火葬骨灰,尽可能设法带往延安,请组织审查追认,以示我坚决奋斗之决心"的表达,同时也有"今后妻子儿女……或受政治训练,或指派革命工作,可送延安决定"①的嘱托,但是这也仅仅表达的是一种特定的政治认同和奋斗决心,并非如延安《解放日报》版遗嘱中那种义薄云天、万流归海般的无产阶级革命战士形象。

改写表达的是邹韬奋对中共的高度皈依和强烈认同,它是中共组织化改写的结果。这既是召唤,也是接纳,更是同化,此中也隐含着有意拔高和刻意掩饰的深层逻辑。

延安《解放日报》中的鲁迅也蕴含着组织化改写的传播特色。如前文所述,在毛泽东对鲁迅的评价中,毛泽东首先也确认了鲁迅对中共而言的非组织性特征,之后才适度地凸显了鲁迅的马克思主义化倾向。虽然有些许马克思主义化阐释的色彩,但应该说,这个评价还是基本符合历史真实的。延续毛泽东的这一评价,延安《解放日报》对此进行了进一步延伸,最终,鲁迅由最初的精神斗士、思想家、文学家,逐步被改化为革命家、共产主义者光荣的先驱、"非党(或党外)的布尔什维克"。延安《解放日报》甚或强调鲁迅是"整风运动"的精神支持者,并由鲁迅反托洛茨基派引申出来了所谓鲁迅强烈的党性。不难看出,其中的组织改写逻辑非常明显,而且渐次深入和强化。

需要特别一提的是,1943年10月19日延安《解放日报》发表了毛泽东的《在延安文艺座谈会上的讲话》一文。作为延安整风的纲领性文件,《讲话》对"鲁迅"也做了引申和改写。毛泽东引用了鲁迅的"横眉冷对千夫指,俯首甘为孺子牛",将"千夫"解释为"敌人",把"孺子牛"说成是"无产阶级和人民大众"。其实鲁迅原意并非如此,鲁迅"无非是借用《汉书·王嘉传》中引用过的里谚——即所谓'千人所指,无病而死'——来嘲笑自己竟已无可奈何地陷入了众口铄金的险境","用《左传·哀公六年》的故事——即所谓'鲍子曰,"女忘

---

① 邹嘉骊:《徐伯昕记〈遗言记要〉是韬奋遗嘱的原始版》,http://www.gmw.cn/03pindao/shuping/2004-07/20/content_60973.htm。

## 对比求新

君之为孺子牛而折其齿乎？而背之也！"'……——来嘲笑自己如今竟也甘心为子女当牛做马了"，总之都是要表达鲁迅"徒唤奈何的自我嘲讽"①。很显然，作为政治家的毛泽东对作为文学家的鲁迅做了引申和改写，用他的政治逻辑改写了鲁迅的文学逻辑。只要政治逻辑打开了改写鲁迅的大门，那么其后所有的进一步改写便合理成章，最终演化成为一种高度组织化、政治化的话语模式。

无论邹韬奋，还是鲁迅，这种改写都是出自组织逻辑和现实需要，它在极力褒扬的同时，也凸显了过度阐释、刻意拔高和超越历史的传播取向。

### 三 保留：显性传播与隐形表达

延安《解放日报》对邹韬奋和鲁迅也都做了一定的历史保留。从某种意义看，保留也是改写的一种，盖因保留具有超越一般意义的功能，更加隐性，更加复杂，更加富有争议性，故作专门论述。

保留是一种特殊的传播策略，意即为了中共政治斗争和现实语境的需求，延安《解放日报》会倾向于将与中共政治主张不一致甚至有所冲突的要素加以淡化，甚至于遮蔽，以此来强化共同性和合法性。这是具有现实意义的一种传播策略，也是政党性媒体用以表达政治追求和传播意旨的一种特殊路径。

延安《解放日报》对邹韬奋的保留在遗嘱改写上可见一斑。延安《解放日报》对遗嘱改写刻意掩饰了邹韬奋的专业主义理想和个性追求，以实现某种保留。邹韬奋秉承新闻专业主义理想，追求客观、中立和理性的新闻律条，这与延安《解放日报》政党化报纸的传播理念并不相同。同时，邹韬奋向往个性自由的知识分子生活，他厌弃做官从政，向往著书立说，期望从事文化事业，追求民主自由，这是他的最大理想。这与中共所宣扬的共产主义政治理想也是相去甚远。究其本质而

---

① 刘东：《什么才是孺子牛》，https://book.douban.com/subject/3333989/discussion/13234426/。

言，邹韬奋穷其一生依然秉持的专业主义新闻人和独立知识分子立场，个体意识相当浓厚。此外，邹韬奋对老父、妻子和子女的安排周密细致，情深意厚，字字句句，感人肺腑，这是邹韬奋作为个体最富人性的地方。然而，在延安《解放日报》中它们却被删去了。当人性的光辉，甚至生活的细致生动被冷静的政治逻辑所遮蔽，邹韬奋在获得政治资本的同时，却弱化了个性的力量，"邹韬奋"由此被固化和片面化。

延安《解放日报》还对邹韬奋进行了进一步的保留。如上文所说，尽管邹韬奋对国民党政府的专制强烈不满，也因国民党政府不能有效抗日而愤慨，但是他依然拥护国民党主政的中央政府，支持团结，而且持"完全以一纯粹爱国者之立场"。这与国共激烈斗争中的中共政党立场并不完全吻合，在某种意义上说，还有一定的偏离甚至冲突。邹韬奋的这种立场其实也反映了邹韬奋内在的矛盾和冲突，而这却恰恰是符合当时特定社会语境的。因为无论如何，国民党政府是当时中国的合法政府，代表中国正在进行着反击侵略的民族战争，所以拥护合法的中央政府是历史语境使然。然而，国民党的腐朽统治又使邹韬奋非常失望，并对作为新生力量的中共产生了强烈的向往。这就形成了邹韬奋的内在矛盾与冲突，反映到遗嘱上，就有了拥护中央政府与向往中共和延安，以及倾向政党政治与醉心独立知识分子立场之间的冲突。这种复杂性是当时民主进步人士和独立知识分子的共同特征，也是一个时代的鲜明印记。换言之，政治保留是邹韬奋独立知识分子身份的显著内涵，而遮蔽这种政治保留，则是延安《解放日报》乃至中共对邹韬奋的另一种意义上的保留。它是容纳，也是同化，它彰显了延安《解放日报》作为中共中央机关报的媒介话语特征。

如果说，延安《解放日报》对邹韬奋的保留是通过遗嘱显性传播而实现的，那么对鲁迅的保留则是通过副刊的改版和整风来隐形表达的。

1941年10月23日延安《解放日报》刊发了丁玲的《我们需要杂文》。作为延安《解放日报》副刊的主编，丁玲为其后延安文艺思潮提出了一个新的方向——鲁迅化的杂文运动。丁玲声称，"鲁迅先生的杂文成为中国最伟大的思想书籍，最辉煌的文艺作品"。丁玲断言，"现在这一时代仍不脱离鲁迅的时候""即使在进步的地方，有了初步的民主，然而这里更需要督促，监视"。虽然"鲁迅先生死了……今天我以为最好学习他的坚定的永远的面向着真理，为真理而敢说，不怕一切"①。丁玲用对杂文的呼唤和鼓吹祭出了"鲁迅"为符码的延安批判现实主义文艺思潮大旗，她联合一批文抗知识分子，将延安《解放日报》副刊辟为其核心舞台。这股文艺思潮气势磅礴，有丁玲、王实味、萧军等为代表的、"抨击时弊"的杂文运动，有丁玲、严文井等为代表的、"暴露黑暗"的小说风潮，有张谔、蔡若虹、华君武为代表的"讽刺画展"，有丁玲、萧军、白朗、艾青、舒群等文抗派和周扬为代表的鲁艺派之间的"太阳中的黑点"的文艺论争。其中，一些代表性的论文如丁玲的《我们需要杂文》，萧军的《纪念鲁迅：要用真正的业绩》《杂文还废不得说》，罗峰的《还是杂文的时代》，张汀的《漫画与杂文》等，都直接以"鲁迅"为精神旗帜而出现。这股批判现实主义文艺思潮企图在延安延续鲁迅国民性反思和社会批判之风，并以嬉笑怒骂的鲁迅式讽刺风格，达成对中共意识形态话语的归附。有研究者声称，这股以"鲁迅"精神为象征的批判现实主义文艺思潮是延安"知识分子站在启蒙立场上进行延安文艺建构的一种努力，也是鲁迅精神和知识分子独立意识的一种张扬"②。

结果是人所共知的，在其后的改版和整风中，这种风潮最终以"冷嘲热讽"，"是一剂销蚀剂"，对"团结不利"③ 为名被终止。

1943年10月19日延安《解放日报》发表的《在延安文艺座谈会上的讲话》中，毛泽东对"鲁迅"进行了成功的分解。毛泽东肯定了"鲁

---

① 丁玲：《我们需要杂文》，延安《解放日报》1941年10月23日第4版。
② 何满仓、师伟伟：《1938—1942：左翼知识分子主导下的延安文艺建构》，载梁向阳、王俊虎主编《延安文艺研究论丛》第一辑，陕西出版集团、陕西人民出版社2012年版，第154页。
③ 毛泽东：《在〈解放日报〉改版座谈会上的讲话》，载《毛泽东文集》第2卷，人民出版社1993年版，第409页。

迅风格"在国统区的合理性。盖因鲁迅与黑暗统治势力作斗争时，因没有言论自由，必须要"用冷嘲热讽的杂文形式作战"，故而有其正义性。同时，毛泽东又否定了"鲁迅风格"在"民主自由的陕甘宁边区和敌后的各抗日根据地"的不适宜性。因为"对于人民的缺点是需要批判的……但必须是站在人民的立场上，用保护人民、教育人民的满腔热情来说话"。言下之意，立场和态度是首要条件，是必须前提。"我们并不一般地反对讽刺，但是必须废除讽刺的乱用。"① 这实际上已经宣布了鲁迅批判精神和讽刺笔法在革命内部的非合法性。换言之，鲁迅的批判精神和讽刺笔法在革命内部以阶级和人民的名义而被保留性处置，其后改版和整风中，批判现实主义文艺思潮被批判，终而被中止就是证明。

如果说毛泽东和延安《解放日报》对鲁迅的保留，是战争环境和生存需要使然，那么1957年7月7日毛泽东"要么被关在牢里继续写他的，要么一句话也不说"②的论断③，就超越了延安《解放日报》的历史语境，具有了更加深刻的意蕴。它和之前1957年3月10日毛泽东接见上海新闻出版界代表时鲁迅"敢写也不敢写……更多的可能是会写"的说法，以及其后1971年11月在武汉的谈话中"中国的第一个圣人"④

---

① 毛泽东：《在文艺座谈会上的讲话》，载中共中央毛泽东选集出版委员会《毛泽东选集》第3卷，人民出版社1953年版，第829页。

② 黄金生：《毛泽东评鲁迅：鲁迅活到新中国成立后会怎样？》，http://cul.qq.com/a/20160621/020695.htm。

③ 注：此说出自周海婴的《鲁迅与我七十年》一书，1957年7月7日，毛泽东在上海中苏友好大厦接见上海科学、教育、艺术和工商界的代表人士。席间罗稷南问了毛泽东一个问题，"要是鲁迅今天还活着，他会怎么样？"毛泽东方有此答。此说曾因"孤证"和"虚拟的命题"（傅迪：《质疑〈毛泽东棋局中的鲁迅〉全面看待30年间功过》，见于中国共产党新闻网 http://dangshi.people.com.cn/GB/85041/10619305.html）之说被质疑，但后又有黄宗英的"亲聆"之说（《炎黄春秋》2002年第12期，可贵的是还附有一张现场照片），和罗稷南侄子陈焜发文章说曾亲自聆听伯父证实这次设问求答的说法（黄金生：《毛泽东评鲁迅：鲁迅活到新中国成立后会怎样？》，http://cul.qq.com/a/20160621/020695.htm），此说方有"铁案"之论（高王凌：《言有易，言无难：再谈"毛罗对话"》，《同舟共进》2011年第12期）。

④ 黄金生：《毛泽东评鲁迅：鲁迅活到新中国成立后会怎样？》，http://cul.qq.com/a/20160621/020695.htm。黄文表述为"但其后，毛对鲁迅的评价不但没有降低，反而越来越高，1971年在武汉的谈话中，他进一步说：鲁迅是中国的第一个圣人，中国的第一个圣人不是孔夫子，也不是我，我是圣人的学生"。

说互为映照,显示了毛泽东鲁迅观的深刻裂变和内在的异质性、复杂性,也折射了中共鲁迅史观的显著特质。

### 异质:战士与主将、战友与"同志"、新闻与文化

邹韬奋和鲁迅对延安《解放日报》而言,是两个不同高度、不同身份和不同区域的传播主体。故此,延安《解放日报》在显示了邹韬奋和鲁迅传播的同化性之后,又不可避免地凸显了二者的异质性。异质性是与同化并生,往往为人所忽视的一种传播特质。

### 一 战士与主将

如上文所述,延安《解放日报》中的邹韬奋和鲁迅褒誉甚隆,具有无人可及的传播力度,但其差异也是相当明显的。

延安《解放日报》多处对邹韬奋冠之以"战士"的桂冠。在1944年10月7日的社论《悼邹韬奋先生》里,邹韬奋就被誉为"革命老战士""进步文化战士""忠于国家民族的革命战士"和"中国人民所爱戴的战士"[①]等。1944年11月22日的纪念特刊里,又有吴玉章的"为新民主主义奋斗的战士"[②]和朱德的"爱国志士,民主先锋"[③]。可以看出,在延安《解放日报》里,邹韬奋就是一个"士"的定位。所谓"士"者,既有修身齐家的传统品质,又有中国传统士人"慷慨赴国难"的家国意识,再加之"革命""爱国""文化""民主""战斗"等附加,使得邹韬奋在延安《解放日报》中俨然是一个奋勇冲锋、民主

---

① 社论:《纪念鲁迅先生》,延安《解放日报》1942年10月19日第1版。
② 吴玉章:《哀悼为新民主主义奋斗的战士邹韬奋同志》,引自《"邹韬奋先生逝世纪念特刊"》附1版,延安《解放日报》1944年11月22日。
③ 朱德题词"爱国志士,民主先锋",引自《"邹韬奋先生逝世纪念特刊"》附1版,延安《解放日报》1944年11月22日。

爱国，兼具传统美德的志士形象。

鲁迅则有所不同。鲁迅在延安《解放日报》中也有"精神界之战士"①（周扬语）、"民族解放的战士"和"中国新文学运动的先进战士"② 之谓，以凸显其无所畏惧、坚韧的战斗精神。但总体来看，延安《解放日报》对鲁迅的评价还是基本沿用了党中央和毛泽东的评价，更多地用"导师""旗手""主将""先驱"，伟大的"革命家""文学家"，乃至"圣人"等。可见，延安《解放日报》对鲁迅作为"文化精神领袖"的定位有更大的认同度，并且逐步走向定型化。

概言之，延安《解放日报》中邹韬奋的"志士"形象，和鲁迅"文化精神领袖"的形象在民主、斗争方面虽有相同的内涵，但也存在着显著的量级差距。邹韬奋更多地表现为冲锋陷阵的"战士"，鲁迅则是主将、"总司令"和"领袖"。

具体表现在传播形式方面，鲁迅的纪念比邹韬奋有更多的纪念专栏，纪念持续时间更长，其影响也更加全面，更加深刻。从传播内容方面看，邹韬奋只集中在新闻出版实践和民主运动斗争两方面，而鲁迅的影响从"鲁艺"到副刊，漫溢到了文艺思潮、整风运动，乃至中共的文化方向，涵盖了组织、文化、政治等多个方面，可以说无所不在，具有统制性的作用。

## 二 战友和"同志"

延安《解放日报》中，对中共而言，"战士"邹韬奋是一个最终可以收纳其中的战友，而鲁迅则是一个以神相交、追求相近的"同志"。

所谓"战友"即可相统于一，在组织的统治下，一道作战。换言

---

① 吴玉章：《纪念鲁迅先生逝世六周年——在纪念会上的讲话》，延安《解放日报》1942年10月26日第4版。
② 社论《纪念鲁迅先生》，延安《解放日报》1942年10月19日第1版。

之，二者甚或可以达到组织、政治和思想的全面一致，即便个体有所差异，也可以自动改化。邹韬奋"遗嘱"中"组织追认"、骨灰移葬延安的请求，和中共组织给予"接受"的回应，就是直接的证据。

而"同志"者则有所不同，"同志"意味着求同存异，并且"同""异"之比因时而变。毫无疑问，鲁迅和延安《解放日报》乃至中共在挽救民族危亡、抗日救国和反抗暴政方面有着巨大的共性，但在批判现实和文艺风格等方面则有着难以媾和的差异。所以，才有了延安批判现实主义风潮被终止的结局，才有了整风运动对文艺方向到政治运动方面的诸多规训。结果是，作为延安和中共文化精神领袖的"鲁迅"，不断被改写，不断被修正，最终演化为一个高度政治化的神圣符号。尤其是中华人民共和国成立之后，毛泽东作为中共领袖和中共话语系统形成强大合力，历经多次运动的簇拥，以意识形态的力量将鲁迅抬上了神坛。

但是，与鲁迅神圣化不甚合拍的是，作为一个思想家的鲁迅深潜着本能的警惕和质疑。确实，鲁迅在延安《解放日报》中被中共赋予了无人可及的盛誉，鲁迅也向中共致以道义和思想的呼应，以神相交，甚至救助中共人士，向毛泽东馈赠火腿，用行动来表达自己的认同。但是，鲁迅的怀疑也是的确存在的。鲁迅对苏俄的态度由"冷淡与怀疑"，到信任且赞赏，再复归质疑，就是一个明显的前奏。而后，鲁迅也以不同方式表达了自己的疑虑。鲁迅在1934年4月30日给曹聚仁的信中说，"倘当（旧政权崩溃之际）（我）竟尚幸存，当乞红背心扫上海马路耳。"无独有偶，1936年4月间，鲁迅对英国归来的李霁野复述过他与冯雪峰的一个对话。鲁迅对冯雪峰说，"你们来时，我要逃亡，因为首先杀的是我"[①]。

可见，战友与"同志"有着潜在的巨大异质性，这也决定了延安《解放日报》对邹、鲁表述的内在张力。

---

① 周正章：《1936年鲁迅为何进拒苏俄邀请？》，《同舟共进》2010年第6期。

## 三 新闻与文化

延安《解放日报》对邹韬奋和鲁迅的传播还体现在不同的区域中。

邹韬奋从事外文翻译，创办生活书店，主办系列"生活"报刊，并为中国民主运动奔走呼号。所以，延安《解放日报》中，邹韬奋始终集中在新闻出版和社会活动两方面，其定位是非常清晰鲜明的。

但是鲁迅则不然，鲁迅在延安《解放日报》中的存在是系统性的，鲁迅对延安文艺的影响渗透到了文艺的各个领域。在陕甘宁边区，以鲁迅命名的"鲁迅艺术学院"即"鲁艺"负责延安的文化艺术教育，它和中华全国文艺界抗敌协会延安分会即"文抗"相比肩，形成了延安所谓"两大阵营"。鲁艺内含实验剧团、木刻工作团、评剧团、音乐工作团和秧歌队等组织，也包括中国音乐研究会和漫画研究会等研究机构，可以说涵盖了文学、音乐、戏曲、美术、曲艺等诸多艺术门类。此外，延安也成立了许多以鲁迅命名的其他机关和学校，如鲁迅图书馆、鲁迅师范学校、鲁迅小学、鲁迅研究会和鲁迅研究基金等。"可以说，'鲁迅'已经成了延安文化生活的重要组成部分，同时也是延安新文化的象征。"[1] 重庆版《新华日报》曾以惊秋的《陕甘宁边区新文化运动的现状》对此作了生动的描述，"在延安，鲁迅的品格，被悬为每一个革命青年尤其是文化工作者的修养的模范，鲁迅的语言，被引作政治报告中最确切的补充例证，鲁迅对新文化所谓见解，被作为研究中国新文化运动的基本导循，金色书面的《鲁迅全集》，成为青年们最羡慕的读物"[2]。在某种意义上说，"鲁迅"涵盖了延安文艺的所有领域，也渗透到了延安的政治、社会生活的方方面面。尤其是，延安《解放日报》

---

[1] 田刚：《鲁迅与延安文艺思潮》，载梁向阳、王俊虎主编《延安文艺研究论丛》第一辑，陕西出版集团、陕西人民出版社2012年版，第157页。

[2] 惊秋：《陕甘宁边区新文化运动的现状》，《新华日报》（重庆）1941年1月7日。

副刊掀起的批评现实主义风潮，它以鲁迅始，由鲁迅终，并最终导出了开启一个新时代的整风运动，进而对延安和中共历史产生了历史性的影响。"鲁迅"是延安的精神灯塔和文化偶像，他以文化祭酒般的形象锻造了延安乃至中共系统中与军事相对仗的另一个高峰。对此，毛泽东精辟地总结为，我们有两支军队，一支是朱总司令的，一支是鲁总司令的。这两支军队，一支是手里拿枪的军队，一支是文化的军队，一文一武，一张一弛，共同发力于边区建设和中共革命[1]。

由此看来，鲁迅比邹韬奋彰显范围更广，更系统，当然，也经历了更加错综复杂、更为曲折坎坷的过程。

## 余论：传播的盛典和话语的纠结

邹韬奋和鲁迅是延安《解放日报》交相辉映的传播盛典，其传播力度、话语广度以及影响深度都是历史性的。邹韬奋和鲁迅是身在国统区、心系边区的社会公众人物，但当他们进身于延安《解放日报》媒介之舟的时候，邹、鲁就成为延安《解放日报》化的邹、鲁，延安《解放日报》则化形为与邹、鲁相交构的中共党报——人变成了媒介的人，媒介则化形为人的媒介。换言之，延安《解放日报》以政党化的传播将邹、鲁改化为政党化的人，或是意识形态化了的主体。反过来，邹、鲁迅又以特殊的传播符号成就了延安《解放日报》某种特质。其后，它们共同指向于延安和中共的历史。如此，传播就变成了主体、媒介和组织互为交映的景象。

历史往往是犬牙交错、错综复杂的。研究历史，既不能超越历史，也不能自囚于历史，真实地呈现历史的复杂性、客观性和深刻性是历史研究的根本。对于延安《解放日报》来说，邹、鲁的传播应该是一个

---

[1] 胡乔木：《回忆毛泽东在延安文艺座谈会上的讲话》，https://news.qq.com/a/20111101/001349.htm。

成功的案例。通过邹、鲁的传播，延安《解放日报》借助邹、鲁的社会影响力，成功地攻占了新闻传播的高地，达成了对国民党政权的口诛笔伐。与此同时，延安《解放日报》竭力将邹、鲁的话语表达和中共的政治取向进行有效缝合，并假借邹、鲁之力在国统区扩展中共的话语力量，以此来强化组织话语的合法性。延安《解放日报》由此取得了令人瞩目的成功，使得邹、鲁成为延安《解放日报》的传播经典。某种意义上说，这是传播和政治的双重胜利。

然而，延安《解放日报》中的邹、鲁也体现了话语的纠结。邹韬奋的新闻专业主义话语体系和鲁迅的独立知识分子文学话语体系，与延安《解放日报》的政党意识形态话语体系互为交合，又各自独立，甚至几有龃龉。邹、鲁话语体系中对暴政的抨击，对民主自由的召唤，对民族利益的坚守，应该说和延安《解放日报》有着高度的耦合性。但是，两者并不完全一致。一旦将邹韬奋纯粹爱国者和鲁迅独立知识分子的中立取向和延安《解放日报》的党性立场并置，将邹、鲁不分内外、无所划线的社会批判，和延安歌颂为主、政治至上的党性取向相比较，其间的间隙甚至冲突也是显而易见的。延安《解放日报》立足于现实境况（战化生态和农村大众传播）、生存哲学和斗争需要，内含的是党性立场和政治逻辑；而邹、鲁则出于思想拷问、社会批判和文化省察，源于知识分子立场，追求的是超越党派的民主、自由和独立，其核心是广义的文化逻辑。两者互为补充，不可替代，一旦刺透，要么分道而行，要么委曲求全，投诚收纳，或者互相龃龉，强力改写。于是，话语语境、话语体系和话语权力就共同催生了话语纠结，甚或话语暴力。

即便是身为传播对象的邹、鲁本身也有着不可忽视的差异。在延安《解放日报》中，邹韬奋是专业主义的新闻人，聚焦的核心是社会生活和现实矛盾，本质是一种社会批判；鲁迅更多表现为独立知识分子的身份特质，投射于文化反思和人性追问，核心是追问历史、反观现实和预言未来为构成的文化批判。邹韬奋更加具体，更加现实，更加灵活，鲁迅更加抽象,更加历史,更加严肃;邹韬奋更加义愤,更加直率,更加义无反顾,鲁迅更加内涵,更加隐曲,更加狼顾狐疑。基于此,延安《解放日报》中,邹韬奋更多地表现为一种现实功能性,鲁迅则更多地彰显了精神批判和历史反思功能的交合;邹韬奋获得了更强的现实肯定性,而鲁迅承受了更多的历史改写和保留,其中以整风为标志的历史转向则暗示了龃龉的难以调和。

最终的结果是,邹韬奋以中共高度标举、堪与范长江比肩的新闻巨擘而存在,而鲁迅则以延安和中共的文化祭酒和精神偶像被供奉。两者虽然都经历了符号化、意识形态化的过程,但鲁迅的神化、抽象化和历史超越性,则显得更为突兀。

历史宛如一碗坚硬的稀粥。邹、鲁的延安《解放日报》传播史,似乎在昭示着一个历史趋向,"随着战争形式的变化和政党组织的需要,知识分子被政党意识所取代"。延安《解放日报》及其后面相当长的一段历史时期里,知识分子观念形态的话语形态逐步被党的话语形态所取代,其传播也被一步步工具化、意识形态化,知识分子话语渐次"失去了其独立性和本体性,被纳入一个完整的意识形态体系之内。知识分子的地位也随之反思倒置,由启蒙者变成了被启蒙者",延安话语"建构逐步进入了一个新的发展阶段——中国意识主导下的建构阶段"①。

延安《解放日报》对邹韬奋和鲁迅的传播景象,折射了中共话语体系的历史性和复杂性,也进一步展示了中共现代传播景观的巨大张力和内在裂痕。延安《解放日报》和邹韬奋、鲁迅虽然一并变成了历史,但它们在承受着历史神圣的供奉的同时,也不得不面对现实的质询。我们不得不思考,在主体、媒介、组织和语境交织的当代传播语境中,话语的流变如何才能串起历史、当下和未来的神秘链条?主体如何才能直面历史的书写和自我的呼唤?

---

① 何满仓、师伟伟:《1938—1942:左翼知识分子主导下的延安文艺建构》,载梁向阳、王俊虎主编《延安文艺研究论丛》第一辑,陕西出版集团、陕西人民出版社2012年版,第401页。

# 从"立人"到"救亡":邹韬奋和胡适启蒙思想比较研究

陈长松 徐 健 邹 悦*

**摘要**:论文以"九·一八"为分界点,比较邹韬奋和胡适启蒙思想的异同。前期邹韬奋深受胡适启蒙思想的影响,其报刊实践中强调的"实用主义"与"健康分子"来源于胡适的"实验主义"与"健全的个人主义";"九·一八"事变后,随着民族危机的加重,邹韬奋与胡适渐行渐远,其报刊实践中强调的"救亡"与"改造社会"是对胡适的"立人"与"改造个人"思想的"超越",也契合了中共主张的"新启蒙"的意涵,邹韬奋本人也逐渐向中共靠拢。

**关键词**:胡适;邹韬奋;启蒙;新启蒙

## 一 问题的提出

邹韬奋和胡适皆是中国新闻传播史上著名的报刊活动家与启蒙思想家。五四时期,胡适与陈独秀等五四先贤发起了新文化运动,掀起了中

---

\* 作者简介:陈长松,南京林业大学人文社会学院教授;徐健,广西南宁师范大学新闻与传播学院教授;邹悦,江苏淮阴师范学院传媒学院广播电视系学生。

国历史上最为动人的思想革命。五四后期，胡适立足北京大学积极投身同人刊物，如《独立评论》，发表报刊文字，其报刊实践始终表现出鲜明的思想启蒙色彩，他也成为被公认的中国启蒙思想家。与胡适稍有不同，"九·一八"以前，邹韬奋以胡适为榜样，《生活》周刊"延续"了五四"立人"的启蒙思想；"九·一八"事变后，邹韬奋利用《生活》展开"救亡"启蒙，契合了延安提出的"新启蒙"的时代要求，邹韬奋也被誉为"普及教育、启迪民智"的启蒙思想家。以前期的《生活》周刊为例，不难看出邹韬奋对于胡适启蒙思想的赞赏与推崇，引用刊登之余还表现出个人的膜拜倾向。邹韬奋与胡适虽只相差四岁，但邹韬奋却尊敬地称胡适为"先生"，称胡适为"名闻中外的学者"。这一时期两人都推崇实用主义，启蒙思想基本一致。"九·一八"事变后，随着救亡启蒙运动的开展，两人渐行渐远。邹韬奋以《生活》周刊为阵地开展"救亡"启蒙，借以寻求解决民族危机的路径。这不仅与胡适的"慢热"状态不同，也与胡适主张的"诤臣"角色产生分歧。邹韬奋不仅公开撰文批判胡适的抗日主张，其发表的"救亡"文字也逐渐"激进"，相关报刊思想不仅"暗合"了延安提倡的新启蒙运动，邹韬奋本人也最终成为中共的同路人。

学界对于胡适启蒙思想的研究已经成为宏大叙事，相比之下，邹韬奋启蒙思想研究则比较落寞，而有关邹韬奋和胡适启蒙思想的比较研究更是寥寥无几。学界目前对邹韬奋和胡适的比较研究主要集中于两个方面：一是前期的交往，以沈谦芳的观点为代表，主要认为邹韬奋主办的《生活》周刊深受胡适思想观点的影响[①]；二是后期的分歧，以龚鹏的观点为代表，认为由于两人主张的救国路径不同而导致思想分歧，胡适主张"做政府的诤友"，邹韬奋则主张"唤起民众"[②]。应该说，上述研究成果在厘清历史史实的基础上，对两者的"交往"做了较为深入的

---

① 沈谦芳：《邹韬奋和胡适》，《西北民族学院学报》1995年第3期。
② 龚鹏：《"九·一八"事变后中国自由知识分子的选择》，《社会科学家》2009年第8期。

研究。然而，上述研究更多地聚焦于两者的"交往"上，对两者的启蒙思想少有比较，这就让本文的论题有了较大的研究价值。从启蒙的视角比较胡、邹两人的启蒙思想具有以下意义：一是有助于邹韬奋启蒙思想家地位的落实；二是有助于丰富对邹韬奋与胡适交往的认知；三是也有助于讨论由启蒙到新启蒙的中国启蒙运动的发展特殊性。论文以"九·一八"为分界点，比较分析邹韬奋和胡适启蒙思想的异同。论文主体分为三部分：一是启蒙与新启蒙概念的界定与厘清；二是讨论"九·一八"前邹韬奋对胡适启蒙思想的"承继"；三是分析"九·一八"后邹韬奋"救亡"思想对胡适启蒙思想的"超越"。

## 二 启蒙与新启蒙：概念的厘清

### 1. 启蒙

当代世界有关启蒙的讨论已成为宏大叙事，不同的人站在不同视角对启蒙都可以展开"合理"论述，启蒙内含的"自反性"也注定了启蒙必然成为宏大叙事，这事实上给界定启蒙增加了难度。本文并不打算给启蒙下一个严格定义，只是结合相关定义，对启蒙的内在特征作以描述，亦即启蒙必须具备的一些特征。目前来看，康德有关"启蒙"的界定影响最大。康德认为，启蒙就是"人们走出由他自己所招致的不成熟状态"，而走出不成熟状态必须依赖"理性"（无论是"逻辑理性"还是"实践理性"）的确立，这表明理性是启蒙的一个根本特征。理性的确立则需要借助反思与批判，这是毋庸置疑的。反思与批判的"实现"不仅需要借助"新"的"知识资源"[①]（无论是输入的"异域"的知识资源，还是重新被挖掘的"传统"的知识资源），而且还需要引路者（类如西方"启蒙时代"的"哲人"，近代中国"启蒙运动"的

---

① 章清：《传统：由"知识资源"到"学术资源"——简析20世纪中国文化传统的失落及其成因》，《中国社会科学》2000年第4期。

"思想者"或"先贤")。本文认为理性、批判与反思、引路者及其引入的"新"的"知识资源"是构成启蒙的三个基本要素。

胡适早年留学美国,师从杜威,深受西方社会思想尤其是实验主义与自由主义的影响。作为启蒙思想大家,胡适对"启蒙"的独特理解突出表现在"独立人格"层面,极力批判"高谈主义""空谈主义",提出"健全的个人主义"思想,启迪青年要建立独立的人格、理性的思想。应该说,胡适的启蒙思想更为彻底地贯彻了西方启蒙运动所提倡的"理性"特征。事实上,"九·一八"事变后面对全国日益高涨的抗日大潮,胡适所表现出的"慢热"也与其一贯秉持的"理性"态度息息相关。可以说,"理性"贯穿了胡适思想的一生,也因如此,他被公认为近现代中国启蒙运动的大师。

2. 新启蒙

"新启蒙"又称"新五四运动"或"第二次文化运动"。20世纪30年代中后期,时任中共中央北方局宣传部长的陈伯达重提五四精神,提出了"新启蒙运动"。陈伯达的"新启蒙运动"包含了两个运动——民主主义思想运动和民族主义思想运动。所谓"民主主义思想运动"是指"要把四万万同胞从复古独断、迷信、盲从的愚昧精神生活中唤醒起来,要使四万万同胞过着有文化的、有理性的、光明的、独立的精神生活。"所谓"民族主义思想运动"意指"要推动四万万同胞为中华民国生存而走上战斗;为自己的幸福而走上战斗"①。新启蒙运动系在外敌入侵与复古文化思想泛滥情形下,为建立文化救亡的"最广泛联合战线"和能最大限度发挥国家潜力,以一致抗日的自由民主政治而产生。②在抗日救亡的危机形势下,为避免各种名为复古,实为奴化的"国粹"沦为日本侵略者侵略中国的"文化工具",新启蒙运动在肯定五四运动启迪民众的基础上,焦点主要聚中于反对复古和奴化。因此,新启

---

① 龚鹏:《邹韬奋启蒙思想研究》,博士学位论文,湖南大学,2010年,第11页。
② 谭群玉:《新启蒙运动性质新探》,《学术研究》2011年第2期。

蒙是五四启蒙的进一步深化，其目的在于使新文化能够最大限度地普遍化、大众化，更为强调启蒙的思想建设对于抗日救亡的实用性。

邹韬奋在"九·一八"事变后以《生活》周刊为阵地，以"反对异民族侵略，争取祖国的独立自由"为志向，积极投身救亡启蒙，唤起民众爱国意识，其报刊"救亡"实践"契合"了延安提出的新启蒙运动。值得注意的是，此时的邹韬奋虽然与胡适渐行渐远，其思想也逐渐"激进"，但是该时期（《生活》周刊时期）邹韬奋无党无派，《生活》周刊也一再表明刊物的无党派身份。因此，邹韬奋的报刊"救亡"实践尽管呼应了延安提出的新启蒙运动，但并不是政党"宣传"，而更像是自由知识分子的"救亡"启蒙。

## 三 沿袭："九·一八"前邹韬奋对胡适启蒙思想的承继

"九·一八"事变前，邹韬奋在其报刊实践中承继了胡适五四时期的启蒙思想。无论是邹韬奋接办《生活》周刊后确立的新的宗旨，还是《生活》对胡适思想的推介，都可反映出邹韬奋对胡适思想的"沿袭"。当然"沿袭"中又有所"发展"，表现在邹韬奋将"实验主义"转化为"实用主义"，将胡适"健全的个人主义"进一步发展为"健康分子"。

1. 从"实验主义"到"实用主义"

胡适提出的"实验主义"是指提倡用科学精神、科学方法去认识中国的社会历史和文化，他认为这是救治中国传统文化最为科学的方法和态度，反对各种无用的高谈阔论。1919 年 11 月，胡适在《新青年》上发表《新思潮的意义》，提出了"研究问题，输入学理，整理国故，再造文明"[①]。这颇能代表胡适的"实验主义主张"。胡适创办《独立评论》时再次提出："我们都不期望有完全一致的主张，只期望各人根据自己的知识，用公平的态度，来研究中国当前的问题。所以尽管有激烈

---

① 龚鹏：《邹韬奋启蒙思想研究》，博士学位论文，湖南大学，2010 年，第 31 页。

的辩争，我们总觉得这种讨论是有益的。它没有党派背景，标榜独立精神，言论不求一律，主张公心，事实和负责的态度平等地评论问题。"①

胡适的"实验主义"强调一点一滴的改造，主张多研究些问题，少谈些主义。胡适于 1919 年 7 月发表《多研究些问题，少谈些"主义"》一文。同年年底，胡适发表《新思潮的意义》，认为"新思潮的根本意义只是一种新态度，这种新态度可叫做'评判的态度'"。"我们不去研究人力车夫的生计，却去高谈社会主义；不去研究女子如何解放，家庭制度如何救正，却去高谈公妻主义和自由恋爱……；我们还要得意洋洋夸口道，'我们所谈的是根本解决'。"② 胡适认为下列三种方法可体现"实验主义"：第一注重事实，第二注重假设，第三注重证实。胡适认为启蒙运动急于解决的问题是救国，救这衰病的民族，救这半死的文化。③ 胡适提出的"实验主义"的首要目的是改良，主张以批判的态度去理性分析，去做一番整理国故的工夫来，只要能再造社会的都值得尝试，反对盲目的"目的热"④。

邹韬奋推崇对胡适偏向"实验主义"的启蒙思想，极力批判"高谈主义""空谈主义"。1920 年年底，邹韬奋在《约翰声》刊物上发表《批评的真精神》，他强调说："高谈主义很容易，如果着实做去，便要缩颈胁肩逃掉。"⑤ 邹韬奋接办《生活》周刊之初，将宗旨改为"暗示人生修养，唤起服务精神，力谋社会改造"⑥。从邹韬奋 1926 年接手《生活》周刊到 1933 年 12 月这七年时间里，《生活》周刊上共发表 5 篇胡适所著"名著"，8 篇介绍、引述胡适言论的文章，邹韬奋本人及别人评述胡适言论的文章 8 篇，访问记 1 篇，胡适的画像 1 幅，照片两

---

① 谢玲莉：《胡适文学启蒙思想研究》，硕士学位论文，西南大学，2010 年，第 11 页。
② 胡适：《中国人的人格》，中国工人出版社 2016 年版，第 198 页。
③ 同上书，第 123 页。
④ 同上书，第 84 页。
⑤ 邹韬奋：《韬奋全集》卷一，上海人民出版社 1995 年版，第 203 页。
⑥ 邹韬奋：《韬奋全集》卷三，上海人民出版社 1995 年版，第 256 页。

张。邹韬奋和胡适虽然只差四岁,但邹韬奋尊称胡适为"先生""名闻中外的学者"。由此透露出邹韬奋对胡适具有个人主义色彩的膜拜,这也透露出邹韬奋对胡适启蒙思想的承继。1927年11月16日,邹韬奋拜访胡适时曾说:"先生曾经说过,少谈主义,多研究问题,本刊是要少发空论,多叙述有趣味有价值的事实。"① 可见在主办《生活》周刊的初期,邹韬奋的办刊宗旨,带有胡适思想的痕迹。与此同时,邹韬奋对胡适"引介"的"实验主义"又有所发展。邹韬奋主张报刊的"领导"与"反映"功能,"领导"就是指报刊能对社会大众起引导作用,"反映"是指应反映社会大众的真正要求。邹韬奋认为,报刊应服务社会、服务大众,也即报刊应站在人民大众的立场,真实地报道人民群众的生活,反映人民群众的呼声。"我们在社会上无论担任何种职业,对于道德和品性的养成,是很要紧的。尤其是现在的一般青年此点更为重要……所以我们要首先养成各种职业的品性,使一般青年出而服务,有担当的态度和规矩。"② 服务之上的彻底精神,是对胡适实验主义到实用主义的延续。一方面,邹韬奋正是意识到固有的启蒙运动思想能解决现有的民族危机,因而采取了一种报刊启蒙的救国方式;另一方面,邹韬奋前期启蒙思想受胡适影响,利用《生活》周刊宣传和推广能够起到一定的普罗大众的作用,让本在"象牙塔"里的启蒙思想深入到社会群众中去。从这一点来看,邹韬奋后期启蒙思想的转变与胡适的出发点是一样的,即为了贯彻启蒙运动思想,使得启蒙思想深入人心。

2. 从"健全的个人主义"到"健康分子"

何为"健全的个人主义"?胡适当时在《独立评论》上所刊载的《个人自由与社会进步》一文中引杜威先生的话,指出个人主义有两种:(1)假的个人主义就是为我主义,他的性质是只顾自己的利益,

---

① 邹韬奋:《韬奋全集》卷一,上海人民出版社1995年版,第876页。
② 邹韬奋:《职业指导之真谛》,《教育与职业》2003年第1期(原载于《教育与职业》1923年第48期)。

不管群众的利益。（2）真的个人主义就是个性主义，……只认得真理，不认得个人的利害。① 这后一种就是胡适当时提倡的"健全的个人主义"。胡适借用易卜生的思想表达健全的个人主义，同时又批评"个人主义的新生活——独善的个人主义"，强调独立的个人也要为社会承担责任。胡适曾不止一次说："争你们个人的自由，便是为国家争自由！争你们自己的人格，便是为国家争人格！自由平等的国家不是一群奴才建造得起来的！"② 此时胡适也强调了个人对社会"任重而道远"的责任。

  邹韬奋将胡适《独立评论》上的"健全的个人主义"转换为《生活》周刊的"健康分子"。早在1914年，邹韬奋就指出："故国小不足为患，而民愚始足为患。"1920年12月邹韬奋进一步提出，"国民是国家的重要分子。分子的教育程度，就是国家强弱的标准。"可见，邹韬奋认为"民愚"是国家衰弱的病因③。邹韬奋因之强调青年应该成为社会的"健康分子"。何为"健康分子"？1921年6月邹韬奋在《吾侪所以报答母校者》一文就此作了说明："一方面知其为一家之分子，一方面尤当知其为社会之分子，一方面忠于其本身事业，一方面尤当热心协助社会之公益事业。"亦即在家应尽到作为一个家庭成员的责任，在外则不能成为社会的蠹虫，须尽自己的能力贡献于社会。邹韬奋强调个人的成熟独立需要摆脱传统的大家庭，建立新式的小家庭，同时又强调承担社会责任，需要自我个人的独立，加以自身技术的学习服务于社会。邹韬奋在《生活》周刊刊载了大量有关求学、就业、社交、恋爱、婚姻、家庭等方面的文章，相关论述都在强调个人发展要为社会发展服务。

  邹韬奋希望通过改良的方式以谋求国家的富强、社会的进步。他将社会进步、国家前途的希望寄托在青年一代的身上，其理想中的"青

---

① 胡适：《个人自由与社会进步——再谈五四运动》，《独立评论》1935年第150号。
② 胡适：《中国人的人格》，中国工人出版社2016年版，第119页。
③ 龚鹏：《邹韬奋启蒙思想研究》，博士学位论文，湖南大学，2010年，第39页。

年"就是"健康分子"。胡适"健全的个人主义"同样如此,"争你们个人的自由,便是为国家争自由!争你们自己的人格,便是为国家争人格!自由平等的国家不是一群奴才建造得起来的!"胡适主张的个人主义实际上是鼓励人们在现实社会生活里来发展自己的个性,参与社会的改造才能获得个性真正的独立与解放。邹韬奋在主张个人主义、追求独立人格的同时,进一步强调个体对社会的责任、对国家的责任。邹韬奋倡导的社会健康分子是"服务至上彻底精神"与胡适的"健全的个人主义"相结合,在批判社会陋习的同时强调社会青年要肩负时代责任。可见,邹韬奋的"健康分子"的思想深受胡适的"健全的个人主义"思想的影响。

## 四 "超越":"九·一八"事变后韬奋对胡适启蒙思想的"否定"

1931年"九·一八"事变爆发,邹韬奋的启蒙思想由前期主张"立人"逐渐转向"救亡",其宣传的"救亡"思想"暗合"了中共提出的"新启蒙"的主张。与此同时,邹韬奋与胡适逐渐产生分歧,韬奋开始批评否定胡适,其启蒙思想呈现"超越"胡适的一面。

1. 从"立人"到"救亡"

简单地说,胡适和邹韬奋后期启蒙思想的差异可以归结为"立人"和"救亡"的不同,当然,这并不是说胡适不赞成救亡,也并不意味着邹韬奋强调"救亡"就完全抛弃了"立人"的部分。具体而言,胡适"九·一八"后的启蒙思想仍侧重于"立人"以救中国社会,而邹韬奋则认为当今之要务是"救处于危难之中的民族",更倡导用一种迫切、激进的方式去挽救"九·一八"事变后处于民族危机中的中国社会。

胡适和邹韬奋启蒙思想的分歧最初体现在"九·一八"事变后不同的救国选择。"九·一八"发生后,面对全国日益高涨的抗日救亡大潮,胡适仍主张通过"立人"以改造社会,强调"理性",强调"渐进"，主张"做政府的诤友"，用实验主义"一点一滴的改造"，发出"我们还可以再等五十年"的"倡议"。尽管胡适的"倡议"有其"理性"的一面，但对于当时处于抗日民族救亡危机中的中国则明显不合时宜。事实上，除邹韬奋外，其时许多其他知识分子如蓝志先、汪长禄等都在"九·一八"事变后对胡适源自"理性"的"慢热"提出质疑。

与胡适的"慢热"不同，邹韬奋主张"唤起民众"投身革命以挽救民族危局，由此必然与胡适产生分歧。1933年6月，胡适因在赴美讲演和出席太平洋国际学会，途经上海时对新闻界发表谈话，劝告国人对国联调解要"深刻的感谢"。邹韬奋同月在《生活》周刊刊文《听胡博士的高谈》抨击胡适。邹韬奋认识到在无法确保国家安危的情势下，什么政府都无法确保个人的自由、发展，当然更无从谈起启蒙。邹韬奋站在民族民主革命的视角考察问题，逐渐"认同"中共的抗日救亡主张。中国现代启蒙与西方启蒙思想一个很大的不同在于，中国启蒙思想一开始就带上了"启蒙与救亡的双重变奏"（李泽厚）的色彩。用启蒙来救亡，来振兴中华，来治国平天下，"救亡压倒启蒙"就是必然的，甚至不能说"压倒"，而只不过是"启蒙转化为救亡而已"。① 由此来衡量中国20世纪的启蒙运动，一个最明显的特点就是，这两场启蒙运动都是由某些民众的监护人，或者说"知识精英"们，居高临下地对民众进行"启蒙"或者"发蒙"②。所以，20世纪第一次启蒙运动很容易地就被"救亡"的政治要务所"压倒"（李泽厚）。③ 邹韬奋深刻认识到群众的重要性，并强调要培养社会责任感，个人服务社会，规避理想化，认为"救亡"也是一种启蒙。与以往启蒙思想家一样，身处抗战时期的邹韬奋认识到，要达到民族解放斗争的胜利，就必须克服个人主义，服从集团主义。④ 将救亡进化为启蒙大众、宣传启蒙思想的一种方

---

① 邓晓芒：《启蒙的进化》，重庆出版社2013年版，第12页。
② 同上书，第21页。
③ 同上书，第23页。
④ 龚鹏：《邹韬奋启蒙思想研究》，博士学位论文，湖南大学，2010年，第127页。

式，可以说是其启蒙思想的进一步升华。

2. 从"改造个人"到"改造社会"

邹韬奋早期在《生活》周刊上发表的思想一定程度上继承了胡适所倡导的"健全的个人主义"，而以"九·一八"为分界点，邹韬奋与胡适渐渐产生隔阂。胡适认为改造社会的根本目的是"改造个人"，于是"九·一八"事变后他继续倡导"改造个人"。邹韬奋则认为，在民族存亡的生死关头，只有"改造社会"方能"改造个人"，所以救亡是刻不容缓的。

胡适认为，个人是社会上无数势力造成的，改造社会须从改造这些造成社会、造成个人的种种势力做起，由此改造社会即是改造个人。[①] 胡适的这个思想符合启蒙思想对"人"所给予的根本性关注，"个体要追求'真生命'，承担起社会发展、社会进步的责任"[②]。当然，胡适也注重强调个体的"责任"，强调个体对社会应承担的责任，主张个体的独立人格只有在改造社会中才能彰显。胡适认为"将自己铸造成器，也是对社会负责。沉船时救出自己，便是多备下一个再造社会的分子"。相反不肯救出自己，就谈不上有益于社会。这充分表明了胡适的个人主义价值观。[③] 然而，胡适的"悲剧"也正在于此，他的自由主义精神只停留于一种外部的行为方式，他希望这种行为方式成为一种制度，一种国策，想做一个旧式的"诤臣"，进行和平的、渐进的改革。[④] 这一点在《从民主与独裁的讨论里求得一个共同政治信仰》就有所体现，胡适倡导"慢热"是因为"欲速则不达"。但不可否认，胡适作为中国启蒙运动倡导者先驱性的地位，更不可否认胡适对于启蒙中国社会大众所做出的卓越的思想贡献。

邹韬奋唤起民众的启蒙目标是"力求民族解放的实现，封建残余

---

① 胡适：《中国人的人格》，中国工人出版社2016年版，第228页。
② 龚鹏：《邹韬奋启蒙思想研究》，博士学位论文，湖南大学，2010年，第23页。
③ 同上。
④ 邓晓芒：《启蒙的进化》，重庆出版社2013年版，第143页。

的铲除，个人主义的克服"以求来"改造社会"。邹韬奋用"救亡"代替启蒙，主张培养青年的社会责任感最终要为国家的发展献身，强调大众的集体意识。强调个人的使命感，强调青年人发展的最终目的是国家救亡。仔细分析，这两者之间的实质含义是相同的，为了挽救国家、民族的危机，需要全民族共同行动。①邹韬奋强调集体主义，更多时候表述为集团主义。事实上，仔细剖析邹韬奋在"九·一八"事变后启蒙思想的转变，不难看出邹韬奋其实并不反对个人要加强修养。但是与胡适不同的是，他指出："'修养'不应以个人主义为出发点，却要注重社会性；是前进的，不是保守的；是奋斗的，不是屈服的；是要以集团一分子的立场，共同努力来创造新的社会，不是替旧的社会苟延残喘。""保守、屈服"似乎都在意指胡适"做政府的诤友"，由此看出邹韬奋对胡适的思想进行了一定的批判。②从而不为任何个人或者集团的利益所蒙蔽，时时刻刻将整个民族的利益作为一切思想和行动的目标，为抗战的成功而努力奋斗，需要改造社会的力量，邹韬奋"唤起民众"的思想核心即是利用集体主义的力量为救亡中国起作用。

## 五 结语与讨论

论文以"九·一八"事变为界，比较了邹韬奋与胡适启蒙思想的异同。胡适是中国启蒙运动的先行者和公认的启蒙大师，邹韬奋后来者居上。"九·一八"以前，邹韬奋的启蒙思想深受胡适的影响，"九·一八"以后，两人渐行渐远，胡适主张"做政府的诤友"，而邹韬奋主张"唤起民众"。前者是倡导个人的自由，强调个人在改造社会中的作用；后者是倡导集体意识，强调莫让"个人自由"蒙蔽了"社会自由""国家自由"。传统认为救亡压倒了启蒙，其实在民族危亡的局势下，

---

① 龚鹏：《邹韬奋启蒙思想研究》，博士学位论文，湖南大学，2010年，第129页。
② 邹韬奋：《韬奋全集》卷六，上海人民出版社1995年版，第397页。

救亡未尝不是一种启蒙。如果"救亡"也是一种启蒙的话，那么我们自当认可邹韬奋在"九·一八"后的报刊"救亡"所具有的启蒙意义。也正是在这一点上，邹韬奋的报刊"救亡"实践体现了陈伯达所提出的新启蒙思想的"启蒙的普遍性""启蒙的大众化"特征。

五四运动后，启蒙思想虽然受到广泛宣传，但因为复古主义的存在，无法使启蒙思想深入人心。因此，陈伯达提出了新启蒙要"贯彻五四启蒙之精神"，从这一点上来看，新启蒙运动在实践性方面对五四启蒙是有所超越的。殊途同归，无论是胡适和邹韬奋早期启蒙思想的完美契合，还是后来的广泛争议，启蒙思想家最终的目标都旨在"立国"。这也是启蒙运动与新启蒙运动的连接点。新启蒙在启蒙运动的基础上加入了"爱国主义"是呼应当时特殊的社会环境的。学术界将新启蒙运动归结为爱国主义运动、文化思想上的民主主义或自由主义运动、理性运动、"创造现代中国新文化的运动"①。新启蒙运动继承了五四批判礼教的反传统精神，迫切地要求思想文化要与现实相结合，体现了一种激进的革命精神。因此，在中国当时特殊的历史时期下，"救亡"实则是"九·一八"事变后的一种新型启蒙方式。

邹韬奋启蒙思想的转变契合了启蒙由五四思想启蒙到新启蒙的转变。新启蒙运动有自身的民族危亡存于旦夕的时代背景。邹韬奋前期启蒙思想受胡适影响，对于西方启蒙思想有着较为深刻的认知和实践；也缘于此，邹韬奋才能意识到原有的五四启蒙思想无法解决现有的民族危机，进而采取了一种激进的革命式的报刊救亡实践。从这一点来看，邹韬奋后期启蒙思想的转变与新启蒙思想家的出发点是一样的。应该看到，与陈伯达等左翼人士提出的新启蒙不一样，邹韬奋所提倡的启蒙是没有党派之争的，而是从启蒙的角度去启迪大众救亡、批判时局不利和"求明哲保身"的政府。也正是在这个意义上，我们可以认为邹韬奋的"救亡"不是一种政党式的政治宣传，而更具有自由知识分子的启蒙实践。

---

① 谭群玉：《新启蒙运动性质新探》，《学术研究》2011年第2期。

# 一个外国人眼中的邹韬奋
## ——以英文博士论文《邹韬奋:〈生活〉周刊的岁月，1925—1933》为中心

傅德华　李易特[*]

**摘要**：本文试图通过对1972年康奈尔大学盖伍特兹女士（Margo. S. Gewurtz）的英文博士论文《邹韬奋:〈生活〉周刊的岁月，1925—1933》进行研究和分析，让学术界同人了解一个外国人眼中邹韬奋的具体形象。作为美国学界邹韬奋研究的早期成果，该文以"知识分子如何从国民党意识形态中异化而出"为切入点，以《生活》周刊为线索，探讨1925—1933年邹韬奋的思想变化。本文将首先介绍该文的基本信息以及研究思路，之后概述其文章各部分的主要观点，最后进行总评。本文冀望以借鉴这异域博士生眼中较为成功的研究成果，为我们之后的研究提供新的思路与视角。

**关键词**：邹韬奋；美国；博士论文；评介

邹韬奋作为著名的记者、媒体人、爱国人士，他和他所主编的《生活》周刊均在中国现代史上具有重要的地位和影响。这也为海外学界所认可。1972年，康奈尔大学的马戈·盖伍特兹（Margo S. Gewurtz）选择了邹韬奋为研究对象，完成了名为《邹韬奋:〈生活〉周刊的岁

---

[*] 作者简介：傅德华，复旦大学教授，退休前系复旦大学资料室主任。李易特，复旦大学学生。

月,1925—1933》(Tsou T'ao-fen: The Sheng-huo years, 1925—1933)的博士论文。此时,美国学界对邹韬奋的研究尚处于萌芽阶段。这一早期研究成果反映了美国学界对邹韬奋的基础性认识。该文的切入角度、研究方法以及最终评价试图对国内的邹韬奋研究提供新的视角。由于该论文尚没有译介到国内,本文试图对它进行介绍和梳理,并对其中较为突出的研究成果进行概述,以飨国内学者。

## 一 作者信息及写作背景

马戈·盖伍特兹于1943年生于加拿大多伦多。1965年,她从多伦多大学(University of Toronto)毕业,并获得现代史方向的学士学位,同时被授予"伍德罗·威尔逊奖学金"(Woodrow Wilson Fellowship)。之后进入康奈尔大学攻读历史学博士学位。在康奈尔大学就读期间,她表现优异,被授予了一系列加拿大委员会博士奖学金(Canada Council Doctoral Fellowship),并在1968年6月,被选入"非—卡帕—非"荣誉社团康奈尔分会(The Honor Society of Phi Kappa Phi)。1968年9月,她加入多伦多的约克大学(York University),成为一名教员。1971年夏,英属哥伦比亚大学(University of British Columbia)组织了一场教育性的学习旅行,她作为一名成员,在这次旅行中到达中国并参观。毕业后,任约克大学人文系荣誉教授和高级学者。

盖伍特兹的研究方向是中西文化关系,尤其是西方传教士和中国基督教信徒之间的关系。她著有专著《在美国与俄罗斯之间:中国学生的激进和邹韬奋的旅行笔记,1933—1937》(Between America & Russia: Chinese Student Radicalism and the Travel Books of Tsou T'ao-fen, 1933—1937),论文《在河南北部农村的女性与基督教,1890—1912》(Women and Christianity in Rural North Henan, 1890—1912)等。

《邹韬奋:〈生活〉周刊的岁月,1925—1933》是她在1972年提交至康奈尔大学的博士毕业论文。此时，邹韬奋研究在美国尚处于萌芽状态。从参考文献中可以看出，仅有哥伦比亚大学的妮可·海拉巴雅诗（Nicole Hirabayashi）的硕士论文是关于邹韬奋的，题为《邹韬奋和救国会，1935—1937》（*Tsou T'ao-fen and the National Salvation Association 1935—1937*），此外她可以获得的都是中文文献。而她之所以对邹韬奋进行研究，据她自己在论文的《致谢》部分所说，是受到康奈尔大学的理查德·霍华德教授（Prof. Richard C. Howard）的提示。霍华德教授也研究近代中国史，曾合作主编《中华人民共和国人物传记辞典》（*Biographical Dictionary of Republican China*）。

尽管邹韬奋研究刚刚兴起，本文的学术成就仍然较高。这是因为彼时美国学界对中国近代史已经有了一定的研究成果。如她的博士论文主要受到了康奈尔大学中国史与东亚研究专业的比格斯塔夫教授（Professor Knight Biggerstaff）的指导。比格斯塔夫教授早在1928年就到达中国，并作为最早的两位"哈佛—燕京学者"（Harvard-Yenching Scholar）之一在燕京大学任教两年，直至1931年才离开中国。可见，他曾亲身经历过盖伍特兹论文所覆盖的时段中的中国。

因此，在这种背景下，虽然此文涉及对邹韬奋生平的介绍，具有"一部思想传记"[①]的性质；但由于此时美国学界对中国史的关注和了解，此文主要的出发点还是以邹韬奋为个案，探讨中国现代史的问题——在这一时间段内，知识分子的思想如何从国民党的意识形态中异化而出、成为共产党的追随者。

## 二 研究思路与学术特色

盖伍特兹在论文的《简介》部分说：

---

[①] 马戈·盖伍特兹：《邹韬奋：〈生活〉周刊的岁月，1925—1933·简介》，博士学位论文，康奈尔大学，1972年，第11页。

这项研究起源于一种愿望：在更细节化的层面上，在经常被历史学家们笼统评价的中华人民共和国的历史中，分析知识分子从蒋介石的国民党政府中的异化（alienation）……的确，在1949年以前，中国的共产主义的历史学家们指出，知识分子的异化是太平天国所犯的一个大错误，也是叛乱史中要被学习的关键一课。国民党无力维持来自知识分子的支持，也类似的，是他们败给中国共产党的关键因素。并且，为了增进对这个历史事件的理解，我们期待一个关于这个问题的考察。

似乎，解决这一问题最好的办法是对一个知识分子的异化进行个案分析。本博士论文选择了邹韬奋（1895—1944）：一个自由的记者。[①]

因此，本论文并不是为了对邹韬奋有一些了解，而是在聚焦邹韬奋的知识分子身份，以"异化"和"激进"为关键词，研究邹韬奋的思想与国民党意识形态之间逐渐分离的关系，从而将此项研究与中国现代史的研究相关联，使它具有更宏大的学术背景。她之所以选择邹韬奋作为研究对象，除了上述霍华德教授的建议外，还有几个原因：

他是一个在1928年以前没有积极卷入政治的人。……当国民党在南京开始执政的时候，他是一个独立的自由主义者，思想开放，并且倾向于支持新政府。在南京时期的早些年中，他与中国共产党党员的联系是很少的。然而，在他生命的最后，他成为了共产党员。这种转变的发生基本上是以南京时期为背景的。因此，他的思想传记可以显示这一时期知识分子的异化和激进的双重问题。……另一层面体现在他与反对蒋介石抗日失败的运动紧紧相连。他因此被清晰地认定为一个爱国者和国家主义者。……本研究的一个主要特征，

---

[①] 马戈·盖伍特兹：《邹韬奋：〈生活〉周刊的岁月，1925—1933·简介》，博士学位论文，康奈尔大学，1972年，第11页。

是试图分析国家主义在邹韬奋投入共产党过程中的角色。……最后，邹韬奋作为一个被广泛阅读的记者，给本研究增加了一个进一步的维度。《生活》周刊在当时是最广泛流传的期刊。它对于年轻人尤其有吸引力。……作为一个受欢迎的、被广泛阅读的新闻人，相比于一个南京方面的曾经的支持者的背叛而言，邹韬奋的异化和激进有着更深远的间接结果。①

在这一研究目的下，盖伍特兹以如下的结构展开研究，详见其博士论文目录：

第一部分：早期时光

第一章：童年与青年时代 1895—1921

　　1）与家庭在一起

　　2）在上海

第二章：邹韬奋和职业教育运动 1921—1925

　　1）中国职业教育协会

　　2）邹韬奋和职业教育运动

　　3）"职业的真正乐趣"

第三章：《生活》周刊的历史和发展

第二部分：《生活》岁月

第四章：邹韬奋的社会思想 1927—1930：唯意识论、实用主义，民生社会主义

　　1）简介

　　2）实用主义与唯意识论

　　3）邹韬奋对资本主义与民生的观点，1927—1930

---

① 马戈·盖伍特兹：《邹韬奋：〈生活〉周刊的岁月，1925—1933·简介》，博士学位论文，康奈尔大学，1972年，第8—9页。

第五章：异化：被背叛的民生主义，1929—1931

第六章：转向左翼，1931—1933

　　1）马克思主义和苏维埃俄国的模范

　　2）处在危亡中的国家

第七章：教育，成功之路的坍塌

　　1）学校登记问题，1927—1931

　　2）教育的目的，1930—1933

第八章：民族主义与国家的拯救

　　1）济南惨案和中东铁路纠纷，1928—1929

　　2）1931—1932年的危机：奉天与上海

第九章：民主与指导：政党政府和它的批评者1929—1932

　　1）国民党关于政党政治的理论

　　2）对于政党政治的知识分子的批评

　　3）邹韬奋对于政党政治的观点1928—1931

　　4）在监督岁月中，代表性议会的问题1931—1932

第十章：中国民权保障同盟

第十一章：一个时代的结束

　　由此可见，本论文共分为两部分。第一部分分为三章，对邹韬奋在进入《生活》周刊之前的生活，及《生活》周刊作以简介，为之后的深入研究做铺垫。第二部分的第八章方才进入1925—1933年这段"《生活》岁月"。这一部分是该文的重心，也是本文的重点。从时间上来划分，盖伍特兹则将邹韬奋的"《生活》岁月"概括为以下三个时段：

　　从他积极加入《生活》周刊开始，到1931年9月18日的"九·一八"事变结束，他所强调的是社会问题。从"九·一八"事变到1932年5月上海事变，邹韬奋关注重心立即转向了抗日。

之后,他写作的一个中心主题是政府的形式问题:是专制还是民主。这种划分是大致的,而不是精确的。①

盖伍特兹认为,"很明显,以上三个问题中的每一个,都直接对应了孙中山三民主义……合起来,这三个原则形成了国民党意识形态的基础"②。这种对应关系,一方面,这是因为当时中国所面对的情形不仅是孙中山所预见的,也是邹韬奋所面临的("国家大事的发展导致了他在不同时段关注不同问题"③);另一方面,这也是因为盖伍特兹的研究既然关注知识分子的个人思想与国民党意识形态之间的关系,那么必然将孙中山的三民主义放在基础性的位置。具体来说,她认为,三民主义在当时的社会上具有基础性的作用,同时邹韬奋也深受三民主义的影响,如在报纸上不断宣传孙中山的演讲,并积极阅读孙中山的著作等。因此,研究的结构也受到三民主义的支配。第四章至第七章从民生主义的角度出发,按照编年的方式划分章节,探究了邹韬奋在社会方面的思想变化,即从支持国民党到异化并最终转向左翼的过程及其原因。第八章关注民族主义主题下的抗战和救亡。第九、十章则关注民权主义下邹韬奋对专制和民主的态度。

在研究资料上,盖伍特兹尽量参考一手的中文资料,如八卷本的《生活》周刊全集,以及国内学界彼时已经出版的邹韬奋研究论著。然而,由于资料和视角的限制,盖伍特兹深知追求研究中国历史的完全客观性是困难的。她说:"我们对国民党记录的理解是远非完整的。评价邹韬奋对这些记录的批评也不总是可能的。"④ 因此,她在研究方法上受到历史学家乔治·杨(George Young)的影响:

---

① 马戈·盖伍特兹:《邹韬奋:〈生活〉周刊的岁月,1925—1933》,博士学位论文,康奈尔大学,1972年,第51页。
② 同上书,第52页。
③ 同上书,第51页。
④ 同上书,第5页。

我试图让邹韬奋为自己说话。这个研究的展开，是致敬乔治·杨（G. M. Young）在他的著作《维多利亚时期的英国：一个时代的肖像》的格言的：

历史真正的、关键的主题不是什么发生了，

而是当它发生的时候人们感觉到了什么。

本博士论文的研究，也是对邹韬奋在国民党时期，对中国所发生之事的感受的考察。①

我们认为，这种研究方法并不是一种缺点，反而是一种研究特色：此文并不是对中国历史中客观发生的研究，而强调的是知识分子群体在历史中的感受，因而更好地服务于"知识分子在这一时段中，为什么会从国民党的意识形态中异化出来"这一较为主观化的课题。

## 三 盖伍特兹论邹韬奋异化和激进的过程与原因

所谓异化，指的是一种从本来应该属于的组织，或者本来应该参与的活动中独立出来的状态或过程。所谓激进，指的是支持彻底的社会或政治变革。如上所述，盖伍特兹从三民主义的三方面入手探讨邹韬奋从国民党意识形态中的异化。需要注意的是，盖伍特兹始终强调"对于邹韬奋而言，民族、民权和民生全都是紧紧捆绑在一起的"②，之所以进行划分是为了通过"对他在以上每一个问题上的想法进行综合的分析……最终明白他们各个子系统之间的关联"③。因此，只强调任何一方面的异化都是片面的。下文在介绍各异化过程的时候，也尊重了原文的划分。

---

① 马戈·盖伍特兹：《邹韬奋：〈生活〉周刊的岁月，1925—1933》，博士学位论文，康奈尔大学，1972年，第5—6页。

② 同上书，第135页。

③ 同上书，第51页。

### (一) 民生主义与社会问题

在邹韬奋对于社会问题的评价和观点上，盖伍特兹区分了两个层面的思想。一种是邹韬奋自发的人生观和价值观，如实用主义（pragmatism）和唯意识论（voluntarism）；另一种是完善的一套哲学体系思想，如马克思主义哲学。唯意识论是盖伍特兹对"精神"一词的翻译，她引用了大量邹韬奋对于社会问题的评价，从而认为这正是邹韬奋思考和写作的核心："如果一个人在（邹韬奋的）早期写作中寻找最高频率出现的一个词或短语，事实上也在所有《生活》的写作中，这个词当然应该是'精神（Ching-shen）'。"① 然而，盖伍特兹认为，邹韬奋在早期只有个体化的人生观价值观，而没有整体的政治哲学思想。她说：

> 一些人也许会认为邹韬奋有一种评价中国社会问题的连续一致的哲学，而且这种哲学显然是左翼的。然而事实上，邹韬奋对社会问题的观点仅仅局限于他的读者的个人问题；他对于这些问题的解决方案也不是根植于阶级斗争或者历史的，而是基于个人的努力和动机的。②

这一观点看似评价较低，但是她认为，由个体化的、与民生主义相符合的一些观念，发展到用共产主义进行思考的过程，正是邹韬奋成熟化、异化和激进化的过程。她认为，邹韬奋在早期几乎未曾受到共产主义的影响，其原文如下：

> 这些文章明显表示，邹韬奋绝对不是马克思主义者。他没有关于中国社会问题的总体哲学。他关于奋斗的言论，是关于个人达到

---

① 马戈·盖伍特兹：《邹韬奋：〈生活〉周刊的岁月，1925—1933》，博士学位论文，康奈尔大学，1972年，第51页。
② 同上书，第56页。

他的目标的奋斗,也不是阶级斗争。他没有采用这种非黑即白的马克思主义行话来观看世界,并有一些人怀疑他此时还没有阅读马克思的作品,也没有对列宁有过评价。①

这是说邹韬奋没有关于中国社会未来发展的整体固定的意识形态立场,并不是说他没有关于这个关键问题(指的是资本主义与经济问题)的清晰观点。②

正如孙中山一样,他对于人民大众的定义并不局限于无产阶级,他也没有用这些术语进行思考。③

尽管如此,邹韬奋在这八年间还是完成了从国民党中异化而出的过程。盖伍特兹认为,在民生主义方面,一个重大原因是中国在国民党领导下经济发展的停滞。她认为邹韬奋并不厌恶资本主义["邹韬奋不仅对资本主义没有敌意,他也热切希望中国的本土产业能够发达。在1920—1930年间,他是一个相当的经济民族主义者(economic nationalist)"④],但是厌恶残酷的资本家⑤,他并不以阶级划分,而是认为"在当时的中国,只有非常穷的人,和不那么穷的穷人"⑥。因此,邹韬奋的民生主义思想是追求实用主义("邹韬奋在《生活》岁月中最迫切的恳求,是政府在军队和官僚浪费中减少开支,而在社会与材料重建中加大投入。他对政府开支的标准是要符合广大人民的利益"⑦)。在此基础上,盖伍特兹将邹韬奋的异化过程概括如下:

---

① 马戈·盖伍特兹:《邹韬奋:〈生活〉周刊的岁月,1925—1933》,博士学位论文,康奈尔大学,1972年,第63页。
② 同上书,第65—66页。
③ 同上书,第66页。
④ 同上书,第80页。
⑤ 同上书,第66页。
⑥ 同上书,第67页。
⑦ 同上书,第79页。

邹韬奋在1931年之前所提出的对经济停滞这一问题的对策，并不是激进的。核心上，他只是恳请对孙中山民生原则的回归，和它的快速实现。尤其是他提倡政府在宏观上进行计划，他称之为"对人民生活的国家计划"（1930年11月23日）……1933年，国民党最终建立了国家的计划委员会，称为"国家经济委员会"……它的建立说明邹韬奋反复重申的要求既不是构想不周的，也不是激进的。……他的分析没有带有明显的马克思主义影响，甚至他的共产党的传记作者也遗憾地承认他还没有变成一位共产党员。然而，在1928年他的文章《一丝希望》到他1931年2月的攻击"官员生计的原则"的文章，我们可以看到他已经改变了。他在《生活》周刊上的文章变得较少关注个人问题，而更多关注宏观的社会与政治问题，比如内战和政府在经济发展中的角色。他的文章的基调也变得更加质疑、更加批判、更加直白地怀疑国民党坚持自己理想的动机……在1927年变成《生活》周刊编辑的4年后，邹韬奋已经从中国国民党政府中异化出来了。①

从上述所论述的内容可以看出，盖伍特兹将邹韬奋思想中的民生主义成分，归因于邹韬奋对社会问题的关心和对普通民众的热爱。他是一个积极乐观、强调主观能动性、关注现实成果的人，然而并不过分激进，也不排斥资本主义，甚至大力赞扬给国家带来巨大利益的企业（如福特汽车等）。他在一开始也并不是一个共产主义者，也并不用马克思主义哲学来观察和思考世界。然而，邹韬奋之所以异化，正是由于国民党在民生问题上的不作为，以及社会问题的不断扩大。当他的需求不能被国民党政府满足，当国民党政府自身的行动已经背叛了意识形态中的"民生主义"时，邹韬奋的异化就发生了。

---

① 马戈·盖伍特兹：《邹韬奋：〈生活〉周刊的岁月，1925—1933》，博士学位论文，康奈尔大学，1972年，第85—86页。

## (二) 民族主义与抗日救亡

盖伍特兹认为，邹韬奋之所以最终转向左翼，是受到两件事的影响：

> 邹韬奋对国民党政府所作所为的不抱幻想，为他思想转向一种更教条的社会主义和一个对马克思唯物主义的最终接受，敞开了道路。在1931年起同时期发生的两件事推动他在这条道路上继续前进。第一件事是他对另一种社会主义经济发展模范——苏联——的进一步认识。第二件事是自"九·一八"事变后中日战争的爆发。①

苏联经济的高速发展与中国经济的停滞形成了鲜明的对比，证明了国民党在民生问题上的无力；而"九·一八"事变则体现了国民党对民族主义的背叛。前者是民生问题，后者是民族问题。盖伍特兹认为，对于邹韬奋而言，民族主义是与民生紧密联系的：

> 一个由贫穷的、不识字的人民组成的国家，在他的观念中，既没有意愿也没有能力生存下去。或者，归根结底，也许一个国家的政策只为少数人提供了值得拯救的东西。邹韬奋对于国家和社会的形式的关心，使得他的民族主义是左翼的。民主主义与他对南京政府处理民生问题的方式紧紧联系起来。②

可见，邹韬奋对民生主义和民族主义的追求，以及国民党在这两个问题上均不能令人满意的事实，共同促成了邹韬奋的异化。在这一部分，从民族主义出发，盖伍特兹先后分析了四个中国所面临的危机：1928年

---

① 马戈·盖伍特兹：《邹韬奋：〈生活〉周刊的岁月，1925—1933》，博士学位论文，康奈尔大学，1972年，第92页。

② 同上书，第135页。

**对比求新**

夏的"济南惨案"、1929年的"中东铁路事件"、1931年的"九·一八"事变和1932年的"上海事变"。

以"济南惨案"为例，盖伍特兹认为"邹韬奋在抗日问题上的现代主义精神和现实主义，使得他很大程度上同意国民党的政策。他并不要求一种武力的立即展现，而是一种长期的、内在的强大和统一"。具体来说，他要求培养自身的力量而不是依靠国际援助、如其他人一样地要求对人民的军事训练，以及军工行业的发展。① 然而，他与别人不同的地方在于他认为首先需要培养人们对国家的认同感。盖伍特兹引用了邹韬奋以"心水"的笔名发表的《对付国仇靠什么》：

> 我国人不识字的竟有百分之八十多！就是在四万万民众里面，差不多有三万万二千万人是"目不识丁"的！他们的教育程度既等于零，对于爱国的观念当然非常浅薄……便知道这大部分民众的苦恼生活，依这种人看起来，求死不得，求生不能，有国无国，到底有何分别？所以我们此后对于实业发展，民众教育，尤其是生产的教育，使他们在精神及物质方面都有水平线以上的程度，不可不十二分的注重。②

因此，盖伍特兹认为邹韬奋最终还是将民族问题转化到民生问题之上。她概括道："邹韬奋对于民族主义的两个一致的、最重要的主题：对于统一的需要，和在中国人中培养一种民族自觉意识和民族性的目的的需要。"③ "邹韬奋反复重申在'济南惨案'中的几个要点：中国必须依赖于它自己的力量和民众的力量，必须发展真正的力量，必须唤醒群

---

① 马戈·盖伍特兹：《邹韬奋：〈生活〉周刊的岁月，1925—1933》，博士学位论文，康奈尔大学，1972年，第139页。
② 心水：《对付国仇靠什么（附照片）》，《生活》周刊1928年第3卷第29期。
③ 马戈·盖伍特兹：《邹韬奋：〈生活〉周刊的岁月，1925—1933》，博士学位论文，康奈尔大学，1972年，第138—140页。

众的国家意识。"①

盖伍特兹认为,"邹韬奋对于'九·一八'事变的反映,与他在三年前的'济南惨案'后的思想主线是极度相似的。尽管这一危机标志着对于中国领土完整的一个更大的威胁,邹韬奋也没有失去对国家与社会形式的长久的关注"②。在"九·一八"事变后,国民党仍然采取模糊的态度,甚至镇压上海的抗日游行和抵制日货的运动;在上海战争爆发后蒋介石仍然心不在焉地回复,这些都深深激怒了邹韬奋。同时,他"攻击国民党在过去几年中,没能执行一种积极的、改革社会经济和政治的政策"③。从这里开始,盖伍特兹认为,"我们可以看到一种之后在邹韬奋的思想中越来越重要的趋势:他对于大众是否掌握政治进程的关心"④,因此他呼吁并支持学生运动。

"上海事变"后,盖伍特兹认为邹韬奋所得到的经验教训中最重要的就是"国民党的领导并不值得信任",从而他认为"如果当民众想反抗的时候,他们必须被基于反抗的权利;政府必须依赖于民众的意愿,而不是军事家和军队。寄希望于国民党能够武装民众是可笑的"。盖伍特兹认为,这标志着"邹韬奋已经多么地从当时的中国政府中异化出来了"⑤。

### (三)民权主义与政府的形式

盖伍特兹认为,1930年左右,邹韬奋认为国民党是唯一可能的政权来源⑥,也完全不反对一党专制⑦。他将国民党在官员腐败、言论审查制度、政府对批评的忽视等方面的失败归结于对三民主义的背叛⑧。

---

① 马戈·盖伍特兹:《邹韬奋:〈生活〉周刊的岁月,1925—1933》,博士学位论文,康奈尔大学,1972年,第143页。
② 同上书,第159页。
③ 同上书,第151页。
④ 同上。
⑤ 同上书,第162—163页。
⑥ 同上书,第177页。
⑦ 同上书,第182页。
⑧ 同上书,第183页。

## 对比求新

盖伍特兹将邹韬奋在政治上的思想概括为"儒家式"的：

> 邹韬奋对于国民党的批评是非常儒家式的，强调道德审查。他将压力放在领导者和人的身上，而不是制度性的结构上……但是，作为一个二十世纪的人，他没有向中国历史寻找他的榜样……相反，他在孙中山、在甘地身上寻找答案。渐渐地，随着他关于苏联的知识进一步增长，他开始在它的共产党中看到另一种他所希望在中国见到的领导。①

这种"儒家式"的批评之所以存在，是因为邹韬奋关于政治形式的观点又是矛盾的：

> 我们可以看见在邹韬奋的思想中似乎有两个对立的元素，一个是民主的，另一个是精英主义的。他强调民主和民众的意愿，却又接受一党政治。这样一种二元对立在当时中国自由的知识分子中并非不常见……邹韬奋对于这个反差的解决方式，是将目光集中于一个道德的领导者的问题上……像中国这样发展迟缓的国家并不能自行管理自己，而是要被一个承载了民众的意愿的领袖所带领。这种观点和中国传统的被一个有品德的人所领导的政府相一致，也与国民党自己关于民主的理论相一致。②

盖伍特兹虽认为邹韬奋在政治思想上与此时的国民党不存在较大的冲突，然而"邹韬奋的政治并不在于理论，而是在于实践"③，因此他和国民党之间还是存在冲突。国民党在实践上的失败，导致了邹韬奋的

---

① 马戈·盖伍特兹：《邹韬奋：〈生活〉周刊的岁月，1925—1933》，博士学位论文，康奈尔大学，1972年，第186页。
② 同上书，第187—188页。
③ 同上书，第188页。

异化。如洛阳国难会议破产后，邹韬奋从新闻记者转向政治参与者，于1932年加入"中国民权保障同盟"，这也是他异化过程中重要的一环。

盖伍特兹认为，邹韬奋所支持的民权，并不以"个人的权利是什么"为中心，不关心共产主义思想下个人的权利，也不关注政府的形式是民主还是专制，而是关注是否有人侵犯了法律所规定的人权，即"是否实现法治"的问题。以邹韬奋对"牛兰事件"的态度为例，盖伍特兹分析了邹韬奋对早期共产主义运动的态度。根据邹韬奋的评论，他关注的重点，是国民党政府拒绝在上海审判牛兰等人，这就侵犯了"犯罪者"的权利。从而，盖伍特兹认为，对邹韬奋而言，问题在于是否遵守了法律。

在分析了邹韬奋的各类活动与评价后，盖伍特兹得出结论：

> 我们发现邹韬奋首要关注的是政治领导，是领导者和被领导者之间的特殊关系，以及政府需要激发群众信任的关系。然而，这里有一个微妙但重要的变化。在白色恐怖爆发之前，领导能力的问题超越了宪法保障问题。从本质上讲，对邹韬奋来说，民权意味着领导者能够回应和表达人们的意志。正是这种观念使得一党政府似乎能够与民主保持一致。这种领导似乎比纸质宪法或民众集会更重要。但是，与1931年恐怖活动重新开始时，邹已经开始谈论"坚定地建立法律"。虽然邹继续表达历史悠久的儒家信仰，即好人比良好的制度更重要，国民党领导层在激发信心上的失败，白色恐怖的复兴，以及邹韬奋与公民自由的斗争，共同带来了改变……从国民党中异化使得邹韬奋比以往任何时候都更清楚地看到，需要法治来保护人民免受不道德的领导。①

---

① 马戈·盖伍特兹：《邹韬奋：〈生活〉周刊的岁月，1925—1933》，博士学位论文，康奈尔大学，1972年，第224—225页。

因此，邹韬奋之所以异化，与国民党在民权方面肆意践踏法律、为所欲为有关。在此背景下，邹韬奋之所以被吸引加入中国民权保障同盟，是因为"一种对公民自由和民主的原则性的关注"①。

1933年，杨杏佛被国民党暗杀后，作为中国民权保证同盟的成员，邹韬奋也名列黑名单。这使得他被迫远走欧洲避难，同年，《生活》周刊也被国民党查封。这是邹韬奋异化于国民党意识形态并最终决裂的体现，也是这段"《生活》岁月"的结束。

## 四 总体评价与借鉴

我们认为，作为美国学界邹韬奋研究的早期成果，也是可检索到的第一篇关于邹韬奋的美国博士论文，盖伍特兹的论文向美国学界提供了一个新的研究对象：邹韬奋。她细致、准确地介绍了他的前半生生平，以及他在学校、新闻出版界和社会上的活动，为美国学界日后进一步研究邹韬奋提供了基础。

除了在美国学界让更多人了解邹韬奋方面具有普及性的意义外，它也具有较高的学术价值。该博士论文以"知识分子从国民党意识形态中的异化和激进"为主题，以邹韬奋为案例研究了这一过程、原因和结果。在我们检索相关工具书及互联网后，目前中外学术界对邹韬奋与国民党的关系研究较少，对邹韬奋和三民主义之间的思想联系更为薄弱。因此，这篇论文从一个外国人视角，为国内邹韬奋研究提供了一个比较新颖的角度。

更为值得注意的是，该文客观地、公正地把握了研究历史人物与政治思潮的关系时的立场问题。这一方面是因为该博士论文的研究资料主要是以《生活》周刊为代表的第一手中文资料；另一方面因为作者及

---

① 马戈·盖伍特兹：《邹韬奋：〈生活〉周刊的岁月，1925—1933》，博士学位论文，康奈尔大学，1972年，第219页。

其导师均曾到过中国、对中国有比较直观的了解。因此，哪怕中美在1972年尚未恢复建交，此文仍然较为客观。它对于国民党中部分将领和人物的功劳没有抹杀，对于国民党给中国造成的伤害也未尝雕饰，保持了客观的学术立场。在此基础上，该论文对邹韬奋思想从幼稚到成熟的过程有了客观的展现，没有过分夸大邹韬奋的功绩，但也翔实地、公正地给予了邹韬奋恰当的评价。

当然，该博士论文也有不足之处。在研究邹韬奋思想异化的过程中，该文只考虑了邹韬奋脱离国民党，而没有将中国共产党之所以对他有如此大的吸引的原因、过程及结果纳入论文的研究之中。我们认为，邹韬奋作为知识分子在思想上的异化，绝不仅仅是因为他与国民党的单方面关系。盖伍特兹也不完全认可中国共产党的各种活动对邹韬奋的吸引力。如她认为，邹韬奋对于牛兰等人缺乏同情，说明他所增长的对共产主义在思想上的吸引，并没有与中国共产主义者的活动有任何关系。①我们认为这是较为偏颇的。

总之，《邹韬奋：〈生活〉周刊的岁月，1925—1933》展现了美国早期学者眼中的邹韬奋，以及当时国民党统治下知识分子的普遍生存境况，对我们国内的研究亦具有一定的启发意义。

---

① 马戈·盖伍特兹：《邹韬奋：〈生活〉周刊的岁月，1925—1933》，博士学位论文，康奈尔大学，1972年，第211页。

# 邹韬奋的主要人际交往活动述评

孟 晖[*]

**摘要**：对文化名人进行传记式研究时，充分发掘探讨他的人际交往活动，对理解其个性特征及其事业发展成就是很有必要的。本文重点考察了邹韬奋几个方面的人际交往活动，即邹韬奋与胡适、鲁迅等著名文化人的交往，邹韬奋与救国会"七君子"中其他人物的患难交往，邹韬奋与进步知识分子胡愈之等的交往，邹韬奋与一般读者的交往等，旨在更好地理解把握邹韬奋的人格思想发展脉络及其文化成就。

**关键词**：邹韬奋；人际交往；活动

在对一位文化名人进行传记式研究时，充分发掘探讨他的人际交往活动，对理解其个性及其事业发展成就是很有必要的。马克思说过："人的本质不是单个人所固有的抽象物，在其现实性上，它是一切社会关系的总和。"①"人"总是具体地存在于现实社会中，人们的一切行为不可避免地要与周围其他人发生各种关系，如生产关系、爱情关系、亲属关系、同事关系等，种种复杂的社会关系决定了人的本质，构成了人的社会属性。

---

[*] 作者简介：孟晖，博士，上海社会科学院新闻研究所助理研究员。
① 《马克思恩格斯选集》第 2 版第 1 卷，人民出版社 1995 年版，第 60 页。

有学者指出了传记写作中考察传主人际交往的重要性:"传记作品的本位要素,本身有几个侧面。除了传主的生平活动、思想风貌和个性特征等之外,还包括传主所处的时代背景、具体的社会活动背景以及传主与其他人物的交往联系等等。因为只有本位要素中同时包含这几个互有联系的侧面,传主才不是一个孤立的人,对于传主的种种描述也才能立体化,同样,对于传主的评判也就有了一个可靠的参照系。"① 所谓"知人论世",传主的人际交往是影响他也是组成他人生经历的重要方面,通过传主与他人的关系才能反映出传主性格的不同侧面。

传记不仅要揭示传主"是怎样的人",更应该努力探求传主"何以成为这样的人"。胡适先生曾批判过旧传记的种种问题:"余以为吾国之传记,惟以传其人之人格。而西方之传记,则不独传此人格已也,又传此人格进化之历史。"② 此前一些邹韬奋的传记和研究文章,对他的人际交往也有所提及,而本文比较集中地考察了邹韬奋几个方面的人际交往活动,旨在更好地理解把握邹韬奋的人格思想发展脉络及其文化成就。

## 一 邹韬奋与胡适、鲁迅等著名文化人的交往

考察与邹韬奋同时代且有交往的著名文化人物,胡适、鲁迅很有代表性。从邹韬奋自传及其早年作品中可以看到,邹韬奋早年明显受到了梁启超、胡适等著名知识分子的影响,有着改良主义知识分子的特征。还在学生时代的邹韬奋,于1920、1921年在《申报》《约翰声》等报刊上发表的《妇女解放》《妇女觉悟的曙光》《学问与人生》《改造家庭之两大观念》《非孝是什么意思?》《男女问题的根本观》等文章,其中观点和胡适等人在五四新文化运动时期的启蒙思想是很相近的。邹韬奋大力倡导个性独立和自由,反对封建伦理对人性的束缚,提倡妇女解

---

① 朱文华:《传记通论》,复旦大学出版社1993年版,第46页。
② 胡适:《胡适散文》第三集,中国广播电视出版社1992年版,第126页。

放及建设现代家庭。他本人出身于封建官僚家庭,其祖父、父亲均续有小妾,兄弟众多,对封建大家庭的种种弊端了解得比较清楚,比如在《改造家庭之两大观念》一文中指出:"所以我们可以见得在中国改造家庭实在同改造社会有密切关系。但是照鄙人所观察,如果要改造家庭,一定要先改造家庭之两大观念,因为这两个观念是中国黑暗家庭的根源,不把根源断绝,要想改造,断然没有效力。什么是两大观念呢?第一观念是组织家庭是父母娶媳妇,不是自己娶妻子。第二观念是组织家庭是替祖宗传后而不是替社会上增加健全的分子。"①

早期邹韬奋对于胡适这位民国时期的文化领袖是非常崇拜的,所办刊物也积极发表一些关于胡适的访谈录及文章。有学者考证,1926年12月至1933年12月的7年间,《生活》周刊共发表胡适"名著"5篇,介绍、引述胡适言论的文章8篇,邹韬奋本人及别人专门评述胡适言论的文章8篇,访问记1篇,胡适画像1幅,照片2张。② 对于一本周刊来说,数量还是比较多的。邹韬奋之所以重点宣传胡适,主要在于他对胡适所倡导的西方式民主自由理想和提倡健全的个人主义、自由主义理念的尊崇和认同。

邹韬奋在1927年11月13日的《〈大陆报〉上的胡适博士》一文中,提到胡适时语气既尊敬又十分亲切,其恭敬态度一目了然:"西报上画起中国人,往往故意画得怪形怪状,《大陆报》上最近画有胡适之先生,到底是名闻中外的学者,所以这张画里仍是蔼然可亲的学者态度。略见过他一两面的人说神气颇像;见他多的人却说不像;不知道胡先生自己看了还认得么?"③ 在1927年12月4日的《生活》周刊上发表了一篇《访问胡适之先生记》:"中华民国十六年十一月十六日下午三点十分钟,编者为本刊访问胡适之先生于上海极司非而路'四十九

---

① 邹韬奋:《韬奋全集》第一卷,上海人民出版社1995年版,第204页。
② 参见沈谦芳《邹韬奋传》,山东人民出版社1998年版,第81页。
③ 邹韬奋:《韬奋全集》第一卷,上海人民出版社1995年版,第862页。

A'的寓所。后来和他握别后,满怀的愉快,赶紧写出来告诉读者,不过文责当然还是编者自己负的。"① 该文对胡适的生平经历、事业、家庭生活、爱好等作了精练而较全面的介绍,将胡适富有学识又平易近人的人格魅力刻画得非常生动,字里行间充溢着仰慕之情。如"我说各国在思想界总有一二中心人物,我希望胡先生在我国也做一位中心人物。他说:'我不要做大人物。'我进一步问他:'那末要做什么人物?'他说:'要做本份人物,极力发展自己的长处,避免自己的短处。……各行其是,各尽所能,是真正的救国'"②。

邹韬奋的一些报刊经营理念,也明显受到了胡适改良主义和自由主义思想的影响,如将"暗示人生修养,唤起服务精神,力谋社会改造"确定为《生活》周刊的宗旨③,具有鲜明的改良主义的色彩。上述《访问胡适之先生记》中也写道:"我先把本刊的宗旨告诉他,并说你先生曾经说过,少谈主义,多研究问题,本刊是要少发空论,多叙述有趣味有价值的事实,要请你加以切实的批评与指导。胡先生说:'《生活》周刊,我每期都看的。选材很精,办得非常之好。'"④

当时邹韬奋渴望社会进步和国家富强,但无法找到解决种种现实问题的办法,只能对国民党政府抱有幻想,希望通过提高国民的个人修养以及改良社会来寻求中国的出路。这时,其办报思想也只能是一种初步的、朦胧的人民报刊思想,当然邹韬奋在报刊活动中大力宣扬科学民主、抨击社会上的愚昧现象,以之启迪民众,仍是具有进步意义的。另外,在文字方面,《生活》周刊力避"佶屈聱牙"的贵族式文字,采用"明显畅快"的平民式文字,⑤ 也可以看作是对陈独秀、胡适等人发起的文学革命的某种回应。

---

① 邹韬奋:《韬奋全集》第一卷,上海人民出版社 1995 年版,第 875 页。
② 同上书,第 879 页。
③ 参见邹韬奋《韬奋全集》第三卷,上海人民出版社 1995 年版,第 256 页。
④ 邹韬奋:《韬奋全集》第一卷,上海人民出版社 1995 年版,第 876 页。
⑤ 同上书,第 647 页。

随着"九·一八"事件发生，胡适的一些鼓吹"隐忍"的言论为时人诟病，而且邹韬奋也逐渐接受了马克思主义，他对胡适的看法发生了变化，态度由崇拜变成了揶揄和批判。面对日寇的步步入侵，邹韬奋满怀着爱国热忱，在对国民党不抵抗政策进行揭露和批判的同时，对文化名人胡适也有所抨击。《听到胡博士的高谈》一文批判了胡适的言行："胡先生向来也是我所佩服的一位学者，虽则我还够不上说那肉麻主义的所谓：我的朋友胡适之。但是听到他近来对国事发表的伟论，实无法佩服，只觉得汗毛站班！只就上面这短短一段他最近所发表的高谈，也不得不感到这位思想界之泰斗的思想实在有不可思议的奇异！"①进而针锋相对地指出："我们所不解的，是从沈阳到热河的奉送，都是在不抵抗中'求和平'，日本的文治派及和平派何以不抬起头来？世界的和平运动何以又不和日本相接触？在胡博士所'均属赞成'的'上海停战'实现之后，何以我们也没有眼福看到胡博士所幻想的'抬头'和'接触'的这么一回好事？"②

《生活日报》1936年7月13日的社论《送胡适博士赴美》中，开头是一段看似赞美实则嘲讽的文字："五四运动的文化界领袖之一胡适博士，最近南下，在上海候轮放洋，将以中国首席代表的资格，去美国出席太平洋会议。"进而阐明其不满的缘由：面对国难，胡博士"一面主张把东北四省送给外人，一面又主张中央下令讨伐西南，薄于己而厚于人"。然后充满嘲讽地"建议"："今年太平洋学会开会时，苏联代表第一次出席会议，而且把五年计划的成绩列入议程。胡博士不妨顺便询问一下：苏联五年计划的伟大成就，是否由于逃避到堪察加的结果，还是由于苏联人民大众努力奋斗的成果。"最后不无劝诫地提出希望："胡适博士是中国文化界领袖。而且也是美国人所崇拜的著名中国学者。所以胡博士要是以国民外交代表的资格，向美国朝野游说宣传，并且在太平洋

---

① 邹韬奋：《韬奋全集》第五卷，上海人民出版社1995年版，第599页。
② 同上书，第600页。

学会公开提出讨论。对于太平洋集体安全制度的建立，一定有极大的效果。太平洋集体安全有了办法，垂危的中国也就不至束手无策。"①

当胡适在太平洋会议上积极发声为我国争取利益后，邹韬奋又发文表示赞扬："……而每以胡先生一向徒作'长他人的威风'的妥协论调为憾事；这一次对于胡先生的为国贤劳，不胜欣慰，希望他继续为祖国的解放努力。"② 可见他对胡适的态度是出于公心。不过，就邹韬奋一生的作品来看，其对胡适的评价主要还是正面的、积极的。胡适作为五四新文化运动的主要发起人和核心人物，对邹韬奋的积极影响也是不应忽视的。

鲁迅与邹韬奋有过较多交往。他们都参加了中国民权保障同盟的活动。1933年5月9日，鲁迅从《生活》周刊上看到邹韬奋编译的《革命文豪高尔基》一书的广告后，立即写信给他，信中说"这实在是给中国青年的很好赠品"。鲁迅建议在该书中增加一些插图，可将自己收藏的一本《高尔基画像集》借给他。邹韬奋接到鲁迅的信后，立即回信表示感谢。该书出版时卷首共采用了照片与漫画十三幅，有十幅是鲁迅提供的，每幅都由鲁迅亲自翻译作者的姓名。邹韬奋把鲁迅提供的画像放在自己搜集的三张之前，以示对鲁迅的敬重。"我接到鲁迅先生的这封信后，就写信去表示欢迎。现在这本书里的插图，除了上述的三张外，其余的相片和漫画，都是承鲁迅先生借用的，并承他费了工夫把作者的姓名译出来，为本书增光不少，敬在此对鲁迅先生志感。"③

邹韬奋是著名的出版家，他非常关心鲁迅著作的出版情况。鲁迅与许广平的通信集《两地书》由青光书局出版后，邹韬奋随即写文章加以介绍，并给予很高评价。他写道："我最近用了每晚十时后的三个深夜，把最新出版的一本《两地书》好像一口气地看完。这是他们俩由

---

① 邹韬奋：《韬奋全集》第六卷，上海人民出版社1995年版，第699—700页。
② 邹韬奋：《韬奋全集》第七卷，上海人民出版社1995年版，第17页。
③ 邹韬奋：《韬奋全集》第十三卷，上海人民出版社1995年版，第721页。

师生而恋爱,由恋爱而'成眷属'的四五年间的你来我往的一百三十五封的信。""我们在这里面看得到他们流露于字里行间的深挚的情谊和幽默的情趣,就是不认识他们俩的人,看了也感觉得到他们俩的个性活露纸上……这还是关于个人的方面,此外关于他们在社会里所遇着的黑暗或荒谬的情形,亦有深刻的描写——而且也常常写得令人看了哭笑不得。"① 据《鲁迅日记》记载,鲁迅与邹韬奋之间通信共五次,寄书两次。不过目前我们只能看到鲁迅写的一封。此外,邹韬奋主持的生活书店还负责出版茅盾主持、鲁迅任编委的《文学》杂志,以及鲁迅主持的《译文》杂志。② 鲁迅翻译的《桃色的云》(俄国爱罗先珂著)、《小约翰》(荷兰望·蔼覃著)、《表》(苏联班台莱耶夫著)等书,曾由生活书店出版。

邹韬奋与鲁迅之间也发生过一些不愉快的事情,比如"译文"事件。《译文》杂志创刊于1934年9月,发起者是鲁迅和茅盾,最初三期由鲁迅编辑,后由黄源接编。《译文》起初由邹韬奋主持的生活书店发行,该杂志出版一年之后,1935年9月,因为印刷、稿费分歧等,邹韬奋与郑振铎向鲁迅提出撤换《译文》编辑黄源,鲁迅对此大为不满,在邹韬奋和郑振铎等宴请时不待终宴,拂袖而去,后《译文》中止。不久,鲁迅在给萧军的信中大骂邹、郑:"那天晚上,他们开了一个会,也来找我,是对付黄先生的,这时我才看出了资本家及其帮闲们的原形,那专横、卑劣和小气,竟大出于我的意料之外。"③ 而该刊读者反映强烈,纷纷要求复刊,于是1936年3月复刊,改由张静庐主持的上海杂志公司出版发行,1937年6月停刊。关于《译文》停刊一事,其中误会甚多。鲁迅对邹韬奋、胡愈之、郑振铎的看法,基本上是偏激的,可说是无根据的猜忌。"资本家及其帮闲"的说法也近于

---

① 邹韬奋:《韬奋全集》第五卷,上海人民出版社1995年版,第512页。
② 参见张铁荣《鲁迅与邹韬奋》,载《今晚报》2016年10月12日。
③ 金梅、朱文华:《郑振铎评传》,百花文艺出版社2002年版,第157—160页。

人身攻击。邹韬奋对与左翼文学有关的活动，在自传中几乎没有提及，对于鲁迅也很少提起。或许主要与当时反动统治势力的气焰正炽有关。

1936年10月19日鲁迅逝世，22日，送葬仪式在万国殡仪馆举行。蔡元培、沈钧儒、章乃器、宋庆龄、邹韬奋等都作了激动人心的演说。邹韬奋在公祭鲁迅先生大会上演讲："今天天色不早，我愿用一句话来纪念先生：许多人不战而屈，鲁迅先生是战而不屈。"高度概括了鲁迅的斗争精神，表现出对鲁迅的充分理解和崇敬。在这之后，邹韬奋在《生活星期刊》第21期的封面上刊载了沙飞拍摄的照片《鲁迅先生最后的遗容》，刊物中还有一些追悼会的照片。在《生活星期刊》第22期上刊发了《悼念鲁迅先生》专刊，发表大量文章如郑振铎《鲁迅先生的死……》、胡仲持《两重的伟大》、天行《鲁迅先生在中国现代史的地位》、许杰《悼一个民族解放运动的战士》，以及悼念图片。

邹韬奋还写了《伟大的斗士》与《从心坎里》两篇文章，连续两期刊登在《生活星期刊》上，高度评价鲁迅一生的成就，表达对鲁迅的怀念与敬仰。《伟大的斗士》一文将鲁迅与高尔基进行比较，客观地评述道："鲁迅先生不仅是一个文学家，并且是一个思想家。他的伟大是在他对于一般民众的普遍而深入的影响。例如他的《阿Q正传》所呈现的阿Q典型，无论读过和没有读过而仅仅耳闻《阿Q正传》的人们，都感觉到他所提示的深刻的意义。尽管有些人抱着偏见，反对他的工作——伟大的工作——也不能不敬佩的。这种伟大的精神也正像高尔基，尽管在帝国主义各国里有些人对于他的思想要反对，但是对于他的伟大的工作是不能不敬佩的。"《从心坎里》一文写道："这种永远刚毅，不屈不挠的斗争精神，是民族解放斗士的最最重要的一个特性，在今日国难严重时期尤其可以宝贵的特性。这种精神和'亡国大夫'的奴性正是立于相反的两极端。""我们永远不能忘记鲁迅先生，因为他是民族解放的伟大斗士；我们永远不能忘记这位民族解放的伟大斗士，更须永远不忘记他的刚毅不屈的伟大人格。"①

## 二 邹韬奋与救国会"七君子"中其他人物的患难交往

1936年发生的救国会"七君子"事件，是邹韬奋政治生涯中的一个重要事件，进一步推动了邹韬奋思想的转变。"九·一八"事变后，我国遭遇空前的民族危机，而国民党政府的抗日态度消极，令全国人民非常失望。这一时期上海成立的文化社团大多是以抗日、救亡、民主等为号召，把民众团结起来开展抗日救亡工作。上海各界救国联合会与全国各界救国联合会就是在这种时代背景下诞生的。抗日爱国运动风起云涌之时，国民党反动派出于其对内对外政策需要，1936年11月22日深夜在上海逮捕了全国各界救国联合会领袖沈钧儒、章乃器、邹韬奋、李公朴、沙千里、王造时、史良等七人，随后移解苏州，押于江苏高等法院看守分所（史良单独押在司前街女看守所），成为当时有名的"七君子"之狱。

邹韬奋与"七君子"中其他几位的交往，以及所受的影响也是很值得考察的。沙千里在他的《七人之狱》一书中写到了他对邹韬奋的印象："邹先生呢，他的态度，是那么严肃、正经，颇有'肃政史'之风，所以请他做监察，随时监督我们是否忠于职责。他文名满天下，我们以为他如椽之笔搁置不用，是非常可惜的，所以要他兼做文书，以分王先生的贤劳。"②

邹韬奋在狱中写的一段感想被沙千里收入《七人之狱》一书："自从和几位朋友，同过羁押生活以来，对于同舟共济的意义，愈有深切的感觉。一人的安危，就是七人的安危；六人的安危，也就是其他任何一

---

① 邹韬奋：《韬奋全集》第七卷，上海人民出版社1995年版，第69页。
② 沙千里：《七人之狱》，生活·读书·新知三联书店1984年版，第82页。

人的安危。同患难,共甘苦,这种同舟共济的意义,推之于民族,与全国同胞,便是团结御侮的精神。朋友相处日久,对于彼此个性的认识,也愈益深刻。这种深刻的认识,倒不在乎什么大处,却在平日造次,一语一动之微。这也是在这时期内所得到的一种感想。"①

邹韬奋在《经历》中也以较多的篇幅记述了"七君子"事件,以及他与其他几位人物的患难交往,《经历》写于事件过程之中,留下了珍贵的一手资料。他回忆到,为了在被捕的这个时期里有着一致的主张和行动,"家长"沈钧儒就郑重宣言:"六个人(史良被关押在别处)是一个人!"六个人既已被捕进来,有罪大家有罪,无罪大家无罪;羁押大家羁押,释放大家释放。他们早料到"救国是一件极艰苦而需要长期奋斗的事情。参加救国运动的人当然要下最大牺牲的决心,但同时却须在不失却立场的范围内,极力避免不必要的牺牲,因为我们要为救国运动作长期的奋斗"②。

沈钧儒早年留学日本,回国后参加辛亥革命。1912 年 5 月加入中国同盟会,五四运动时主张社会、学校、家庭共同教育。1933 年,他加入中国民权保障同盟,被推为法律委员。他以拯救国家民族危亡为己任,受到青年们的尊崇。1935 年 12 月,与马相伯、邹韬奋、陶行知、李公朴等上海文化界知名人士一起,发表了救国运动宣言,动员文化界领导民众的救国运动。邹韬奋与沈钧儒同为中国民权保障同盟的成员,又一起参加救国会,他一向很敬佩沈钧儒,说沈钧儒"不但是我所信任的好友,我简直爱他如慈父,敬他如严师。我生平的贤师良友不少,但是能这样感动我的却不多见。"③ 邹韬奋记叙到,自从入狱后,他看到的沈钧儒是"那样的从容,那样的镇定",沈先生"那样的只知有国不知有自己的精神",使邹韬奋不由得受到了很深的感动,觉得自己为

---

① 沙千里:《七人之狱》,生活·读书·新知三联书店 1984 年版,第 121—122 页。
② 邹韬奋:《韬奋全集》第七卷,上海人民出版社 1995 年版,第 258 页。
③ 同上书,第 241—242 页。

爱国受些小苦痛算不了什么。①

邹韬奋等人下了患难相共的决心,约定倘若当局要把他们六个人分开羁押的话,就要一致地以绝食来抵抗。"我们所最顾虑的是以'家长'的那样高年,绝食未免太苦了他,所以大家都主张'家长'可以除外。但是'家长'无论怎样不肯,他说'六个人是一个人',果有实行绝食抵抗必要的时候,他必须一同加入。于是这个预约便没有例外地一致通过了。很侥幸地,这个'议决案'到现在还没有实行的必要。"②沈钧儒为救国不懈奋斗的精神、百折不回的毅力,以及无畏的勇气,深深地激励着邹韬奋。

邹韬奋和李公朴在《生活》周刊时期交往就比较频繁,李公朴1928年留美期间被邹韬奋聘为驻美特约撰述。他青少年时代就积极参加爱国运动,五四时期发起组织爱国团,投入抵制日货的行列。1925年,李公朴参加了"五卅"运动,不久加入国民党。蒋介石发动"四·一二"反革命政变的枪声,打破了他对国民党的幻想,李公朴愤然离开国民党。1928年,他留学美国,回国后致力于民众教育事业,先后创办了《生活日报》、《申报》流通图书馆、量才业余补习学校、《读书生活》和读书生活出版社等,在苦闷、彷徨中努力寻求抗日救国的道路。"九·一八"事变后,李公朴积极从事抗日救国运动和群众文艺教育工作,成为救国会负责人之一,并因此于1936年陷于七人之狱。③

王造时在狱中被大家推荐为"文书部主任",邹韬奋评论道:"这个职务虽用不着他著《荒谬集》的那种'荒谬'大才,但别的不说,好几次写给检察官请求接见家属的几封有声有色的信,便是出于他的大手笔,至于要托所官代为添买几张草纸,几两茶叶,更要靠他开几张条子。"王造时的主要任务是著译和接待各界人士的慰问,如编著《中国

---

① 参见邹韬奋《韬奋全集》第七卷,上海人民出版社1995年版,第245页。
② 邹韬奋:《韬奋全集》第七卷,上海人民出版社1995年版,第257—258页。
③ 参见任兰《社会交往与报人邹韬奋的政治主张(1912—1937)》,硕士学位论文,安徽大学,2015年。

问题的分析》和翻译《国家论》。邹韬奋在自传《患难余生记》中生动地刻画了王造时在法庭回答问题，两次不自觉地面向观众的生动场景，这样的描写不仅抓住了凸显王造时个性的细节，而且展现了"七君子"在这一爱国事件中唤起民众情绪，启发他们的爱国热情：

> 王造时先生是一位名教授，又是一位有名的演说家，他在法庭上立在法官案前被审问的时候，原是朝着法官，回答法官的询问。但是他好像把法庭看作救亡运动演讲大会，问答时侃侃而谈，口若悬河，挥手大作其演说家的姿态，边说边把身体慢慢向后转，先转三十度，慢慢增加，差不多斜对着他后面济济满堂的听众。他好像不是在回答法官，而是念念不忘去对着他后面的许多听众！法官很客气地请他把脸回转来对着他，他只好照办，但顷刻间又慢慢由三十度而向后转，引得全堂大笑。①

邹韬奋与史良在救国会"七君子"里见面最迟。邹韬奋称赞史良"思想敏锐，擅长口才，有胆量"。认为她还有一种坚强的特性，即"反抗的精神——反抗黑暗的势力和压迫"，无疑是一位独立自强的新女性的代表。邹韬奋从少年时代就大力提倡妇女解放，反对封建伦理制度。他曾经征求史良对于妇女运动的意见，并写进《经历》一书："还在双重压迫下的中国妇女，一方面自应加倍努力，求自身能力的充实，在职业上，经济上，力争男女平等的兑现；另一方面，也只有参加整个的反帝反侵略的民族解放运动才有前途。她又说，她最反对一种以出风头为目的的妇女，自己跳上政治舞台，只求自己的虚荣禄位，朝夕和所谓'大人物'也者瞎混着、却把大众妇女的痛苦置诸脑后；这种妇女虽有一千人上了政治舞台，也只有一千人享乐，和大众妇女的福利是不

---

① 邹韬奋：《韬奋全集》第十卷，上海人民出版社1995年版，第851页。

相干的。"①

史良学生时期曾任常州市学生会副会长，领导全市学校罢课，支持北京学生爱国运动。她一直在为争取妇女地位的提高，实现男女平等，谋求妇女的解放而积极奔走。1935年12月发起组织了上海第一个救国会组织，即上海妇女界救国会。她因积极投身抗日救亡运动，而遭到国民党反动政府的逮捕，成为"七君子"中唯一的女性。史良在其自传中写道："邹韬奋是一个勤奋的人，他在七人中离开我们最早，是艰苦的战斗生活和辛勤的脑力劳动，过早地夺去了他的年轻的生命。韬奋的全部生活都和他的事业结合在一起，而他的事业又和整个革命事业紧密联系在一起。他创办的《生活周刊》《全民抗战》等刊物，得到广大读者的爱戴决不是偶然的。"②

邹韬奋在自传《经历》中，对六位人物分别以一节的篇幅进行了描写，他善于抓取人物特征，并且突出表现了他们的爱国主义情感。比如："乃器的性格是偏于刚强的方面，但却不是无理的执拗；他和朋友讨论问题，每喜作激烈的争辩，只是你辩得过他，他也肯容纳你的意见，否则他便始终不肯让步。有些朋友觉得他在争辩的时候有时未免过于严厉些，但是知道他的性格的人，便知道他心里很纯洁的，是很热烈的，一点没有什么恶意。"③"他所念念不忘的只是民族解放的前途，救国运动的开展；至于对他自身的遭遇，我从未听见过他有一言一语的自怨自艾。我对于他的纯洁爱国的精神，得到了更深刻的认识。"④

## 三 邹韬奋与进步知识分子胡愈之等的交往

进步知识分子、共产党员胡愈之等在邹韬奋从民主主义者向共产主

---

① 邹韬奋：《韬奋全集》第七卷，上海人民出版社1995年版，第255—256页。
② 史良：《史良自述》，中国文史出版社1987年版，第43页。
③ 邹韬奋：《韬奋全集》第七卷，上海人民出版社1995年版，第246—247页。
④ 同上书，第246页。

义者转变的过程中，起到了重要作用。夏衍甚至说过："邹韬奋的转变，完全是胡愈之的功劳。韬奋的生活书店，胡愈之是'军师'，他出主意，做了大量的工作。"①

胡愈之是著名的社会活动家，也是有着卓著成就的革命学者，早年在商务印书馆做编辑，并在上海参加了声援五四运动的斗争。之后他更努力地从事著译，在《东方杂志》《小说月报》《学生杂志》《妇女杂志》等发表了不少文章，内容涉及文学、国际问题、妇女问题、社会和哲学思想等方面。②"五卅"运动中，编辑出版《公理日报》，报道"五卅"运动的起因与发展过程。"四·一二"政变次日，起草对国民党当局的抗议信，邀集郑振铎等7人签名在《商报》上发表。后被迫流亡法国，入巴黎大学学习，1931年年初回国。1933年被吸收为中共特别党员，以民主人士的身份从事社会活动。

1931年2月，胡愈之从欧洲回来，继续在商务印书馆《东方杂志》任编辑。因回国途中在苏联参观了一个星期，将其所见所感写成了一本《莫斯科印象记》，该书受到亟待了解苏联的进步青年们的欢迎。"九·一八"事变发生后，他也写了一些主张对日宣战的文章。1931年10月初，邹韬奋由毕云程陪同到商务印书馆编译所来找胡愈之。胡愈之回忆道："毕云程是我幼年在上海惜阴公会英文夜校读英文时期相识的，当时他是一家洋货店的小职员。以后我进商务印书馆，和他有十六七年没有往来。据他说，韬奋读了我的《莫斯科印象记》，觉得很好，要求我为他办的《生活周刊》写文章，因韬奋和我不相识，所以由他陪同介绍韬奋和我见面。"③

邹韬奋的好友毕云程这样回忆道："那年，愈之从国外考察归来，写了一本《莫斯科印象记》出版。韬奋读了很高兴，写了一篇书评介

---

① 赵晓恩：《六十年出版风云散记》，中国书籍出版社1994年版，第1页。
② 参见胡愈之《我的回忆》，江苏人民出版社1990年版，第8页。
③ 同上书，第151页。

绍,题为《读〈莫斯科印象记〉》。在《生活》周刊六卷四十期上发表。同时对我说,很想找愈之谈谈。因此我们两个人就去找愈之。在东方图书馆会客室中,韬奋向愈之提出了'九·一八'事变前后国内外形势的种种问题,谈了三小时,韬奋很满意,当场就请愈之为《生活》周刊写一篇论文,题为《一年来的国际》,在《生活》周刊六卷四十二期特刊上发表。从此以后,韬奋遇有问题,常常邀请愈之共同商量。我们四个人——韬奋、愈之、寒松和我也常常在一起讨论国内外形势。"①

"九·一八"事变之后,国民党政府的不抵抗行为,使邹韬奋受到强烈刺激,他在中共党员胡愈之等人的帮助下,很快走上抗日救亡的道路,靠近了党。在胡愈之等的影响下,《生活》周刊追随着时代思想潮流,办得更加有声有色,发行数量达到十多万份,社会信誉日增,邹韬奋的言论在青年中产生了极大的影响。1932 年 7 月,他又创办生活书店,出版大量进步的社会科学和文学艺术书籍,成为国民党统治区内重要的进步文化阵地,许多共产党员为这个书店工作。《生活》周刊面貌焕然一新,成为一个主持正义的舆论阵地。

胡愈之为《生活》周刊撰写的第一篇国际问题论文《一年来的国际》,发表于 1931 年国庆特辑。综述资本主义主要国家内部及其相互间的矛盾和困顿,介绍苏联的建设情况,并预言"九·一八"事变将成为第二次世界大战的序幕。1932 年下半年起,他以"伏生"为笔名,经常为《生活》周刊写国际问题文章,运用马克思主义的观点,分析当时错综复杂、风云激变的国际形势。这些文章成为《生活》周刊的新品牌之一。其他刊物也纷纷效仿,有的竟在出版广告时以署名"胡伏生"的文章吸引读者。

与此同时,胡愈之又以"景观"的笔名撰写国内时事政治述评,如《大众利益与政治》《革命的人生观》,还有《贪污论》《廉洁论》《领袖论》等,他用马克思主义的方法分析社会现象、评论时事问题,

---

① 邹嘉骊编著:《忆韬奋》,生活·读书·新知三联书店 2015 年版,第 291 页。

切中肯綮，深受读者欢迎。比如《大众利益与政治》一文写道："但是除了帝国主义和国内一小部分的人民外，二十一年来的中国政治，对于人民大众究竟有了什么好处？是否能保障人民大众的利益？是否能增进人民大众的利益？就没有人有这样大胆敢回答一个'是'了。在这二十一年来，中国的工农业生产只有低落而绝未增加。中国一般人民的生活标准也只有继续的下降。"[1] 胡愈之善于在艰难复杂的环境下，利用多种机会和条件开展党的政治工作。他经常参加《生活》周刊召开的座谈会。据毕云程回忆：有一次座谈会参加的人比较多，胡愈之提出了三个问题："（一）阶级重于民族，还是民族重于阶级？（二）生产力改变生产关系，还是生产关系改变生产力？（三）为理论而理论，还是为行动而理论？"[2] 这些问题也激发了员工们对于社会改造等问题的深思，促使他们思想转向进步。

为推动生活书店发展，胡愈之提出"经营集体化、管理民主化、盈利归全体"的管理模式，制定出版计划。短短几年，生活书店就出版了《文学》《译文》《世界知识》等多种大型刊物。1936年，胡愈协助邹韬奋在香港创办《生活日报》。抗日战争爆发后，任上海文化界救亡协会国际宣传委员会主任。组织编译出版了斯诺的《西行漫记》，并首次编辑出版了《鲁迅全集》。中华人民共和国成立后，他担任了出版总署署长、《光明日报》总编辑、文化部副部长等重要职务。

胡愈之曾经在《我的回忆》等书中用较多的篇幅回忆了与韬奋的友谊。《我的回忆》中的"忆韬奋"中共有6篇文章，《韬奋的死》《伟大的爱国者——韬奋》《韬奋与大众文化》《邹韬奋与〈生活日报〉》《韬奋和他的事业》《写在〈经历〉重版本的后面》，比较全面、详尽地回顾了与邹韬奋的交往情况，以及对邹韬奋的印象。

胡愈之中肯地评价过邹韬奋文章的思想性及文风，并指出他的文章

---

[1] 胡愈之：《胡愈之文集》，生活·读书·新知三联书店1996年版，第73页。
[2] 邹嘉骊编著：《忆韬奋》，生活·读书·新知三联书店2015年版，第291页。

写作与大众的密切联系:"鲁迅的写作方法,采取高级形象化,而韬奋则采取低级形象化,对于落后的大众,低级的形象化自然比高级的形象化更容易接受,所以就作品的永久价值来说,韬奋断不能和鲁迅比较,但就宣传教育的作用来说,韬奋对于同时代的影响,却比鲁迅还要来的普通。""近年来,大众正在努力反党八股,韬奋至少没有犯党八股的毛病。由于他是为大众的,从大众学习的,说的是大众的话,所以他从不无病呻吟,亦决不无的放矢。由于他的热情奔放,他的文章,自然丰润富裕,决不至于像个瘪三。"① 他和邹韬奋的革命友谊成为中国现代出版史上的一段佳话。

此外,徐伯昕、毕云程、杜重远等进步知识分子与邹韬奋的密切交往与合作,也对韬奋的思想发展和编辑出版工作起到了积极影响。

## 四 邹韬奋与一般读者的交往

《生活》周刊从1926年第二卷第一期开设了"读者信箱"栏目。此前一位叫礼弘的热心读者在《我所望于〈生活〉周刊的几点管见》中,提出"编辑先生和投稿诸君大施努力""文字浅显""多征文的题目""添设通信栏""少载长篇记账式无味的文字"五点意见及希望,其中第四点具体为"希望本刊添设通信栏,使读者对于本刊有意见发表的机会"。邹韬奋回复道:"关于第四点,极端赞同,本期即其开端,并谢礼弘君之盛意。"② 自此一直到1933年12月16日《生活》周刊停刊,"读者信箱"成为《生活》的重要的品牌栏目。

其实当时不少报纸注重与读者互动,办有读者来信之类的栏目,不过大多持续一年左右就停办了,比如《大公报》的《摩登》周刊、《申报》的"读者通讯"栏目等。1930年11月29日《大公报》的文艺副

---

① 胡愈之:《我的回忆》,江苏人民出版社1990年版,第363页。
② 邹韬奋:《韬奋全集》第一卷,上海人民出版社1995年版,第547页。

刊《小公园》中，刊载了《摩登》的发刊启示："沉醉在青春美梦的摩登男女，一定有说不出来的'痛苦'，你们若是觉得没法，一定可以解脱，请看本栏每星期的摩登，一定给你们不少的帮助，你们如果有什么烦闷痛苦以及疑难的问题，请投函'摩登栏'，多少总可以给你们一些小小的帮助吧！"《摩登》到1931年9月27日停刊，总共出版42期。

而《生活》周刊的"读者信箱"历时8年，时间之长颇为罕见，这与《生活》主持者推崇服务精神有着密切关系。邹韬奋在《事业管理与职业修养》中说道："服务是'生活精神'最重要的因素，……它在《生活》周刊时代就已萌芽了。"他们尽心竭力答复读者来信，"答复的热情不逊于写情书"，有几个工作人员专门拆信与抄信。读者不少私事也写信来和他们商量，有的还请帮忙跑腿代买东西，他们也并无怨言，因为邹韬奋觉得这是读者对他们的信任。

邹韬奋主持下的《生活》周刊确立了全新的读者观念，刊物把读者对象确定为社会上的一般人，即人民大众，刊物的立场就是人民大众的立场。1928年11月18日《生活》周刊第4卷第1期上发表了一篇名为《〈生活〉周刊究竟是谁的?》的文章，文章指出他们办刊的态度和方针是"要替社会造成一个人人的好朋友"，是要"成为社会上人人的一个好朋友，时时在那里进步的一个好朋友。要有常常力求进步的心愿"。《生活》周刊是"以读者的利益为中心，以社会的改进为鹄的，不是为任何个人牟利，也不是为任何机关牟利。这样看来，《生活》周刊究竟是社会的"。"读者信箱"来信量巨大，起初平均每日四十多封，一年之后达到每日来信一百多封；在1932年，最多的时候每天有来信一千多封。这也折射出邹韬奋主持《生活》周刊后，与读者的交往日益频繁，刊物的影响力也与日俱增。

在邹韬奋与其他人的著作中记载了一些事例，可以真切感受到广大读者对韬奋的爱戴之情。邹韬奋在其海外通信集《萍踪寄语》中写到，他在出国的船上，因同行中有一两位朋友他知道是干什么的，所以偶由辗转听到而特来和他晤叙的《生活》周刊的读者，竟出于意料之外的有十余人之多。"我们互道来历后，便很痛快的畅谈，立刻成了亲密的好友，这是使我最愉快的一件事情。他们对于本刊关心的诚挚，实在可感，问我身边带了有没有最近的《生活》，我临行时只带了当时最近出版的一份第八卷第二十八期，他们欣然索去传观，看到最后还给我时，纸角都卷了起来。"① 而邹韬奋在与读者们的畅谈中，也增长了见闻，尤其是对于东南亚华侨的生存境遇有了不少了解。

邹韬奋甚至在因爱国被捕入狱时，也能遇到他的热心读者，不仅有囚犯，还有法院职员，他们对邹韬奋的情感都是很真挚的。在《经历》一书中，邹韬奋写下了感人至深的一幕幕场景："又等一会儿，又有一个人在方洞口张望，轻声问我是不是某先生，我说是，略谈之下，才知道他也是我的读者，在法院里任职员，正在吃晚饭，听说我来了，连饭都不吃，特跑来安慰我。他的办公时间原已完了，因为我来，一定要等我审完，好好招呼我进了看守所才肯回去。我说他一天辛苦，要回家休息，不必等我。他不肯，直等到一切布置妥当后才肯离开。"② "我和章先生在那个深夜里被带到一个小囚室的前面，从铁格子门望进去，就看见里面的小铁床的下层已睡着一个囚犯。他姓周，是一个政治犯，是一个很可敬爱的青年！他当夜听见章先生无意中在谈话里叫了我的名字，引起他的注意，知道是我，表示十分的愉快；他原来也是我的一个读者，我们在精神上已是好友，所以一说穿了，便感到很深的友谊。当我铺床预备睡的时候，他看我们两人里面有一个要睡地板，再三要把他的那一层床让给我们，他自己情愿睡地板，经我们再三婉谢，他才勉强照旧睡下去。"③

还有一次"奇遇"发生在1938年10月。当时武汉紧急大撤退，邹

---

① 邹韬奋：《韬奋全集》第五卷，上海人民出版社1995年版，第636页。
② 邹韬奋：《韬奋全集》第七卷，上海人民出版社1995年版，第230页。
③ 同上书，第225页。

韬奋紧急带领助手们携带大量稿件准备乘飞机去重庆。他最担心的就是遇上军警检查行李，万一行李中许多批评当局的文稿被他们发现并查封，损失可就太大了。这时竟然有两个宪兵朝他们走来。邹韬奋心想情况太糟了，只好镇静地相机行事。两个宪兵居然满面笑容，老远就向韬奋敬礼，热情地喊着"韬奋先生!"韬奋觉得情况不妙，装作根本不知道他们呼唤谁，置之不理。两个年轻的宪兵走到他跟前，继续对着他叫韬奋先生。韬奋依然不理睬他们。一位宪兵突然失望地说："你不要以为我们是坏人，我们都是你的读者。"说着竟然难过地哭了起来，说："你不要遗弃我们，我们至死也要跟着先生走。"其中一个一面招待韬奋喝水，一面流着泪说："我们从前都是大夏大学的学生，永远跟你韬奋先生走的。"邹韬奋这才知道误会了，伸出手来跟他们握手，反过来安慰他们。邹韬奋从与两位宪兵读者的交谈中，知道果然是当局接到邹韬奋买机票的情报后，指令值班宪兵要加紧对他进行检查，他俩正在担心不知谁在那天值日，不料邹韬奋提前三天离开，刚好又遇上他俩值班，自己终于可以帮助他顺利登机了。当飞机徐徐上升的时候，邹韬奋很是感慨地对同伴们说："我们的辛苦不白费，到处都有我们的朋友。"又说："中国革命一定胜利，只要看这一代青年的心就可保证。"①

由于其进步文化事业受到国民党政府迫害和打压，邹韬奋于1941年2月辞去国民参政员一职，秘密出走香港。1941年5月11日，邹韬奋主编的《大众生活》在香港复刊。复刊过程也颇为曲折，港英政府并不欢迎邹韬奋来港办报刊，于是在登记上做文章，说只有"港绅"才可办报刊，邹韬奋只好再想其他办法。所谓"有志者事竟成"，他终于找到一位发行人。原来有一位曹先生（他的父亲是所谓港绅），早已登记好了要办一个周刊，但因找不到适当的主编，故而那刊物还没出世。这位曹先生年纪还轻，读过邹韬奋的著作及其所编的刊物，可以说是对于邹韬奋的道德文章有相当认识，对于邹韬奋怀着敬佩之心的一个

---

① 参见聂震宁《韬奋精神六讲》，生活·读书·新知三联书店2015年版，第100页。

人。经过第三者的介绍，事情就成功了，这就是后来坚持到香港沦陷后停刊的《大众生活》周刊。从这件事中，也可见邹韬奋为祖国为人民长期奋斗的精神和毅力，在一般人中（曹先生是其中之一）建立了非常高的威信。①

吉茹回忆邹韬奋在香港沦陷后，由我党护送到东江抗日根据地，后来前往苏北的有关情况，写道："韬公是离开解放区最后的一个文化先进。在经过惠阳一个小村庄时，住在一个当地青年的家里，韬公因为无聊，便向这青年借书看，青年回答说：'没有什么书，只有一两本韬奋的著作，很有味道的。'韬奋因为是秘密经过，不宜暴露面目，微笑地答应他。这青年大谈了一番韬公为人如何如何，韬公只好忍笑听他。这位青年固然是'有眼不识泰山'，而韬公作品与为人予人印象之深，可以概见。"②

---

① 邹嘉骊编著：《忆韬奋》，生活·读书·新知三联书店2015年版，第211页。
② 同上。

# 《生活》周刊与《良友》中的女性形象

张玉鑫[*]

**摘要**：《生活》周刊和《良友》作为当时上海非常有影响力的刊物，二者对女性形象的塑造很具研究价值。笔者运用文本分析法，对刊物中呈现的女性形象做了系统的分析。研究发现，《生活》周刊与《良友》塑造的女性形象有很大的不同，《生活》周刊更重"启蒙"二字，侧重于塑造时代新女性，而《良友》则更重展现和引领时尚潮流，可以将其概括为摩登俏女郎。

**关键词**：《生活》周刊；《良友》；女性形象；思想解放

20 世纪二三十年代，女性受到新文化运动和五四运动的洗礼，她们的自我意识开始觉醒，社会地位逐步提升，有越来越多的报刊将目光投向民国女性，其中就包括《生活》周刊与《良友》画报。本文主要通过分析《生活》周刊和《良友》画报中的女性形象，总结概括二者对民国时期女性形象塑造的异同。

笔者之所以选择《生活》周刊与《良友》画报中女性形象做对比研究，是因为以下三个原因。第一，这两份报纸创刊和发展的年代相近，在上海报刊史上都具有重要的地位。据 1932 年 10 月"上海邮政局

---

[*] 作者简介：张玉鑫：硕士，新疆财经大学商务学院教师。

挂号刊物销数"记录,《生活》周刊与《良友》位于当时上海杂志销量的第一位和第二位,当期的销量分别是十五万份和四万份,这对当时人口只有三百多万的上海来说,已经非常可观。第二,《生活》周刊和《良友》所处的年代,女性自我意识正在逐渐觉醒,当时社会所倡导的男女平等、婚姻自由,不仅对民国时期的女性产生了深刻的影响,更对《生活》周刊和《良友》的编者们产生了深远的影响,进而影响他们对新闻素材的挖掘和选取。第三,《生活》周刊和《良友》有着相似的发展经历,都经历了创刊初期的艰辛,都度过了社会动荡、艰难困苦的岁月,经历过苦难的编者更懂得社会疾苦,也会将更多的目光投入民国时期的女性问题。在邹韬奋接办《生活》周刊初期,由于人手有限,他常常一个人唱独角戏,他替自己取了许多笔名,"把某类的文字派给某个笔名去担任"①,每个笔名都努力培养一种独特的性格。接办初期的编辑部只有三个人,徐伯昕负责主持《生活》周刊的经营活动,孙梦旦负责会计和发行工作,邹韬奋负责《生活》周刊的内容编写和其他事务。当时的编辑部设在一个狭小的过街楼,"我永远不能忘记在那个小小的过街楼里,在几盏悬挂在办公桌上的电灯光下面,和徐孙两先生共同工作到午夜的景象"②。在《良友》第100期刊登的文章《良友一百期之回顾与前瞻》中,描述了《良友》第一期出刊时的情形,"良友第一期既出版,因系初次,故于推销批发尚无定处,适时值旧历新年,马路上行人如织……乃着排字印刷之学徒分挟新出版之《良友》,在影戏院前兜售"③,人数不足,常常一人身兼数职,"有时要开夜工印刷,编者也曾僭份做临时的监工,而经理出外收账的时候,往往也顺道到照相馆里找找材料"④。经历了初创时的艰辛,《生活》周刊和《良友》为了增加销量、为了贴近生活、为了吸引读者,将目光都瞄准了民国的

---

① 邹韬奋:《经历》,生活·读书·新知三联书店1978年版,第71页。
② 同上书,第73页。
③ 伍联德:《良友一百期之回顾与前瞻》,《良友画报》1934年第100期。
④ 伍联德:《编后话》,《良友画报》1931年第57期。

女性,但这两个报刊塑造的女性形象却有着许多不同。

《生活》周刊,1925年10月11日创刊于上海,最初由黄炎培创办,是中华职业教育社的机关刊物,主要内容是职业指导与职业教育,读者对象主要为中华职业教育社内部的员工,内容比较单一,且以赠送为主。1926年10月24日,《生活》周刊正式开始由邹韬奋担任主编,他就任后立即对《生活》周刊内容进行了大刀阔斧的改革,内容由职业教育和指导转向关心时事、关注民生,其性质也由此发生转变,变为新闻评述性质的周刊。1932年7月,《生活》周刊被国民党部分查禁。1933年7月,《生活》周刊被禁止全国邮寄,同年12月16日被国民党查封,出至第8卷第50期停刊,共八卷450期。

《良友》画报,1926年创刊于上海,由伍联德创办,是一份综合性的画报,也是我国新闻史上出版时间最长、影响深远、发行区域最广的画报。《良友》在创刊初期为月刊,后在1934年7月改为半月刊,1935年2月恢复月刊,1945年10月于上海出版最后一期,后于1954年在香港以"海外版"的名义复刊。

## 一 时代新女性与摩登俏女郎

《生活》周刊关于女性问题的报道,主要集中在"读者信箱""小言论"和刊登的新闻图像中。《生活》周刊的女性报道侧重于思想解放,故而所推崇女性被称为时代新女性,主要体现在女性独立和婚恋自由两个方面。

从女性独立方面来看,《生活》周刊给予了它全新的定义,女性的"自立能力与环境,不仅指物质方面的供给,并包括思想或精神方面有自立的能力"①。他将自立分为物质层面和精神层面,物质层面主要体现在经济独立,精神层面是思想独立。《生活》周刊刊登的《妇女解放

---

① 邹韬奋:《深切的同感》,载《韬奋全集》第4卷,上海人民出版社1995年版,第287页。

与女茶博士被禁合废娼运动》一文中指出，"妇女经济上的解放，是经济发达的副产品。即使你不提倡这事，这事迟早总是要来的。经济社会不发达，那么，你从早到晚，口干声嘶的呼唤妇女经济上的解放，也不见有多少效力"①。只有国家经济有所发展，妇女经济独立才能得以实现。女性要实现独立，《生活》周刊指出根本方法有两点，"一是极力普及并提高女子教育，二是养成女子经济自立的能力"②。《生活》周刊极力主张女性以家庭园艺和家庭工艺为职业。当时女性不可能完全离开家庭去工作，选择这种职业在家就可以干活，一举两得，"女子受有良好的教育，具有专门的技能，在家庭方面、社会方面固然得益不浅，即万一有不幸的事情发生，也比较有办法。因此，我们深切的觉得普及并提高女子教育实为妇女解放的根本方法"③。同时《生活》周刊提出女子职业教育的发展不仅仅有利于自身，更有利于整个社会，"生活程度日高，男子对家庭经济之担负，常有筋疲力尽的苦况，女子若能从事相当的家庭工艺或家庭园艺，于家庭经济方面不无小补；一国之富庶与其国民生产力很有密切的联系，吾国女子之数姑认与男子相等，则以半数之女子增加多少生产力，于全国总量所加可惊，所以这件事不但关系个人，于国家社会都很有关系"④。《生活》周刊大力倡导女性职业教育，丰富女性的专业和文化知识，在实现经济独立的同时，获得思想的独立。由于受教育的机会增加，女性的物质生活和精神层面都有所提高。这是《生活》周刊塑造的时代新女性体现之一。

除了女性独立外，《生活》周刊极力倡导婚恋自由。这是《生活》周刊关于女性报道最多的一个方面。《生活》周刊"读者信箱"栏目中，

---

① 邹韬奋：《妇女解放与女茶博士被禁合废娼运动》，《韬奋全集》第1卷，上海人民出版社1995年版，第244页。

② 邹韬奋：《旧式婚姻制度下的被牺牲者编者附言》，《韬奋全集》第2卷，上海人民出版社1995年版，第63页。

③ 邹韬奋：《痛念亡友雨轩》，载《韬奋全集》第2卷，上海人民出版社1995年版，第355页。

④ 邹韬奋：《提倡女子职业教育之商榷》，载《韬奋全集》第1卷，上海人民出版社1995年版，第524页。

刊登的关于婚恋问题的信件非常多，共有 188 篇，占到了总信件数的 31%。比如接受新思潮的青年们对传统婚姻深恶痛绝，二者之间的冲突该如何化解？《生活》周刊在"读者信箱"栏目中为青年们指明了道路，"男女彼此具有相当的条件，彼此经过审慎的观察考虑，有了彻底的了解，由挚友进而为情侣，为终身的伴侣，成为夫妇，这非但不是我们所反对，而且是我们所赞成的"①。《生活》周刊刊登的新闻图像中，许多新闻漫画也以女性婚恋观为题材，批判旧式婚姻，提倡自由恋爱，比如第 3 卷第 10 期《新月下老人》（如图 1）、第 16 期《婚姻的变化》、第 35 期《新式婚姻的苦痛》（如图 2）、第 36 期《上了人家老当的女子》、第 37 期《订婚之后才晓得》、第 44 期《盲目的恋爱》、第 50 期《手铐脚镣加上了终身》、第 52 期《大家族主义中的流泪问题》，第 4 卷第 24 期《旧式婚姻中的一对傀儡》、第 28 期《催眠》、第 35 期《将来丈夫的范例》等等，这些新闻漫画无一例外地批判了旧式的婚恋观，提倡男女公开交往、自由恋爱。这是《生活》周刊塑造的时代新女性体现之二。

对于《良友》画报来说，它所塑造的女性形象却截然不同。《良友》画报主要以新闻图像为主，共出版了 174 期。笔者选取了其中最有代表性的封面人物进行研究，发现《良友》画报只有十一期的封面人物选择了男性，并且这些男性都出现在抗战时期，都是一些大人物，包括蒋介石、朱德等等，其余封面人物全为女性。追溯到晚清时期，中国一些小报比较流行用女性作为封面，这些女性有一个共同点，都是名妓。《良友》虽然延续了女性作封面这个传统，但它刊登的女性却截然不同，都是一些有名气、走在时代前沿的女性，有电影明星、女演员等等，包括蝴蝶、陆小曼、黄柳霜等人。封面中的这些女郎衣着时尚、明艳动人、身姿曼妙，可以看出《良友》塑造的女性形象是时尚的、更是走在中国前沿的，可以将其概括为摩登女性。

---

① 邹韬奋：《不愿意的女同志》，载《韬奋全集》第 4 卷，上海人民出版社 1995 年版，第 166 页。

对比求新

图1　新月下老人

摩登女性是在西方文化影响下在中国产生的一种文化现象,"同时也是中国自民国建立以来,开明的有识之士以启蒙思想为中心努力建立新型国家形象而造成的华丽且摩登的社会文化景观"①。它代表着中国社会女性生活的变迁,"是女性社会地位改变的宣言,同时也是走向西方却又永远走不到西方的里程碑标志"②。摩登女郎在当时的中国,代表的是走在时尚前沿、面容姣好、有文化的女性,她们不属于同一社会阶层,只是在西方文化风潮影响下的女性外貌变化的一种概括。摩登女郎背后掩藏了三类女性,"追求并促成了社会变化的知识女性、作为社会变化的直接受益者的女学生和仅有摩登外表的服务业的'摩登'模样的女性"③,《良友》画报更侧重于对女性摩登外表的刻画。

---

① 姜进:《大众民国上海女性文化解读》,上海辞书出版社2010年版,第134页。
② 同上。
③ 同上书,第141页。

图2 新式婚姻的苦痛

通过对《良友》封面分析发现，第一期至第十一期刊出的摩登女郎图片都为肩以上的面部照片，这时的画报表现还比较含蓄。《良友》的第一期封面是笑容腼腆、环抱花束的女明星蝴蝶（如图3）；第二期是手拿圆镜、楚楚动人的女明星汪汉伦（如图4）；第三期是双手拂面、明艳动人的女明星黎明晖；第四期是盘坐凳上、娇小可人的杨爱丽女士等；到第十一期是目光远眺、温婉恬静的女明星杨依依。无一例外，《良友》前十一期的封面都是女明星，而且都采用了肩部以上的面部肖影。这些出现在《良友》上的女明星，表情都较为含蓄，但对于当时闺阁女子不出家门、更不能抛头露面的风俗来说，是不小的冲击，直接打破了这种传统思想，给了女性新的空间。

从第十二期开始，封面女郎未有变化，变化的只是拍摄的远近，图片也从肩部扩展到了腿部，这也正印证了当时社会思想逐渐开化的过程。第十三期的封面女郎露出了香肩，目光微微向后看，神态妩媚；第

对比求新

图 3　女明星蝴蝶

图 4　女明星汪汉伦

二十五期的封面女郎首次展示了全身照片，照片中的女郎穿着短裙，搭配了白色高跟鞋，微微挽起的头发，更添几分韵味。可以看出，《良友》正朝着更加开放自由的方向发展，带给读者的也是更加开放自由的思想。其实，这也是《良友》本身的成长，它也在经历蜕变，也终于获得了成功。由于《良友》的画报性质，决定了它比《生活》周刊塑造的女性形象更加直观、具体。

《生活》周刊和《良友》呈现出了两种截然不同的报道倾向。《生活》周刊更加侧重于女性的思想教化，强调女性独立、自由的状态，可以将其概括为时代新女性；而《良友》侧重于从各个角度展示女性之美，展现时尚元素，可以将其称为"时代俏女郎"。

## 二 健美"女汉子"与柔美小女人

仅从《生活》周刊和《良友》画报刊登的新闻图片来看，二者在刊物上呈现了截然不同的女性风格，可以将其概括为健美"女汉子"和柔美小女人。

据笔者统计，《生活》周刊共刊登了297张有关女性的新闻图片，主要涉及"健而美的体格""体育运动肖影""新闻漫画中的女性形象"和"时事报道中的女性"这四个栏目。其中编者较为侧重的一个栏目便是"健而美的体格"，贯穿了《生活》周刊的第四卷到第六卷，成为刊物每期必出现的内容之一。"健而美的体格"栏目大多选取了国外较有影响力的女性（如图5），比如影视明星赛鹿、喜爱户外运动的嘉塞尔女士、排球运动员克莉华女士等等，这些女性都呈现着曲线美、肉感美。与现今以瘦为美的审美观相比，这些图片中的女性都显得较为挺拔、健壮，活力四射，浑身散发着女性独立与健康之美。从她们的衣着来看，穿着较为随意，以短裤、背心和连体泳衣为主，这些无一不凸显出女性的运动之美，可以将其概括为健美的"女汉子"。联系当时的时代背景，不难思考编者选择这一栏目以及这些新闻图片的意图，希望以此鼓励女性重视和增强体育锻炼，增强国人体质。

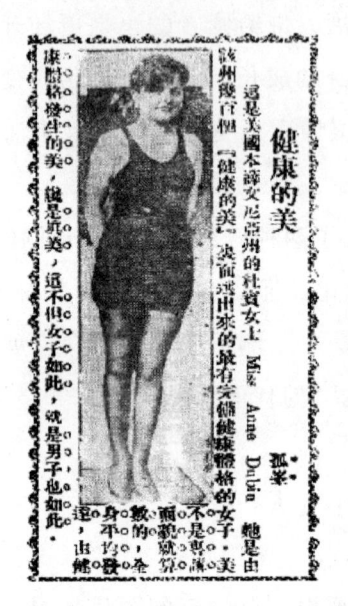

**图5 健而美的体格**

与《生活》周刊健而美体格栏目呈现的女性形象相比，《良友》刊登的女性形象则更加含蓄、温婉。在封面中，时尚女郎各个美丽动人、温婉恬静。这些摩登女郎不仅占据了封面，也是刊物的中心。画报中有许多照片都以女性为主，第四期的《良友》画报在"上海妇女衣服时装其一、其二"中，影星杨爱立和其他五位女性作为模特穿着春、夏、秋、冬四季服饰云集一处。"其一"展现的是两幅日本袍子，它不仅在居家时穿着极为舒适，而且袖口较宽，穿着凉快。中间的是不同款式的睡衣，一种是开胸短袖绣以花鸟，另一种是浴后或临睡时所披之大花围巾。下面两幅里展现的，一件是全衣绣以龙梅、贵而艳的旗袍，一件是当时海上最时髦的衣装"长马甲"。"其二"是不同职业女性的着装，比如海上妇女、大家闺秀、影视明星等等，这些不仅可以满足不同职业的需要，而且能适用于不同的场合。在《良友》画报的第五十期，刊登了照片《最新式住宅陈式》，从照片中可以看到当时社会流行的家具装饰，更为重要的是每张照片中都有女性的身影出现，或围坐在一起促膝长谈，或享受美好的午后时光。第十七期刊登的上海中西女塾毕业生（如图6）、苏州景海女子师范全体毕业生、苏州东吴大学毕业生的照片，第二十九期刊登了"今年万国美女比赛被选为第一名——美国代表支加哥女士"等等，这些都从不同的方面在传递着女性温婉动人的形象。

## 三 注重健康生活与展示摩登生活

伦敦旧日出版的《上海》里说："二三十年代，上海成为传奇都市。环球航行如果没有到过上海便不能算完。她的名字令人想起神秘、冒险和各种放纵。"上海是当时最大的商业城市，并且随着城市化的不断发展，上海逐渐成为全国最重要的文化出版中心，新式教育发展迅猛，图书馆、餐厅、女校等纷纷涌现。上海也是最先受到西方文化影响的城市，如银行、饭店、俱乐部、电影院、摩天大楼、咖啡厅等等，这些不仅作为一个地理建筑，更带有强烈的西方文化烙印。在这种思想的不断影响下，上海的现代性越来越突出，生活也越来越浪漫和小资。

《生活》周刊和《良友》画报都对女性的生活方式做了报道，但是报道的角度却截然不同。《生活》周刊更加注重女性的思想教化，在生活方式上也是如此，对女性生活中的不良风气进行了批判。在第七期刊登的图片《妇女不正常之生活》中，编者对女性彻夜打麻将不归家的情况进行了抨击，并将其称为不正常的妇女生活。第十一期刊登了新闻漫画《捧的世界》，漫画中将妓女、戏子、明星、文妖、商人以此排序，捧得最高的是妓女，以此来批判社会的不良风气，进而达到教化国人的目的。

笔者统计发现，《生活》周刊的刊登广告的数量和内容都在不断增加，也有专门涉及女性方面的广告出现。邹韬奋在最初接办《生活》周刊后，广告在短期内并没有变化。但从第二卷到第三卷开始，广告数量有所增加，这时的广告内容大多还局限于书籍广告，还没有涉及女性的广告出现。经过一定的发展，《生活》周刊刊登的广告数量越来越多，其中第五卷到第八卷刊登的广告数目不断增加，广告的内容也越来越丰富，其中与女性相关的有以下几类：商品广告、书籍广告、医药广告和招生广告。其中关于女性的商品广告最多，都是比较常规的日用品和文具，包括双十牌牙刷、月亮嫦娥牌化妆品、鸿兴衣厂的跳舞衣、关勒铭自来水笔为中国女具之先锋等等；其次是书籍广告，包括今代妇女、女青年半月刊等等；再者是医药广告，包括了药品、药厂和医院，比如月月红调经药、科达西药厂——妇女自己的药片；最后还有招生广告，比如上海女子中学招生广告等等。从涉及的这些广告可以看出，《生活》周刊中关于女性的商品广告都较为传统，与《良友》中刊登的时尚服饰、化妆品等带有明显时代特色的商品形成了鲜明对比。关于女性的书籍广告一直是《生活》周刊的一个传统，从第二卷开始，就有书籍广告出现，而关于女性的医药广告也是日常生活的需要。从总体来看，《生活》周刊倡导的生活方式是传统的，更是向上的。它没有像《良友》那样过多地将时尚元素进行展示，只是以第三者的身份，提倡女性选择传统的、健康的、科学的生活方式。

而《良友》画报则截然不同，它更多的是展示女性的生活方式，在其中它更多地扮演了一个时尚潮流引领者和时尚元素传播者的角色。当然这里有一个重要的原因不可忽视，《生活》周刊以文字报道为主，读者在接受信息时需要先进行理解，而《良友》画报则以图片为主，读者接受的信息不需要进行二次转化，就可以直观地反映在读者脑中，这使得它更具直观性、冲击力，也更能通过精美的图片达到引领时尚潮流的目的。《良友》画报刊登的所有女性图片，身着美丽的衣服，展现着摩登的生活方式，这样一种直观的展现方式，在上海迅速成为众多女性追逐的潮流。通过这种方式，《良友》在推动着上海乃至整个中国重新认识时尚概念。《良友》所营造的生活方式涉及方方面面，比如衣着方面，《良友》向读者展示最新的样式，在第四期《上海妇女衣服时装》中，刊登了十二幅各类新式衣服的图片，包括"日本袍：家居时披着极为舒服""全身绣龙梅贵而喜""长马甲为现今海上最时髦之衣装""上海冬季时装""斗篷为海上妇女跳舞前后穿之衣服"等等，这样既使读者了解这些衣服，又能引领时尚的潮流。

摩登的生活方式不仅仅体现在服饰上，更体现在日常的生活用品上。从《良友》刊登的广告来看，几乎每一期都有美容护肤的广告出现，第九期刊登了"金头香水"的广告，"金头香水，芬芳馥郁，香留衣襟"[①]；第八十七期刊登了"蔻丹指甲油广告语"的广告，"指甲染色，增加玉手妩媚"[②]等等。这些广告都在潜意识中传递着只有用了《良友》广告的化妆品，女性才能紧跟时尚潮流，才能变得更加美丽。此外，《良友》的广告中还运用了好莱坞明星来宣传蜜丝佛陀的美容产品，并且用文字明确告诉读者派拉蒙就在用此产品，这样的宣传手段利用了名人效应，使得女性增强了对产品的认同感，认为自己使用的美容护肤产品就是最时尚、最新潮的。从《良友》刊登的这些广告可以看出，它无时无刻不在宣传时尚、塑造自己为时尚引领者的形象，并且借用了许多西方的特有符号，以此来展示摩登的女性生活。

总体来看，《生活》周刊和《良友》在女性形象的塑造方面，既有相同之处，又存在不同。相同之处在于二者都在宣传新思想，都希望女性获得独立和解放。但是二者对于女性形象的塑造又存在着不同，《生活》周刊中对女性的报道主要侧重于两个方面，一是呈现封建思想对女性的迫害，二是宣传女性思想解放，它更重"启蒙"二字，更加强

---

① 《良友》，上海北四川路良友印刷公司印行，1926 年第 9 期。
② 《良友》，上海北四川路良友印刷公司印行，1934 年第 87 期。

调思想性和教育性，也更侧重用讽刺"旧"来凸显"新"。而《良友》更多的是直接展现这些新思想带给女性的新变化，以此来带动更多女性改变封建落后的思想，进而引领整个女性潮流，可见《良友》是在以宣传"新"来促进"新"。

# "内容把关人"到"意义再造者"
## ——浅析邹韬奋译介传播活动中的角色转变

李 瑾*

**摘要**：邹韬奋在翻译领域的卓越贡献，不仅体现在大量的译著上，也表现在译著的巨大社会意义上。邹韬奋的译介传播历程体现为求学、供职中华职业教育社、接办主持《生活周刊》、流亡海外和归国抗日等几个时期。韬奋的译介传播有显著的传播特质，它首先竭力将韬奋界定为翻译的"内容把关人"，同时又将"译余闲谈"和读书笔记作为两种特殊形式加以大力传播，进而凸显对进步思想的阐释与架构，最终形成了韬奋后期译介传播中"意义再造者"的角色特征。从"内容把关人"到"意义再造者"，展现了韬奋思想形成、转变到发展的过程，以及译介视角中的"韬奋精神"。

**关键词**：邹韬奋；译介传播；内容把关人；意义再造者

邹韬奋在翻译领域有其卓越的贡献，直接证据之一是，1988年出版的《中国翻译家辞典》就收入了他的条目。1929年《中央大学》上一篇《译学问题商榷》（艾伟，1929）就较为细致地介绍了韬奋的一些翻译理论。时隔半个多世纪，《邹韬奋的译学见解》（陈福康，1991）

---

\* 作者简介：李瑾，兰州大学新闻与传播学院研究生。

一文，进一步探讨并分析了邹韬奋的翻译思想和理论。而近年来，除《邹韬奋的语言应用观》（刘英，2005）、《翻译、评介、引导等多重角色——浅析邹韬奋进步思想在翻译出版中的体现》（毕晓燕，2016）、《邹韬奋的翻译观点及其译作传播》（白鸽，2017）几篇外，鲜见有关邹韬奋译介传播的文章。

邹韬奋的翻译活动是其文字发表生涯的起点。邹韬奋曾说，"于是我想个办法，到图书馆里去看几种英文的杂志，选择一些东西。这选译的并不是什么长篇大文，只是几百字的短篇的材料……有一天翻开报纸来看，居然看见自己的文字登了出来"[①]。由此可见，翻译活动在邹韬奋整个的职业生涯中占据重要地位，对他今后的著作和思想都产生了深远影响。纵观邹韬奋的译介传播活动，其对个人传播角色的定位经历了"内容把关人"到"意义再造者"的演化，但值得说明的是，无论是"内容把关"，还是"意义再造"，这两者并非一刀切式割裂开来的，而是贯穿了邹韬奋译介传播活动的始终，只是在特定时段，把关和再造有所凸显和侧重而已。

## 一 "内容把关人"——邹韬奋前期译介传播角色特征

### （一）"内容把关人"角色的形成

邹韬奋在长期的译介传播过程中，形成了最初的传播角色定位，体现了"内容把关人"的显著特征。

1. 求学时期（1916—1920）

邹韬奋在求学时期所修专业是西洋文学，他在此时段内，翻译作品主要有《述李佳白先生演说词》《社会改造原理》（［英］罗塞尔著）、《为生刍言（一）、（二）、（三）》《社会改造原理（续）》《科学底基础》（W. C. D. Whetham 著）、《穆勒底实验方法》（T. E. Creighton 著）

---

① 邹韬奋：《邹韬奋自述》，安徽文艺出版社 2013 年版，第 16—17 页。

等。这些译文以科学小品文为主,内容涉及社会学、生物学和物理学等方面,体现出邹韬奋作为一名在校读书的学生对于社会和世界的思考和探索,而对社会研究和科学探索的聚焦和关注,则表现了青年邹韬奋最初的内容选择。

2. 中华职业教育社时期（1922—1924）

供职于中华职业教育社后,邹韬奋担任中华职业教育社编辑股主任,负责编撰"职业教育丛刊",编辑《教育与职业》月刊。而此时,他翻译作品的选择则偏向于职业教育和职业指导方面。这些译作中,有的着重介绍英美国家职业教育现状,例如《英国徒弟制度之现况》（译自 Skilled Employment and Apprenticement Association 提供的材料）、《美国军队职业教育之特点》（[美]卜鲁尔著）和《初级中学之职业指导问题》（Freederick Sshuitzhu 著）；有的偏向于介绍职业检测方法,如《职业教育研究》（D. S. Hill, David Snedden, F. T. Carlton, F. M. Leavitt, E. Brown, H. L. Hollingworth, Meyer Blomfield 等著）、《职业测验》（H. A. Vanderbeek）以及《职业智能测验法》（[美]贾伯门著）；关于职业教育理论著作,如《农村学校与社会》（A. K. Getman 著）、《伦理进化的三时期》（John Dewey, James H. L. Tufts 著）等。

从翻译作品的内容和种类可以看出,在这段时期,由于工作的关系,邹韬奋在翻译作品内容的"把关"上,是偏向于职业教育与国民发展的。

3. 《生活》周刊时期（1926—1933）

接办和主持《生活》周刊,是邹韬奋职业生涯的重要阶段,也是思想转变的重要阶段。在接办《生活》周刊初期,邹韬奋仍然选取与职业教育有关的内容进行翻译,如《职业分析之内容与效用》（Harry D. Kitson 著）、《职业心理学》（[美]古力菲比等著）、《关于职业心理与生理的最新实验》（Dr. leonWalther 著）等。但其中值得注意的是,与原来相比,邹韬奋在内容的"把关"上开始更加侧重选取与中国实际相结合的文章，像《宜于中国之工业人才》（裴以理著）等。

邹韬奋在推广传播职业教育思想时逐渐意识到，在当前的政治、社会情境下，仅仅靠职业指导并不能从根本上解决和改善当前社会所面临的诸多问题。因此，他对翻译作品的"把关"就开始转向于有启蒙意义的现实主义文学作品，像《外国人嘴里的中国新式婚姻可算闻所未闻（上）、（中）、（下）》（Pearl S. Buck 著）、《一位英国女士与孙先生的婚姻》（[美] Louise Jordon Miln 著）、《一个女子恋爱的时候》（[美] 葛露妮斯著）等。这些译作主题从恋爱到婚姻，特征鲜明，可以看出邹韬奋对中西方文化差异下的家庭观和伦理观的关注与探究。

在主持《生活》周刊期间，随着"读者信箱"的，关注度越来越高，邹韬奋对于社会问题和政治问题的关注进一步加深。此时，他选取并翻译了《民本主义与教育》（[美] 杜威著）。1933 年邹韬奋当选由宋庆龄等人发起的"中国民权保障同盟"执行委员，同年，邹韬奋翻译了《革命文豪高尔基》（[美] 康恩著）。

在此时期，邹韬奋的思想发生了关键性的转变，他"从群众抗日运动中受到了锻炼，接受了中国共产党的政策和马克思列宁主义思想的影响，他的政治觉悟，迅速提高"①。而这也对他的译介取向产生了重要影响。

4. 流亡海外与归国抗日时期（1933—1941）

1933 年，邹韬奋被国民党当局迫害，被迫流亡法国、苏联、英国等地。期间，他在海外潜心研读马克思主义著作和其他社会科学书籍，并进一步深入研究马克思主义的传播及其对欧洲政治思想的影响。

1935 年年底，邹韬奋因杜重远被捕而提前回国，与沈钧儒等人组织成立上海文化界救国会。回国后，邹韬奋积极参与抗日救亡运动，传播先进文化与进步思想，却于 1935 年 11 月 23 日和沈钧儒等六人一同遭到

---

① 范长江：《韬奋的思想的发展》，载《韬奋全集》第十四卷，上海人民出版社 1995 年版，第 667 页。

国民党当局的无理逮捕，此即历史上震惊世人的"七君子"事件。

这一阶段，邹韬奋的译介以研讨抗战和世界局势的作品为主。邹韬奋从鼓吹抗战的角度出发，翻译和介绍了外国媒体对于日本侵华的报道和抗议，如《备战中的日本》（节译自 The New World）、《澳洲拥护中国人民抗战》（A. London 著）、《反对世界运动会在东京召开!》（译自《国际新闻通讯》）等。

同时，邹韬奋还翻译了大量有关世界局势分析的外国作品，如《苏联儿童戏院的十八周年》（［苏］萨智著）、《从美国看到世界》（［英］斯特勒彻著）、《苏联的民主》（［英］斯隆著）、《美苏在远东合作的基础》（译自 Bulletin on the Soviet Union）、《英美禁运下的日本末路》（John Ahlers 著）、《美国在国际的特殊地位》（William Brandt 著）。从上述题材可以看出，邹韬奋此时期最关注的就是抗战形势、社会民主和人民教育问题。在此期间，邹韬奋还选译了马克思主义理论作品，如1937年整理的《读书偶译》（G. D. H. Cole，Max Beer，Rebecca Cooper，Louis Borodin，M. M. Bober，Ernesy Untermann，W. T. Colyer，Zelda Kahan Coates，Friedrich Engels，R. Palm Dutt 等著）、《社会科学与实际社会》（［英］崩斯著）等。

**（二）"内容把关人"角色的特点**

邹韬奋在不同历史时期的"内容把关人"角色内涵都会有所侧重，但总体体现了以下诸种取向和特点。

1. 以读者为本位的直译与意译

邹韬奋对于直译和意译的态度，直接影响了他往后译介传播活动角色身份的定位。邹韬奋首先分析了直译和意译的优劣势。"在译法方面，有人主张直译，但直译往往有晦涩的弊病；有人主张意译，但意译往往有与原意不符的弊病。"[①] 他认为："鄙意翻译最重要之条件须使阅者看得懂。如直译能使人看得懂，不妨直译，否则宜略参意译。即在一

---

① 邹韬奋：《韬奋全集》第十二卷，上海人民出版社1995年版，第8页。

书之中，直译可懂之句即直译，直译不懂之句则须略为变通，略加意译。"他又说："鄙意以为译书之最大要素，在使看的人懂，而且觉得畅快舒服，若使人看了头痛或糊里糊涂，不但不足劝人看书，反使人懒于看书。""译的人也许看惯了原文，不自觉得译文里有使人不甚易懂之处，所以无论译得如何，最好能由一二人校阅一遍。（此点在专门著述为尤要，文学次之）"① 由此可见，韬奋在直译和意译的看法上，一直坚持以读者为本位、一贯为读者负责的态度。

2. 撷取精华，酌删糟粕

邹韬奋曾写到，"原书材料很好，不过笔者不免存着种族的成见，有的地方说些不相干的话，我译述的时候，只撷取他的精华，酌删他的糟粕"②。这种取其精华、去其糟粕的翻译思想，是邹韬奋译介传播中内容把关人角色的重要体现。对"精华"的选择，是邹韬奋社会责任感的体现，他所选取的编译内容都扣合了当时中国社会变化和国民素质发展的切身需要。反之，对"糟粕"的扬弃，也反映了韬奋对外来文化的把关立场。

邹韬奋供职于中华职业教育社时，其内容把关人的角色就已得到了充分的体现。供职期间，他翻译介绍了大量有关职业教育和职业指导的文章，就是为了对中国的职业教育提供借鉴。"故实行职业教育者，固宜博考他国之良法美意为借镜，尤宜体察本地之社会状况为基本，庶几因地制宜，不贻削足适履之讥。"③ 因此，他在编译作品时，并不是照搬国外原作，而是应国民需求和理解力的需要，有取有舍，"根据参考书与杂志约三十种"，"撷其精华，参酌以本国实际需要"④，而"此书的主

---

① 陈福康：《邹韬奋的译学见解》，《中国翻译》1991年第1期。
② 邹韬奋：《译者附言》，载中国韬奋基金会著作编辑部《韬奋全集》第十三卷，上海人民出版社1995年版，第25页。
③ 邹韬奋：《职业教育之意义》，载中国韬奋基金会著作编辑部《韬奋全集》第十一卷，上海人民出版社1995年版，第175页。
④ 同上。

旨,是要表明'反省的思想'与道德问题有密切的实际的联系。所以此书在我国新旧伦理冲突递嬗的时候,尤其有研究的价值"①。

## 二 "意义再造者"——进步思想阐释与架构

邹韬奋在编译国外作品时,除了有选择性地对内容进行"把关"撷取之外,还通过其他形式针对原作中的进步思想和言论展开分析,进行意义再造。这种进一步阐释和架构进步思想的形式,使读者更能够结合中国当时实际,更好地理解文章内容,接受进步思想。

### (一) 译余闲谈——从翻译文本到评论社会

"译余闲谈"是邹韬奋在翻译三部小说《一位美国人嫁与一位中国人的自述》《一位英国女士与孙先生的婚姻》和《一个女子恋爱的时候》时,每小节结束后附写的若干段文字。它先对原文进行书面化的解读,再进行"本土化"的解读,最后是对国内现状的引申和评论,故而名之曰"译余闲谈"。"译余闲谈"每节长短不一,但都与本节所述内容紧密相关,借此与读者进行沟通,将进步思想传递给受众。

例如,在《一位英国女士与孙先生的婚姻》中,对花园会(garden party)这个名词,邹韬奋首先将其书面化解释为"是一种增加社交愉快的一种好方法……",接着"本土化"解读为"与花园会取意相仿的是野游会……野游会人数不如花园会多",最后进行引申评论,"我国交际大多数不过请人饱吃一顿,而且只有男子专利,家庭妇女儿童更少参加的机会,弄得家庭生活异常单调"②。

邹韬奋在主持《生活》周刊期间,与读者不断互动,非常重视社会问题。在邹韬奋自己的著述中,有关婚恋观和女性观的文章不在少

---

① 邹韬奋:《伦理进化的三时期》,载中国韬奋基金会著作编辑部《韬奋全集》第十一卷,上海人民出版社1995年版,第257页。
② [美] Louise Jordon Miln:《一位英国女士与孙先生的婚姻》,邹韬奋译,载中国韬奋基金会著作编辑部《韬奋全集》第十三卷,上海人民出版社1995年版,第28页。

数,这同样也体现在他的翻译活动中。除了对相关题材的选取,此时的邹韬奋还利用"译余闲谈"形式,进一步阐释他的感情观和家庭观。这是邹韬奋建立在翻译基础上的二次意义再造。例如对自由婚恋的讨论,"尤其因为我国自由婚姻正在萌芽时代,有许多青年男女往往卤莽讲恋爱,很缺乏审慎的态度,以致后悔无及"①。另如对家庭生活的看法,"这种愉快的小家庭不是一方面好就可组成的,要两方面都好才组的成"②。此外,还有对中西方婚恋观、家庭观、伦理观的比较,"在东方,女子嫁人不是嫁与丈夫一人,简直是嫁于一族!……在中国现在的过渡时代,采取较为折中的方法,国人既要实现小家庭的独立,也要兼顾大家庭的互帮互助"③。

除了关注社会问题,邹韬奋也会根据自己翻译著作中的不同内容,以此为引子,在每节的"译余闲谈"中进一步阐明自己的思想。例如在小说中,女主人公(美国人)对于中国人的民族成见,"我当时心中存有成见,心里很不自在。恐怕说话有不留意的时候,露出对于中国所存的成见……"邹韬奋在"译余闲谈"中对此也评论道:"民族的仇视,是世界生活不太平的导火线,真是一件大憾事,尤其是黄白两种。我们在国内大半都是糊里糊涂的,一出国门,这种感触便愈深甚,在这段纪事中也很看得出。我敢说一句公道话:这两方面用不着彼此'恭维',也用不着彼此'蔑视';因为人类是良莠不齐的,各方有各方的好,也有各方的坏。"④ 邹韬奋中正平等的民族观念由此可见。

此外,还有值得一提的地方就是"译余闲谈中的闲谈"。邹韬奋会结合当时刚发生的新闻事件——"美国妇人吉泰氏,在临时法院控与

---

① [美] Louise Jordon Miln:《一位英国女士与孙先生的婚姻》,邹韬奋译,载中国韬奋基金会著作编辑部《韬奋全集》第十三卷,上海人民出版社1995年版,第123页。
② 同上书,第144页。
③ [美] 麦葛莱:《一位美国人嫁与一位中国人的自述》,邹韬奋译,载中国韬奋基金会著作编辑部《韬奋全集》第十二卷,上海人民出版社1995年版,第443页。
④ 同上书,第428页。

其夫嘉定人顾志义离婚",对自己所翻译的内容进行评论和阐释:"(一)无论做什么事,都要量力,像这样丢脸的事,不但丢了自己的脸,并且丢了中国人的脸,实为憾事。(二)女子要生活自由稳妥,须有自立的能力,像这位女子虽遭此意外的不幸,因'可自立',还可减少痛苦。"[1]这就使得邹韬奋的翻译作品不仅仅是在于介绍国外的风土人情、民俗文化,同时也具备了社会评论和新闻评论的功能。

(二)读书笔记——马克思主义理论的介绍与阐释

在翻译中间,邹韬奋往往以读书笔记的形式介绍马克思主义和苏联国情。1937年邹韬奋被国民党当局拘捕于苏州监狱,他在狱中写下了《读书偶译》。《读书偶译》整部作品既有翻译,也有邹韬奋的叙述。它仅仅是"在伦敦博物院图书馆里所写下的英文笔记的一部分","只是一本漫笔式的译述,不是有系统的社会科学的书,但是也略微有一点贯穿的线索……此外还有一点,这本书所撮译的,多为其他作家对于这几个思想家的解释;要做进一步的研究,还要细读他们自己的著作,本书不过是扼要地'发凡'罢了。先看了'发凡'地解释,对于进一步地研究也许不无小补。这是译者所希望贡献地一点微意"[2]。邹韬奋此处的"发凡"就是他对于译述作品的二次意义建构之阐释,结合之前以读者为本位的翻译策略,要"在译这本书的时候,时刻注意的是要尽量使读者看得懂"。在看得懂的基础上,邹韬奋又进一步要求,"倘使读者不但看得懂,而且觉得容易看,看的有趣,那更是我莫大的愉快"[3]。基于这样的翻译目的和策略,笔者发现,《读书偶译》这本书中,有两种对马克思主义理论著作进一步阐释和建构的形式——译者注和译者按。这两种形式,在整部作品中发挥了名词解释、译法说明以及

---

[1] [美]麦葛莱:《一位美国人嫁与一位中国人的自述》,邹韬奋译,载中国韬奋基金会著作编辑部《韬奋全集》第十二卷,上海人民出版社1995年版,第485页。

[2] 邹韬奋:《读书偶译》,载中国韬奋基金会著作编辑部《韬奋全集》第十四卷,上海人民出版社1995年版,第16页。

[3] 同上书,第174页。

延伸介绍等功能。

例如，在卡尔关于政治经济学的几点问题中，"有机构成"这个名词，邹韬奋就以译者注的形式解释为："资本的有机构成，是指不变资本与可变资本的比例。"① 再有，在《唯物史观的解释》一文中，邹韬奋采用译者注的形式，进行译法的解释说明："'公民社会'原文为civil society，系指资产阶级的社会而言……一般所谓'公民'，系指享有公权而能参加选举的人民而言。所谓 civil society 系对封建社会而言。在资产阶级的社会里，有一定资格的人民，即享有公权和选举权，译为'公民社会'似较适当。"② 对于特殊的名词进行了延伸介绍。在《伊里奇的时代》一文中，以译者注的形式对英国的宪章运动进行延伸介绍，"宪章运动指 Chartism。这可说是英国历史上首位一种革命的民主运动，起于一八三八年间，终于一八五〇年，主要的要求为普通的选举权，取消选举权的财产限制，要求秘密选举等"③。

李晓灵在《试论邹韬奋马克思主义思想及其新闻实践的历史呈现》中认为，《读书偶译》这本书具有双重历史意义，"它不仅是邹韬奋学习的笔记和总结，更是邹韬奋借此传播马克思主义思想，影响普罗大众目的的体现"④。

在《读书偶译》中，此类解释说明的文字不胜枚举。邹韬奋在译文中对中国读者比较陌生的西方政治经济学概念进行了深入浅出的解释，同时又给读者额外介绍了译文相关的背景知识，以便读者能够更好地理解和消化译文内容。通过译介，邹韬奋不仅介绍了西方（欧美和苏联）的政治体制，而且也翻译了大量有关马克思和列宁生平及思想

---

① 邹韬奋：《读书偶译》，载中国韬奋基金会著作编辑部《韬奋全集》第十四卷，上海人民出版社 1995 年版，第 57 页。
② 同上书，第 100 页。
③ 同上书，第 138 页。
④ 李晓灵：《试论邹韬奋马克思主义思想及其新闻实践的历史呈现》，载《邹韬奋研究》第六辑，上海锦绣文章出版社 2018 年版。

的论著。更为可贵的是，韬奋始终站在读者的角度，以真诚而恳切的态度传播着先进文化和进步思想，表现了他特有的译介传播宗旨和目的。

## 结 语

邹韬奋的一生都处在风雨如磐的年代，在那个动荡不安的时代，他是执着追求光明、寻找真理的勇猛斗士。在如火如荼的抗战热潮中，邹韬奋的翻译作品确实起到了打开国人视野、进行思想启蒙的重要作用。

就内容的把关人而言，邹韬奋的译作所选取的题材呈现多样性特征，而这种多样性正与他的思想发展密不可分。从早期的科学小品到欧美小说，再到《读书偶译》，以及《苏联的民主》《社会科学与实际社会》等马克思理论作品，邹韬奋的译作折射出的是他思想观念的变迁轨迹。具言之，邹韬奋译作从早期的社会改造、职业教育等社会学译作，到科学基础、实验方法等科学小品，基本上都是资产阶级话语系统的体现。而从《革命文豪高尔基》开始，邹韬奋的思想倾向就逐渐转向了俄国革命、社会主义和马克思主义。譬如，从《读书偶译》对苏维埃制度、马克思理论体系、恩格斯生平、列宁理论的介绍，到《从美国看到世界》中对资本主义走向穷途末路的揭示，再到《苏联的民主》对苏联国家制度、民主概念、人民生活的阐述，以及《社会科学与实际社会》中对资本主义本质的揭露和对马克思主义理论的普及，无一不显示了邹韬奋对资本主义理论的日趋背离，和对马克思主义、俄国革命和理论的逐步肯定。正如周恩来在纪念韬奋逝世五周年题词中指出："邹韬奋同志经历的道路是中国知识分子走向进步走向革命的道路。"

就意义再造者而言，邹韬奋的译作发挥了著作不可替代的作用。其翻译作品展现了其他民族的历史与经历，提供的是他国的抗争经验，具有生动直观的宣传动员效果。在邹韬奋的翻译作品中，不乏以故事、真实经历作为底本，然后进行抒发己见的第二次意义再造。具体而言，邹韬奋大力编译马克思主义读物、苏联政治作品及欧美小说等，并引导生活书店同人编译相关读物，积极传播进步思想，其意义和价值不可低估。进而观之，邹韬奋一系列有关苏联和马列主义的翻译作品，是中国近代有关马列主义的启蒙读物。它们虽然屡屡遭到国民党当局的查禁，出版和发行波折不断，但依然受到广大知识青年的热烈欢迎。胡愈之在纪念邹韬奋的文章中写道："再没有一个中国人写的文章，能像韬奋的文章那样，拥有广大的读者群，一些不相识的青年们，甚至少年人，老年人，闻名访谒。我曾问过许多三十岁以上的人，他们青年时期思想受影响最深的是谁，都异口同声地说出'韬奋'这个伟大地名字。"①

从内容把关人到意义再造者，变与不变之间是邹韬奋作为一名爱国者，始终站在读者大众的立场，竭力改变中国现实、改善民众生活的初心。毛泽东为他题词："热爱人民，真诚为人民服务，鞠躬尽瘁，死而后已，这就是邹韬奋先生的精神，这就是他之所以感动人的地方。"②

邹韬奋的译介传播，很好地体现了其"以读者为中心"的服务精神，凝聚着复杂深刻的文化传播理念和为国为民的新闻理想范式，可为楷模，垂范后世。

---

① 胡愈之：《韬奋文录·序》，载中国韬奋基金会著作编辑部《韬奋全集》第十四卷，上海人民出版社1995年版，第661页。
② 毛泽东：《毛泽东题词》，载中国韬奋基金会著作编辑部《韬奋全集》第一卷，上海人民出版社1995年版，附页。

# 后 记

这本书终于出版了，研讨会是去年10月在兰大召开的，论文集的结集出版竟然拖拖拉拉，滞后了这么长时间，想起来多少有点惭愧。

2017年在江西余江的韬奋研讨会上，韬奋研究的大咖陈挥老师问我，"兰大能不能也主办一次韬奋研讨会？"我有点惴惴不安，回头向学院问了问，学院林治波院长和杜生一书记热情支持。就这样，我就代表兰大新闻与传播学院斗胆接下了主办2018年韬奋研讨会的事儿。

主办韬奋研讨会，首先是源于对韬奋的敬仰和缅怀。对于韬奋这样一个影响深远的历史人物，兰大有责任为他做一点事情，好让韬奋精神在新的时代也能烛照后学。还有一个不得不说的原因。这次研讨会我带了张玉鑫、顾轩之、李瑾、郭琳婕和苏聪共五位我的研究生参会，而论文只有我的一篇和张玉鑫的一篇，其他几位都是友情客串，感受学习。五个学生能够顺利参会，有赖于韬奋纪念馆的王草倩老师和江西余江会议主办者的大度和接纳。厚着脸皮带着这么多学生参会，我自己也感到有点不好意思，但想想参会能让这些小菜鸟见见世面，感受感受，还能激发她们对韬奋研究的兴趣，也就释然了。会上，学生的论文得到了陈挥老师的表扬和鼓励，爽朗的陈挥老师风趣地说，"李老师，你带来的是'兰大五朵金花'啊！"一句戏言，不意却走红会场。参会的人见面都会问我，"你的'兰大五朵金花'哪里去了？"一时间，"兰

# 后 记

大五朵金花"成了余江会场学术研讨之外的一个特殊花絮,这让我和五个女孩子倍感温馨。如此厚恩,无以为报,我想办会就是用来回报诸位师友的最好办法。我常常对别人戏言,我办会是为"兰大五朵金花"还债。

操办学术会议不是一件容易的事,而对我这样的一介平民来说,办好一个会更是难上加难。幸亏办会得到了韬奋纪念馆、学院领导同事、我的复旦导师黄瑚教授以及陈挥老师的大力支持,会议最终才得以顺利举办。我四处游说,除了以前一直参加韬奋研讨会的学者之外,还邀请了博士的同学和博后的同门,他们不辞辛劳,千里赴会,令人感动。

办会的那几天,忙了个四脚朝天,我的研究生也是马不停蹄,往来奔波。那几天,我和我的学生们牢牢占据了微信运动的榜首位置,每人每天都在两万步以上。学院参加会务的老师们也都尽心尽力,善始善终。会议很圆满,也还算成功。有好些老师对我说,"这是韬奋研讨会开办以来规模最大、水平最高的一届!"我知道会议尚有不少瑕疵和不足,这不过是与会学者对我们的鼓励而已。尽管如此,这些鼓励依然令人倍感欣慰。

会议也得到了主流媒体的关注和报道。人民网、光明网、凤凰网和人民日报客户端等都报道了会议的相关信息,尤其值得一提的是,《人民日报》纸质版(2018年10月16日第12版)也发了这次研讨会的简讯。这样一个规模不大的学术会议能够引起《人民日报》纸质版的关注,也是殊为不易。某种意义上说,这是对这次会议和韬奋的标举和认可。

需要强调的是,在本书成书的过程中,兰州大学新闻与传播学院硕士研究生李瑾、张晟、胡向伟、李睿、韩冰、秦文玉、李欣鞠、马潇潇、刘正、宋朝军、刘梦、苏鹏飞、张越和马静等参加了论文的初步编辑和校对,兰州大学新闻与传播学院陈新民教授、王晓红副教授、张维民副教授、张华副教授和解放军信息工程大学的张高杰副教授等则对论文进行了最后的修校。同时,上海韬奋纪念馆上官消波馆长和王草倩、张霞老师参加了论文编选工作，复旦大学新闻学院黄瑚教授、上海交通大学陈挥教授也对本书的成集进行了热情指导。

本书得到了兰州大学"双一流"建设资金人文社论类图书出版经费资助。

在此，一并致谢！

李晓灵

2019 年 9 月 17 日